韓國 委巷文學作家 研究

車溶柱

景仁文化社

책머리에

委巷文學은 委巷人들이 지은 문학작품이며, 위항인은 中人에서부터 常人階層에 이르기까지를 總稱한 것이다. 이러한 위항문학은 그들만이 지니고 있는 독특한 특징이 있는 것은 아니고 당시 유행하는 詩風에 따라 지어진 것이다. 그렇다면 그들만을 선택하여 작가연구를 할 필요가 있는가 하는 반문이 있을 수 있다. 그러나 거기에는 역사적으로 그럴 만한 사정이 있다고 생각한다.

우리나라에서 漢文學은 新羅 때부터 朝鮮朝 중기에 이르기까지 士大夫 또는 兩班階層에서 독점해 왔고 위항인들은 참여하지 못했다. 그러나 壬丙兩亂을 겪은 후 정치, 경제, 사회 각 분야에 적지 않은 변동이 일어나면서 위항인들도 의식의 변화를 가져오게 되어 불평등한 국가의 제도적인 모순에 그 是正을 촉구하는 신분상승운동과 아울러 문학운동을 전개하게 되었다. 따라서 17세기 후반에는 그들만을 중심으로 한 詩社가 결성되었고, 그 후 계속 많은 委巷文人들이 배출되어 활발한 활동을 전개하면서 文壇의 一角을 장악하게 되었다. 그러므로 本著에서 대상으로 한 작가들은 대부분 이 시기에서부터 朝鮮朝 최후기에 이르기까지 활동했던 위항문인들이다.

위항문학이 대두된 후 近代思潮에 밀려 한문학이 쇠퇴할 때까지 약 2세기 사이에 많은 위항문인들이 등장했다. 그 가운데 사대부계층의 문인까지 포함해 문단을 대표할 만한 작가도 없지 않았으나, 일반적으로 위항문인들의 작가적인 수준은 사대부 문인들에 미치지 못했다. 그것은 출발한지 日淺했기 때문일 것이다.

그런데, 국민의 다수를 차지하고 있었던 위항인들 중에서 비로소 적지 않은 문인들이 배출되어 그때까지 자신들의 애환이 사대부 문인들에 의해 간접적으로 표현되어왔던 것을 직접 나타내게 되었고, 또 그들은 위항인들 가운데 가장 수준 높은 지식인으로서 당시 사회 각 분야의 변동에 호응하면서 선구적인 역할을 했다. 그러므로 그들이 저작한 위항문학은 우리 漢文學史에서 의의가 매우 크다고 생각된다.

많은 위항작가들 가운데 本著에서 선택한 작가는 우수하다고 인정되는 작가와 그 중에서도 文集이 전하고 있는 작가로 했으며, 아울러 위항문학의 발전에 공로가 있다고 인정되는 작가도 참고하기로 했다.

그리고 本著에서 대상으로 한 계층의 문학을 학계에서 平民文學, 閭巷文學, 委巷文學 등의 명칭이 사용되어 통일이 되지 않고 있으나, 委巷으로 선택한 것은 『禮記』 卷 3, 「檀弓」 上에 "委巷猶委曲所爲也"라 했으므로 첫 出典의 용어에 따르고자 했다. 그리고 원고지에 亂筆로 쓴 것을 쾌히 출판해 준 景仁文化社 韓相夏會長 父子의 厚誼에 謝意를 표한다.

2003년 3월 仲春

月泉齋에서

著者 識

<목 차>

제1장

洪裕孫 研究

Ⅰ. 序　言

Ⅱ. 生涯와 人物 性格

Ⅲ. 그의 文學

Ⅳ. 結　言

Ⅰ. 序 言

古今과 東西를 막론하고 인물에 대한 평가에는 남긴 업적이 가장 중요한 요건이 된다. 그리고 다음으로 논의 될 수 있는 것은 대상인물이 생존했던 시대배경과 가정환경 및 신분적인 것도 참고가 될 수 있을 것이다.

본고에서 연구 대상으로 한 洪裕孫은 世祖朝를 전후해서 생존했던 인물로서 신분적으로는 賤人이었으나 당시 문명이 높았던 문인이었다. 사실 洪裕孫이 생존했던 시기까지만 해도 그와 같은 신분으로는 官職은 물론 문단에 진출하기가 극히 어려웠다. 그러므로 洪裕孫이 활동했던 시기까지는 물론 그후 한 동안까지도 신분이 천한 인물로서 문단에 진출한 사람은 찾아볼 수 없었다. 이로써 볼 때 洪裕孫은 조선조 전기에 賤人출신으로서 文名이 크게 알려진 최초의 인물 중의 한 사람이 아니었던가 생각된다. 이와 같이 洪裕孫은 신분적인 제약을 극복하고 문명이 널리 알려질 수 있었던 것은 작가로서 능력이 있어 우수한 작품을 저작했기 때문이었을 것이다. 그가 활동했던 시기에 문단은 士大夫 또는 士族들을 중심으로 형성되었다. 그러한 문단에 洪裕孫이 진출하게 된 것은 委巷階層에서 그가 선구적이었을 뿐만 아니라, 그것은 우리 漢文學史의 폭을 넓히는데 적지 않은 업적을 남겼다고 볼 수 있을 것이다. 그러므로 본고에서는 그의 生涯와 인물 성격 및 문학에 대해 고찰해 보고자 한다.

Ⅱ. 生涯와 人物 性格

洪裕孫의 문학 특히 그의 시에 대해 알아보기 전에 이해를 돕기 위해 그의 생애와 인물 성격부터 살펴보고자 한다.

洪裕孫이 文名은 있었다고는 하나 出仕를 하지 않았고, 특별한 활동이 없었기 때문에 그에 관한 기록이 매우 零星하다. 그의 문집 『篠叢遺稿』가 전하고 있으나, 19세기 초에 增補 간행된 것으로써 詩文만 수록되어 있을 뿐 그의 인물을 이해하는데 도움이 될 만한 글은 적고, 그가 佔畢齋 金宗直(1431～1492)의 門人이었고, 秋江 南孝溫(1454～1492)과 친분이 두터웠으므로 金宗直의 「門人錄」과 南孝溫의 「師友名行錄」 등에 그에 관한 기록의 片鱗이 있고, 문집 후미에 撰者를 밝히지 않고 간단히 쓴 그의 行狀이 있으므로 이들 문헌을 중심으로 알아보고자 한다.

洪裕孫(1452～1529)의 字는 餘慶, 號는 篠叢 또는 狂眞子라 했으며, 그의 출신에 대해 南孝溫은 南陽吏 順致의 아들이라 했고,[1] 張志淵은 南陽人 胥吏의 아들이라 했으며,[2] 李濟臣은 南陽 鄕吏라고 했다.[3] 이와 같이 胥吏의 아들 또는 鄕吏로 차이가 없는 바 아니나 지방 고을 吏族이었음을 알 수 있겠는데, 南孝溫은 南陽守 蔡申甫가 篠叢이 글에 능함을 알고 免其役이라 했다.[4] 南孝溫은

---

1) 南孝溫, 「師友名行錄」 『秋江集』 卷 7. "南陽吏順致之子"
2) 張志淵, 『逸士遺事』 卷 4, 洪裕孫條. "南陽人胥吏之子"
3) 李濟臣, 「淸江詩話」 ; 趙鐘業, 『詩話叢林編』 卷 1. "洪上舍裕孫 南陽鄕吏也"
4) 南孝溫, 「師友名行錄」. "辛丑年南陽守蔡申甫 以餘慶爲能文免其役"

篠叢과 매우 가까웠기 때문에 누구보다도 篠叢의 출신을 잘 알고 있었을 것이므로 그가 글에 능했기 때문에 免其役이라 한 것을 볼 때 신분이 활동에 자유롭지 못한 賤人이 아니었던가 생각된다.

篠叢이 免役된 것은 글에 능했기 때문이라고 했는데, 그의 行狀에 10세에 經傳을 읽었고, 12세 때 上王이 南孝溫과 함께 別殿으로 불러 시를 짓게 했다고 하며, 弱冠에 諸子百家書를 보지 않은 것이 없었다고 했다.[5] 이로써 보면 篠叢이 어렸을 때부터 매우 총명이 뛰어났음을 알 수 있으며, 12세 때 南孝溫과 함께 上王이 別殿으로 불러 시를 짓게 했다고 하니, 그것이 사실이라면 놀라운 일이다. 조선조 역대로 내려오면서 王室과 戚分이 있는 사람이라면 모르지만 일반 사람의 子弟로서 어린 나이에 궁중에 불려가서 임금으로부터 재능을 시험받았다는 기록은 金時習 밖에 보지 못했는데, 篠叢이 南孝溫과 더불어 시험을 받았다고 하니 놀라운 일이 아닐 수 없으나 쉽게 믿음이 가지 않은 바도 없지 않다.

위에서 알아 본 바와 같이 篠叢이 南陽守 蔡申甫로부터 免役을 받았다고 했는데, 篠叢이 12세 때 임금에게 불려가서 시험을 받았다면 그 후 바로 免役이 되지 않았을까 생각되며, 그가 어렸을 때 아무리 총명이 뛰어났다 할지라도 그러한 신분으로는 불려가기 어려웠을 것이다. 그리고 그것이 사실이라면 그에 대한 다른 기록에서도 이야기가 있을 것으로 생각되는데, 그와 같은 기록을 볼 수 없으며, 篠叢과 같이 불려갔다는 南孝溫의 諡狀과 墓碣 등의 身後文字에서도 전혀 그러한 기록이 없다. 行狀에는 篠叢을 부른 임금을 上王이라 했고, 張志淵은 그의 『逸士遺事』에서 世祖라고 했다. 그가 12세였을 즈음에는 世祖 在位의 후기였는데, 世祖는 上王으

---

5) 「行狀」, 文集 後尾. "年之十歲 盡通經典 十二歲 上王召公及南秋江至別殿 令賦詩"

로 있은 적이 없었음에도 上王이라 했으니, 어느 임금인지 알 수 없다. 이러한 推論으로 볼 때 어렸을 때 別殿으로 불려가서 上王으로부터 시험을 받았다는 것은 믿기 어려울 듯하나, 行狀의 기록도 무시할 수 없지 않을까 한다. 더구나 그의 行狀의 撰者는 성명을 밝히지는 않았지만 기술 내용으로 보아 篠叢이 세상을 떠난 후 얼마 되지 않은 시기에 草해진 것으로 생각되기 때문에 근거없는 내용을 기록하지 않았을 것이므로 이에 대해서는 後考를 기다릴 수 밖에 없을 듯하다.

篠叢의 생애에 대해 구체적인 기록이 없기 때문에 잘 알 수 없으나, 南孝溫은 그가 辛丑年 30세 되던 해 蔡申甫로부터 免役을 받고 바로 영남으로 가서 金宗直에게 杜詩를 배웠는데, 金宗直은 이 사람이 이미 顔子의 즐거워하는 바를 알고 있다고 했으며, 학자들이 모두 그를 높이 여겼다고 했다.[6] 이로써 보면 免役이 되면서 바로 金宗直을 찾았고, 그때 이미 학문이 상당수준에 이르렀음을 알 수 있다. 篠叢이 金宗直을 찾은 것에 대해 金宗直의 年譜에 51세 되던 辛丑年에 楊俊이 그의 동생 沈과 더불어 貢生 洪裕孫을 따라 서울로부터 천리 길을 걸어 와서 배웠는데, 裕孫은 南陽 사람이라 했다.[7] 이와 같이 南孝溫의 「師友名行錄」의 기록과 金宗直의 年譜의 기록이 일치하므로 篠叢이 金宗直을 처음 찾은 시기는 그의 나이 30세 때였음을 알 수 있다. 당시 金宗直은 국내에서 이름 높은 학자였으므로 그의 제자들 가운데는 유명한 인사들이 많았다. 篠叢은 그의 門下에서 한동안 글을 배우면서 金宏弼, 南孝溫 등과 사귀게 되었다고 한다.

---

6) 南孝溫, 「師友名行錄」. "辛丑年南陽守蔡申甫 以餘慶爲能文 免其役 即步歸嶺南 謁佔畢齋受杜詩 先生曰 此子已見顔子所樂處 學者皆宗之"

7) 金宗直, 「佔畢齋年譜」 51年條. "辛丑 先生五十一歲 楊秀才浚 與其弟沈 從洪貢生裕孫 自京洛徒步千里來學 裕孫南陽人也"

篠叢이 30세까지는 免役이 되지 않았기 때문에 행동이 자유롭지 못했을 것으로 생각되나, 면역이 된 후에는 한 곳에 정착하지 않고 여러 곳으로 옮겨다닌 듯하다. 기록이 없기 때문에 자세히 알 수는 없으나 『師友名行錄』의 기록에 따르면 金宗直을 찾아 영남에 내려왔다고 했고, 頭流山에 들어가서 공부를 했다고 하며, 그 후 상경하여 金宗直을 찾아 建白을 하지 않은 것에 대해 말했다고 했다.[8] 篠叢이 金宗直을 찾아갔다가 바로 頭流山으로 들어갔는지 알 수 없으나, 그의 行狀에 남쪽으로 頭流山에 가면서 晋州에서 方伯을 만났는데 方伯이 그 지방 선비들을 모아 시를 짓게 하고 公에게 高下를 정하게 했다. 공이 끝에 있는 시를 보고 이 사람은 뒤에 문장으로 이름이 알려질 것이라 했는데, 불러 보았더니 姜渾이었다고 하며, 그는 아직 어렸으며, 뒤에 公의 말과 같았다고 했다.[9] 篠叢과 木溪 姜渾과의 연령차는 12세였다. 이것으로 미루어 볼 때 두류산에 들어가서 공부한 시기는 金宗直을 찾아 영남에 갔을 때가 틀림없을 것으로 생각된다.

그리고 篠叢이 처음 상경한 것은 師友名行錄의 기록 순서에 따라 두류산에서 내려 온 다음이 아닌가 한다. 行狀에는 公少寓讀於圓覺寺라 했으며, 그때 金守溫・徐居正 등과 만나게 되었다고 했으나, 여기에서 少寓는 소년 때가 아니고 잠간 머물었다는 것이 아닌가 한다. 篠叢이 위에서 말한 바와 같이 행동이 자유로웠던 시기는 免役이 되고난 후부터였으므로 소년 때에는 圓覺寺에서 공부하기가 어려웠을 것이다. 그리고 그곳에서 金守溫과 徐居正을 만나 시를 지었다고 했는데, 그것은 영남에 가서 金宗直으로부터 능

---

8) 南孝溫, 「師友名行錄」 "入頭流山肄業 到京諫先生不建白時事"

9) 「行狀」. "公南遊頭流 過見方伯于晋州 方伯會諸生賦詩 使公第其高下 公末取一編 把玩不已 謂方伯曰 此子他日 必以文章顯 召而見之 乃姜渾 姜公時尙少 後果如其言"

력을 인정받은 후에나 가능했던 것으로 생각되기 때문이다.

지난 날에는 지은 글을 大家들로부터 인정받음으로써 갑자기 유명해 지는 경우를 적지 않게 볼 수 있다. 篠叢은 영남에 가서 金宗直으로부터 크게 칭찬을 받아 士林社會에 많이 알려지게 되었고, 上京하여 원각사에서 지은 시가 金守溫·徐居正 등으로부터 높게 인정을 받게 되자 그의 문명은 일시에 유명하게 되었다. 당시 篠叢의 문명이 얼마나 유명했던가 하는 것에 대해 공의 이름이 널리 알려짐으로 인해 세상 사람들이 그의 인물을 보고자 했고, 일시의 名公 鉅卿이 그와 사귀기를 원했으며, 후진의 선비들도 그에게 자신의 시를 논평받기를 원한다고 했다.[10] 그리고 行狀에 따르면 月山大君이 風月亭에서 公을 맞이하여 受業을 받았다고 하며, 尹湯老는 당시 王后의 兄으로서 문명이 높아 그의 집에는 名賢들이 많이 찾아 왔는데, 그 자리에 공을 항시 上賓으로 대우했다고 한다.

篠叢은 중년에 상당 기간 동안 濟州에 유배된 바가 있었다. 行狀에는 公往在燕山朝 謫于濟州라 했는데, 柳子光이 보자고 청하는 것을 거절했기 때문이라고 했다. 張志淵은 柳子光이 권력을 잡고 있으면서 篠叢을 보고자 했으나 그가 응하지 않았으므로 자신을 비방한다 하여 제주도로 유배시켰다고 했으며, 中宗反正 후에 赦還하여 進士試에 합격했다고 했다.[11] 篠叢이 벼슬은 하지 않았지만 제주에 귀양을 간 것은 사실이다. 그것은 篠叢遺稿에 제주에서 지은 시가 여러 수 있기 때문이다. 그런데, 그가 유배를 가게 된 사유에 대해서는 行狀과 張志淵의 『逸士遺事』에 柳子光의 청을 거절했기 때문이라고 말했을 뿐 다른 기록에서는 찾아보지 못했다.

---

10) 「行狀」. "公名滿於世 世皆想聞其風 一時名公鉅卿 莫不願爲交 後進之士 必欲經公品題"

11) 張志淵, 『逸士遺事』 洪裕孫條.

篠叢이 벼슬을 하지 않았기 때문에 유배를 갈 만한 잘못을 저지르지 않았을 것으로 생각되므로 行狀과 張志淵이 말한 바와 같이 柳子光의 비위를 거슬려 간 것이 사실일 것이다. 이로써 미루어 보면 篠叢이 제주로 유배 간 시기는 戊午士禍가 일어난 직후 柳子光의 위세가 있을 때가 틀림없을 것이며, 中宗反正 직후에 방환되었다.

篠叢이 제주에서 지은 듯한 시가 여러 수 있고 그 가운데 楸子島에 가서 지은 작품이 있는 것으로 보아 50대 전후해서 상당한 기간 동안 濟州島에 있었던 것이 아닌가 짐작되는데, 그가 제주에 있을 때 지었다는 滿腹詩書不救窮 耽羅十載臥腥風이라 한 것으로 보아 십년가까이 있지 않았던가 한다. 그리고 59세 되던 해 庚午年에 進士試에 합격했다고 하며,[12] 늦게 娶妻하여 두 아들을 낳았고, 78세에 세상을 떠났다고 한다. 篠叢이 말년에 가정을 가지기 전에는 頭流山, 濟州島, 金剛山 등 전국의 명산대천을 他意 또는 自意로 다니면서 거주가 일정하지 않은 듯하다. 그러므로 그의 일생의 행적에 대해서는 참고할 만한 기록이 零星하게 되어 구체적으로 알 수 없는 것이 아쉽다.

다음에는 그의 인물 성격과 交遊에 대해 알아보고자 하며 먼저 그와 가깝게 사귀었던 인사들부터 살펴 보고자 한다. 篠叢과 가장 교유가 깊었던 인사는 南孝溫과 金時習이 아니었던가 하며, 먼저 南孝溫과의 관계부터 살펴보고자 한다. 위에서도 언급한 바와 같이 篠叢은 어린 나이에 南孝溫과 함께 上王 앞에 불려가서 시를 시험받았다고 한다. 이것이 사실이라면 두 사람은 일찍부터 서로 알았음을 알 수 있으며, 篠叢은 南孝溫보다 두 살 많았다. 篠叢과 秋江이 상왕 앞에 불려갔다는 기록이 篠叢의 行狀에만 있고 다른

12) 그의 문집에 실려 있는 經筵賦가 庚午年 進士覆試 때 지은 것이라고 한다.

기록에서는 찾아볼 수 없으므로 신빙하기 어렵다 할지라도 30대 초반에는 만났을 것으로 생각된다. 이렇게 추측할 수 있는 것은 篠叢이 30세 때 免役을 받고 바로 佔畢齋 金宗直을 찾았는데, 그때 南孝溫·安應世·金宏弼 등을 만났다고 한다. 南孝溫은 이미 少時부터 金宗直 문하에 출입하고 있었으므로 篠叢이 처음 金宗直을 찾아 갔을 때 서로 만났을 가능성은 충분히 있었을 것으로 짐작된다.

篠叢이 金宗直을 찾았을 때 그의 문하에는 많은 名士들이 있어 사귀게 되었는데, 그 가운데 南孝溫과 가장 가깝지 않았던가 한다. 南孝溫의 「秋江集」에는 篠叢에게 준 시가 여러 수 있고, 그의 「師友名行錄」, 「秋江冷話」 등에는 篠叢에 관한 기록이 여러 곳에 있다. 그 예를 들면 "東峯 金時習은 독서를 할 때 文義에 구애받지 않고 大旨만 보고 大義만을 음미 할 따름이라고 했는데 … 자신이 그의 말에 心服하며 돌아와 餘慶에게 말한 바 그도 탄식하며 東峯은 독서를 가장 잘 한다"고 했다.[13] 그리고 또 다른 기록으로는 申用漑의 시에 沙暖集羣鳥 江平浮大陰이라 했는데, 餘慶이 보고 탄식하면서 이 시는 盛唐의 韻이라 했다 한다.[14] 이러한 기록들을 미루어 보면 南孝溫이 篠叢에 가진 우정은 단순한 친분이 아니고 그의 학문과 시에 대한 眼識을 높게 인정하며 심복한 것으로 생각된다.

다음에는 金時習과의 교분에 대해 살펴보고자 한다. 篠叢이 免役되어 행동이 자유로웠을 때 金時習은 출가하여 전국 山寺를 찾아 雲遊하고 있었다. 그러므로 그들이 어느 시기에 처음 만나게 되

13) 南孝溫, 「秋江冷話」『秋江集』卷 7. "東峯金時習 讀書不拘文義 見大旨味大意而已 … 余深服其言 歸而告于餘慶 餘慶嘆曰 東峯讀書 最好最好"

14) 上同. "申用漑之詩云 沙暖集羣鳥 江平浮大陰 二句爲詩冠 餘慶嘆曰 此子此詩 盛唐韻也"

었는지는 알 수 없으나 篠叢이 삼십대 초에 영남에서 서울로 올라와서 圓覺寺에 있을 때 서로 만난 것은 확실하고, 그후부터 두 사람의 사이가 좋았던 것은 사실이다. 行狀에는 金時習과의 관계에 대한 기록에 金時習을 從遊했는데 공이 梅月堂보다 십여세가 적었기 때문에 처음에는 스승으로 대했으나 뒤에는 친구로 여겼다고 했다.[15] 行狀의 이 기록이 사실이라면 師事는 篠叢이 한 것이고 친구로 여겼다는 것은 金時習의 요청에 의해 한 것으로 생각되므로 두 사람이 서로 존경하고 아끼었음을 알 수 있다.

篠叢과 金時習이 서로 사이가 좋았던 것은 당시 시대 상황이 그렇게 만든 것이 아닌가 한다. 두 사람은 어렸을 때부터 총명이 특출했는데, 金時習은 端宗 遜位로 인해 出家하여 사방으로 雲遊하게 되었고, 篠叢은 賤役에 얽매여 30세까지 행동이 자유롭지 못했다. 그리고 金時習은 신분적으로 출세는 가능했으나 자신이 포기했으며, 篠叢은 進士試에 합격했으나 大科에 응시했다는 기록이 없는 것을 보면 신분상으로 大科에 합격해도 출세하기 어렵기 때문에 단념한 것이 아닌가 한다. 이와 같이 두 사람은 특출한 총명을 가지고 있었으면서 시대적인 상황과 신분적인 제약 때문에 출세를 단념할 수밖에 없었으므로 서로 사이가 더욱 좋아 졌을 수 있지 않았던가 한다.

그리고 篠叢은 金時習이 세상을 떠났을 때 祭文을 지었다. 이 祭金悅卿文은 두 사람의 친밀했던 관계만을 표현하는 데 그친 것이 아니다. 위에서 말한 바와 같이 金時習은 어렸을 때부터 총명이 특출했다. 世宗은 知申事 朴以昌을 시켜 시험한 뒤에 承政院으로 그를 불러 시를 시험해 보고 크게 칭찬하며 비단 50필을 주었다고

---

15) 「行狀」. "從金悅卿遊 公少悅卿蓋十餘歲 故始以師事悅卿 而終以友視焉"

했다.[16] 이러한 이야기에 대해 金時習 자신은 근거없는 낭설로써 無賴者들이 잘못 전하게 된 것이라 했다.[17] 이와 같이 서로 다른 내용의 이야기가 전하고 있는데, 篠叢은 그의 제문에서 공이 이 세상에 태어나서 5세 때 이름이 알려져 三角山詩를 짓자 老儒들도 놀랐고, 온 세상 사람들이 알고 떠들썩하게 되었다고 했다.[18]

어떤 사실에 대해 異說이 있을 때는 본인의 말을 믿는 것이 당연하겠으나, 여기서는 다르게 생각할 수도 있지 않을까 한다. 金時習이 그 내용을 알고 있는 것으로 보아 당시에 많이 알려진 것으로 알 수 있겠는데, 임금이 자리한 承政院에서 있었던 일이 과장은 모르지만 無根한 말이 유포되기 어려울 것이며, 또 그것을 비밀로 해야 할 것도 아닐 뿐만 아니라, 그 자리에 참석했던 인사들에 의해 유포된 것이 틀림없을 것이다. 그리고 金時習은 자신의 재능을 칭찬한 것이기 때문에 謙辭로 잘못 전해진 것이라 하지 않았던가 생각되나, 篠叢은 다년간 金時習과 친분이 두터웠을 뿐만 아니라, 從遊하고 있었으므로 누구보다 그를 잘 알고 있었던 사람 중의 한 사람이다. 그러므로 篠叢이 祭金悅卿文에서 異說이 있는 내용에 대해 언급한 것은 신뢰해야 하지 않을까 한다.

篠叢이 신분은 비록 미천했으나 학식이 있고 문재가 뛰어났기 때문에 당시 그와 교분이 있었던 사람들이 적지 않았을 것이다. 위에서 金時習과 南孝溫 두 사람만 이야기 한 것은 특별히 교분이 두터웠다고 생각되었기 때문이다. 특히 南孝溫은 누구보다도 篠叢

16) 尹春年, 「梅月堂先生傳」. "英廟召之于承政院 試之以詩 大加稱嘆 賜帛五十匹"

17) 金時習, 「上柳襄陽陳情書」『梅月堂集』文集 卷 21. "他雜三角山詩 諸無根浪語 皆無賴者所傳妄也"

18) 洪裕孫, 「祭金悅卿文」, 『篠叢遺稿』上. "嗟我公之生世 造五歲而名恢 詠三角之一絶 使老儒而心恢 擧世爲之譁駭"

에 대해 적지 않은 기록을 남겼다. 南孝溫은 그의 인물에 대해 대대로 가정이 淸貧해 겨우 몸을 가릴 정도로 옷을 입었으며 간혹 아래 옷은 짧게 입고 다녔다. 經史를 폭넓게 많이 보았으며 성격이 放達하고 撿束性이 적었다. 과거를 좋아하지 않았고 免役을 하고자 계획하지 않았다고 했다.[19] 이로써 篠叢이 매우 가난했고 성격이 放達하고 檢束性이 적었음을 알 수 있다. 그리고 표면으로는 미치고 失性한 듯 했으나 안으로는 佛氏의 參禪에 독실했다. 십여년이 지난 후에 깨닫고 다시 儒書를 읽고 기뻐하며 타향에서 고향 친구를 만난 것과 같다고 하며, 또 말하기를 論語의 學而篇을 읽고 20편의 宗旨를 알 수 있다고 했다.[20] 이로써 篠叢이 처음에는 한동안 불교에 관심을 가졌음을 알 수 있다.

篠叢이 金宗直을 찾아가서 글을 배웠기 때문에 金宗直의 門人錄에는 篠叢에 대해 글은 莊子, 詩는 黃山谷, 재능은 諸葛亮, 행동은 東方朔과 같다고 했다.[21] 金宗直의 문하에는 우리나라 역대를 통해 이름높은 名士들이 많이 모여 있었다. 篠叢이 처음 그곳을 찾았을 때 學者皆宗之라 하여 모두 그를 높히 여겼다고 했다. 그리고 「門人錄」에 이와 같이 기록한 것을 보면 그가 다재다능했음을 알 수 있다.

金宗直은 처음 찾아온 篠叢에게 已見顔子所樂處라 하여 칭찬을 아끼지 않았고, 篠叢도 金宗直이 親喪을 당해 3년 동안 居廬하면서 上食할 때 哭泣하자 지나가던 사람들도 눈물을 흘리었다는 말

---

19) 南孝溫, 「師友名行錄」. "家勢淸貧 僅裹身體 或不裙行 涉躐經史 放達不撿 不喜科擧 不爲免鄕計"

20) 南孝溫, 「秋江冷話」『秋江集』卷 7. "洪裕孫 … 外爲狂易失性 而內持釋氏之無字 十餘年方悟 歸讀吾書 大喜曰 所謂千里他鄕見故人 且曰讀論語始面 如曰 學而時習之 不亦悅乎 可以知二十篇宗旨矣"

21) 金宗直, 「門人錄」. "爲人文如漆園 詩涉山谷 才挾孔明 行如曼倩"

을 듣고 정성은 사람을 감동시킨다고 하더니 虛言이 아님을 믿을 수 있다고 했다.[22] 이와 같이 篠叢은 金宗直의 학문과 그의 居喪할 때의 태도를 듣고 학문뿐만 아니라, 孝行에도 존경하고 있었음을 알 수 있다.

篠叢이 金宗直을 찾아가서 글을 배우고 영남의 여러 지방을 유람하다가 상경했는데, 그때 金宗直은 높은 관직에 있으면서 時事에 대한 建白이 없었다고 한다. 篠叢은 찾아가서 그것을 지적하면서 "부질없이 爵祿만 취하고자 하느냐"했으며, 또 지금 우리나라 학자들이 老佛을 미워하지 않은 사람이 없는데, 하는 행동은 조금도 老佛에서 벗어나지 못하고 있다. 둥글게 행동하고 모나게 하는 것을 싫어하는 것은 老子가 하는 것이며, 자신만 생각하고 주위 사람을 근심하지 않은 것은 부처가 아닌가 했다. 이 말을 들은 金宗直은 크게 미워하며 그 후부터 篠叢을 간사한 사람이라고 했다.[23] 존경했던 선생에게 이와 같이 말한 것을 볼 때 그의 인물 성격의 한 단면을 짐작할 수 있다.

金宗直은 後學을 善導하여 성취한 제자가 많았는데 鄭汝昌, 金宏弼은 道學으로, 金馹孫, 兪好仁, 曺偉, 李宗準, 南孝溫, 洪裕孫 등은 문장으로 이름이 높았다고 했다.[24] 위에서 말한 바와 같이 金宗直의 문하에는 명사들이 많이 있었다. 그 가운데서 문장으로 篠叢이 거명되었다는 것은 그의 문장이 높게 인정받았음을 알 수 있다.

---

22) 南孝溫, 「秋江冷活」. "畢齋先生居廬三年 上食哭泣之時 則行路無不泣下 餘慶曰 誠能感人 信不虛矣"

23) 南孝溫, 「師友名行錄」. "到京 諫先生不建白時事 何空取人爵祿爲也 且當今學者 莫不惡佛老 而行己無一箇免於佛老者 行圓而惡方者老也 行獨而不恤者佛也 先生大惡之 自是每稱餘慶譎詐"

24) 許筠, 『海東野言』 2, 『大東野乘』 卷 8. "金宗直 … 喜獎進後學 多有成就 鄭汝昌金宏弼 以道學名 金馹孫兪好仁曺偉李宗準南孝溫洪裕孫等以文章顯"

그리고 辛永禧가 稷山의 斜山 밑에 가서 살면서 號를 安亭이라 했는데, 그는 南孝溫·洪裕孫과 더불어 竹林羽士로 맺었다고 했다.[25] 篠叢은 존경하는 스승이지만 자신의 생각에 옳지 않다고 생각되면 주저하지 않고 직설적으로 말했으며,[26] 당시 柳子光의 위세가 대단했는데, 그가 보고자 청하는 것을 거절했다가 제주도에 유배가게 되었다. 篠叢이 결과를 무서워 하지 않고 거절한 것을 보면 불의에 타협하지 않은 그의 강직한 성격을 짐작할 수 있다. 그리고 金宗直의 제자이면서 그의 제자들이 屠殺된 戊午士禍에 篠叢이 거명되지 않은 것을 볼 때 현실의 名利에 집착하지 않고 竹林羽士로 처신했기 때문이 아닌가 생각하며, 그를 東方朔처럼 행동했다는 것은 그러한 행동을 두고 한 말일 것이다.

權應仁은 洪裕孫의 인물에 대해 좋게 말하는 사람이 많았는데, 南孝溫은 그를 칭찬했으나, 沈義는 좋지 않게 말했다. 洪裕孫 한 사람에 대해 견해가 상반된 것은 사람에 따라 取舍한 것이 다르기 때문일 것이다. 그와 교유하던 사람들이 모두 세상을 떠났으니 누구에게 물어 보겠는가. 孝溫이 어찌 사람을 속이겠느냐. 단연코 그의 말을 믿고자 한다고 했다.[27] 沈義가 어떻게 말했는지 알아 보지 못했으나,[28] 위에서 알아본 바와 같이 그는 寒微한 출신으로서 撿

---

25) 上同. "辛公(永禧)忽引去稷山斜山下 號安亭 安亭嘗與南孝溫洪裕孫 結爲竹林羽士"

26) 金宗直이 높은 관직에 있으면서 建白이 없는 것에 대해 篠叢뿐만 아니라, 金宏弼도 건의한 바 있었다.

27) 權應仁, 『秋溪漫錄』 上, 『大東野乘』 卷 56. "生員洪裕孫之爲人 世之追美者衆 而南秋江則贊之 沈大觀則短之 一裕孫也 而毁譽殊絶 是人之所取舍異故也. 洪之交遊者多老死 孰從而問之 秋江豈欺人者 斷以此人之言爲信"

28) 沈義가 洪裕孫에 대해 어떻게 말했는지 그의 문집인 『大觀齋亂稿』에 찾아보았으나 보지 못했다. 權應仁이 그의 亂稿의 跋文을 지은 것으로 보아 口頭로 들은 것이 아닌가 한다.

束性이 적었고 부당하다고 생각되면 타협하지 않았기 때문에 사람에 따라 좋지 않게 말한 사람도 있었을 것으로 생각된다. 그러나 현실에 집착하지 않고 깨끗했던 것은 사실인 듯하다. 근세의 張志淵은 篠叢에 대해 其平生에 與悅卿伯恭으로 同其出處어늘 後人이 捜訪往行에 以金時習 南孝溫 趙旅 元昊 李益專 成聃 六賢으로 並享咸安之院호대 獨漏餘慶者는 意其爲微賤故也라 旣云義烈 則閥閱이 何與焉[29]이라 하여 義烈은 다를 바 없었는데 微賤했기 때문에 生六臣과 구분되는 것을 아쉽게 여겼다.

篠叢은 관직에 나가 정치적인 활동을 한 바도 없었고, 晩年에 娶妻하기 전까지는 일정한 거주도 없이 사방을 流離했던 것으로 짐작된다. 그러므로 그에 대한 기록이 零星해 그의 인물 성격을 알기 어렵다. 그러나 다행히 그와 同門이었고, 일생 동안 교분이 두터웠던 南孝溫의 단편적인 기록에 의해 그의 인물 성격을 짐작할 수 있는 것은 다행한 것이다. 篠叢이 進士試에 합격했으나 大科에 응시하지 않았던 것은 신분이 미천했기 때문에 합격해도 末職에 전전할 수밖에 없음을 알고 포기한 것인지, 아니면 그 당시가 世祖때였으므로 金時習, 南孝溫 등과 같이 절의를 지키고자 한 것인지 알 수 없다. 전자일 경우에는 구차하게 현실과 영합해 출세하고 싶은 생각이 없었던 것이고, 후자일 경우에는 선비로서 節義를 지키고자 했음이 아닌가 한다. 어쨌든, 가난했으나 부당한 현실과 타협하지 않고 孤高하게 살고자 했던 인물이 아니었던가 한다.

29) 張志淵, 『逸士遺史』 卷 4, 洪裕孫條.

Ⅲ. 그의 文學

다음에는 篠叢의 문학에 대해 알아보고자 하며, 먼저 그의 문집인 『篠叢遺稿』에 대해 언급하고자 한다.

『篠叢遺稿』는 卷頭에 李敬一의 序가 있으며, 上下 兩卷으로 分卷되어 있다. 上卷은 散文이며, 下卷은 詩로써 모두 분량이 얼마 되지 않다. 附錄에 撰者의 성명을 밝히지 않은 行狀이 실려 있고, 이어서 그의 遺事가 실려있으며, 後尾에 八世孫 述祖가 쓴 跋文이 있다.

散文은 21편에 불과하나 여러 형식의 글을 두루 갖추었으며, 詩는 七言律詩, 七言絶句, 古詩 등 모두 100首에 가깝다. 편찬에 대해 李敬一의 序에 후손 益九가 찾아와서 遺稿를 보이며 간행하고자 하니 序를 청한다고 했으며, 내용의 편찬에 관해 언급을 하지 않았다. 그런데, 실려 있는 글들의 題下에 간혹 篠叢의 아들인 佛頂이 언급한 것이 여러 곳에 있다. 그 내용의 한 예를 들어 보면 "將進酒詩에 世人以爲先子之作 而不知然否"라 하여, 사람들이 先子가 지은 것이라고 하나 확실하게 지은 것인지 알 수 없다고 했다. 이로써 미루어 볼 때 문집의 편찬은 篠叢의 아들인 佛頂이 한 것으로 짐작된다.[30] 간행은 8세손 述祖의 跋文에 따르면 遺稿가 오래 되면 잃어버릴까 두려워 裒輯해 小卷으로 하고 行狀과 遺事를 첨부해 오래 전하고자 하며, 字句에 訛誤가 있어도 감히 淺見

---

30) 『遺稿』 附錄 「遺事」의 기록에 따르면 아들 至誠은 博學多聞 爲一世儒家 教誨後學 名相達官 多出其門이라 하였다. 佛頂은 至誠의 字가 아닌가 한다.

으로 고치지 못하고 舊本에 따라 간행하면서 李敬一은 자신의 집과 옛날부터 사이가 좋았기 때문에 卷頭의 글을 부탁했다고 했다.[31] 그리고 跋文은 쓴 때를 崇禎四庚午暮春이라 했으니 1810년이므로 19세기 초에 간행한 것이다.

篠叢은 文名에 비해 전하는 작품이 적다. 述祖의 跋文에 따르면 篠叢이 현실에 초연해 山水間을 방황하면서 지은 작품이 많을 것이나 지금 전하는 것은 十之一二에 불과하다고 했다.[32] 어느 문집이든지 후손들이 쓴 跋文에 이와 같은 내용의 말은 흔히 볼 수 있으나, 篠叢의 저작이 많이 분실된 것은 사실일 것이다. 그는 늦게까지 가정을 가지지 못했고, 일정한 정처없이 山水間을 방황했으니 시는 적지않게 지었을 것으로 짐작되는데 모아 두지 않아 유실이 많았을 것이며, 늦게 娶妻하여 아들이 있었다고 하나 篠叢이 세상을 떠날 때는 어렸기 때문에 바로 수집하지 못했을 것이다. 그리고 그가 세상을 떠난 후 주위에서 그의 遺稿를 모아 정리한 사람도 없은 듯하다. 이러한 여러 가지 사정으로 유고의 분실이 많았을 것으로 추측된다.

篠叢의 詩稿가 바로 정리가 되지 못했고 간행도 삼백년의 세월이 지난 뒤에 되었기 때문에 詩稿를 보기가 어려웠던 탓인지 그의 시에 대한 후대의 논평이 많지 않다. 『篠叢遺稿』의 序를 쓴 李敬一은 자신이 遺稿를 받아 읽어 본 바 詞賦는 그 風采가 屈原과 宋玉에 접근했고, 시는 修詞의 技巧에 관심을 두지 않은 듯하나 蒼然한 古色이 있다. 南孝溫은 篠叢의 글을 칭찬하면서 시는 黃山谷,

---

31) 述祖 跋文, 文集後尾. "懼夫愈久 而愈無傳也 謹裒輯爲一小卷 付以行狀遺事諸篇 以壽其傳 而字句之有訛誤者 不敢以膚淺之見 輒加删改 姑從舊本 印役告訖 鰲恩李相公 以有舊好於吾家也 爲文以弁卷"

32) 上同. "先生超然遠引 放浪山水 吟詠嘯傲 所著述宜甚富也 今其存者僅十之一二"

散文은 莊子와 같다고 했는데, 이것은 眼識이 높은 견해이며, 그가 어찌 아부를 좋아했겠는가 했다.[33] 이러한 견해에 따르면 그의 작품이 수사의 기교에 관심을 두지 않고 古色이 蒼然하다고 했다.

다음에는 그의 작품에 대해 살펴보고자 한다. 篠叢이 五言絶句는 많이 짓지 않았거나 遺失되었기 때문인지 遺稿에 실려 있는 작품이 없다. 그러므로 七言絶句부터 몇 수 살펴보고자 하며, 먼저 題金剛山詩를 들어본다.

生先檀帝戊辰歲	檀君 戊辰年보다 먼저 태어나서
眼及箕王號馬韓	箕王의 馬韓 건립을 보았다오.
留與永郎遊水府	뒤에 永郎과 함께 水府에 놀다가
又牽春酒滯人間	다시 봄 술에 이끌리어 인간세계에 있다오.
(『篠叢遺稿』)	

이 작품의 題下에 金剛山의 한 산맥이 백여리에 蔓延되어 있는데, 雪嶽山도 金剛山과 비슷하기 때문에 小金剛이라 한다. 이 작품은 小金剛을 題한 것이라 했다.[34] 이로써 보면 이 작품은 小金剛 즉, 雪嶽山을 題한 작품임을 알 수 있다. 이 작품에는 故事가 있다. 起句의 檀帝는 우리나라 國祖인 檀君일 것이다. 『三國遺事』의 기록에 檀君이 중국 堯임금 즉위 50년인 庚寅年에 탄생했다고 하며, 戊辰年은 요임금이 즉위한 해라고 한다. 이러한 내용에 따르면 자신은 檀帝보다 훨씬 먼저 이 세상에 태어났다는 것이다. 承句는 箕氏王朝의 마지막 임금인 箕王이 衛滿에게 밀려 남쪽으로 내려와

---

33) 李敬一, 「篠叢遺稿序」. "余受而讀之 詩文各若干篇 而詞賦廪廪乎劘屈宋之壘 詩雖不合於雕花鏤水之格 蒼然有古色 秋江常稱公 詩涉山谷 文如漆園 自是具眼賞鑑 秋江豈或阿所好哉"

34) "金剛山一支 蔓延於百許里 雪嶽山略如金剛 故曰 小金剛 此則題於小金剛"

서 馬韓을 건립하는 것을 보았다고 하니, 수천년 동안 오래 살고 있다는 것이다. 그리고 轉結兩句는 이 세상에 머물러 계속 살고 있으니 지루해 新羅 때는 仙人이 된 永郞과 더불어 水府에 놀려 갔다가 다시 봄날의 술 맛에 이끌려 인간세계에 머물러 있다고 했다.

이 시에 대해 南孝溫의『遊金剛山錄』에 따르면 "雪嶽山 바위에 八分으로 쓴 시가 한 수 있는데 生先檀帝戊辰歲 …" 라 했다. 이 시는 읽는 사람으로 하여금 세속을 벗어난 느낌을 가지게 한다. 公의 친구인 洪裕孫은 公이 嶺東에 놀러 온다는 말을 듣고 미리 이 시를 써 두고 기다렸다. 洪裕孫은 세속을 벗어난 선비로서 일찍이 金時習을 따라 놀았고, 詩文을 짓되 옛 사람의 투에 따르지 않았다고 했다.[35] 이 기록은 본 작품의 저작배경으로 볼 수 있겠는데, 洪裕孫은 秋江이 雪嶽을 찾는다는 말을 듣고 그를 맞이하기 위해 지었음을 알 수 있다. 이 시는 읽는 사람에게 현실세계를 떠나고 싶은 생각을 느끼게 한다고 했다.

李濟臣은 洪裕孫이 鄕吏로서 本邑의 勞役에 시달려 生員試에 합격했으나 大科에 응시하지 않고 方外士로 자처하며 放浪 自高했다. 金剛山 石崖에 시를 지어 썼는데, … 당시 사람들이 신선이 지은 것으로 생각했는데, 뒤에 洪裕孫이 그곳을 왕래했다는 말을 듣고 그가 지은 것임을 알았다고 했다.[36] 이러한 기록들을 미루어 보면 이 작품이 많이 알려졌음을 알 수 있다. 그리고 李敬一은 일

35) 任輔臣,「丙辰丁巳錄」『大東野乘』卷 3. "秋江遊金剛山錄曰 雪岳嶺上石間 有八分書一絶曰 生先檀帝戊辰歲 … 讀其詩 令人有出塵之想 盖公之友洪裕孫餘慶 聞公將遊嶺東 預寫此詩以待之 餘慶亦物外士 嘗從淸寒子遊 爲詩文不事古人科目者"

36) 李濟臣,「淸江詩話」; 趙鐘業 編,『韓國詩話叢編』卷 1. "洪上舍裕孫 南陽鄕吏 苦本邑侵役 中生員後 不赴擧 爲方外士 放浪自高 於金剛山石崖題詩曰 … 時人以爲神仙所作 後聞洪往來 始認洪之所爲"

찍 金剛山詩 일절을 본 바 비록 諧謔的인 것에 가까우나 清爽하고 飄然해 羽化登仙을 연상하게 한다고 했다.37)

이 시에 대해 이와 같이 언급이 많고, 『大東詩選』에서도 選拔되어 있는데, 과연 이와 같이 격찬을 받을 만한 가치가 있는 작품이기 때문이었을까. 李敬一은 이 시에 대해 俳諧詼奇라 했다. 해학적인 것에는 풍자성을 내포하고 있어야 해학성이 더욱 돋보인다고 할 수 있겠는데, 이 작품은 해학성은 있으나 풍자성이 있다고 생각하기 어려우며, 奇한 바는 있다. 이 작품이 體格이나 聲調面에서 좋다고 찬사를 받을 만한 작품이 아니면서 언급이 많은 것은 기상천외의 발상과 放浪自高하는 洪裕孫의 인물 성격을 잘 반영했을 뿐만 아니라, 세속에 조금도 얽매이지 않은 脫俗한 느낌이 강하게 반영되었기 때문이 아닌가 한다. 그리고 結句는 清新함이 있다. 다음에는 題江石詩를 들어 보고자 한다.

濯足清江臥白沙	清江에 발을 씻고 沙場에 누었으니
心神潛寂入無何	心身이 편안해 仙境에 들어선 듯.
天教風浪長喧耳	하늘이 風浪을 내 귀에 시끄럽게 하여
不聞人間萬事多	世俗의 많은 일들을 듣지 못하게 한다오.
(『篠叢遺稿』)	

이 시는 詩題에서 알 수 있는 바와 같이 江邊에 있는 바위에 써 놓은 작품이라고 한다. 洪萬宗은 洪篠叢裕孫의 題江石詩에 濯足清江臥白沙 … 라 했다. 이 시는 崔致遠의 常恐是非聲到耳 故教流水盡聾山이라 한 시에서 나온 것이다. 語義는 아름다우나 崔致遠의 작품에는 미치지 못한다고 했다.38) 이 작품은 洪萬宗이 말한

37) 李敬一, 「篠叢遺稿序」. "曾見公之題金剛一絶 雖近俳諧詼奇 清爽飄然有羽化登仙之想"

38) 洪萬宗, 『小華詩評』 上. "洪篠叢裕孫 題江石詩曰 濯足清江臥白沙 …

바와 같이 내용은 최치원의 題伽倻山讀書堂詩의 영향을 많이 받은 작품이다. 起承兩句는 맑은 강물에 발을 씻고 강변의 깨끗한 沙場에 누워 있으니 心神이 편안하고 고요해 無何之鄕에 있는 듯 하다고 했다. 轉結兩句는 俗世를 떠나지 못했기 때문에 名利에 관한 말들이 들리게 되는데, 다행히 하늘이 풍랑소리로 하여금 귀 주변을 시끄럽게 하여 그러한 말들이 들리지 못하게 한다고 했다.

최고운이 위의 시를 지은 시기는 그가 일찍 중국에 유학하여 賓貢科에 합격한 후 한동안 地方守令을 역임한 바 있었고, 黃巢亂 때 高騈의 從事로 있으면서 유명한 討黃巢檄을 지어 문명이 중국에서도 많이 알려졌다. 이러한 孤雲은 고국에 돌아와서 처음에는 벼슬을 하면서 의욕적으로 활동을 했다. 그러나 당시 新羅는 국정이 매우 어지러웠기 때문에 孤雲은 현실이 자신을 용납하기 어려움을 알고 관직에서 물러나 가족을 데리고 伽倻山에 들어가서 있을 때 이 작품을 지은 것으로 전하고 있다. 그러므로 현실과 단절하고자 하는 상태에서 현실적인 것이 들려오는 것을 거부하는 자신의 의지를 반영한 것이다. 篠叢이 孤雲의 이 작품의 영향을 받게 된 것은 단순한 모방이었을까. 아니면 자신의 생활 태도의 한 단면을 그렇게 반영할 수밖에 없다고 생각되었기 때문이 아니었을까 한다.

위에서 언급한 바와 같이 篠叢은 微賤한 가정의 출신이었기 때문에 당시 사회의 신분적인 차별로 출세가 어려웠다. 그리고 篠叢은 사회적인 제약을 극복하고자 노력하지 않고 일찍 단념했다. 이러한 篠叢은 현실세계와 단절하고자 伽倻山에 들어가 있을 때의 孤雲의 현실인식과 일치함이 있었을 것이다. 이와 같이 성장배경과 사회적인 직위는 달랐다 할지라도 이 작품을 지을 때 현실인식은 일치했기 때문에 세속적인 것과 단절하는 것으로 그치지 않고

此詩盖出於崔孤雲 常恐是非聲到耳 … 而語意雖佳 終有不及”

귀에 들리는 것까지 거부하고자 한 것이 아닌가 한다. 그리고 이 작품은 格調에 淸逸한 바가 있다. 다음에는 征婦詞를 들어 보고자 한다.

征雁寒聲落枕邊	기러기 우는 소리 枕邊까지 들리며
綠紗窓靜對孤眠	綠紗窓 바라보며 홀로 졸고 있다오.
遼西早放防秋詔	遼西에 일찍 내린 防秋의 詔令은
夢裏分明下九天	꿈속에서도 분명히 들었다오.
(『篠叢遺稿』)	

이 작품은 詩題에서 알 수 있는 바와 같이 出征한 남편을 염려하는 부인의 애절한 감정을 반영한 작품이다. 起承兩句는 철을 따라 무리를 지어 옮기는 기러기의 우는 소리를 枕邊에서 홀로 들으며 綠紗窓을 바라보고 외로이 졸고 있다고 했다. 그리고 轉結兩句는 남편이 出征해 있는 遼西에 防秋하는 詔令이 일찍 내려진다는 것을 꿈속에서 분명히 들었다고 했다. 이로써 보면 前兩句는 出征보낸 여인의 고독을 반영한 것이고, 後兩句는 늦가을 기러기 우는 소리 들으며 遼西로 출정한 남편의 추위를 걱정하는 심정을 나타낸 것이다.

東西를 막론하고 인간이 살아온 역사는 전쟁으로 점철되었다고 해도 과언이 아니다. 그러므로 옛날부터 출정한 남편을 기다리는 여인의 애절한 감정을 표현한 작품을 적지 않게 볼 수 있다. 그런데, 篠叢은 晩年에 娶妻하기 전까지는 가정을 가지지 않고 명산대천을 찾아다니며 일정한 정처가 없이 생활한 듯 하다. 이러한 篠叢이 征婦詞와 같은 작품을 지었다는 것은 意外로 생각되는 바가 없지 않다. 물론 그렇다고 해서 작품에 현실감이 결여되었다는 것은 아니다. 다음에는 江樓詩를 들어 본다.

暮色欲開同倚杖	어두움이 걷히려 할 즈음 지팡이 짚고 올라
晨光未霽獨憑欄	새벽까지 홀로 난간에 의지해 섰다오
豈無佳句休題柱	기둥에 佳句를 써 두지 않은 것은
恐有遊人醉眼看	사람들이 모를까 생각되기 때문이요.
(『篠叢遺稿』)	

이 작품은 이른 새벽에 江樓에 홀로 올라 지은 작품이다. 起承兩句는 어두운 빛이 열리고자 할 즈음 지팡이에 의지하여 江樓에 올라 새벽이 끝나지도 않을 때까지 난간에 의지하고 있었다고 했다. 江邊의 黎明이 아름다웠기 때문이 아닌가 한다. 轉結兩句는 江樓의 기둥에 시를 써 붙이지 않은 것은 좋은 시를 지을 수 없었던 것이 아니고 이곳을 찾는 사람들이 보아도 알지 못할까 생각되었기 때문이라고 했다. 이 시에서 黎明에 江樓의 前景이 아름답다는 것을 言外에 나타낸 바도 없지 않으나, 시인은 그것보다 세상 사람들이 시에 대한 이해가 부족함을 개탄한 것이 아닌가 한다. 다시 말하면 지은 작품이 있어도 사람들이 취한 눈으로 보지 않을까 생각되었기 때문이라고 했는데, 여기에는 篠叢이 자신의 시에 대한 긍지와 아울러 오만했던 성격의 한 단면을 볼 수 있다고 생각된다. 다음에는 七言律詩에 대해 살펴보고자 하며, 먼저 七夕詩부터 들어 보고자 한다.

秋盡瑤墟銀漢遙	瑤臺에 가을이 다하고 銀漢은 먼데
河邊烏鵲自相招	河邊에 까마귀 까치들이 모여든다.
牽牛幾日思如結	牽牛는 얼마나 생각이 맺혔으며
織布多時恨未消	織女는 오랫동안 한이 서리었겠지.
天感最憐離別久	하늘이 긴 이별 가련하게 여겨
雨零應和涕洟飄	비와 눈물이 엉겨 내리게 한다.
爭歡邂逅論心事	뜻밖에 만나 즐겁게 심정을 말하면서
怕却金鷄促報朝	닭이 울어 아침을 재촉할까 두려워 한다.
(『篠叢遺稿』)	

漢文化圈에서는 七月 七夕에 얽힌 七夕說話가 있다. 銀河水를 사이에 두고 견우와 직녀가 헤어져 있다가 七夕이 되면 烏鵲들이 모여 銀河水에 다리를 놓아 견우가 건너가 직녀를 만나게 된다고 하는데, 그들이 만날 즈음이면 엷은 구름이 끼이고 잇따라 빗방울이 떨어진다고 한다. 이 시는 이러한 七夕說話를 배경으로 하여 남녀의 애정을 표현하고자 한 것이 아닌가 한다. 首聯은 맑고 깨끗한 瑤臺에 銀河水가 멀리 보이는데 까마귀와 까치들이 河邊에 모여든다고 했으니, 칠석날 하늘의 夜景과 아울러 견우가 직녀를 만나기 위해 銀河水를 건너갈 烏鵲橋가 형성될 것을 예고하고 있다.

頷聯은 견우와 직녀가 銀河水를 사이에 두고 임의대로 만나지 못하는 애틋한 감정을 반영한 것이며, 頸聯은 하늘이 그들의 오랫 동안의 이별을 가련하게 여겨 烏鵲을 불러모아 다리를 놓게 했으며, 그들은 서로 만나자 기쁨과 또 헤어져야 할 서러움으로 눈물을 흘린다고 했다. 尾聯은 서로 애타게 보고 싶어 하다가 갑자기 만나게 된 기쁨을 이야기 하면서 닭이 울어 새벽을 재촉하게 할까 무서워한다고 했다. 새벽이 되면 烏鵲橋가 무너지기 때문에 그 전에 견우가 돌아가야 하므로 새벽을 알리는 닭 우는 소리가 무섭다고 했으니 헤어지기 서러운 감정을 곡진하게 나타낸 것으로 볼 수 있다.

篠叢이 娶妻를 언제 했는지 정확히 알 수 없으나 晩年에 한 것은 사실인 듯 하다. 그의 行狀에 59세 때인 庚午年에 會試에 합격하여 進士가 되었다고 하고 그 다음에 趙氏女를 娶해 두 아들을 낳았다고 했다.[39] 그리고 野史에 篠叢이 90세에 後嗣를 위해 妻를 구했으나 行媒가 되지 않았는데, 어느 집 처녀가 부모에게 하루를 살다가 과부가 되어도 賢者의 처가 되는 것이 소원이니 洪某와 결혼하겠다고 하여 부모가 허락했다는 말이 있다.[40] 이러한 기록들

39) 「行狀」. "庚午年會試 得參進士 娶趙氏女 生二子"

이 사실과 얼마나 가까운지 알 수 없으나, 晩年에 娶妻했다는 傍證은 되지 않을까 한다.

그런데, 篠叢이 늦게까지 娶妻하지 않은 것은 무슨 까닭이었을까. 그것은 출신이 鄕吏의 아들로서 服役을 했다고 하니 가난했을 것이고, 免役한 후에도 생업에 종사하지 않고 사방으로 방랑했으므로 거처를 정하기 어려울 정도로 계속 가난했다. 그리고 免役 후의 篠叢은 명사들과 교유를 했으나 신분을 상승시키고자 노력하지 않았고 상승되지도 않았다. 이러한 이유들이 쉽게 결혼을 하지 못하게 된 이유가 아니었던가 생각되며, 끝까지 세속을 등지고 羽士로 자처하고자 했기 때문에 娶妻를 못한 것은 아닌 듯 하다. 그것은 위에서 살펴본 征婦詞와 七夕詩에 남녀간의 애정을 曲盡하게 표현한 것에서도 알 수 있지 않을까 한다. 만약 篠叢이 羽士로 자처하여 娶妻가 늦었다면 七夕詩와 같은 작품은 짓지 않았을 것이다. 다음에는 述懷詩를 들어 본다.

三十年前氣不禁	삼십년 전에는 氣가 넘쳐
高山大水喜登臨	名山 大川 찾기를 좋아했다.
四方走路入雙屨	雙屨를 신고 사방을 분주히 다녔고
萬卷古言儲寸心	많은 책 읽어 가슴에 간직했다.
細事豈曾憂樂我	細事가 어찌 나의 감정을 움직이며
閑情唯有短長吟	閑情으로 시만 읊었을 뿐이었다.
如今坎壈兼衰老	지금은 불우하고 늙었으니
只欲靜居一室深	집에서 조용히 살고 싶다오.

(『篠叢遺稿』)

이 작품은 언제 지었는지 알 수 없으나 50대 후반 娶妻하기 직전

40) 『篠叢遺稿』 附錄, 「遺事」. "洪某年九十 爲後嗣求妻 媒嫗行媒 莫不挻捧 有一處子謂其父母曰 雖嫁夫某 一日而孀 願爲賢者妻 其父母許之"

에 지은 것이 아닌가 생각된다. 이렇게 보려는 것은 내용이 지난 날을 회상하는 것이기 때문이다. 首聯은 젊었을 때는 자신도 억제할 수 없을 정도로 氣가 넘쳐 명산 대천을 찾아 오르기를 좋아 했다고 하니 방랑했던 시기를 말한 것이다. 頷聯 역시 사방을 분주하게 다녔을 뿐만 아니라, 많은 책을 읽었다고 했으니 젊은 날에는 방랑하면서 공부도 열심히 했다는 것이다. 頸聯은 사소한 일에는 감정이 움직이지 않을 정도로 대범했으며 시만 지었을 따름이라고 하여 世俗的인 일에 관심을 가지지 않고 詩作에만 전념했음을 말한 것이다. 尾聯은 지금에 와서는 성공한 것도 없이 노쇠했으니 가정을 가지고 조용하게 살고 싶다고 했다.

이 시는 詩題에서 알 수 있는 바와 같이 과거를 회상하며 지은 작품이다. 즉, 명산 대천을 찾아 사방을 방랑했고 많은 책을 읽었으며, 세속적인 일에 관심이 없었기 때문에 사소한 일에 감정이 움직이지 않고 오직 詩作에 전념했다. 그러나 성공한 것도 없이 노쇠했으니 여생을 가정에서 조용히 보내고 싶다는 소망을 말한 것이 아닌가 한다. 이 작품은 篠叢의 생애와 사상을 이해하는데 적지 않은 도움이 될 것으로 생각한다. 다음에는 月夜出城詩를 들어 본다.

秋深山郭滅纖烟	깊은 가을 성곽에 엷은 연기 걷히고
開徧里門村犬眠	열린 사립문에 개들이 졸고 있다.
白月懸空天似畵	달이 떠 있는 하늘은 그림같이 아름답고
淸風動樹夜如年	나무가지에 淸風이 부는 밤은 길다오.
寒虫鳴筑依衰草	풀속에 벌레들은 비파소리처럼 울고
淨露綴株滿野田	구슬을 꿴 듯한 맑은 이슬이 들에 가득하다.
柱杖高吟有餘興	지팡이 짚고 읊는 소리 흥겨우며
神澄骨爽欲登仙	상쾌한 맑은 정신 신선이 된 듯하다.
(『篠叢遺稿』)	

이 작품은 밝은 달밤에 城門을 나서며 눈앞에 전개된 景物을 표현한 것이다. 首聯은 늦은 가을 성곽에까지 깔려 있던 엷은 연기가 걷히고 깊은 밤인데 사립문은 열려 있으며 개들은 문앞에서 졸고 있다고 했으니, 시골 마을의 고요하고 和平한 情景이다. 頷聯은 밝은 달이 떠 있는 하늘은 그림처럼 아름답고 나뭇가지에 맑은 바람이 분다고 했다. 頸聯은 벌레들의 우는 소리가 비파소리처럼 들리고 풀잎에 맺혀 있는 이슬은 구슬을 꿰어 놓은 듯 아름답다고 했는데, 兩句의 對도 좋을 뿐만 아니라, 표현이 극히 精巧하다. 尾聯은 이와 같은 景物을 보고 흥에 겨워 가던 길을 멈추고 소리 높여 시를 읊으니 정신이 상쾌해 신선이 된 것과 같다고 했다.

이 작품의 詩題를 月夜出城이라 했다. 어떤 일로 인해 달밤에 성문을 나서게 되었는지는 말하지 않았기 때문에 알 수 없으나, 작품에 반영된 내용으로 보아 다급한 일이 있었던 것은 아닌 듯하다. 그리고 『篠叢遺稿』가 후대에 편찬되어 간행한 탓인지 실려 있는 작품들의 지은 시기를 짐작할 수 있는 것은 몇 수에 불과하다. 그러면 이 시는 어느 시기에 지었을까. 이 작품에 앞서 살펴 본 述懷詩에는 지금은 衰年이라 했고 一室에서 靜居하고 싶다고 했으니, 오십대 후반 娶妻하기 직전에 지은 것이 아니었을까 짐작할 수 있겠으나, 이 月夜出城詩는 내용면에서 후기에 지었을 것으로 추정할 만한 것도 없을 뿐만 아니라, 尾聯에 아름다운 景物을 보고 지은 시를 소리 높여 읊으니 신선이 된 것과 같다고 했다. 이로써 볼 때 명산 대천을 찾아 사방을 두루 다니며 시에 전념할 시기에 지은 것이 아니었을까 한다. 그리고 이 작품은 표현이 정교하며 淸爽함이 있다. 篠叢이 미천한 출신임에도 당시 명사들과 교유가 이루어졌고 그들로부터 시를 높게 인정받았던 것은 이러한 작품들을 지었기 때문이었을 것이다. 다음에 夜起醱粥詩를 들어 보고자 한다.

西風吹徹意先輕　　하늬바람 불자 마음이 더욱 급해
拓戶見星欲五更　　문 열고 별을 보니 五更이 되려한다.
作粥試淘新粟米　　좋은 쌀을 씻어 죽을 쑤야 하나
糝羹仍斫野菘莖　　쌀가루 국에 시래기 썰어 넣었다.
盈㽉擎手落顔影　　죽 사발 들자 낯 그림자 비치고
剌匕入脣開齒聲　　입에 떠 넣자 숟가락 소리 들린다.
分與眼前炊母喫　　앞에 앉은 아내에게 나누어 주니,
小兒睡起索還鳴　　아이도 자다 깨어 달라하며 운다.
(『篠叢遺稿』)

이 작품의 詩題는 밤에 일어나 죽을 먹으면서 지은 것이라 했는데, 무슨 까닭으로 밤에 먹게 되었는지는 알 수 없으나 추운 날씨를 걱정하고 밖에 나가 時點을 살피는 것으로 보아 出他하기 위해 먹은 것이 아닌가 한다. 그러므로 首聯은 일찍 출발하기 위해 잠을 깨니 하늬바람이 불어 더욱 급히 서둘게 되었고 시점을 알기 위해 별의 이동을 살펴 五更이 가까웠음을 알게 되었다고 했다. 시계가 발명되어 이용하기 전에는 일반사람들이 하루의 시점을 짐작할 수 있는 방법은 달과 해와 아울러 낮에는 그림자의 이동과 밤에는 하늘의 星座를 보고 짐작하게 되는데, 이 首聯에서 문을 열어 별을 보고 五更이 가까웠음을 알았다고 했으니, 지난 날의 생활양상의 한 단면을 알 수 있다.

頷聯은 이른 새벽에 출발하게 되어도 먹고 떠나야 한다. 그런데, 생활이 가난해 밥은 생각하지도 못할 형편이기 때문에 죽을 먹게 되는데, 그것도 좋은 쌀로 끓인 것이 아니고 쌀가루를 넣은 멀건 것에 시래기를 썰어 넣고 끓인 죽이라고 했으니, 생활이 극히 어려운 것에 대한 표현이라 할 수 있다. 그러나 지난 날 농촌에서 흉년이 들거나 생활이 빈곤한 사람들이 봄철에 絶糧이 되면 이렇게 먹고 살 수밖에 없었다.

頸聯은 그렇게 끓인 죽을 사발에 담아 먹고자 할 때 멀건 죽에 자신의 얼굴이 비친다고 했으며, 숟가락으로 떠서 입에 넣었을 때 숟가락과 이가 서로 닿아 소리가 난다고 했다. 위장이 약해 소화능력이 없어 먹고자 할 때 끓인 죽은 멀건 것이 좋을 수도 있다. 그러나 밥 대용으로 먹을 때는 멀건 것일수록 소화가 쉽게 되어 배가 빨리 고프게 된다. 죽을 담은 사발에 얼굴이 비친다는 것은 죽이 매우 멀겋다는 것을 의미한 것이다. 쌀가루에 시래기까지 썰어 넣어 끓인 죽에 얼굴이 비칠 까닭이 없으므로 과장된 표현임에 분명하나 가난을 표현한 것으로는 박진감을 느끼게 한다. 그리고 숟가락으로 음식을 떠 입에 넣었을 때 소리가 난다는 것은 이와 숟가락이 서로 닿아 마찰이 되어 나는 것이다. 밥이었을 경우에는 이와 숟가락 사이에 밥이 있기 때문에 마찰이 되지않거나 적게 되어 소리가 들리지 않는다. 이와는 달리 멀건 죽이었으므로 소리가 난다는 것이다. 이 頸聯은 표현에 과장이 없는 바 아니지만 사실적인 것으로 여겨지는 것은 표현이 극히 정교하기 때문일 것이다.

尾聯은 이 시를 지은 시기를 대략 짐작하게 한다. 여기에서 炊母는 부인일 것이며, 小兒는 아들일 것이다. 篠叢이 娶妻한 시기는 50대 후기 또는 60대 초반으로 추정되는데, 태어난 아이가 자다가 일어나서 죽을 달라고 할 정도면 오륙세는 되었을 것이다. 그러므로 이 작품은 60대 중반 이후에 지은 것이 아닌가 한다. 어쨌든, 이른 새벽에 일어나 죽을 끓여와서 남편에게 주고 상머리에 앉아 있는 부인에게 들어 주며 같이 먹자고 했으니, 부부간의 애정이 도타움을 알 수 있다. 그리고 죽을 나누어 주며 먹게 권하고 사양하는 말소리에 옆에 자던 아이가 일어나서 죽을 달라고 하며 운다고 했다. 이러한 경우는 지난 날 가난한 가정에서 자주 볼 수 있는 것은 아니겠지만 있을 수 있는 것이다. 여기에서 우는 아이를 미워하거나 가난을 원망하지 않고 현상을 그대로 담당하게 표현하였다. 이 尾聯을 보고 찬탄을 금할 수 없는 것은 말로만 들었던 빈궁이 영절스럽게 표현되어 재체험하는 듯한 느낌을 가지게 하기 때문이다.

貧窮은 누구나 싫어 하는 것이겠지만 그것을 벗어나고자 노력해도 마음대로 되는 것이 아니기 때문에 운명으로 받아들이는 것이 지난 날 동양적인 관념이라고 할 수 있을 것이다. 그러므로 가난이 흉이 될 수 없고, 또 흉으로 생각하지도 않았다. 그렇게 여기었기 때문인지 지난 날 문인들의 작품 가운데 빈곤으로 인한 주위의 참상에 대해 반영한 것은 적지 않게 볼 수 있으나, 자신의 貧窮에 관해 언급한 작품을 보기 드문 것은 安貧樂道에 어긋난다고 생각했기 때문일 것이다. 그런데, 篠叢은 이와 같이 자신의 窮狀을 작품에 솔직히 반영한 것은 貧富에 초탈했기 때문이 아닌가 한다. 이렇게 보려는 것은 그의 생활태도가 현실적인 名利와 거리가 멀었고, 또 작품에 나타내고자 하는 篠叢의 태도가 견디기 어렵다거나 극복하려는 의지를 말하고자 한 것이 아니고, 窮狀을 그대로 담담하게 표현하고자 한 태도에서 알 수 있기 때문이다. 다음에는 海島述懷詩를 들어보고자 한다.

謫居島嶼瘴雲深	瘴雲이 많은 섬으로 유배되어
鬢邊還過幾光陰	귀밑 머리에 얼마의 세월이 흘렀는가
奇花異卉開幽思	기이한 花草들은 어두운 생각 열게하고
麗海佳山入細吟	아름다운 산과 바다를 보고 시를 지었다.
麥飯盛堀肥肉減	보리밥 담은 그릇에 몸은 여위었고
麻衣掩骼雪霜侵	삼베옷 입은 마른 뼈에 찬바람이 숨어 든다.
天明日照窮林草	깊숙한 숲에 햇볕이 비치니
更發新芽雨露心	다시 돋은 새순이 雨露에 젖었다.

(『篠叢遺稿』)

이 작품은 詩題를 海島述懷라 했으니, 篠叢이 濟州道에 유배되어 있을 때 지은 작품임을 알 수 있다. 首聯은 瘴氣가 많은 海島에 유배되어 몇 년이 지났다고 했으니, 유배를 당할 만한 죄목도 없이 기후 조건이 좋지 않은 海島에 오랫 동안 유배된 것에 원망도 전혀 없지 않은 듯하다. 頷聯은 내륙에서 보지 못했던 奇花異草가 많고 아름다운 바다와 산이 있어 그것으로 마음을 달래며 시를 짓기도 한다고 했다. 내륙에서는 해변에 살지 않으면 바다를 보기 어려우나 濟州道에서는 어디에서나 바다를 쉽게 볼 수 있으며, 기후도 내륙과는 달리 亞熱帶 지방이기 때문에 식물의 분포가 내륙과 달라 그곳에 가기 전에 보지 못한 화초가 많으므로 그것을 보고 억울한 마음을 달랜다고 한 것이다.

그러나 頸聯에서는 유배생활의 처절함을 반영하고 있다. 즉, 매일 먹는 보리밥에 몸은 여위지고 삼베옷 입은 마른 뼈에 눈바람이 숨어든다고 했다. 濟州道는 논이 적고 밭이 많은 곳이다. 그리고 그곳에서 생산되는 식량으로 自給自足이 되지 않는다고 한다. 삼베옷은 여름철 더울 때 입는 옷이다. 옛날 流配를 가게 되면 먹고 입는 것을 국가에서 주는 것이 아니고 본인이 마련해야 한다. 그러므로 벼슬을 하다가 가게 되어도 어려움이 적지 않았다고 하는데, 篠叢과 같이 벼슬은 커녕 사방으로 放浪하다가 갔으니 식량이 귀한 곳에서 영양 실조가 되어 여위지 않을 수 없었을 것이다. 뿐만 아니라, 우리나라와 같이 사계절이 분명한 지역에서는 철에 따라 옷을 바꾸어 입어야 한다. 그렇게 할 형편이 되지 못했을 때 겨울옷으로 여름을 지나는 것보다 여름 옷으로 겨울을 지나는 것이 견디기 더욱 어려울 것이다. 篠叢은 그곳에서 철 따라 옷을 바꾸어 입을 형편이 되지 못해 가장 더울 때 입는 삼베옷으로 霜雪이 치는 겨울을 보낸다고 했으니 견디기 어려운 고초임을 알 수 있다.

尾聯은 그곳에서도 하늘은 밝아 햇빛이 음지에 있는 초목에까지 비추게 되면 다시 움이 트는 新芽에 雨露가 젖을 것이라고 했다. 이 聯의 표현은 상징성이 있다. 天明은 임금이 小人들에 의해 총명이 가리어 졌다가 다시 밝아진 것을 의미하기도 하며, 雨露는 임금의 은혜를 역시 상징적으로 말할 때 표현하는 말이다. 위에서 알아본 바와 같이 燕山君 때 篠叢이 柳子光이 보자는 것을 거절했다가 임금을 비방했다는 죄목으로 유배를 가게 되었다고 했으니, 柳子光의 陰害에 의해 가게 된 것이다. 天明은 燕山君의 총명이 柳子光으로부터 벗어나기를 바라는 것이며, 따라서 流配되어 있는 자신에게도 雨露에 젖는 것과 같이 임금의 은혜가 미쳤으면 하는 간절한 소망이 담겨 있다. 그러므로 이 시는 篠叢이 사십대 또는 오십대에 지은 작품으로 유배지에서 放免되기를 간절히 바라는 심정을 반영한 것이다. 다음에는 圓覺寺에서 지었다는 시를 들어보고자 한다.

與勞非穀强賢臧　노름하는 穀보다 글 읽은 臧이 좋아
爭似丁刀更善藏　다투던 丁刀처럼 잘 감추어 두련다.
雪裡草衣肥益軟　눈속의 草衣에도 살결은 부드럽고
日中木食腹猶望　늦게 과일만 먹었으나 배는 부르다.
青山綠水吾家境　青山과 綠水는 우리집 있는 곳인데
明月清風孰主張　明月과 清風은 누가 맡으리.
如寄生涯宜放浪　나그네 같은 생애 방랑하다가
還思名教共天長　名教로 돌아와 길이 하리다.

이 작품은 首聯을 비롯하여 난해한 곳이 없지 않으나 篠叢의 작품 가운데 많이 알려졌을 뿐만 아니라, 그를 이해하는데 도움이 될 것으로 생각되어 들어 보았다. 이 시는 篠叢遺稿에서도 詩題가 없고 그 자리에 圓覺寺 동쪽 上室에서 金守溫, 徐居正, 洪允成이 韻

을 불렀는데 金時習이 자리 오른쪽에 있었다고 했다.[41] 지난 날 문인들이 呼韻을 하고 시를 짓게 할 때 詩題를 정해 주고 韻字를 부르는 것이 일반적이나 간혹 정해 주지 않고 韻字만 부를 때도 있다. 따라서 이 시를 지을 때도 詩題를 정해 주지 않은 듯하다.[42] 이 시의 저작에 대해 篠叢의 行狀에는 약간 구체적으로 기록되어 있으므로 들어 보고자 한다. 公이 젊었을 때 圓覺寺에 머물며 글을 읽고 있었는데 金守溫, 徐居正이 朝廷에서 물러나오다가 절을 구경하며 공을 오게하여 韻을 부르니 공이 부르는 글자에 따라 지었으며, 그 中聯에 靑山綠水吾家境 明月淸風孰主張이라 했는데, 그 때 金時習이 오른쪽 자리에 있다가 이 中聯을 보고 눈물을 흘리며 徐居正을 향해 이같이 하겠는가 했다고 한다.[43] 이와 같이 양쪽 기록이 일치함을 볼 수 있다. 洪萬宗도 이와 비슷한 기록을 한 바 있다.[44] 이로써 볼 때 이 시는 圓覺寺에서 金守溫 등의 呼韻에 따라 지었음을 알 수 있으며, 그 자리에 金時習이 있었다고 한다.

이 시의 首聯은 난해하다. 穀과 藏의 故事는『莊子』駢拇篇에 있는 것으로써 두 사람이 같이 羊을 먹이다가 잃었는데, 穀은 바둑과 장기를 두다가 잃었고 藏은 책을 보다가 잃었다. 서로 한 일은 다르나 잃은 것은 같다는 것을 의미 한 것이다. 洪萬宗은 그의『詩

---

41)『篠叢遺稿』. "圓覺寺東上室 金守溫徐居正洪允成呼韻 時金時習悅卿在坐之右"

42) 만약 詩題를 정해 주었다면 쓰지 않을 까닭이 없고, 또 같은 韻에 다른 한 수의 시가 있는데, 韻字만 같을 뿐 내용은 다르다. 다음에는 다른 韻으로 지은 두 수가 있다. 이로써 볼 때 詩題를 정해 주지 않았던 것으로 생각된다.

43)『篠叢遺稿』「行狀」. "公少寓讀於圓覺寺 金乖崖守溫 徐四佳居正 自朝退觀于寺 進公呼韻 公應之如響 其中聯曰 … 時悅卿在右席 見此聯 流涕者久 目四佳曰 剛中汝能如是乎"

44) 洪萬宗,『詩評補遺』上. "玩世高踏 不干榮利 少時寓讀於圓覺寺 金乖崖守溫 徐四佳自朝退觀於寺 邀洪呼韻 洪應聲曰…"

評補遺』上에 初句의 勞字를 其字로 바꾸었다. 대략 이해는 되나 强解는 하지 않고자 한다. 그리고 丁刀도 알아보지 못했다. 頷聯은 눈바람 속에 풀로 만든 옷을 입고 있어도 살결은 거칠지 않으며, 아침에 해가 높게 뜬 뒤에 과일을 먹었으나 腹猶望이라 했는데 望字도 難解하다. 즉, 해가 중천에 왔을 때 밥 대용으로 과일 같은 것을 먹었으나 시장함을 느끼지 않는다고 한 것이 아닌가 한다. 이 聯은 정신적인 안정으로 육체적인 고난을 克服하고 있음을 알 수 있다. 頸聯은 金時習이 보고 눈물을 흘렸다는 것으로 篠叢의 시에서 많이 알려진 詩句로써 현실의 功名과 利慾을 완전히 超脫한 것이다. 그를 羽士로 지칭한 것은 이같은 詩句를 지을 수 있었기 때문이 아닌가 한다.

尾聯은 자신을 나그네 같은 생애로 생각하기 때문에 사방으로 방랑하고자 하다가 돌아와 名敎 즉, 儒學을 하늘처럼 생각하며 공부하리라고 했다. 篠叢은 가정을 가지기 전에는 방랑을 많이 했고, 위에서 인시한 바 있는 南孝溫의 말에 따르면 篠叢이 처음 불교의 虛無思想에 관심을 가졌다가 십여년이 지난 뒤에 깨닫고 돌아와서 吾書를 읽고 크게 기뻐했다고 하니, 이 尾聯은 南孝溫의 기록과 상관이 있는 것이 아닌가 한다.

이 시는 篠叢의 文名이 크게 알려지는 것과 관계가 있다. 그러므로 이 작품을 언제 지었는가 하는 것이 주목이 되겠는데, 먼저 이 시를 지은 시기를 알아 볼 필요가 있다. 行狀에서는 公少寓讀於圓覺寺 …라 했으나, 소년이었을 때가 아니고 젊었을 시기였을 것이다. 위에서 알아 본 바와 같이 篠叢이 賤人으로서 30세에 免役이 되었고, 바로 嶺南으로 金宗直을 찾아가서 杜詩를 배우면서 격찬을 받았으며, 한동안 영남지방을 여행하다가 상경했다. 篠叢이 圓覺寺에서 이 시를 지을 때는 영남에서 상경한 후 원각사에 머물면서 지은 시가 아니었을까 한다. 이같이 추정하려는 것은 篠叢이 南陽守 蔡申甫로부터 免役을 받은 것은 能文이었기 때문이라고 하나 그때는 그 지역에만 알려졌을 것이며, 金宗直으로부터 격찬을 받으면서 널리 알려지게 되었을 것이다.[45] 이로써 篠叢의 文名이 서울에까지 알려졌기 때문에 退朝하면서 圓覺寺로 구경갔던 金守溫, 徐居正 등이 그의 문명을 듣고 불러 시를 짓게 했던 것으로 생각된다.

이때 篠叢이 지은 시는 同韻에 각 두수로 모두 네수의 七言律詩였다. 첫 韻字만 부른 것이 아니고 다섯 자 모두를 정해 준 것이다. 强韻임에도 同韻으로 즉석에서 두 수씩 지었으니 당시 문장의 大家였던 그들로부터 인정을 받아 더욱 이름이 널리 알려졌을 것이다. 이로써 볼 때 이 작품은 그의 문명을 널리 알리게 한 작품이라 할 수 있다.

이상에서 篠叢의 시 십여수를 임의대로 선택하여 살펴보았다. 시의 品格은 淸奇하고 遒勁하며 難解한 작품이 많은 편이다. 그리고 그가 활동할 시기에는 宋詩의 영향이 많았기 때문인지 篠叢의 시도 宋詩의 영향을 적지 않게 받았다고 생각된다. 우리나라 문인들은 고려 중기때부터 조선 전기까지는 宋詩의 영향을 받다가 중기부터 唐詩의 영향을 많이 받았다. 詩風은 시대의 변천에 따라 변하는 것이기 때문에 어느 詩風이 더욱 좋다고 말할 수는 없는 것이다. 만일 篠叢이 唐詩를 선호하여 영향을 받았다면 조선조 중기 이후의 문인들로부터 더욱 많은 찬사를 받지 않았을까 한다.

篠叢에 대해 洪萬宗은 玩世不恭 不干榮利라 했다. 이와 같이 洪

45) 篠叢이 金宗直으로부터 杜詩를 배운 뒤에 頭遊山을 구경하고자 갔다가 晉州에서 方伯의 청에 따라 그곳 선비들의 詩紙를 평했다는 것에서도 그의 文名이 알려지게 되었음을 알 수 있다.

萬宗이 논평한 것은 篠叢이 매우 가난했으나 그것으로부터 벗어나고자 하지 않았고, 신분이 미천했으나 上昇하고자 노력하지 않았기 때문일 것이다. 그는 자신의 가난에 대해 얼굴이 비치는 멀건 죽을 먹는다고 했고, 눈속에 草衣를 입고 있어도 살결은 더욱 부드럽다고 할 정도로 그것을 운명으로 알고 安住하고자 했으며, 싫어하거나 벗어나려 하지 않았다. 만일 篠叢이 벗어나고자 했다면 그가 문명이 높게 알려졌을 때 권력을 쥐고 있는 인사들의 요구에 따라 접근을 했다면 그러한 가난은 면할 수 있었을 것으로 생각되나 전혀 그러한 흔적을 찾아 볼 수 없다.

그리고 篠叢은 문명이 높았으나 그것으로 그의 신분을 상승하고자 하지 않았다. 篠叢의 학문에 대해 朴祥(1474～1530)은 중국에서도 公과 같은 인사는 쉽지 않을 것이라 했다[46]. 金淨(1486～1521)은 자신에게 우리나라 사람들이 지은 詞賦에서 楚辭에 접근한 것이 있는가 했을 때 洪篠叢의 祭金悅卿文으로부터 비롯되었다고 했다.[47] 이로써 보면 篠叢은 시뿐만 아니라, 학문과 詞賦에 이르기까지 깊고 능했음을 알 수 있다.

우리나라는 먼 옛날부터 최근세에 이르기까지 학분과 詩文에 능한 인사는 많은 존경을 받았다. 篠叢이 학문과 시문으로 士大夫들과 많이 접촉하면서 노력했다면 완전한 破僻은 어렵다 할지라도 신분이 어느 정도 상승할 수 있는 기초는 마련 할 수도 있었을 것으로 생각되는데, 그는 노력하지 않은 듯하다. 이렇게 볼 수 있는 것은 그가 進士試에 합격하여 大科에 응시할 수 있는 자격을 갖추었으나 보지 않았고, 金宗直의 제자들을 비롯하여 많은 士大夫들

46) 「行狀」. "公嘗過忠州 朴使君祥館公師事之 論文講道累日 曰我公雖在中原 鮮有其儷"

47) 上同. "鄭學官蕃 問於金冲菴淨 東人詞賦誰近楚辭 冲菴曰 洪老祭悅卿文爲始"

과 접촉할 수 있는 기회는 있었으나 선택하여 사귀었고, 일생 동안 가장 가까웠던 인사는 金時習, 南孝溫 등이었는데, 이들은 方外 또는 현실에서 물러나 있었던 인사들이다. 그리고 자신도 靑山綠水가 자신의 집 주위에 있다고 하면서 名山大川을 찾아 방랑을 일삼았다. 뿐만 아니라 砥柱賦를 지어 굳은 節義와 깨끗한 行誼를 강조했으며, 題琴贊序에서는 밥 먹는 것도 잊고 거문고를 즐긴다고 했다. 이로써 보면 篠叢이 현실을 嘲笑하며 榮利를 얻고자 하지 않은 태도는 신분의 상승에 관심을 가지지 않았기 때문이 아닌가 한다.

Ⅳ. 結　言

篠叢은 학문과 문장으로 金宗直, 徐居正 등으로부터 인정과 찬사를 받았다. 그들은 당시는 물론 우리나라 漢文學史에서 屈指의 대가들이다. 篠叢이 그들로부터 찬사와 인정을 받았다는 것은 높은 수준의 작가였음을 실증한 것으로 볼 수 있다. 그런데, 그의 문장을 평가할 때 그의 신분도 감안해야 할 것이다.

우리나라에서 新羅 및 高麗 중기까지는 한문학의 享有階層이 귀족과 사대부들에 그쳤고, 고려 후기부터 士族들에까지 미치게 되었으며, 篠叢이 생존했을 때도 그 범위에서 벗어나지 못했다. 그러므로 庶流들 가운데는 文名이 높았던 인사들이 없지 않았으나, 알려진 바로는 賤民階層에서는 篠叢이 유일했던 인사가 아닌가 한다. 이러한 시대적 배경에서 篠叢이 등장했다는 것은 한문학의

享有階層이 더욱 확대되어 가고 있다는 것으로 볼 수 있겠고, 조선조 중기 이후부터 委巷文學이 점차 활발해 지는데 그가 선구적인 역할을 한 것으로 볼 수 있을 것이다. 그러므로 篠叢은 시문으로 당시 大家라 할 수 있는 작가들로부터 인정을 받았던 주목할 만한 작가였고, 또 미천한 신분의 출신으로서 우리 한문학사에서 委巷文學의 진출을 처음 개척한 인사로 평가되어야 할 것이다.

제2장

劉希慶 研究

Ⅰ. 序　言

조선조는 건국과 더불어 국가에서 崇儒政策을 장려했고, 또 고려조와 같이 과거로써 필요한 인재를 선발해 왔기 때문에 漢文學의 보급이 더욱 가속화되었다. 그러나 건국초기 상당 기간까지는 문단에서 한문학의 享有階層은 士大夫 또는 士族들에 그쳤고 간혹 庶類와 妓類들이 가담했으나 극히 소수였으며, 平民들의 진출은 보기 어려웠다. 王朝가 교체되어 정치적인 변혁이 있었음에도 조선조 전기 한동안까지는 한문학이 士大夫 또는 士族들의 전유물에 그친 것은 고려 때까지만 해도 한문학은 士大夫階層을 벗어나지 못했기 때문이다. 그리고 庶類와 妓類들이 간혹 참여할 수 있었는데 庶類들의 경우에는 士大夫 가정에서 태어난 자가 적지 않았고, 妓類들은 士大夫들과 접근할 수 있는 기회가 많았기 때문에 신분은 下賤이었으나 교육을 받을 수 있는 기회와 여건이 주어질 수 있었기 때문일 것이다.

이러한 시대적인 상황에 따라 平民들이 문단에 진출하는 데는 상당한 시간이 필요했을 것이다. 現傳하는 기록자료에 의하면 庶類를 제외하고 신분이 微賤했던 인물로서 최초로 문단에 頭角을 나타낸 인물은 成宗과 中宗年間에 생존했던 洪裕孫이 아닌었던가 하며, 그 다음으로는 宣祖와 光海年間에 활동했던 白大鵬과 본고에서 연구대상으로 한 劉希慶 등이 그 대표적인 인물 중의 한 사람이었을 것이다.[1] 본고는 이러한 劉希慶의 인물 성격과 그의 문학에 대해 살펴보고자 한다.

Ⅱ. 生涯와 人物 性格

劉希慶은 微賤한 가정의 출신이었으나 文名이 높았기 때문인지 문집도 전할 뿐만 아니라, 傳을 비롯하여 墓表, 墓誌銘 등 身後文字와 그의 일생 동안의 중요한 사실을 기록한 行錄 등이 전하고 있어 그의 인물 성격을 이해하는데 적지 않은 도움이 되고 있다. 그런데, 이러한 기록들의 내용은 그가 문명으로 알려진 후의 것이 많기 때문에 그의 생애에 대해 구체적으로 알 수 있는 기록이 못된다. 그러므로 그의 생애에 대해서는 따로 언급하기 어렵겠고 그의 인물 성격을 말하면서 같이 언급하고자 한다.

劉希慶(1545~1636)의 字는 應吉이며, 號는 村隱이다. 그는 아버지를 일찍 여의었고 어렸을 때부터 어머니에 대한 효성이 지극하여 어머니가 오랫동안 병으로 누워 있을 때 밤낮으로 옆에 있으면서 조금도 看護를 게을리 하지 않았고, 틈이 있으면 어머니가 입었던 옷을 東小門 밖에 있는 냇가로 가지고 나가 씻어 바위 위에 말리는 동안 옆에서 글을 읽고 있었으므로 보는 사람들이 이상하게 여겼다고 한다.[2] 이로써 보면 村隱은 家門이 微賤했을 뿐만 아니라, 어렸을 때 생활도 극히 어려웠음을 알 수 있다. 그리고 그러한 환경에서도 공부는 열심히 하고자 했다.

---

1) 柳夢寅은 『劉希慶傳』에서 中世에 魚無迹·朴繼姜·鄭玉瑞 등이 辭章으로 이름이 있었다고 했다.

2) 洪世泰 撰, 「墓誌銘」『村隱集』卷 2 附錄. "事母至孝 母病久帖席 夙夜其側 未嘗少懈 間取所藉襦 出東小門外川上 手濯而曝之巖石 坐其傍讀書 見者異之"

村隱은 뒤에 南彦經으로부터 朱子家禮를 배워 喪制에 더욱 밝아 典禮를 연구하여 古今의 변천에 대해서도 잘 알고 있었기 때문에 治喪을 잘 하는 사람으로 알려졌다고 한다.[3] 村隱의 신분으로 南彦經에게 朱子家禮를 배우기는 어려웠을 것으로 생각되는데, 村隱이 南彦經을 알게 된 계기는 村隱이 십 삼세 때 父喪을 당해 廬墓를 하고 哭泣하며, 어머니에 대한 효성이 지극하다는 말이 알려지자 南彦經이 水落山에 있는 先壟을 왕래하다가 그 말을 듣고 불러 보았다고 하며, 추위에 떨고 있는 것을 보고 두터운 옷을 주었으며, 암자에 있는 스님에게 묘 옆에 土宇를 지어 주고 죽을 주게 시켰다. 그리고 喪이 끝난 후 禮文을 가르쳤다고 했다.[4] 이로써 보면 弱冠이 되기 전에 南彦經으로부터 家禮를 배웠음을 알 수 있다.

村隱이 喪禮에 밝았기 때문에 士大夫들과 접촉할 수 있는 기회를 가졌을 것으로 짐작되는데, 다른 한편으로는 그것으로 인해 나이 많았을 때까지 그 일에 종사하게 되었다. 그가 젊었을 때부터 예를 좋아했기 때문에 예를 안다고 하여 士大夫 집에서 治喪할 때 그를 불러 물었다고 한다. 壬辰亂 후에는 세태가 예를 좋아하지 않았기 때문에 서울에서 喪을 당한 자들이 그를 불러 喪服을 만들게 하였다. 그가 천한 신분이었기 때문에 거절하지 못하고 칠십까지도 喪家의 役夫가 되었기 때문에 그를 아는 사람들이 불쌍하게 여겼다고 한다.[5] 村隱은 어렸을 때부터 가난했다. 그리고 성장한 후

---

3) 上同. "嘗從南東崗彦經 受文公家禮 尤明喪制 博攷典禮 以究極古今之變 遂以善治喪名"

4) 「行錄」. 『村隱集』 附錄. "十三喪考 … 一州無不稱道 東崗南先生彦經往來水落山先壟 聞而異之 來見 憫其寒苦 乃以麻滓厚織者遺之 又令望月菴僧 作土宇墓側 煮粥勸之 俾得依接 服闋 敎之以禮文"

5) 柳夢寅, 『於于野譚』 卷 3, 文芸, "初時尙好禮 謂劉希慶知禮 士夫家以禮治喪者 邀以問禮 及亂後俗不好禮 凡長安有喪者 知與不知 輒使之裁喪服 希慶處賤不得辭 年七十爲喪家役夫 飢走哭泣中 識者哀之"

에도 서울에 살면서 工商에 종사하지 않았다고 한다. 이로써 미루어 보면 村隱이 喪家의 자문에 응하고 喪服을 지어 준 것은 생활 수단의 한 방편일 수도 있었을 것이며, 또 士大夫들과 접근할 수 있는 계기도 되었을 것이다. 그리고 늦게까지 喪家의 役夫가 된 것도 사실인 듯하다.

宣祖 23년에 日本에 通信使를 보냈는데, 그때 正使에 黃允吉, 副使에 金誠一, 書狀官에 許筬이었다. 許筬이 특별히 村隱을 좋아했기 때문에 村隱과 白大鵬을 같이 데리고 가고자 했으나, 村隱은 나이 많은 어머니가 있기 때문에 갈 수 없다고 하며 사양하고 白大鵬만 갔다고 했다.[6] 그때 村隱이 47세 때였다. 당시 우리나라와 使臣의 왕래가 있었던 국가는 중국과 일본 밖에 없었는데, 상대국과의 관계가 악화되어 사신일행의 신변에 위험이 있다면 모르지만 양국 관계가 나쁘지 않을 때 사신일행으로 외국에 가서 그곳 文物을 구경할 수 있다면 그것은 누구나 원하는 것이었을 것이다. 특히 村隱과 같이 시를 좋아했던 인사에게는 더욱 말할 것이 없으며, 이때 시로써 유명했던 車天輅도 일행이 되어 갔다. 許筬이 村隱을 좋아하면서 사신일행으로 같이 가기를 원했던 것은 그의 시를 높게 인정했기 때문일 것이며, 이로써 그의 詩名은 40대에 이미 많이 알려졌음을 알 수 있다. 그리고 村隱이 養親을 위해 그러한 기회를 사양한 것을 볼 때 효성이 지극했음을 알 수 있다.

村隱이 49세 되던 해 壬辰倭亂이 일어났다. 村隱은 宣祖가 서쪽으로 蒙塵을 떠났다는 말을 듣고 悲忿하며 義士들을 모아 討賊하고자 맹세했다. 宣祖가 그 말을 듣고 표상하며 下教해 말하기를 希慶이 네가 義氣로써 討賊을 하고자 한다 하니 아름답게 생각한다

---

6) 柳夢寅, 「劉希慶傳」『於于集』卷 6. "名儒許筬 愛之特甚 嘗其使日本也 欲與白大鵬劉生偕 生以養老辭 獨以大鵬行"

고 했다.[7] 壬辰倭亂 때 倭軍이 東萊를 함락하고 北上하자 宣祖는 사세가 급박함을 알고 서쪽으로 蒙塵을 하게 되었고, 都城의 宮闕은 倭軍이 들어오기 전에 잔류민들에 의해 불타버렸다고 한다. 이로써 볼 때 전란초기에 下位階層의 일부에서는 방어에 적극적이지 않은 자들이 적지 않았음을 짐작할 수 있다. 村隱이 義兵을 모아 討賊에 얼마나 참여했는지 그에 대한 기록이 없기 때문에 알 수 없으나, 그의 失題詩에 千丈되는 비를 들고 嶺南에 있는 티끌을 모두 쓸어버렸으면 했다.[8] 그리고 그의 丁酉九月扈衛出城詩에는 傷心으로 宮闕을 떠나 눈물 흘리며 車駕를 扈衛한다고 했다.[9] 이로써 보면 村隱이 당시 나이 오십이었기 때문에 義兵들과 함께 얼마나 싸웠는지는 알 수 없으나 분개하고 의병을 모우고자 했으며, 丁酉再亂 때는 扈從까지 했음을 알 수 있다.

그리고 壬辰亂 당시 중국 사신이 우리나라에 빈번하게 왔기 때문에 그들을 접대하는 비용이 많이 들어 戶曹에서 가지고 있었던 銀貨가 탕진되었다. 宰相들이 村隱을 불러 타개 할 방법을 물었던 바 村隱이 해결 할 능력이 있는 사람에게 물어보아야 한다고 하며 白仁豪, 金叙, 愼天龍 등을 추천했는데, 그들은 모두 市民들 가운데 영향력이 있는 사람들이었다. 그들은 五部의 부녀자들이 가지고 있는 반지를 거두어 왔으므로 館接에 모자라지 않았다고 하며, 朝廷에서는 그들에게 通政의 品階를 내렸다고 한다.[10] 국가의 재

---

7) 洪世泰 撰, 『墓誌銘』. "壬辰倭亂 車駕西幸 公即涕泣慷慨 號聚義士 誓助天討 事聞 宣祖下教褒賞曰 希慶爾惟以奮義滅賊爲志 予甚嘉之"

8) 『村隱集』 卷 1, "願將千丈箒 掃盡嶺南塵"

9) 上同, "傷心辭鳳闕 掩淚扈鸞驂"

10) 「行錄」『村隱集』 附錄. "己酉詔使之來 將多糜費 而戶曹銀貨蕩竭 諸宰招君問計 君對曰 耕當問奴 織當問婢 請召白仁豪金敘愼天龍計之 三人皆市民之豪也 於是聚五部婦女指環而用之 館接無缺 朝廷幷賞君及三人 賜階通政"

정이 어려웠을 때 宰相들은 그 타개책을 村隱에게 물었고, 村隱은 市民들에게 영향력이 있는 사람들을 추천하여 어려움을 해결했는데, 이로써 보면 村隱은 시만 좋아하고 잘 지었던 인물만은 아닌 듯하다.

光海君 때 李爾瞻 등이 西宮에 幽閉되어 있는 仁穆大妃를 廢位하고자 할 때 市中에 있는 父老들을 동원하여 疏를 올리게 하고 듣지 아니하는 자들에게는 벌을 준다며 의협했다. 그러나 村隱은 참여하지 않았다. 그리고 村隱은 李爾瞻과 잘 알고 있었는데, 그러한 일이 있은 후부터 찾지 않았다. 뒤에 길에서 만나게 되자 李爾瞻이 화를 내며 꾸짖자 村隱은 어머니 모시기가 바빠 찾지 못했다고 했다. 그러므로 仁祖反正 후에 그의 節義를 높이 여겨 특별히 陞秩시켰다고 한다.[11] 光海君 때 李爾瞻은 막강한 권력을 장악하고 있었다. 村隱이 微賤한 출신으로서 생활이 어려웠는데, 李爾瞻과 잘 알고 있었으면서 찾지 않은 것을 볼 때 그의 인품이 부당한 권력에 접근하여 이득을 얻고자 하지 않았음을 알 수 있다.

그리고 鄭仁弘의 무리들이 三角山 밑에 南冥 曺植의 書院을 創建하여 뒤에 仁弘을 配享하고자 생각하며, 그 일을 村隱에게 맡기고자 利害로써 달래고 위협했으나, 그는 끝까지 거절했기 때문에 많은 사람들이 좋게 보았다고 한다.[12] 村隱이 道峯書院에 대해서는 자신의 일처럼 알뜰히 돌보았는데, 鄭仁弘의 무리들이 추진하는 書院에는 끝까지 관여하지 않은 것을 볼 때 선택이 분명했음을

11) 洪世泰 撰, 「墓誌銘」. "戊午逆臣李爾瞻謀廢母后 聳諸父老投疏 違者刑 而公獨不肯 素與爾瞻熟 至是絶之 而遇諸塗 爾瞻怒責之 公對曰 小人有母 急於母養 未暇及公之門 及仁祖反正 大臣以其節聞 特命陞秩"

12) 「行狀」. "光海時 鄭仁弘之徒 爲曺南冥 將創書院於三角山之中興洞 其意以仁弘傳南冥之統 而後日將以仁弘配享也 諸議欲委君幹其事 利誘而威怵之 君辭不肯 終不濡跡於其間 諸公多之"

알 수 있다.

村隱은 山水를 좋아하여 국내의 名山을 두루 찾았기 때문에 士大夫들 가운데 金剛山을 가고자 하는 자들은 村隱에게 안내하기를 청하는 사람들이 있었는데, 나이 팔십이 되었으나 가는 것을 어려워하지 않았다. 자손들이 가지 못하게 하면 士大夫들이 나를 좋아하는 것은 山水를 좋아하기 때문인데, 지금 늙었다고 게을리 하면 취할 것이 있겠는가 했다 한다.13) 이와 같이 村隱이 일생 동안 山水를 좋아했음을 알 수 있다. 柳夢寅은 이러한 村隱에 대해 工商에 종사하지 않고 오직 詩禮에만 관심을 가져 늙었을 때까지 다른 것으로 바꾸지 않아 생활이 극히 어려웠으나 편안한 듯 하다고 했다.14) 그리고 洪世泰는 村隱이 詩禮로써 유명했으나, 그의 높은 忠節은 名分과 義理를 생각하지 않고 이익만을 추구하는 자들을 부끄러워 죽게 할 것이라 하여 그의 높은 忠節까지 격찬했다.15) 村隱 자신도 그의 생활태도에 대해 自述詩에서,

貧如原憲臥烟霞	原憲처럼 가난하나 烟霞속에 누웠고
道不淵明愛菊花	道는 陶淵明에 못 미치나 국화를 사랑한다오.
酒滿瓦尊書滿架	술은 항아리에 책은 시렁에 가득하니
箇中眞味問如何	그 속의 眞味 물어 무엇하리.
(『村隱集』 卷 1)	

조선조 사회에서 신분적으로 中人 이하의 사람들은 出仕는 하

13) 上同. "癖於山水 國中名山 足跡殆遍 士大夫往金剛者 必請君爲山門主人 年至八十 而猶不憚行 子孫或以老病諫止 君曰 士大夫愛惜 以我有此癖也 今以老爲懈 則將安所取我也"

14) 柳夢寅, 「劉希慶傳」. "無手業 所事惟詩禮 抵老不易他伎 雖窮餓猶恬如也"

15) 洪世泰 撰, 「墓誌銘」, "公以詩禮 聞於當世 而其忠節尤卓卓 可以愧死夫世之不邮名義而唯利之得者"

기 어려워도 그들이 할 수 있는 직업은 없지 않았다. 그런데 村隱은 가난했음에도 부당하다고 생각하는 권력에 접근하여 자신의 勢利를 추구하려 하지 않았을 뿐만 아니라, 工商에도 從事하지 않고 士大夫들과 가까이 하며 오로지 詩와 禮에만 관심을 가지며 그것을 즐거움으로 여기고 일생을 마친 인물임을 알 수 있다.

Ⅲ. 桂生과의 關係

村隱集에는 扶安 기생 桂生을 생각하며 지은 시가 일곱 수가 실려 있으며, 내용으로 보아 두 사람의 사이가 깊었던 것으로 짐작된다. 그러므로 두 사람의 관계와 그녀에게 보낸 시에 대해 살펴보고자 하며, 먼저 桂生에 대해 알아보고자 한다.

桂生의 字는 天香, 號는 梅窓이며, 縣吏 李湯從의 딸이었다고 한다. 萬曆 癸酉年에 나서 庚戌年에 죽었으니 得年이 三十八이었다. 시를 잘 지어 수백 수가 되었으며 일시에 膾炙되었으나 지금은 대부분 잃어버렸다고 한다.[16] 이로써 보면 그는 賤出로서 시를 잘 지었음을 알 수 있다. 이와 같이 桂生[17]이 시를 잘 지었기 때문에 그

16) 許米子, 『李梅窓硏究』, 誠信女大 出版部, 1988. “桂生字天香 自號梅窓 縣吏李湯從女也 萬曆癸酉生庚戌死 得年三十八 平生善吟咏 有詩累百餘首 膾炙一時 而今幾散失.
後尾에 실려 있는 筆寫 梅窓集 卷頭에 있는 것을 재인용함.

17) 桂生은 그녀의 이름인 듯하다. 李睟光은 桂娘이라 했으며, 許筠은 桂生이라 불렀다. 그런데 村隱集에는 癸娘이라 했다. 癸酉年에 출생했기 때문에 그렇게 불렀는지 알 수 없다. 여기서는 계생이라 하고자 한다.

의 이름이 많이 알려졌고, 또 당시 名士들과 교유가 적지 않았다.

許筠(1569~1618)은 桂生에 대해 扶安에 이르니 비가 몹시 와서 머물렀다. 高弘達이 왔다. 기생 桂生은 李貴의 情人이었는데, 거문고를 가지고 와서 시를 읊었다. 얼굴은 뛰어나지 않았으나 才情이 있어 이야기 할 만했다. 종일 동안 술을 마시며 시를 서로 唱和했다.[18] 그리고 許筠의 문집에는 桂生에게 보낸 편지 두통이 실려 있다. 이로써 보면 桂生은 許筠과도 사이가 좋았고 거문고와 시를 잘 지었음을 알 수 있다. 李睟光(1563~1628)은 桂娘이 扶安 기생이었는데 梅窓이라 이름했다. 지나가던 사람이 그의 이름을 듣고 시로써 사귀기를 원했으나 桂娘은 그 시의 韻에 따라 다음 시를 지어 그의 의지를 나타내었다.

平生不學食東家	평생에 이집 저집 밥 먹지 않고
只愛梅窓月影斜	梅窓에 비치는 달만 좋아했다오.
詞人未識幽閑意	詞人이 이 뜻 알지 못하고
指點行雲枉自多	가는 구름 가르키며 부질없이 많다 한다오.

이 시를 본 그 사람은 실망하고 갔다. 桂娘이 평소 거문고와 시를 좋아했는데 거문고는 殉葬했다고 한다.[19] 이로써 보면 桂生은 거문고와 시로 유명해 당시 많이 알려진 名妓였음을 알 수 있다.

村隱이 扶安의 桂生을 만나 사귀게 된 경위에 대해 다음과 같은 기록이 있다. 村隱이 少時에 扶安으로 놀러 갔는데 그곳에 桂生이

18) 許筠, 「漕官紀行」『惺所覆瓿藁』卷 18, 紀行條. "到扶安 雨甚留 高弘達來見 倡桂生李玉汝情人也 挾琴吟詩 貌雖不揚 有才情可與語 終日觴詠相唱和"

19) 李睟光, 『芝峯類說』卷 14, 「文章部」 7. "桂娘者扶安賤娼 自號梅窓 嘗有過客聞其名 以詩挑之 娘卽次韻曰 … 其人悵然而去 娘平日喜琴與詩 以琴殉葬云"

라는 名妓가 있었다. 桂生은 그가 서울에서 온 詩客이라는 말을 듣고 劉希慶과 白大鵬 중에 누구냐 하며 물었다. 그때 두 사람이 시로써 널리 알려졌기 때문이다. 村隱은 기생을 가까이 하지 않았으나 이때 破戒를 했는데, 서로 더불어 風流를 즐기려는 것이라 했다.[20] 이 기록에 따르면 村隱이 少時에 扶安으로 가서 만났음을 알 수 있으며, 만난 시기를 少時라고 했으니 언제인지 정확히 알 수 없어 이에 대한 논란이 있었다.[21] 村隱이 扶安에 간 시기를 少遊라고 했으나 소년 때는 아니었을 것이다. 그가 시로써 扶安에까지 알려졌다고 했으니, 村隱이 어렸을 때 가정 형편으로 失學했기 때문에 시로써 유명해 지려면 30대 전후에나 가능했을 것이다. 그리고 村隱이 처음 桂生을 찾았을 때 劉白 가운데 누구냐 했다고 한다. 白은 白大鵬으로서 村隱과 같이 천인이었으나, 역시 시로써 유명했다. 그는 위에서 언급한 바와 같이 1590년에 通信使 黃允吉 등과 같이 日本에 가서 1591년에 돌아왔다. 壬辰倭亂이 일어났을 때 李鎰이 그가 倭中의 사정을 알 것이라 하고 동행했는데, 大鵬이 軍中에서 죽었다고 한다.[22] 李鎰이 壬辰亂이 일어나던 해 尙州에서 싸우다가 敗走하게 되었으니, 白大鵬이 그때 戰死했다면 許米子의 推論이 近理하다고 인정된다.

이와 같이 村隱이 桂生과 처음 만난 시기는 정확히 알 수 없으

---

20) 「行錄」. "少遊扶安邑 有名妓桂生者 聞君爲洛中詩客 問曰 劉白中誰耶 盖君及大鵬之名動遠邇也 君未嘗近妓 至是破戒 盖相與以風流也"

21) 金智勇은 그의 『梅窓文學研究』에서 桂生의 憶昔詩에 謫下當時壬癸辰이라 한 句를 근거로 하여 壬辰年(1592)·癸酉年(1593)이라 추측했으며, (『首都師大論文集』 6, 1974, 16쪽) 許米子는 위의 金智勇說을 부정하고 이들의 첫 만남은 적어도 1591년이어야 하며, 더 이상의 추리는 불가능하다 했다. 『李梅窓研究』, 誠信女大 出版部, 1988, 28쪽.

22) 柳夢寅, 「劉希慶傳」. "壬辰之亂 巡邊使李鎰 以大鵬諳倭中事 强之同行 大鵬死軍中"

나 村隱이 桂生을 찾았을 때 桂生이 劉白 가운데 누구냐 한 것으로 보아 村隱이 扶安으로 桂生을 찾아가서 만났음을 알 수 있다. 村隱이 처음 만났을 때 桂生에게 지어 준 贈癸娘詩를 들어 본다.

曾聞南國癸娘名	일찍 南國의 癸娘 이름 들었는데
詩韻歌詞動洛城	시와 노래로 서울까지 유명하다오.
今日相看眞面目	오늘 그 모습 보니
却疑神女下三淸	三淸世界에서 내려온 仙女같다오.
(『村隱集』 卷 1)	

이 시는 내용으로 보아 桂生에 대한 村隱의 최초의 求愛詩라 할 수 있다. 許筠은 桂生의 얼굴이 아름다운 편은 아니라고 했으나 村隱은 仙女가 하강한 듯 아름답다고 했다. 桂生이 萬曆 癸酉生(1573)이니 村隱과의 나이 차는 29세가 되며, 村隱을 처음 만났을 때는 白大鵬이 전사하기 전이었을 것이므로 桂生이 20세가 되기 전이었을 것이다. 그때 桂生은 이미 시와 노래로써 서울까지 많이 알려졌을 정도로 유명했음을 알 수 있다.

村隱의 시 가운데 息影亭詩가 있는 것을 보면 언제 어떤 일로 갔는지 알 수 없지만 全羅道 光州까지 간 적이 있음을 알 수 있다. 그때 村隱이 詩에 능한 기생이 扶安에 있다는 말을 듣고 桂生을 찾아 그곳으로 간 것인지, 全羅道에 갈 일이 있어 가다가 桂生을 찾은 것인지 알 수 없다. 어쨌든, 두 사람은 처음 만나 사이가 깊었던 것은 사실이다.

村隱이 桂生을 매우 사랑했으나 扶安에 오래 있지는 않은 듯하다. 그것은 두 사람의 사정이 서로 좋아한다고 해서 같이 오래 있을 수 없었기 때문일 것이다. 그러나 애정에는 변함이 없어 서로 그리워 했다. 村隱이 헤어진 후 桂生을 생각하며 지은 懷癸娘詩가 있으므로 들어본다.

娘家在浪州	낭의 집은 浪州에 있고
我家住京口	내 집은 서울에 있다오.
相思不相見	그리워하면서도 서로 보지 못해
腸斷梧桐雨	오동잎 빗소리에 창자가 끊어진다오.

(『村隱集』 卷 1)

이 작품은 扶安과 서울로 헤어져 있어 서로 그리워하면서도 보지 못해 애태우고 있으면서 오동잎에 떨어지는 빗방울 소리 들릴 때 창자가 끊어지는 듯 하다고 했으니, 村隱이 桂生을 얼마나 그리워하고 있었는가 하는 것을 알 수 있다. 村隱이 桂生과 헤어진 후 그리워하는 감정을 표현한 작품은 위의 시뿐만 아니다. 途中憶癸娘, 寄癸娘 등의 시가 있다. 두 사람 사이의 애정은 村隱만이 그리워했던 것이 아니고, 桂生도 村隱을 그리워하는 감정을 표현한 시조가 있다.

梨花雨 흣날릴제 울며 잡고 離別한 님
秋風落葉에 저도 날을 생각는가
천리에 외로운 꿈만 오락가락 하돗다.

桂生의 이 시조는 情人을 그리워하는 작품임에는 분명하나 누구라고 말하지 않았기 때문에 村隱을 그리워 한 것인지 알 수 없다. 그러나 이 시조가 실려 있는 『歌曲源流』의 註에 따르면 桂娘은 扶安의 名妓였다. 시에 능해 『梅窓集』이 나왔다. 村隱 劉希慶의 故人이었는데, 希慶이 서울로 돌아간 후 자주 소식이 없었기 때문에 이 노래를 짓고 절개를 지켰다고 했다.[23] 이로써 보면 님은

23) 『歌曲源流』. "桂娘扶安名妓 能詩出梅窓集 與劉村隱希慶故人 村隱還京後 頻無音信 作此歌而守節"

村隱으로서 桂生도 그를 매우 그리워하고 있었음을 알 수 있다. 村隱과 桂生은 한 번 만난 후 헤어져 서로 그리워하고 있었던 것만은 아니고 다시 만난 적이 있었다. 다음에는 村隱이 다시 만났을 때 지은 重逢癸娘詩를 들어 본다.

從古尋芳自有時	예부터 찾는 것도 때가 있는데
樊川何事太遲遲	杜牧之는 왜 그렇게 늦었던가.
吾行不爲尋芳意	보고싶어 찾은 것은 아니고
唯趁論詩十日期	십일 동안 시를 논하고자 왔다오.
(『村隱集』 卷 1)	

桂生과 헤어져 있을 때 그렇게 그리워하던 村隱이 만났을 때는 서로 시를 짓고 논하기 위해 왔다고 하며 애정의 표현은 감추고자 했다. 이 시의 後尾에 지난 날 자신이 完山에 있을 때 桂生이 십일 동안만이라도 같이 시를 논하고 싶다고 했기 때문에 結句를 그와 같이 말한다고 했다.[24] 이로써 보면 먼저 만났을 때와 뒤에 다시 만났을 때도 서로 같이 오래 있지 않았음을 알 수 있다.

村隱은 賤人이었으나 시로써 유명했고 예에 밝았으며 행동에도 근신했다. 그리고 桂生은 妓女로서 詩歌에 능했으며, 男性을 선택해서 사귀었고 東家食 西家宿하지 않았다. 그러면서도 두 사람은 시로써 만나 깊게 사귀면서 詩心을 돋구며 芸苑에 佳話를 남겼다.

---

24) 『村隱集』 卷 1. “在完山時 娘謂余曰 願爲十日論詩故云”

Ⅳ. 枕流臺와 風月香徒

『村隱集』3卷 가운데 卷 3은 枕流臺記, 遊枕流臺序, 題枕流臺記後, 酬唱詩序, 後序, 枕流臺賦詩圖序와 당시 여러 名士들과 함께 지은 시가 실려 있다. 그러므로 村隱의 시를 論議할 때 枕流臺의 風流에 대해 언급하지 않을 수 없다.

枕流臺는 전부터 있었던 것이 아니고 村隱이 냇가에 臺를 짓고 그 이름을 枕流臺라고 한 것인데, 別業으로 지은 것이 아니고 살던 집 근처에 지은 것임을 알 수 있다.[25] 枕流臺의 위치에 대해 李元翼(1574~1634)의 집이 金虎門 밖에 있었다. 孝宗朝에 萬壽殿을 짓고자 할 때 闕內에 남은 땅이 없어 枕流臺와 李元翼의 집이 모두 都摠府로 들어갔다고 했다.[26] 이로써 彰德宮 서쪽이었음을 알 수 있다.

그리고 이 枕流臺 주변의 景槪에 대해 많은 기록이 있다. 그 가운데 李睟光(1563~1628)의 기록을 들어 보면 자신이 枕流臺을 구경하기 위해 劉希慶을 따라 백여보를 가다가 오른쪽으로 돌아서니 그가 사는 別界가 있었다. 그곳에 흐르는 물은 맑았고 섬돌로 臺를 쌓았으며 물에서 한자 정도의 높이에 枕流臺가 있었다. 枕流臺 상하에 다른 꽃은 없고 복숭아 수십 주가 시내 좌우에 있어 그 꽃이 떨어져 맑은 냇물 위에 흘러 武陵桃源도 이곳보다 아름답지 않을 것이라고 했다.[27] 이로써 보면 臺는 냇가에 돌로 쌓은 壇이었으며,

---

25) 「行錄」. "家在淨業院下流 門前溪水淸澈 甃石爲臺 名曰枕流"
26) 上同. "完平卜小宅於金虎門外 孝宗朝搆萬壽殿 闕中無餘地 枕流臺完平宅 皆斥入爲都摠府"

주위에 복숭아나무가 많았음을 알 수 있다.

이러한 枕流臺를 중국의 武陵桃源과 비교해서 말한 바가 적지 않았다. 武陵桃源은 현실세계와 교통이 되지 않은 외진 곳에 복숭아나무가 많이 있는 和平한 마을이라고 한다. 그런데, 枕流臺는 서울시에서 외진 곳으로 복숭아나무가 많고 한적한 곳이기 때문에 비교해서 말한 것이며, 그곳에는 당시 많은 名士들과 文人들이 찾았던 곳이다. 村隱이 언제부터였는지 모르지만 그곳에 살면서 枕流臺 二十詠 등 적지 않은 시를 지었다. 그 가운데 枕流臺詩를 들어 보고자 한다.

家在長安紫陌東	집이 서울 거리 동쪽에 있어
門前流水碧溶溶	문 앞에 푸른 냇물이 천천히 흐른다.
丹砂鍊罷無餘事	丹砂를 다리고 일이 없어
坐對三山第一峯	앉아 三角山 제일봉을 바라본다.
(『村隱集』 卷 1)	

이와 같이 村隱은 그곳에서 유유자적하게 살고 있었기 때문에 金昌協(1651~1708)은 그가 살고 있었던 枕流臺는 宮城과 거리가 지척이었으나 세상 일에 얽매이지 않고 깨끗하게 살고 있어 山林 속에 있는 사람과 같았다고 했다.[28] 그리고 金昌翕(1653~1722)은 村隱이 그곳에서 한가할 때는 소나무를 바라보고 시를 읊었으므로 일시의 유명했던 문인들이 그와 더불어 시를 지었고, 金剛山 등 먼

27) 李睟光, 「枕流臺記」『村隱集』卷 3. “遂踵其後 不百數步 右轉而得一別界 乃其居也 有流水淸洌可愛 砌石爲臺 水不及者僅餘尺 卽所謂枕流者也 臺上下 幷無雜卉 夭桃累十株 夾水左右 紅雨灑空 錦浪如舞 古之桃源 不侈於是矣”

28) 金昌協, 「村隱集序」. “其所居枕流臺 距宮城咫尺地 而翛然淸坐 若山林中人”

곳으로 유람을 떠날 때 같이 가기를 청하면 老疾로써 사양하지 않았으니 그의 襟度와 韻致가 이와 같았다고 했다.[29]

위에서 알아본 바와 같이 村隱은 微賤한 신분이었다. 그런데 그가 살고 있는 枕流臺에는 많은 사람들이 찾았다고 한다. 村隱이 禮에 밝았고 詩에 능했다. 그러므로 그를 찾았던 인물들의 성격은 다양했을 것으로 짐작되는데, 그들이 어떠한 목적으로 그곳을 찾게 되었을까 하는 것을 알아 볼 필요가 있다. 그리고 찾는 사람이 개인적이냐, 단체냐, 단체였을 경우 정기적이냐, 부정기적이냐 하는 것도 알아볼 필요가 있다. 村隱의 인물 성격으로 보아 그를 찾은 사람들 가운데는 문명이 높았던 名士들도 있었고, 그와 같은 신분의 賤人들도 있었을 것이다.

우선 名士들 가운데 개인적으로는 李元翼이 집도 가깝게 있었을 뿐만 아니라, 村隱의 인품을 알고 微服으로 자주 枕流臺에 와서 같이 바둑을 두었다.[30] 그리고 宣祖의 駙馬인 洪柱元이 자주 찾았기 때문에 仁穆大妃가 下敎하기를 劉同知가 어떤 사람이기에 駙馬의 왕래가 잦은가 하고 사람을 시켜 알아본 바 白髮의 노인과 소년인 駙馬가 나무 밑에 마주 앉아 있었다. 그 후부터 駙馬가 갔다는 말을 들으면 大妃께서 酒饌을 보냈다고 한다.[31] 駙馬인 洪柱元이 무엇 때문에 자주 갔는지 모르지만 李元翼과 같이 개인적으로 간 인물 가운데 위품이 높고 귀한 경우일 것이다.

『村隱集』卷3에 많은 인사들의 酬唱詩와 酬唱詩續錄에는 序와

---

29) 金昌翕, 「劉村隱墓表」. "閑則對松而哦 一時哲匠咸造其巷 與其筆硯要爲溟岳遊 未嘗以老疾辭 其襟韻如此"

30) 「行錄」. "完平相公最許與 微服頻來 圍碁於枕流臺"

31) 上同. "永安尉洪公 逐日來訪 仁穆大妃下敎曰 所謂劉同知何許人 尉之往來何太頻耶 命掖庭人往視 蒼顔白髮與少年駙馬 對坐盤松之下 自是慈聖聞尉到君家 輒下酒饌"

함께 名士들의 시가 실려있다. 酬唱詩에는 任叔英의 酬唱詩序와 後序 3篇과 30명의 名士들의 시가 있다. 그 가운데 村隱과 車天輅, 任叔英의 시는 여러 수가 있다. 詩題는 枕流臺 또는 枕流臺主人에게 준 시이며, 형식은 대부분 七言絶句다. 그리고 정해진 韻字에 次韻해서 지은 작품이며, 운자는 豪韻의 挑, 皐, 豪字와 灰韻의 臺, 開, 來로 지은 시가 대부분이다. 酬唱詩續錄은 李植의 枕流臺賦詩圖序가 있고, 村隱을 비롯하여 8명의 名士들의 시가 실려 있으며, 형식은 五言律詩로 支韻의 池, 枝, 詩, 時字이다.

그리고 前後에 참여한 인사들은 본인과 李植, 李俊을 제외하고는 모두 다른 사람들이다. 이러한 내용들을 종합해 볼 때 枕流臺를 대상으로 하여 同韻으로 시를 지었으나 枕流臺에 같이 모여 지은 것은 아닌 듯하다. 이러한 추정은 前者에 참여한 인사들을 몇 사람 들어보면, 任叔英, 車天輅, 李睟光, 申欽, 李廷龜, 權鞸 등으로서 대부분 문명이 높고 관직에 있었던 인물들이므로 그와 같이 많은 인물들이 한 자리에 같이 모이기는 어려웠을 것이다. 그리고 前後에 참여한 인사들 가운데 李植과 李埈을 제외하고는 모두 다른 사람들인데, 이것은 의도적으로 여러 사람을 참여시키고자 한 것으로써 村隱이 찾아가서 시를 받지 않았는가 하는 추측을 가능하게 하고 있다. 이와 같이 전후에 참여한 인사들이 다른 것은 이 모임의 성격을 이해하는데 도움이 될 것으로 생각된다. 즉, 정기적인 모임이 아님을 알 수 있다. 만일 그러한 인물들이 정기적으로 枕流臺에 모여서 詩會를 한 것이라면 前後에 모였던 인사들이 그와 같이 바뀌지는 않았을 것이며, 또 그들은 대부분 士大夫들이었기 때문에 정기적으로 모이기가 어려웠을 것이다.

그리고 酬唱詩續錄 다음에 실려 있는 寧國洞林蔣圖題詠에 李好閔, 金尙憲, 張維 등 열 두 사람의 名士들이 같은 韻으로 지은 시가 실려 있다. 이들은 모두 시를 짓게 된 경위를 밝힌 바 있는데, 한결같이 村隱이 詩軸을 가지고 와서 청하기 때문에 지었다고 말했다.

枕流臺는 봄과 여름철이 되면 경치가 좋았기 때문에 당시 문인들이 찾아와서 시를 지었는데, 그 가운데 任叔英, 車天輅가 더욱 자주 왔다고 했다.[32] 이로써 미루어 볼 때 그곳의 경치가 좋을 때 찾아 왔던 몇 사람의 문인들과 지었던 시를 중심으로 하여 詩軸을 만들기 위해 村隱이 문인들을 찾아가서 부탁했거나 自請해서 지어준 시를 모은 것이 酬唱詩軸이 아닌가 생각되며, 이렇게 보려는 이유 중의 하나는 任叔英이 쓴 酬唱詩序에 많은 사람이 한자리에 모여 지었다는 말이 없다. 그리고 續錄 詩軸도 먼저 만든 詩軸이 士類들 사이에 알려지게 되자 韻字만 다시 정해 먼저 詩軸에 참여하지 못했던 인사들을 대상으로 하여 같은 방법으로 만든 것이 아닌가 한다. 그러므로 이 詩軸은 조선조 후기에 발달한 詩社의 前哨로 보기는 어려울 것으로 짐작된다.

다음에는 이 詩軸이 만들어진 시기에 대해 살펴보고자 한다. 먼저 村隱이 枕流臺를 언제 지었는가 하는 것부터 알아 볼 필요가 있을 것으로 생각된다. 『村隱集』에 실려 있는 4편의 枕流臺記를 쓴 해를 任叔英은 萬曆 己酉라 했으니 光海君 1년으로 1609년이며, 李睟光은 壬子 仲秋라 했으니 光海君 4년으로 1612이며, 成汝學은 癸丑 秋七月이라 했으니 光海君 5년으로 1613년이다. 그리고 贈枕流主人序, 遊枕流臺序를 쓴 해는 모두 癸丑이라 했다. 이로써 보면 枕流臺는 任叔英이 쓴 萬曆 己酉인 光海君 1년에 완성되었음을 알 수 있다.

---

32) 上同. "名曰枕流 傍植桃柳 春秋間景致淸絶 當時諸學士 賦詠而誇耀之 疎菴五山尤頻往來"

枕流臺 詩軸이 완성된 시기에 대해 任叔英이 酬唱詩序를 쓴 때를 壬子秋라 했으니 光海君 4년으로 1612년이며, 李植과 栗園이 쓴 後序는 모두 萬曆 丁巳라고 했으니 光海君 9년으로 1617이다. 이로써 前者의 詩軸은 光海君 4년에 시작되어 9년 사이에 이루어진 것임을 알 수 있다. 그리고 酬唱詩 續錄에는 李植의 枕流臺賦詩圖序만 있을 뿐 다른 序와 後序도 없다. 李植이 序를 쓴 때를 天啓 乙丑이라 했으니 仁祖 3년으로 1625년이다. 내용에 여러 사람들과 枕流臺를 찾아 시를 지은 다음 遂作圖 幷錄諸作 以爲後覽이라 했다. 그런데, 李植과 같이 가서 시를 지었다는 鄭德餘 등 여덟 사람의 작품은 李植을 제외하고는 이 詩軸에 실려 있지 않다. 그러므로 李植의 이 序文은 續錄 詩軸과 관계가 없는 것이 아닌가 하는 생각도 없지 않다. 그러나 무관하지 않다고 보면 仁祖 3년 이후에 만들어 진 것이다. 그리고 續錄의 詩軸도 전자의 詩軸과 같이 몇 사람이 모여 韻을 내어 지은 시를 중심으로 村隱이 문명 높은 인사들을 찾아가서 청했거나, 자진해서 지어준 시를 중심으로 만들어진 것이 사실일 것이다.

村隱은 水石이 좋은 곳에 枕流臺를 만들어 복숭아나무를 심어 놓고 후대의 詩社와 같이 정기적인 詩會는 아니었다 할지라도 당시의 이름 높은 文人들을 초청하여 시를 짓고, 또 詩軸을 만든 것은 의미가 없는 바 아니며, 그것이 계속되어 조선조 후기에 결성된 詩社와 직접 연결되지 못한 것에 대해 아쉬움이 없는 바 아니다. 그리고 枕流臺에 村隱과 같은 신분인 委巷文人들이 얼마나 참여하게 되었는지 기록이 없어 알 수 없는 것도 아쉽다.

村隱의 詩作 활동 가운데 風月香徒는 枕流臺와 직접 관계는 없었으나 여기에 간단히 언급하고자 한다. 李植은 『村隱集』 跋文에서 國朝에 시가 매우 발달하여 위로는 士大夫들 가운데 우수한 작가가 많았다고 전제하면서 아래로는 平民들과 말단 胥吏들이 지은 작품까지 모두 鏗鏘해 聲韻을 잃지 않고 있으니 그들이 바로 村隱과 白大鵬과 같은 무리들이다. 당시 그들을 風月香徒라고 불렀는데, 香徒라는 것은 庶流들이 修禊한 것을 이름이다. 그들에 대해 學士와 先生들도 예를 갖추어 대하면서 간혹 같이 시를 짓기도 했으니 아름다운 三代의 風謠가 아니겠는가 했다.[33] 李植의 이 跋文을 요약하면 庶民들 가운데 시를 잘 지었던 村隱과 白大鵬 같은 인사들이 修禊하여 그 명칭을 風月香徒라 했고, 그들은 士大夫들과도 교유가 있었다는 것이다. 白大鵬은 위에서도 언급한 바 있지만 村隱과 같이 賤民 출신으로서 시에 능했다고 하며, 壬辰倭亂 때 戰死했다고 한다.

風月香徒가 村隱과 白大鵬 등이 모여 修禊한 것의 명칭이라면 어느 시기에 修禊가 되었으며, 禊員은 어떤 성질의 인물들이며, 목적이 무엇이었을까 하는 것에 대해 살펴 볼 필요가 있을 것으로 생각된다. 風月香徒라는 명칭의 禊가 修禊된 시기는 李植이 當時號爲風月香徒라 한 것으로 볼 때 옛날부터 전해 오던 명칭이 아님을 알 수 있다. 이 風月香徒가 村隱과 白大鵬 등이 중심 인물이 되어 修禊한 것이었다면 결성된 시기는 白大鵬이 壬辰倭亂 초기에 戰死했으므로 宣祖 25년 이전이었음을 알 수 있다. 그리고 修禊에는 참여하는 禊員이 필요한 것이다. 거기에 村隱과 白大鵬 등이 중심이 되었다면 禊員은 그들과 같이 賤民으로서 漢詩를 잘 지을 수 있는 인사들이었을 것이다. 그렇다면 賤民으로서 禊員이 될 수 있

33) 李植, 「村隱集跋」, 『村隱集』. "下至齊民小胥 野鵲之吟 沙鶴之句 擧皆鏗鏘 不失聲韻 卽如劉翁與白大鵬輩是已 當時號爲風月香徒 香徒者庶流修禊之名 學士先生降禮接之 往往酬唱相問 藹乎三代風謠之遺 噫何其盛歟"

는 자격을 갖춘 인적자원이 당시에 있었을까 하는 것이 문제가 될 수 있겠으나 그것은 가능했을 것으로 생각된다.

조선조는 전기까지만 해도 漢文學은 士大夫와 士族들의 專有物이라 해도 과언이 아니었으나, 중기로 접어들면서 庶民들에게까지 보급이 점차 확대되어 가기 시작했다. 그리고 小胥들의 신분은 常人이었으나 직책상으로 관직에 있는 문인들과 접촉할 수 있는 기회가 많았기 때문에 그들 가운데는 漢詩에 능한 인물이 있었을 것으로 생각되기 때문에 그러한 인물들이 風月香徒가 되었을 것이며, 또 그들은 같은 계층의 사람들에게 漢文學을 보급시키는 역할을 했을 것이다. 이러한 것을 감안해 볼 때 禊員의 확보에는 크게 어려움이 없었을 것으로 짐작된다.

그리고 風月香徒의 修禊 목적은 친목을 도모함과 동시에 定期 또는 不定期로 詩會를 하기 위한 것이 틀림없을 것이다. 李植도 말한 바와 같이 村隱과 白大鵬 등의 齊民 小胥들이 시를 잘 지었고 그들을 중심으로 만들어졌다고 했으니, 修禊의 목적을 알 수 있을 것으로 짐작된다. 그리고 당시 사람들이 그들의 모임을 風月香徒라 했는데, 風月은 吟風弄月에서 나온 말이며, 선비들이 한자리에 모여 시를 짓고 읊고 하는 것을 멋스럽다고 하여 風流라 하기도 했다.

이러한 風月香徒가 조선조 중기 특히 壬辰倭亂 전에 下位階層에 있었던 인사들을 중심으로 결성되었다는 것은 매우 주목할 만한 것으로 생각된다. 그런데, 이것이 얼마 동안 계속되다가 壬辰倭亂이 일어나 白大鵬이 戰死하고, 7년 동안의 戰亂과 戰後 復舊로 오랫동안 다시 모이지 못했던 것으로 짐작된다. 그리고 村隱은 風月香徒로서 인정받은 詩名으로 士類들과 접촉하여 風月香徒와 성격이 다른 枕流臺로 옮겨가게 되었다. 따라서 村隱과 白大鵬 등 중심 인물이 빠진 風月香徒가 壬辰倭亂後에 재건되었는지는 알 수 없고, 재건되었다 할지라도 당시 그들 문학을 대표했던 두 사람이 빠졌기 때문에 전과 같이 주목을 받거나 활발하지 못했을 것이다. 그러나 이러한 修禊가 조선조 후기까지 命脈을 유지하면서 中人과 胥吏 등을 중심으로 結成되어 활발한 활동을 한 詩社의 前哨的인 역할을 했다고 볼 수 있기 때문에 우리 漢文學史에서 그 의의는 인정해야 할 것으로 생각된다.

Ⅴ. 그의 文學

村隱의 문집『村隱集』은 全 3卷으로 1卷은 그의 여러 형식의 시로써 卷頭에 金昌協의 序와 李慶全의 引이 있으며, 後尾에는 李植의 跋文이 있다.[34] 卷2는 附錄으로써 柳夢寅이 지은 劉希慶傳과 金昌翕이 撰한 墓表와 洪世泰가 撰한 墓誌銘과 村隱의 일생에서 주목할 만한 行爲를 기록한 行錄 등이 실려 있으며, 卷3은 枕流臺의 記와 序, 酬唱詩 序와 당시 문인들이 지은 시와 酬唱詩續錄 序와 詩, 그리고 寧國洞林莊圖題詠의 시들이 실려 있다. 문집의 간행 경위에 대해 金昌協은 그 序에서 詩稿 2卷 가운데 卷1은 村隱이 지은 작품이고 卷2는 당시 인사들이 村隱을 위해 지어 준 것이다. 村隱의 孫인 自勱이 자신에게 편찬을 부탁했고, 그의 아들 泰雄이 湖南에 萬戶로 있으면서 간행하고자 한다며 序를 청한다고 했

34) 李植은 序를 쓴 金昌協보다 생존 년대가 앞섰고, 연령차는 있었지만 村隱과 交分이 두터웠다. 그런데, 李植이 後尾의 跋文을 쓰게 되었는지 알 수 없다.

다.[35] 이로써 편찬은 金昌協, 간행은 曾孫인 泰雄의 任所에서 한 것이 아닌가 생각되며, 序를 쓴 해를 崇禎紀元後一十年이라 했으니 1707년이 된다.

村隱의 시에 대해 알아보기 전에 그의 시에 관한 당시 또는 後代 인사들의 논평부터 알아보고자 한다. 柳夢寅은 村隱이 賤人으로서 과거에 응시할 수 없었으므로 다른 것을 배워 생활을 도모해야 할 것인데, 일찍부터 시를 배워 생업에 관심을 두지 않고 白大鵬과 시로써 서로 酬唱했기 때문에 士大夫들이 칭찬했다. 그리고 東湖의 讀書堂을 찾아 名士들의 시에 和韻하여 지은 시를 思菴 朴淳이 보고 크게 칭찬하며 唐詩를 가르쳐 더욱 발전시켰다고 했다.[36] 이러한 柳夢寅의 기록에 따르면 村隱은 일찍부터 시에 많은 관심을 가져 문인들의 칭찬을 받았고, 朴淳으로부터 唐詩를 배웠음을 알 수 있다. 그리고 柳夢寅은 그의 인품이 雅朗 恭謹하며 古禮에 밝음을 기특하게 여기었고, 또 그가 시에 능함을 알고 雨後靑山을 가리키며 韻을 불러 시를 짓게 했던 바 그는 바로 石帶苔痕老 山含雨氣靑이라 했다. 자신은 그의 시의 淸麗함을 좋아하여 자주 왕래하며 사이가 좋았다고 했다.[37] 이로써 보면 다른 사람 詩文에 대한 평가에 인색했던 柳夢寅도 그의 시는 상당히 인정하고

---

35) 金昌協, 「村隱集序」. "詩稿二卷 其一君所自爲 其一諸爲君而作者 自勖請余刊定編摩 合爲一帙 甫繕寫 而其子泰雄 爲萬戶湖南 亟以入梓 且來問序於余"

36) 柳夢寅, 「劉希慶傳」. "若劉生所處卑 不得應科第 則入他技以圖生 乃其職也 早學詩 不事生産 與書吏白大鵬酬唱若塤篪 一時搢紳諸彦 多奘譽之 始遊東湖讀書堂 見名官佳什 和其韻 相國思菴朴淳大嘉賞之 仍教以唐詩 俾成其才"

37) 上同. "余奇生爲人雅朗恭謹 通曉古禮 且能詩 指雨後靑山 呼韻使賦之 生應口對曰 石帶苔痕老 山含雨氣靑 余愛其淸麗 常往來心曲 自此頗相款"

있었음을 알 수 있다.

許筠(1569~1618)은 그가 賤人이었으나 清愼하기 때문에 士大夫들이 좋아했으며 시에 능했다. 少時에 葛川 林薰을 따라 石川墅에 올라 그 樓題의 星字에 押하여 竹葉朝傾露 松梢曉掛星이라 했는데, 梁應鼎이 보고 매우 칭찬했다고 했다.[38] 이와 같이 許筠도 그의 시가 甚熟했다고 하며 梁應鼎을 통해 그의 시를 칭찬했다. 李睟光(1563~1628)은 村隱의 인품과 시를 사람들이 칭찬한다고 전제하면서 자신이 그에게 준 시에 惟追唐李杜 不學宋陳黃이라 했는데, 그것은 사실대로 기록한 것이라 했다.[39] 村隱이 唐詩를 朴淳으로부터 배웠다고 하며, 李睟光은 그가 盛唐詩를 따르고자 하며 宋詩는 배우려 하지 않았다고 했다. 任叔英은 村隱의 시는 志를 말하는데 능했고, 더욱 古法에 두루 익숙했으며, 시에서 辭가 나으면 그 辭를 허물하고 理가 나으면 그 理를 허물하게 되어 兩者에 균형을 갖추기가 어려운데, 그의 시는 두 가지를 모두 갖추었고, 균형을 갖추지 않으면 말하지 않았다. 그리고 알려지게 되면 사람들에게 크게 주목을 받게 되어 辭에 치중하는 자는 不實함을 부끄럽게 여겼고, 理를 중시하는 자는 不華함을 탓하게 되었으니 어떤 사람이기에 이 傖夫가 近體에 이와 같이 능할 수 있겠는가 했다.[40] 任叔英이 村隱의 시에 대해 辭理가 균형을 잃지 않고 있다는 것은

---

38) 許筠, 「惺叟詩話」『惺所覆瓿藁』卷 25. “劉希慶者本賤隷也 爲人清愼事主忠 事親孝 士大夫多愛之 能詩甚熟 少日從林葛川薰 在光州登石川墅 押其樓題星字曰 竹葉朝傾露 松梢曉掛星 梁松川見而亟稱之”

39) 李睟光, 『芝峯類說』卷 14, 文章部 7 旁流. “余嘗贈詩有曰 … 雪屋琴書冷 梅窓笑語香 乃紀實”

40) 任叔英, 「枕流臺酬唱詩序」, 『村隱集』附錄. “劉有言志之能 而益汎濫於古法 … 辭勝咎其辭 理勝咎其理 二者難乎偏矣 劉必求其備 內外不相護 一語不出 出輒傾一時作者 尙辭者恧其不實 尙理者嫌其不華 何物傖夫獨彬彬於近體也”

격찬이라 할 수 있다.

村隱은 家門과 父祖의 後光이 전혀 없었음에도 당시 文名이 높았던 인사들로부터 이와 같이 칭찬을 받은 것을 보면 作家로서 우수하지 않았던가 생각된다. 다음에는 그의 시에 대해 살펴보고자 하며, 먼저 五言絶句에서 山中秋夜詩를 들어본다.

白露下秋空	白露가 가을 하늘에서 내리니
山中桂花發	山中에 桂花가 피었다.
折得最高枝	가장 높은 가지 꺾어
歸來伴明月	올 때 밝은 달과 짝하리라.
(『村隱集』 卷 1)	

이 작품은 詩題에서 알 수 있는 바와 같이 山中에서 가을밤 밝은 달을 바라보며 지은 시다. 起承兩句는 山中의 달 밝은 밤 夜景을 표현한 것이다. 즉, 가을철 산중에서 이슬이 내리는 달 밝은 밤에 아름다운 桂花까지 탐스럽게 피었다고 했다. 轉結兩句는 아름다운 桂花의 높은 가지를 꺾어 돌아올 때 밝은 달과 함께 짝하고 싶다고 했으니, 달과 桂花가 모두 좋다는 것이다. 이 시는 언제 어디에서 지었는지 알 수 없으나 서울에서 생장한 村隱이 山中에서 달 밝은 밤 夜景의 아름다움을 보고 지은 작품으로써 清爽함이 매우 돋보인다. 다음에는 七言絶句 가운데 生陽舘詩를 들어본다.

春來又到曾遊地	봄 되어 옛날 놀던 곳 찾으니
滿目凄凉異昔時	모든 것이 처량하게 달라졌다.
誰道亂離離別少	누가 난리에 이별이 적다 하나뇨
生陽舘柳盡無枝	生陽舘 버들에 가지가 없다오.
(『村隱集』 卷 1)	

이 작품은 壬辰倭亂 직후에 지은 것이 아닌가 한다. 起承兩句는

만물이 소생한다는 봄이 되어 옛날에 놀았던 곳을 찾았으나 모든 것이 처량해 옛날에 보았던 것과 다르다고 했으니, 전쟁의 참혹한 양상을 반영한 것이다. 轉結兩句는 누가 난리에 헤어지는 것이 적다고 말할 수 있겠는가 버들가지까지도 남은 것이 없다고 했다. 전쟁의 참상은 파괴되고 죽고 헤어지는 것이다. 村隱 당시에 겪었던 壬辰倭亂은 7년 동안 계속되면서 침범한 倭兵과 구원하려 온 明軍과 함께 수십만이나 되는 외국 군인들이 우리나라에 들어와서 싸웠다. 그러므로 전쟁의 결과와는 상관없이 우리나라는 많은 사람이 희생되고, 또 파괴되었는데 草木이라고 해서 다를 것이 있겠는가 했다. 이 시에서는 전쟁으로 파괴되고 희생되는 가운데 生陽舘에 있는 버들가지도 남아 있는 것이 없다고 했으니 얼마나 참혹했던가 하는 것을 알 수 있으므로 이 轉結兩句는 표현이 평범한 듯하면서도 의미의 심각성이 있다. 다음에는 佛頂臺別徐佐郎詩를 들어본다.

有客淸秋跨大鵬	佐郎이 맑은 가을에 大鵬을 타고
飄然直上碧雲層	飄然히 구름 속으로 오른다.
一旬踏盡金剛界	열흘 동안 金剛山을 모두 보고
還向東溟過鬱陵	바다를 향해 鬱陵島를 지난다오.
(『村隱集』 卷 1)	

村隱은 일생 동안 산을 좋아했다고 한다. 이 시는 詩題에서 알 수 있는 바와 같이 徐佐郎과 함께 金剛山을 구경하고 佛頂臺에서 헤어지면서 지은 작품이다. 내용으로 보아 金剛山까지는 같이 구경했으나, 村隱은 사정이 있어 돌아오게 되었고 徐佐郎은 또 다른 곳으로 가기 때문에 서로 헤어지면서 지은 듯하다. 詩題 밑에 그때 白大鵬이 徐佐郎을 좇아갔다고 했다. 위에서 알아 본 바와 같이

白大鵬은 賤人으로서 시에 능해 村隱과 함께 風月香徒의 중심인물이 되었다고 한다. 이 작품을 볼 때 그와 같이 名山 大川을 찾아 여행도 함께 하게 되었음을 알 수 있다. 그리고 이 작품은 白大鵬과 佛頂臺에 같이 있었다고 하니 壬辰倭亂 전에 지은 작품임을 알 수 있다.

起承兩句는 遊客이 맑은 가을에 大鵬을 타고 표연히 구름이 있는 하늘로 올라간다고 했다. 이때 遊客은 徐佐郎일 것이며, 그가 白大鵬을 데리고 같이 가기 때문에 이렇게 표현한 것이 아닌가 한다. 轉結兩句는 열흘 동안 金剛山을 모두 구경하고 東海를 향해 鬱陵島를 지난다고 했으니, 大鵬을 타고 碧雲이 있는 하늘의 높은 곳까지 오른다는 것이 무엇을 의미한 것인지 알 수 있다. 이 작품은 村隱의 시에서는 보기 드물게 豪壯함이 있다. 그리고 그가 白大鵬과 같이 여행을 하게 된 것도 알 수 있게 되었다. 다음에는 月溪途中詩를 들어본다.

山含雨氣水生烟	산에는 雨氣 물에는 안개가 오르며
青草湖邊白鷺眠	青草湖 가에 白鷺가 졸고 있다.
路入海棠花下轉	海棠花 밑으로 꺾어 들어가니
滿枝香雪落揮鞭	꽃이 휘둘리는 채쭉에 눈처럼 떨어진다.
(『村隱集』 卷 1)	

이 시는 村隱詩 가운데 많이 알려진 작품이다. 洪萬宗은 그의 『小華詩評』(下)에서 劉希慶은 卑流였으나 시에 능했다고 하며, 이 작품을 들어 清絶하다고 했다. 이 시는 詩題에서 알 수 있는 바와 같이 月溪로 가던 途中에 주위의 景物을 보고 지은 작품이다. 起承兩句는 한 폭의 아름다운 동양화와 같은 敍景이다. 즉, 푸른산은 雨氣를 먹음었고 물에는 안개가 피어오르며 青草湖 가에는 백

로가 졸고 있다고 했다. 그리고 轉結兩句는 길따라 海棠花가 피어 있는 곳으로 꺾어 들어가니 가지에 가득하게 피어있던 꽃들이 휘둘은 채쭉에 맞아 눈처럼 떨어진다고 했다. 이 結句에는 豪氣가 있다. 이 작품은 특별한 의미가 있는 것은 아니다. 그러나 여름철 海棠花가 필 즈음 여행하면서 길 주변에 전개된 아름다운 景物을 표현한 것으로 매우 精巧할 뿐만 아니라, 전혀 俗氣가 없기 때문에 더욱 좋지 않은가 생각된다. 다음에는 詠菊詩를 들어보고자 한다.

生涯冷澹無餘物	생애가 냉담해 다른 것은 없고
只有空階晩菊花	단지 빈 뜰에 국화만 있다오.
滿把寒香仍對月	꽃가지 잡고 밝은 달 바라보니
吾家淸興似陶家	내 淸興이 陶淵明과 같다오.
(『村隱集』 卷 1)	

이 시는 늦가을에 핀 국화꽃을 보고 지은 작품이다. 起承兩句는 자신이 일생 동안의 생활이 냉담했기 때문에 남아 있는 것이 없고 다만 빈 뜰에 늦게 피는 국화만 있다고 했다. 村隱은 貧賤한 가정에서 출생하여 매우 어렵게 성장했다. 그리고 벼슬을 할 수 있는 신분이 못되면 농사나 商工에 종사하여 생계를 도모하는 것이 일반적이었으나, 村隱은 그렇게 하지 않고 詩禮에만 관심을 가졌다. 그러므로 집이 가난해 조금의 땅도 없어 名公과 詞伯들의 도움으로 겨우 생활을 했다고 한다.[41] 이와 같이 村隱이 가난했기 때문에 가진 것이 없고 빈 뜰에 국화만 있다고 한 것이 아닌가 한다.

轉結兩句는 芳香이 짙은 국화꽃이 핀 가지를 잡고 밝은 달을 바라보는 자신의 淸興은 陶淵明과 같다고 했다. 陶淵明은 부당하다고 생각되는 현실에 아부하거나 타협하지 않고 벼슬을 물러나 시

41) 「行錄」. "家本寒薄 無立錐之地 賴名公詞伯之顧助 得以資朝夕焉"

골에서 일생 동안 가난하게 살면서 시를 지었기 때문에 그의 작품과 아울러 그의 인품도 높게 평가받는 역사적인 인물이다. 여기에서 村隱이 자신의 淸興을 陶淵明과 비교한 것은 淸貧한 생활을 하면서 詩作에 專念한 陶淵明을 따르고자 한 것이 아닌가 한다. 이 작품 역시 淸逸함이 있다. 다음에는 次鄭孝純韻詩 두 수를 들어보고자 한다.

門巷寥寥落葉深　　고요한 골목길에 낙엽이 쌓였고
隔窓脩竹翠陰陰　　창 너머 긴 대나무에 푸른 그늘이 짙었다.
閑齋盡日燒香坐　　閑齋에 종일 향을 피우고 앉아
手把唐詩獨自吟　　손에 唐詩를 잡고 홀로 읊는다.
(『村隱集』 卷 1)

이 작품은 次韻이라고 했으나 韻만 따랐을 뿐 내용은 상관이 없는 듯하다. 起承兩句는 이 시를 지을 당시 계절에 따른 景物을 표현한 것이다. 즉, 자신이 貧寒하기 때문에 찾아오는 사람이 없어 門前의 골목길은 고요하고 창 밖에 길게 자란 대나무에는 푸르름이 짙다고 했다. 轉結兩句는 한가한 서재에서 종일 향불을 피우고 앉아 唐詩를 손에 들고 혼자 읊는다고 했다. 村隱은 文名이 많이 알려지기 전에 湖堂을 찾아 그곳의 선비들이 지은 시에 次韻한 것이 칭찬을 받았고, 朴淳이 그의 詩才가 있음을 알고 唐詩를 가르쳤다고 한다. 村隱의 文名이 처음 알려질 시기에는 宋詩의 風潮가 퇴색되어 가고 唐詩風이 유행하려 할 즈음이었다. 朴淳이 그에게 唐詩를 가르쳤다고 했으니, 그때까지 村隱의 시는 唐詩風을 따르지 않았음을 알 수 있다. 그런데, 이 작품에서는 唐詩를 종일 잡고 읽었다고 하니 초기에 지은 작품이 아님을 알 수 있다. 이 작품 역시 淸逸하면서도 閑雅함이 돋보인다. 다음에도 같은 詩題의 다른 작품을 들어 본다.

十載溪山放浪遊	십년 동안 山水를 방랑하며
三春過盡又三秋	봄과 가을을 다 보냈다오.
一衣一食皆天命	입고 먹는 것 모두 운명인데
何必區區分外求	어찌 억지로 分外의 것 구하랴.
(『村隱集』 卷 1)	

이 작품은 村隱의 생활 태도와 사상을 잘 반영한 작품이 아닌가 한다. 起承兩句는 십년 동안 名山 大川을 찾아 방랑하면서 봄과 가을을 다 보냈다고 했다. 村隱은 생업에 종사하지 않고 山水를 좋아하여 국내의 명산에 足跡이 두루 미쳤다고 했으니, 이 작품에서 말한 바와 같이 봄과 가을은 명산을 찾는 여행 중에서 보냈다는 것이다. 轉結兩句는 입은 옷과 먹는 밥도 모두 하늘이 정해 준 것인데 어찌 억지로 分外의 것을 구하고자 할 것이 있겠는가 했다. 村隱이 송곳 하나 새울 수 있는 땅도 없었으나 名山을 찾아다니고 枕流臺에서 風流를 즐길 수 있었던 것은 모든 것을 운명으로 생각하고 順受하고자 했기 때문이었을 것이다. 다음에는 次疎菴榆岾寺韻詩를 들어 본다.

脚底雲生躡半空	구름 밟고 半空에 오르니
桂枝疎影動香風	계수나무 가지에 향긋한 바람이 분다.
沙彌勸我東臺坐	沙彌가 東臺로 앉게 권하고
笑指扶桑浴日紅	웃으며 동쪽 해 뜨는 것 가리킨다오.
(『村隱集』 卷 1)	

이 시의 내용이 榆岾寺와 상관이 없는 것으로 보아 疎菴詩에 次韻만 했을 뿐이다. 疎菴은 任叔英의 號로서 당대 문명이 높았으며 騈儷體에는 독보적이었다고 한다. 그리고 村隱과 交分이 가장 두

터웠던 인물 중의 한 사람이다. 그는 枕流臺를 많이 찾아왔다고 하며, 枕流臺記와 枕流臺 酬唱詩序를 지었다. 그가 세상을 떠났을 때 남은 옷이 없어 村隱이 자신의 입었던 옷으로 殮을 했다고 한다.[42] 이로써 두 사람 사이의 관계를 짐작할 수 있겠는데, 이 시는 疎菴과 같이 金剛山을 유람하며 지은 것이 아니면 疎菴의 시를 보고 次韻한 것이다. 어쨌든, 이 작품을 지은 장소가 어디였는지 알 수는 없으나 동해의 日出이 보이는 높은 頂上이었음을 알 수 있다.

起承兩句는 작자가 서 있는 발 밑에서 구름이 떠오르기 때문에 산이 보이지 않아 자신이 半空에 서 있는 것과 같고, 계수나무 가지의 성긴 그림자에 향긋한 바람이 불어온다고 했으니, 이 시를 지을 때의 주변 景色을 표현한 것이다. 轉結兩句는 半空에 떠 있는 듯한 느낌에 정신이 황홀해 있었는데 같이 갔던 沙彌가 웃으며 앉을 것을 권하며 동쪽 바다에 해 뜨는 광경을 보게 가리킨다고 했다. 즉, 雲霧 속에 떠 있는 듯한 느낌에 도취된 자신에게 그보다 더욱 황홀한 東海의 日出을 보게 권한다는 것이다. 이 시는 淸爽함이 있다. 다음에는 次枕流臺韻詩를 들어 보고자 한다.

亂峯重疊擁虛臺	亂峯은 겹겹이 虛臺를 싸고 있고
臺下淸泉鏡面開	臺 아래 맑은 샘 거울 같다오.
白首獨專丘壑美	白首에 아름다운 이 山川 홀로 차지하며
長年不許俗人來	오랫동안 俗人은 오지 못하게 하겠소.
(『村隱集』 卷 1)	

村隱이 중년 이후에 枕流臺를 만들어 그곳에 살면서 枕流臺를 詩題로 한 시를 적지 않게 지었다. 이 작품도 그 가운데 하나인데 次韻했다고 한 것은 이 시와 같은 韻으로 여러 名士들이 지은 시

42) 上同. "疎菴之喪 篋無遺衣 君爲脫所着而斂之"

가 있는 것으로 보아 枕流臺를 題로 하여 詩軸을 만들기 위해 韻을 미리 정했던 것으로 생각된다. 起承兩句는 枕流臺 주변의 景概를 표현한 것이다. 즉, 어지럽게 많은 산 봉우리들은 枕流臺를 겹겹이 둘러싸고 있고, 臺 아래 있는 맑은 샘은 거울처럼 깨끗하다고 했다. 轉結兩句는 白首의 나이에 이 아름다운 山川을 자신이 독점하고 있으면서 오랫동안 俗人들이 이곳에 들어오는 것을 허락하지 않겠다고 했다. 이로써 보면 村隱은 부당한 현실에 접근하여 타협하려 하지 않았을 뿐만 아니라, 武陵桃源과 같이 현실과 단절된 세계에서 인생의 意義를 추구하고자 하는 고대 동양사회의 隱遁思想을 동경하려는 생각도 없지 않은 듯하다. 다음에는 五言律詩 가운데 松京懷古詩부터 먼저 살펴보고자 한다.

獨立溪橋畔	다리 위에 홀로 서 있으니
風烟萬壑陰	골짜기마다 연기로 침침하다.
殿臺荒已沒	殿臺는 거칠어 퇴락했으나
山水古猶今	山川은 옛과 같다오.
輦路飄寒葉	수레 다니던 길에 나뭇잎이 딩굴고
毬庭下夕禽	擊毬하던 뜰에 새들이 내려 온다.
逢人問前事	사람 만나 지난 일 묻고 있는데
落日照西岑	지는 해가 西山에 걸려 있다.

(『村隱集』 卷 1)

이 작품은 詩題에서 알 수 있는 바와 같이 松京을 찾아 지은 懷古詩다. 首聯은 내를 건너는 다리 위에서 주위를 바라보니 골짜기마다 연기로 침침하다고 했다. 松京은 고려조 사백여년 동안 도읍지였으며, 村隱이 그곳을 찾았을 때는 고려조가 멸망한지 이백여년이 지난 후였다. 前朝의 王都를 찾아 懷古詩를 지을 때는 과거의 화려함과 당시의 황폐함을 비교하며 無常을 느끼게 된다. 이

首聯에서도 허무함을 느끼었기 때문인지 골짜기마다 연기로 침침하다고 하여 우울한 분위기를 조성하고 있다. 頷聯은 前朝 때 화려했던 宮殿과 樓臺들은 이미 황폐해 자취만 남아 있으나 山川은 옛과 같다고 하여 人事의 허무함과 자연의 무한함을 대비시키고 있다.

頸聯은 옛날 귀족들이 화려하게 치장을 한 수레를 타고 다니던 길에는 낙엽이 떨어져 뒹굴고 있고, 지난 날 귀족들이 擊毬를 할 때 많은 사람들이 구경와서 붐비었던 곳에 저녁이 되면 새들이 날아와서 있다고 했으니, 과거와 현재의 차이를 絶妙하게 대조시켜 표현했음을 알 수 있다. 尾聯은 과거 화려했을 때의 사실을 알아보기 위해 그곳 사람을 잡고 묻고 있는데 지는 해가 西山에 걸려 있다고 했으니, 다시 落日과 함께 더욱 허무를 느끼게 하고 있다. 문인들 가운데 과거 王都를 찾아 지은 懷古詩가 적지 않음을 볼 수 있는데, 이러한 작품들은 虛無를 얼마나 절실하게 표현했는가 하는 것에 따라 평가될 수 있을 것이다. 이 시에서 頸聯의 표현이 더욱 절묘하지 않은가 생각된다. 다음에는 次成雙泉韻詩를 들어본다.

嫩綠門前柳	門前에 버들잎은 푸르고
微凉檻外風	난간에 부는 바람은 서늘하다.
乾坤分上下	하늘과 땅은 상하로 나누었고
日月見東西	해와 달은 東西에서 보인다.
萬象孤吟裏	萬象은 시속에 담겨졌고
千山一望中	千山은 모두 바라볼 수 있다오.
漁樵生計足	漁樵로 생계가 족하다고 하여
愧我枕流翁	이 枕流翁을 부끄럽게 한다오.

(『村隱集』 卷 1)

이 詩題의 江亭이 어디 있는지 알 수 없으나 작품 내용으로 보아 높은 곳에 있는 정자임을 알 수 있다. 首聯은 江亭의 주변 景物을 표현한 것이다. 즉, 문 앞에 있는 버들잎은 嫩綠色을 띠고 있고 난간 밖에 부는 바람은 서늘하다고 했으니 계절은 늦은 봄이 아니었던가 한다. 頷聯은 江亭에서 바라 본 遠景을 나타낸 것이다. 즉, 하늘과 땅은 위 아래로 나누어 있고 해와 달은 東西에서 보인다고 했다. 이 聯은 杜甫의 登岳陽樓詩의 頷聯인 吳楚東南坼 乾坤日夜浮라 한 것을 연상시킨다. 村隱의 이 聯이 杜甫의 시에 비해 雄渾함은 부족하다 할지 모르겠으나 着想은 奇妙한 바가 없지 않다.

頸聯 역시 遠景과 近景에 대한 표현이다. 眼前에 전개된 萬象은 시로써 표현되었고 江亭이 높아 많은 산들을 모두 바라볼 수 있다고 했다. 이 聯의 표현도 예사롭지 않다. 尾聯은 고기 잡고 나무하는 것으로 생계가 족하다고 하며, 그러한 일을 하지 않고 있는 村隱 자신을 부끄럽게 하고 있다고 했다. 작품에 따라 다른 사람의 시의 韻에 次韻했을 경우 詩題와 상관없이 步韻만 했을 경우가 있고, 이와는 달리 詩題 또는 原韻의 작품 내용과 상관시키는 것이 있다. 이 시는 韻字만 취한 것이 아니고 내용에도 상관이 있는 듯하다. 雙泉은 成汝學의 號이며, 蔭仕로써 下位職에 얼마 동안 있었을 뿐 소시부터 시에 전념했던 인물이다. 이 시에서 萬象孤吟과 漁樵는 成雙泉의 일생 또는 原韻詩와 상관이 있는 것으로 생각된다.

村隱은 朴淳으로부터 唐詩를 배웠다고 했고, 그의 시도 淸逸 纖麗하며 唐詩 가운데서도 晩唐詩의 영향을 많이 받은 것으로 생각된다. 그런데, 이 작품은 典雅함이 있으며, 그의 작품 중에 秀作의 하나가 아닌가 한다. 다음에는 題深谷靜菴墓詩를 들어 본다.

茫茫來深谷　　바쁘게 深谷을 찾았더니

秋山木葉黃	나뭇잎에 단풍이 들었다.
殘碑蔓草沒	殘碑는 풀 덩쿨에 묻혔고
古墓夕陰凉	夕陽에 古墓는 처량하다.
道德明千載	道德은 긴 세월 동안 밝을 것이며
文章冠一方	文章은 一方에 으뜸이었다.
焚香仍奠酌	향 피우고 잔 드리니
哀淚濕衣裳	눈물이 옷을 적신다.

(『村隱集』 卷 1)

이 시는 深谷에 있는 靜菴 趙光祖墓를 찾아 展拜하며 지은 작품이다. 村隱은 특히 靜菴을 景慕하여 그가 享祀되어 있는 道峯書院의 일을 맡으면서 자신의 家事와 같이 열심히 했다고 한다.[43] 首聯은 바쁜 걸음으로 靜菴의 묘가 있는 深谷을 찾았더니 가을이 되어 산에 나뭇잎은 누렇게 단풍이 들었다고 했다. 靜菴의 묘를 찾았을 때의 계절을 말한 것이라 할 수 있겠으나 木葉黃이라는 말은 깊은 餘韻을 남긴다. 頷聯은 남아 있는 墓前碑는 풀 덩쿨에 묻혀 있고 古墓는 夕陽에 비쳐 더욱 쓸쓸하게 보인다고 했다. 死生은 인간의 힘으로 거역할 수 있는 것이 아니다. 그러므로 靜菴이 天壽를 누리고 세상을 떠났다면 村隱이 이와 같이 悽愴한 표현은 하지 않았을 것이다. 頸聯은 靜菴의 道德은 긴 세월을 통해 길이 빛날 것이며, 文章은 一方의 으뜸이 될 것이라고 했는데, 追慕에 따른 讚辭라 할 수 있다.

사실 靜菴은 儒家思想에 立脚한 이상적인 국가를 이루어 보고자 노력하다가 반대파의 모략으로 38세에 賜死되었다. 그러므로 道德이 千載에 빛날 것이라고 한 것은 합당하다. 그러나 文章이 一方에 으뜸이라고 한 것은 靜菴이 우수한 성적으로 進士試와 文科에 합격했지만 詞章에 관심을 가지지 않았고, 또 주력하는 인사

43) 上同. “景慕先賢 從事於道峯書院 有如己家事”

들에게 道學을 권장하기도 했다. 여기에서 村隱이 文章을 말한 것은 선비들을 말할 때 道德 文章을 竝稱하는 것이 일반적이므로 이에 따른 것이 아닌가 한다. 尾聯은 향을 피우고 술잔을 드리면서 눈물에 옷이 젖었다고 한 것은 능력을 발휘하지 못하고 중도에 비명으로 세상을 떠나게 된 것을 悲痛하게 여긴다는 것이다. 靜菴에 대한 후대의 평가는 한결같이 높게 말하고 있으며, 이 작품을 볼 때 村隱도 그를 얼마나 景慕하고 있었는가 하는 것을 알 수 있다. 다음에는 七言律詩에 대해 살펴보고자 하며, 叢石亭詩를 들어 본다.

六稜文石倚天東	여섯 개 모난 바위 동쪽에 있어
如琢如磨自作叢	쪼은 듯 간 듯 떨기를 이루었다.
却訝龍腰垂碧落	용 허리가 하늘에서 드리운 듯
還疑玉笋露青空	죽순이 공중에 솟은 듯하다.
光搖旭日扶桑外	동쪽 먼 곳에 밝은 햇빛 흔들리고
影倒斜陽渤海中	해질 즈음 바다에 倒影이 된다.
一劍徘徊仍佇立	칼을 짚고 배회하다 서 있으니
虹霓萬丈映波紅	긴 무지개 붉은 파도에 비친다.

이 시는 叢石亭에서 지은 작품이다. 叢石亭은 外金剛의 해변에 위치한 것으로써 金剛山 八景 가운데 하나라고 한다. 村隱은 山水를 좋아하여 전국을 다니지 않은 곳이 없었다고 하며, 士大夫들이 金剛山을 가고자 할 때 안내를 청하면 팔순이 지났으나 가는 것을 싫어하지 않았다고 하니 金剛山을 매우 좋아했던 것으로 짐작되며, 金剛山과 상관되는 시도 적지 않게 지었다. 그러므로 이 시는 언제 지었는지 알 수 없으나 叢石亭의 아름다운 경치를 보고 경탄한 것을 미루어 보아 처음 갔을 때 지은 것이 아닌가 한다.

首聯은 전체 叢石의 奇妙한 형태에 대한 표현이다. 즉, 여섯 개의 모난 바위가 동쪽에 서 있는데 쪼은 듯 갈아서 만든 것인 듯 그것이 떨기를 이루고 있다고 했다. 이로써 볼 때 叢石의 바위는 둥근 것이 아니고 角이 진 것이고 그런 바위가 여섯 개가 되어 하나의 떨기를 이루고 있음을 알 수 있으며, 그 가운데 큰 바위 위에 정자가 있지 않은가 한다. 頷聯 역시 叢石의 형상을 표현한 것으로써 우뚝 솟아 있는 형태가 하늘에서 용의 허리가 드리운 듯하기도 하고 죽순이 솟은 것과 같다고 했으니 바위가 높게 솟아 있음을 알 수 있다.

頸聯은 叢石亭에서 해 돋을 때와 질 때의 광경을 표현한 것이다. 즉, 동쪽 먼 바다에서 해가 돋을 때 붉은 햇빛이 요동하며, 해가 질 때는 우뚝 솟은 叢石이 바다에 倒影이 되어 보인다고 했다. 묘사가 극히 精巧함을 느낄 수 있다. 尾聯은 칼을 짚고 배회하다가 걸음을 멈추고 바라보니 萬丈이나 되는 무지개가 붉은 파도 위에서 비친다고 했으니 해 돋을 때의 광경이다. 극히 雄渾하고 豪健함을 느낄 수 있다. 지난 날 이름 높은 문인들이 金剛山을 찾아 叢石亭에 오르면 장엄하고 황홀한 日出 광경을 보고 지은 작품을 볼 수 있는데, 村隱의 이 시도 그 가운데 우수한 작품 중의 하나가 아닌가 한다.

이상에서 村隱의 시에 대해 살펴보았다. 조선조에서도 詩風의 변천은 적지 않았다. 村隱이 문단에 활동한 시기는 宣祖 중기에서 仁祖 초기였다. 이 시기에 유행했던 詩風은 唐詩의 영향을 많이 받았는데, 村隱도 당시의 유행에 따라 唐詩에서도 晩唐詩의 영향을 받았으며, 詩의 格調는 淸逸 婉麗한 작품이 많음을 볼 수 있다.

그리고 그의 시에 반영된 사상은 우선 분수를 지키며 살려고 노력했음을 알 수 있다. 그는 賤人으로서 벼슬을 할 수 없는 신분이었고, 매우 가난했음에도 다른 직업을 선택해 생활을 營爲하지 않고 시렁에 가득한 책에 眞味를 느낀다고 했으며 가난에서 오는 어려움에 自嘆한 바도 없을 뿐만 아니라, 그것을 分數로 생각하고 順

受하고자 했다. 村隱이 권력에 아부할 수 있는 기회도 있었고, 그렇게 했더라면 그러한 가난은 면할 수 있었을 것이다. 그러나 그는 위협에도 굽히지 않고 일생 동안 가난하게 살았다.

그러면서 村隱이 자신의 신분상승에는 상당히 관심을 가지고 노력했다. 그의 생애에 대해 정확히 알 수 없으나, 그는 중년이 되면서부터 士大夫들에게 접근하고자 시도했다. 이렇게 보려는 것은 그가 湖堂을 찾았다고 했는데, 그의 시에 敬呈湖堂仙案의 七言絶句와 奉呈湖堂諸學士詩가 五言 또는 七言律詩로 두 수나 된다. 이로써 보면 여러 번 湖堂에 가지 않았던가 생각되는데, 村隱이 湖堂을 찾은 것은 두 가지 목적이 있었을 것이다. 湖堂에는 문과에 합격하여 出仕한 인사들 가운데 재능이 우수한 인사들을 선발하여 賜暇讀書하는 곳이다. 그러므로 여기에 선발된 인사들은 學行 또는 文名이 있는 자들로서 장래가 촉망되는 인물들이다. 村隱이 그곳을 찾은 것은 이러한 인물들에게 자신의 시를 인정받기 위해 접근을 하고자 한 것이다. 村隱이 朴淳으로부터 唐詩를 배우게 된 것도 湖堂에서 만난 것이 계기가 된 것이다.

村隱이 중년 이후부터 枕流臺에 거처하면서 만든 詩軸에는 오십여명의 名士들의 시가 실려 있는데, 그들은 대부분 관직에 있었거나 문명이 높았으며 湖堂에 피선된 인사들이 많았다. 村隱이 이러한 인물들을 많이 동원할 수 있었던 것은 그들에게 접근하고자 부단히 노력했기 때문이었을 것이다. 村隱의 이러한 노력으로 인해 枕流臺에는 이름 높은 문인들의 왕래가 많았다. 그가 鷄林府院君 李守一宅을 찾아 돌아오고자 할 때 府院君이 子弟들을 불러 부축하게 했는데 子弟들이 종들을 시켜 하게 하자 不恭함을 꾸짖고 子弟들을 부축하게 하여 말을 타게 했다고 한다.[44] 그리고 鐘樓에

---

44) 上同. "嘗往鷄林府院君宅 臨歸 府院君命扶携而出 子弟招奴人 府院君

서 任叔英을 만나 말에서 내려 서 있으니 任叔英이 부축을 시켜 말에 오르게 하고 같이 이야기를 했다. 市中의 사람들이 보고 부러워했다고 한다.[45] 물론 그렇게 한다고 해서 신분이 당장 破僻이 되는 것은 아니라 할지라도 상승이 되지 않았다고 할 수 없을 것이며, 이러한 노력으로 그의 손자 自勖이 僉使를 하고 曾孫 泰雄이 萬戶를 하는데 적지 않은 영향이 있었을 것이다.

村隱에 앞서 조선조 초기에 賤人 출신으로서 문명이 높았던 洪裕孫이라는 인물이 있었다. 그는 당시 한문학의 보급양상을 감안할 때 돌출 된 감이 없지 않았다. 그러나 村隱은 그보다 백년이상의 후대 인물이었고, 그와 동시에 文名이 비슷했던 白大鵬이 있었으며, 당시 賤人들만으로 修禊된 風月香徒가 있었던 것으로 보아 한문학이 賤人들의 계층에까지 어느 정도 보급되었음을 알 수 있다. 그런데 白大鵬은 壬辰亂 때 戰死하여 활동이 길지 못했다. 그리고 風月香徒 출신으로 문명이 알려져 전해 오는 사람이 없다. 이로써 보면 村隱은 한문학이 천민계층에까지 점차 보급되는 과정에 문명을 높힌 인물로서 우리 漢文學史에서 주목해야 하지 않을까 한다.

Ⅵ. 結 言

인물에 대한 평가는 능력과 업적을 중심으로 논의되는 것이 마

責其不恭 諸郎親自扶擁上馬云"

45) 上同. "一日遇疎菴於鐘樓 下馬而立 疎菴初欲自下 更令掖扶君上馬 而後與之語 市人皆艶看云"

땅하겠으나 간혹 시대 상황과 성장배경까지도 논의 될 수 있다. 本稿에서 대상으로 한 村隱은 출신이 微賤했고 일찍 아버지를 잃고 가난한 가정에서 성장했다. 그리고 당시의 시대 상황으로 그와 같은 신분으로는 士大夫들이 장악하고 있는 문단에 활동하기가 어려웠다. 그러나 村隱은 노력으로 어려움을 극복하고 주목받는 문인이 되었으며, 따라서 名士들과 작품활동도 같이 하게 되었다.

이러한 村隱이 신분적인 차별을 어느 정도 극복하고 주목받는 문인이 된 것은 그의 평가에 중요한 의미가 있다고 하겠으며, 또 微賤한 신분으로서 문단에 활동한 사람 가운데 先頭走者로서 주목받는 인물이 되었다. 그리고 여기에 다시 添言하고자 하는 것은 村隱이 미천한 출신의 작가이기 때문에 그 희소성에서 오늘 날 그를 주목하는 것이 아니고 그의 작품도 주목할 만한 가치가 있다고 생각한다. 그것은 그와 交遊했던 인물들이 당시를 대표했던 문인들이 많았을 뿐만 아니라, 우리 漢文學史에서 비중있는 인물이 적지 않은 것에서도 알 수 있을 것이다.

제3장

洪世泰 研究

I. 序 言

조선조는 壬·丙兩亂을 거쳐 17세기에 이르게 되면서 정치적, 사회적, 문화적으로 적지 않은 변화를 가져 왔다. 즉, 문화적으로는 思想界와 學界를 풍미해 왔던 性理學이 退潮의 기미를 보이면서 實學이 擡頭되기 시작했고, 文壇에는 그때까지 唐詩風이 盛行했으나, 明淸詩가 소개되면서 선호하는 문인이 적지 않았으며, 또 宋詩風으로 回歸하려는 경향도 있었다. 그리고 사회적으로는 무엇보다 신분체계가 동요되면서 문단에 委巷文人들이 一角을 차지하기 시작했다.

委巷人은 신분적으로 中人 이하의 微賤한 계층들을 지칭한 것이다. 조선조 중기까지만 해도 한문학은 양반계층의 선비들만이 享有하는 전유물이었고 委巷人으로서 文名이 알려진 인사는 극히 드물었다. 그런데, 17세기 중기를 지나면서 委巷人들 가운데 文名이 있었던 문인들이 적지 않았고, 그 중에 洪世泰가 가장 대표적인 인물이 아니었던가 한다. 本稿는 이러한 洪世泰의 문학에 대해 그의 生涯 및 人物 性格과 아울러 살펴보고자 한다.

Ⅱ. 生涯와 人物 性格

조선조시대 인물에 관한 기록은 대부분 정치적인 활동을 중심으로 했기 때문에 벼슬을 하지 않았거나 微官末職에 전전했던 인물들에 대한 기록은 전하는 것이 희소하다. 洪世泰도 예외는 아니다. 그가 監牧官, 主簿 등의 관직에 취임했으나 下位職이었기 때문에 직위에 따른 활동이 기록으로 남아 있을 까닭이 없고, 身後文字로는 鄭來僑가 撰한 墓誌銘이 있을 뿐이다. 그러므로 그의 생애와 인물성격에 대해서도 구체적으로 알기 어렵다는 것을 먼저 밝혀 둔다.

洪世泰(1653~1725)의 字는 道長, 號는 滄浪이었으며, 만년에 白蓮峰 밑에 집을 짓고 扁額을 柳下亭이라 했기 때문에 柳下라 하기도 했다. 鄭來僑가 撰한 그의 墓誌銘과 李慶民의 熙朝軼事의 洪世泰條에 柳下의 출신에 대해 언급한 바 없고, 또 그가 일생 동안 사귀었던 인물들 가운데는 士大夫들도 있었지만 委巷 출신의 인사들이 많은 것으로 보아 微賤한 가문의 출신이 아니었던가 한다. 이렇게 보려는 것은 그의 自警文에 가정이 본디 빈천하여 먹고 입는데 급했기 때문에 크게 생각을 가질 여유가 없었다고 했다.[1)]

柳下 자신이 말한 바와 같이 어렸을 때 가난해 의식에도 어려웠다면 교육을 제대로 받지 못했을 것으로 짐작되는데, 柳下는 자신의 修學過程에 대해 다섯 살 때부터 글을 읽기 시작하여 자라면서 글을 배웠으나 몇 권 정도에 불과했고, 經書는 혼자 읽으면서 그

---

1) 「自警文」『柳下集』卷 9. "而家素貧賤 急於衣食 未遑爲大志業"

깊은 뜻을 이해하는 듯해 그것으로 점차 확대하여 六藝의 근본에까지 알아보고자 하여 自得한 바가 있었다고 했다.[2] 이로써 보면 柳下는 文理를 얻을 때까지만 배웠고, 經書 등은 獨學했음을 알 수 있다. 柳下의 修學에 대해 鄭來僑는 그가 어렸을 때부터 글을 배웠으며, 글을 짓게 되면 사람을 놀라게 했다. 자라면서 經史와 諸子를 읽어 깊은 이해를 하고 있었다고 했다.[3] 이와 같은 鄭來僑의 기록이 그의 自警文의 내용과 비슷한 것으로 보아 집이 가난해 이름있는 선비를 찾아 배우지 못하고 獨學이 많았음을 알 수 있다.

위에서 말한 바와 같이 柳下의 생애를 구체적으로 알기 어려운데, 그가 비록 체계적으로 교육은 받지 못했다 할지라도 20대에 그의 학문과 시는 널리 인정을 받은 것은 사실인 듯하다. 그것은 그가 20대에 시로써 金昌翕(1653~1722)과 깊은 교유가 있었고, 30세 때 通信使의 사절일행으로 日本에 간 것에서도 알 수 있다.

우리나라와 日本은 壬辰倭亂이 일어나면서 한동안 斷交가 되었다. 그러나 德川家康이 정권을 잡으면서 우리나라에 使節의 방문을 요청해 왔으므로 使節이 가기 시작하여 양국간의 國交가 修好되었다. 柳下가 使節一行으로 日本에 간 것은 肅宗 8년 日本 幕府의 五代將軍인 德川綱吉의 襲職을 축하하기 위해 正使 尹趾完, 副使 李彦綱이 使節로 갔을 때였다. 그때 柳下는 어떤 자격으로 갔을까 하는 것을 알아 볼 필요가 있을 것으로 생각된다.

金澤榮(1850~1927)은 우리나라에 象胥族으로서 시에 유명했던 인물은 洪世泰, 李彦瑱, 李尙迪, 鄭芝潤이었다고 했다.[4] 象胥는 譯

---

2) 위와 같음. “余生五歲 卽知讀書 稍長從人受學 僅數卷而已 至於經書皆自取讀 而微辭奧旨 似若有暗解於心者 若推此而擴之 以求乎六芸之本 則庶幾有所得者矣”

3) 鄭來僑 撰, 「墓誌銘」『柳下集』附錄. “甫毁齒 從師受學 開口吐辭 已能驚人 稍長讀經史諸子 無不淹貫融會”

官을 지칭한 것이다. 金澤榮의 말과 같이 柳下가 象胥族이었다면 日本에 갔을 때 譯官 자격으로 갔을 수도 있을 것이다. 그러나 그의 문집과 그에 대한 다른 기록에서도 그가 譯官 출신이었다는 기록은 전혀 찾아볼 수 없다. 조선조시대 중국과 일본에 使節을 보낼 때 많은 인원이 갔으며, 그 가운데는 문명이 있는 인사들이 맡은 직책도 없이 隨行한 사람이 적지 않았다. 柳下가 日本에 갔을 때는 그의 나이 30세였는데, 그때 이미 시로써 이름이 많이 알려졌기 때문에 文人으로서 隨行한 것이 아니었을까 한다. 이렇게 보고자 하는 것은 柳下 자신도 辛酉年에 日本 關伯이 새로 취임하여 우리에게 修好를 청해 朝廷에서 허락했고, 다음 해 5월에 通信使를 보내게 되었는데, 자신도 文詞를 조금 아는 것으로 선발되었다고 했다.[5)]

柳下는 日本에 가서 지은 시가 그의 문집에 적지 않게 실려 있고, 그곳 사람들에게도 많은 시를 지어 주어 칭찬과 厚待를 받은 듯하다. 柳下가 日本에서 돌아 온지 30년이 되던 해 그의 친구 李重叔이 製述官으로 日本에 가는 편에 과거 자신이 갔을 때 사귄 野鶴山에게 보낸 편지에 헤어진지 30년이 되었고, 지난 癸亥年에 나에게 보낸 30韻의 시에 同志多修稧 歸仁爭寫眞이라는 句의 下註에 헤어진 후 여러 사람들이 公의 像을 그려 자신에게 贊語를 짓게 한다고 했는데, 足下가 나를 생각하는 것이 어찌 그렇게 깊으며 여러 사람들도 잊지 않고 있는 마음을 알겠다고 했다.[6)] 이 글의

4) 金澤榮, 「鄭芝潤傳」『韶濩堂集』卷 14. "吾韓象胥之族 以詩聞者 有洪世泰李彦瑱李尙迪 及芝潤四人 而芝潤爲最勁矣"

5) 洪世泰, 「金秀明東槎錄序」, 『柳下集』卷 9. "歲辛酉日本關伯新立 請我修好 朝廷許之 越明年五月 遣使報聘 余以粗解文詞 與佐幕之選"

6) 洪世泰, 「與日本野鶴山書」, 『柳下集』卷 9. "僕與足下別 于今三十年矣 … 癸亥秋 得足下三十韻詩 自馬島傳來 … 至有同志多修稧 歸仁爭

내용에 따르면 日本에서 돌아온 다음 해 癸亥年에 野鶴山이 지어 보낸 30韻의 시를 받았는데, 그 내용에 柳下가 그곳에 갔을 때 같이 시를 지으며 사귄 사람들이 柳下의 像을 그리고 贊語를 짓게 한다고 했으니, 柳下가 日本에 가서 시로써 그곳 사람들로부터 많은 칭찬을 받았음을 알 수 있다.

그리고 柳下는 野鶴山에게 보낸 글 후미에 그곳에 아직 자신의 寫眞이 있다면 젊었을 때의 顔面을 아이들에게 보여 주고 싶으니 보내달라고 했고, 七言絶句 3首를 지어 보냈다. 柳下의 이 편지가 日本에 갔을 때는 野鶴山은 이미 세상을 떠났고 그의 아들이 보낸 答書에 자신의 아버지가 畵工인 常信에게 公의 寫眞을 여러 폭 그리게 하여 가지고 있었으나, 지금은 남아 있는 것이 없고 먼 곳에 있는 것을 급하게 구할 수 없기 때문에 常信에게 다시 그리게 하고 贊語는 遺集에 있는 것을 옆에 代筆한 것이라고 했다 한다.[7]

鄭來僑는 柳下가 日本에 가서 그곳 문인들로부터 칭찬과 환대를 받은 것에 대해 肅宗 때 通信使의 일행으로 日本에 갔을 때 그곳 사람들이 종이와 비단을 가지고 와서 시와 글씨를 청해 가는 곳마다 줄을 지어 서 있었으므로 公이 빨리 지어 써 주었으며, 그 시와 글씨가 좋아 얻은 자들이 보물같이 여기며 존경했고 肖像을 그려 집에 보관하는 자도 있었다고 했다.[8] 이로써 미루어 볼 때 柳下

寫眞之句 而下註 諸人屢畵公像 使僕作贊語云 何足下愛僕之深 而諸子之惓惓不忘之意 亦可見矣"

7) 『柳下集』 卷 5. "余乃爲書寄鶴山 以謝前詩之意 而仍求其所畵像一本 則鶴山已死 其子沂答書曰 父嘗使常信爲公寫眞四五幅 今見災不存 或在遠方 急難取來 常信老無恙在 卽使之更寫一大幅 而贊語則從遺集中得之 代筆其傍云"
이글은 柳下가 日本으로부터 野鶴山의 아들이 보낸 寫眞을 받고 지은 시의 서문이다.

8) 鄭來僑 撰, 「墓誌銘」. "肅宗朝壬戌 從通信使往日本 蠻人持牋縑乞求詩

가 通信使 일행으로 갈 때 어떤 자격으로 가게 되었는지 알 수 없지만 文名이 있었기 때문에 간 것은 분명하다. 위의 기록들을 미루어 볼 때 그곳 문인들로부터 높게 인정을 받은 것은 車天輅(1556~1615) 이후에 그만큼 받은 사람이 없지 않을까 생각된다.

柳下集에 실려 있는 작품 후미에 자신의 生涯에 관한 단편적인 기록이 없지 않다. 그러나 과거를 보았다는 기록은 볼 수 없다. 그것은 과거에 합격해도 벼슬다운 벼슬을 할 수 없는 신분이었거나, 아니면 응시할 수 있는 신분도 되지 못했기 때문이었을 것이다. 그런데, 晩年에 文名이 많이 알려지면서 벼슬을 하지 않았던 것은 아니다. 그의 문집과 墓誌銘에 그가 歷任한 官職을 들어보면 吏文學官, 槐院製述官, 通禮院引儀, 西部主簿 兼 纂修郎, 松蘿道察訪, 義盈庫主簿, 蔚山監牧官 등이었다. 이러한 관직은 末職이었기 때문에 임명된 시기에 대한 기록을 보기 어렵고 다만 그의 작품의 序와 後尾에 있는 기록들을 중심으로 짐작할 수 있을 뿐이다.

柳下가 처음 임명된 관직은 吏文學官이 아니었던가 한다. 柳下가 吏文學官에 임명되기 직전 戊寅年(肅宗 24년)에 淸의 戶部侍郎 博和諾이 일이 있어 龍灣에 와서 우리나라 시를 보고싶다고 했다. 그때 右議政 崔錫鼎이 洪世泰를 추천하자 肅宗도 그의 문명을 들었다고 하며 바로 결정했다고 한다.[9] 그때 柳下는 46세였다. 柳下가 활동했던 시기만 해도 詩文에 뛰어난 인사들이 적지 않았는데 崔錫鼎이 추천했고 肅宗도 그의 文名을 알고 있었다고 하며 바로 허락했다고 하니, 그의 시가 당시 얼마나 인정받고 있었는가 하는

墨 所過堵立 公倚馬揮掃 驟若風雨 詩思騰逸 筆亦遒妙 得者皆藏弃以爲寶 傾慕喧噪 至戶繪其像焉"

9)『柳下集』卷 3. "戊寅二月 淸戶部侍郎博和諾 以中江監市 出來灣上 求見我東人詩 右揆崔相公擧賤名白于上曰 某以詩名世 可令製之 上曰 予已聞其名 卽允下" 이글은 작품의 序文임.

것을 짐작할 수 있다. 조선조 때 중국의 侍郎이면 우리나라 朝廷에서 무시할 수 없었다. 그때 시만 지어 보냈는지 柳下가 龍灣까지 갔는지 분명한 기록이 없기 때문에 알 수 없으나 갔던 것이 아닌가 한다. 그렇게 보려는 것은 위의 序文이 실려 있는 『柳下集』 卷 3에 將作西行, 暮登練光亭, 早渡淸川江, 統軍亭, 龍灣 등의 시가 있고, 그 가운데 龍灣을 題한 시가 여섯 首였는데, 그 가운데 製述虛名愧白衣라는 詩句가 있다. 그리고 돌아와서 吏文學官에 임명되었다.[10)]

柳下가 吏文學官에 임명된 것은 龍灣까지 가서 博和諾을 만나고 왔기 때문에 그 공로로 받은 것이 아닌가 생각되며, 그것이 처음 인명 된 관직인 듯하다. 그리고 바로 槐院의 製述官으로 옮겨 奏咨의 글을 많이 짓게 되어 崔岦(1539~1612) 이후에 처음 있었던 일이라 했다.[11)] 그리고 母喪을 당해 辭職했으며, 服除한 후 다시 槐院에 임명되었다가 얼마 후 通禮院 引儀로 옮겼는데, 그의 東將臺詩 後尾에 壬辰 四月에 자신이 通禮院 引儀로 扈駕해서 이곳에 왔다고 했으니,[12)] 壬辰年은 그가 60세 되던 해였다. 그리고 그 후 西部主簿 兼 纂修郎으로 옮겨 『東文選』을 편찬하는 일을 맡게 되었다.[13)] 柳下가 西部主簿를 맡은 때의 나이는 61세 전후로 추정된다. 그의 內藏氷詩의 詩題 밑에 자신이 그때 西部主簿로 있었다고 했으며,[14)] 그 다음에 실린 睡起卽事詩를 甲午年에 지었다고 했으니

---

10) 鄭來僑 撰, 「墓誌銘」. "上曰 予已聞其名 遂命製以送 未幾選補吏文學官"

11) 위와 같음. "陞槐院製述官 凡奏咨大文字 多出公手 簡易以後 所始有也"

12) 『柳下集』 卷 3. "壬辰四月 余以通禮院引儀 扈駕來此"

13) 鄭來僑 撰, 「墓誌銘」. "移西部主簿兼纂修郎 以掌東文選之役"

14) 『柳下集』 卷 12. "時余以西部主簿"
『柳下集』은 自編이기 때문인지 지은 장소와 시기에 따라 같이 묶어 놓은 듯하다.

62세 때였다. 柳下가 西部主簿로 있을 때 임금이 畵工을 시켜 西湖十景을 그리게 하고 國舅인 金柱臣에게 十景詩를 지을 만한 사람을 추천하게 했을 때 柳下를 추천하여 시를 지어 바쳤다고 한다.[15)]

柳下가 西湖 十景詩를 지은 후 바로 松蘿道察訪에 임명되었으나 부임하기 전에 義盈庫主簿에 제수되었다가 탄핵을 받아 파직되었다.[16)] 柳下가 그의 딸 趙氏婦人祭文 가운데 너가 병중에 있으면서 내가 郵官이 되는 것을 보았으면 했는데, 너가 죽은지 며칠 후에 松蘿道 郵官이 되었기 때문에 너가 조금 기다리지 못한 것을 아프게 여겼으나 어찌 할 수 없다고 했다.[17)] 이 祭文을 지은 때가 乙未年 四月로 初朞였다고 했으니, 松蘿道 察訪으로 임명된 것은 그 전 해인 甲午年으로 62세 때였다.

이와 같이 松蘿道 察訪에 임명된 것은 사실이었으나 어떤 이유였는지 부임하지 않았다고 하며, 그후 바로 임명된 義盈庫主簿는 탄핵을 받아 파면되었다고 했는데, 그의 문집에 罷官詩가 있다. 柳下가 파직된 것은 그때 밖에 없었으므로 그 罷官詩 두 수 가운데 한 수를 옮겨 놓는다.

黃花笑我解官遲	해관이 늦었다고 국화가 비웃으니
酒熟花前可一巵	술 익으면 그 앞에서 한잔하겠네.
榮辱不關身外事	榮辱 같은 身外의 일은 상관없고
鬼神難奪腹中詩	귀신도 내 시는 빼앗지 못하리라.
(『柳下集』 卷 5)	

15) 鄭來僑 撰, 「墓誌銘」. "時上命工畵西湖十景 下敎于國舅慶恩金公曰 其求能詩者 使製十詠以進 慶恩公遂屬公而製進" 이때 지은 柳下의 十景詩는 『柳下集』 卷 5에 실려 있음.

16) 위와 같음. "俄拜松羅道察訪 未赴 又除義盈庫主簿 遭彈見罷"

17) 洪世泰, 亡女趙氏婦初朞祭文, 『柳下集』 卷 10. "及其病中有語 冀見余作郵官 而其死之數日 果得松郵 余於是痛汝之不少留待 而旣無可奈何"

義盈庫主簿가 下位職이었으나 탄핵을 받고 파직이 되었기 때문에 柳下는 적지 않은 타격을 받은 듯하다. 위에 인시한 시의 結句에 귀신도 내 배속의 시는 빼앗지 못하리라고 한 것은 부당한 탄핵에 애절한 절규가 아닌가 하며, 그의 示李台老詩(卷5)에서도 老夫罷官深閉關이라 하여 파관을 당한 후 문을 닫고 출입을 하지 않고 있었다고 했다.

柳下가 吏文學官으로 첫 出仕하여 義盈庫主簿에 이르기까지 쉬지 않고 여러 곳으로 옮기며 官職에 있었으나, 파직이 된 후 몇 년 동안 집에 있은 듯하다. 그때 생활이 어려운 것을 어느 宰相이 알고 추천하여 蔚山 監牧官으로 임명되었는데, 그가 가서 말을 잘 관리하여 吏卒들이 좋아했다고 한다.[18] 監牧官은 從六品으로서 국가 소유의 말을 먹이는 牧場을 순시 감독하는 관직이다. 柳下가 監牧官에 임명된 시기에 대해 己亥年 6월 朝廷의 명령을 받고 蔚山의 監牧官으로 가게 되었다고 했으니,[19] 肅宗 45년으로 柳下의 나이 67세 때였다.

柳下는 監牧官으로 3년 가까이 그곳에 있은 듯하며, 그곳에 있을 때 여러 곳을 여행하며 많은 시를 지었다. 그때 지은 시에 대해 여가가 있으면 산과 바다를 찾아 많은 여행을 했으며, 그의 시는 더욱 雄放하고 橫逸했다. 사람들이 말하기를 그가 먼 곳을 많이 유람했기 때문에 시가 더욱 跌宕하다고 했는데, 그것은 杜甫가 夔에 있은 후의 시와 같다고 했으며, 柳下도 그 말을 긍정적으로 인정했다고 한다.[20] 그때 지은 시가 그의 문집 7·8권에 실려 있다.

---

18) 鄭來僑 撰, 「墓誌銘」. "老而益貧 無以自存 宰相辟爲蔚山監牧官 至則馬政修擧 吏卒樂便"

19) 洪世泰, 『柳下集』 卷 9. "己亥夏六月 余受朝命 來監蔚山之牧"

20) 鄭來僑 撰, 「墓誌銘」. "乃以公餘 得放浪山海間 其詩益雄放 人以爲得遠遊跌宕之助 類老杜之夔後 公亦以爲知言"

柳下가 蔚山에서 언제 돌아왔는지 기록을 보지 못했기 때문에 정확히 알 수 없으나, 그의 시 序에 辛丑年(69세 때임) 10월 초 8일은 同孫의 婚日이다. 가족은 모두 서울에 있고 나만 蔚山 牧衙에 있어 成禮를 보지 못해 喜悲가 交集되어 감회를 견딜 수 없기 때문에 一絶을 지어 기록한다고 했다.[21] 이 기록에 따르면 69세 때 10월까지는 蔚山에 있은 것이 틀림없고, 이 시 다음에 실려 있는 작품이 永川途中, 後鳥嶺歌, 㺚川, 立春後夜 등의 작품이 있는데 解職하고 서울로 올라오면서 지은 듯하며, 立春後夜詩의 첫 句에 嶺外三年苦憶鄕이라 했다. 이로써 미루어 볼 때 70세 되는 해 이른 봄에 蔚山을 떠난 것으로 짐작된다.

柳下가 蔚山에서 돌아온 후 더욱 노쇠하여 출입을 삼가고 집에 있으면서 詩稿를 정리하여 편찬하고 평생의 뜻을 서술하여 부인에게 주며 잘 보관하게 하고 얼마 후 세상을 떠났는데 73세였다.[22]

이상으로 柳下의 일생 동안의 생애를 간단히 살펴보았는데, 文才는 뛰어나 詩名은 많이 알려졌으나 가정적으로는 불행했음을 알 수 있다. 그는 8남 1녀를 잃고 늦게 두 딸을 두었으나 모두 먼저 세상을 떠났다.[23] 그리고 매우 가난했다. 그는 貧賤한 가정에서 출생하여 생계를 위해 다른 직업을 선택하지 않고 文筆에만 종사하고 있었으니 가난할 수밖에 없었다. 그러므로 그의 시에는 가난에 따른 내용이 적지 않고 특히 先親 제사 때 제수를 차릴 돈이 없었는데 부인이 머리에 장식하는 銀尖子를 팔아 차리었기 때문에 느낀

21) 『柳下集』 卷 8. "辛丑十月初八日 乃同孫婚日也 家屬皆在京中 而余獨留蔚山之牧衙 不得往見其成禮 悲喜交集 不勝其感 賦一絶記之"

22) 鄭來僑 撰, 「墓誌銘」. "及還衰疾益甚 意忽忽不樂 杜門深居絶還往 探篋中草稿 手自編摩 且爲叙述平生之志 屬其內子李氏曰 善藏以待之 居無何卒 乙巳上元日也 年七十有三"

23) 「祭亡女李氏婦文」 『柳下集』 卷 10. "自少連喪八男一女 晩得汝兄弟"

바 있어 시를 지었다고 했다.[24] 이와 같이 柳下가 가난했기 때문에 林俊元이 그의 집에 양식이 떨어지지 않게 보내 주었다고 한다.[25]

그리고 柳下는 술을 매우 좋아했던 것으로 짐작된다. 그의 작품에 친구들과 술을 마시며 시를 지었다는 詩題가 많은 것에서도 알 수 있다. 그의 睡起卽事詩에

枯腸得酒一醺然	빈 속에 술을 마셔 얼큰히 취해
曝背南簷穩晝眠	볕 지고 첨하에 낮잠을 잤다오.
夢裏不知山鳥語	꿈속에 산새우는 소리 듣지 못했으나
杏花消息暗相傳	살구꽃 소식을 몰래 전해 주네.
(卷 12)	

이 작품은 봄날 술을 마셔 얼큰히 취해 양지쪽에서 자고 일어나 지은 시로써 작가가 술을 좋아했음을 알 수 있지만 작품도 淸楚함이 있다. 이 시는 甲午年에 지었다고 했으니 62세 때였다. 그리고 柳下는 언제부터 있었는지 모르지만 晩年에 結核으로 고생한 듯하다. 그가 蔚山에 있을 때 지은 듯한 病肺라는 시에 病肺常晨咳 無眠一老翁 (卷7)이라 하여 폐병으로 새벽이면 항시 기침을 해 잠을 잘 수 없다고 했다. 이로써 보면 柳下는 貧病에 시달리었고 두 딸이 있었으나 먼저 세상을 떠났으므로 매우 불행했음을 알 수 있다.

다음에는 그의 인물 성격에 대해 살펴보고자 한다. 鄭來僑는 柳下의 타고난 성격이 節操가 굳세었고 행동이 결백했으며 총명이 뛰어났다. 그리고 오만한 바도 있어 다른 사람의 재능을 인정하는데 인색했으며, 억지로 타협하고자 하지 않았고 일시의 名士들과

---

24) 같은 책, 卷 3. "先忌日家貧 無以供祭需 室人頭上銀尖子鬻之 感而有作"

25) 李慶民, 『熙朝軼事』, 林俊元條. "洪公號曰 滄浪 善詩名聲俱冠當時 … 數以財周洪公 使不匱乏"

가깝게 사귀었다고 했다.[26] 柳下集에 名士들과 같이 지은 시가 적지 않으나 高官大爵을 역임한 인사들이 많지 않은 것을 볼 수 있는데, 그것은 성격이 簡亢해 접근하고자 노력을 하지 않았기 때문이었을 것이다. 柳下의 성격이 耿介하고 簡亢함을 알 수 있는 것은 그에게 직위나 威勢로써 대하고자 하면 화를 내며 내 비록 궁하나 어찌 무시당할 수 있겠는가 하기 때문에 신분이 천하다고 무시하지 못했고, 또 그러한 성격으로 인해 미움을 받아 벼슬을 하지 못했다고 했다.[27] 柳下는 삼십대에 시로써 많이 알려졌다. 그러한 문명으로 당시 高官大爵들을 접근하고자 노력했다면 가능했을 것으로 짐작되었으나, 그렇게 하지 않은 것은 성격 탓이었을 것이다. 그러므로 그는 微賤한 가문의 출신이었으나 애써 감추려 하지 않았고, 당시 委巷人과 交遊가 많은 것을 보면 士大夫들을 찾아 자신의 신분상승을 도모하고자 노력하지 않은 듯하다.

위에서 언급한 바와 같이 柳下의 성격이 오만하고 다른 사람의 재능을 쉽게 인정하려 하지 않았다면 주위로부터 미움을 받게 마련이나 그는 義俠心도 없지 않았다. 柳下가 洪陽에 놀러 갔다가 돌아오고자 할 때 그 고을 守令이 柳下에게 생활에 필요한 물품을 많이 주었다. 그때 그곳에 柳下의 친구가 유배되어 있으면서 어렵게 지내고 있었다. 그것을 본 柳下는 守令에게 받은 것을 주었다고 한다.[28] 柳下는 일생 동안 매우 가난했음에도 어려운 친구를 보면 이와 같이 도와주는데 인색하지 않았음을 알 수 있다.

---

26) 鄭來僑 撰, 「墓誌銘」. "公天性耿介 容止飭潔 聰悟絶於人 簡亢少可不苟合 所交遊盡一時名公勝流 多與之忘形"

27) 위와 같음. "然或有以勢位相加者 輒勃勃作氣曰 吾雖窮且死 豈肯低首作人頷下物哉 以是人莫敢有夾而侮之 亦以此忤於時而坎壈焉"

28) 위와 같음. "公常客遊洪陽縣 將還 邑宰資送甚厚 時公故舊謫縣中 窮敗無可顧 公乃傾橐與之"

柳下는 가난했고 신분이 微賤했으나 讀書는 해야 한다고 했다. 그는 선비가 이 세상에 태어나서 君子의 道를 배우지 않으면 사람이라 할 수 있겠는가. 재능은 내가 가지고 있고 그것을 사용하게 하는 것은 다른 사람에게 있다. 나는 나에게 있는 것을 할 뿐이며, 어찌 다른 사람에게 있는 것으로 窮通과 欣戚을 하며 하늘로부터 얻은 것을 버릴 수 있겠는가. 그러므로 君子의 道는 讀書하는 데 있다고 했다.[29] 이와 같이 출세를 하고 못하는 것과는 상관없이 君子의 道를 배워야 하며, 君子의 道는 讀書에 있다고 했다.

柳下의 이러한 생각은 後期로 갈수록 더욱 간절했다. 그는 自警文에서 자신이 魯鈍하다고 생각하지 않았는데 일찍 스승을 만나 학문에 종사하지 못했고, 또 禍故로 인해 학문을 하겠다는 의지를 빼앗기지 않았더라면 이와 같은 사람은 되지 않았을 것이며, 일생 동안에 쓸모 없는 시만 했으니 어찌 애석하지 않은가. 이것이 나에게 한이 되어 마음에 남아 있는 것이라고 했다.[30] 이 自警文은 柳下가 세상을 떠나기 직전에 쓴 것이라고 한다.

柳下는 어렸을 때부터 학문을 할 수 있는 여건이 되지 않았기 때문에 시를 했다고 하지만 일생 동안 시에 전념했던 인물이었다. 그는 得製述官漫題詩(柳下集 卷12)에 尙許三爲製述官이라 한 것에서도 알 수 있는 바와 같이 布衣로서 製述官을 세 번이나 역임했다면 문장으로써 크게 성공했다고 할 수 있는데, 그것을 만족하게 생각하지 않고 학문을 하지 못한 것에 대해 한탄하고 있다. 그

---

29) 洪世泰, 「送鄭季通序」, 『柳下集』 卷 9. "士生斯世 不學君子之道 則其何以爲人也 才不才在我 用不用在人 吾且爲在我者而已 豈可以在人者爲之窮通欣戚 而廢我之所得於天者乎 所謂君子之道在於讀書"

30) 洪世泰, 自警文, 『柳下集』 卷 10. "自念生質不至昏鈍 使早歲時得師友從事問學 而且無禍故迫厄以敗其志 則當不爲此人矣 乃以其一生光景做得許多無用之詩 豈非可惜也哉 此余之所以爲恨 而蓄於心者也"

것은 士類社會에서 文章은 餘技라 하고 문장보다 학문을 優位에 두는 관념에서 柳下도 탈피하지 못했기 때문일 것이다.

柳下는 자신이 말한 바와 같이 貧賤한 가정의 출신으로서 글은 일찍 배우기 시작했다고 하나 수준에 따라 스승을 찾아 배우지 못했고, 일생 동안 시에 전념하면서 다른 직업을 선택하지 않고 일관해 왔다. 이러한 柳下는 생활이 어려웠으나 勢利를 좇아 영합하려 하지 않았고, 분수를 지키며 깨끗하게 살았던 인물이 아니었던가 한다.

Ⅲ. 洛誦樓詩社와 洛下詩社

詩社는 문인들이 작품 활동을 하기 위한 結社를 의미한 것이다. 우리나라에서는 조선조 후기 委巷文人들이 전개한 詩社 활동을 제외하고는 주목할 만한 詩社가 없지 않았던가 생각된다. 이와 같이 詩社가 발달하지 못했던 것은 조선조 중기까지는 한문학의 향유계층이 士族 또는 그 이상의 계층이었다. 그러므로 그들은 국가 정책과 사회 風潮에 힘입어 結社를 해야 할 필요를 절실하게 느끼지 않았을 것이다.

그러나 結社가 전혀 없었던 것은 아니었다. 지금 알려진 것으로 가장 먼저 結成된 詩社라 할 수 있는 것은 高麗 중기 李仁老(1152~1220)를 중심으로 한 竹林高會가 아니었던가 한다. 이 竹林高會는 武臣亂 직후 文人들에 대한 탄압이 심해 지자 문인들은 현실에 대한 불평을 詩酒로써 달래고자 했기 때문에 結社가 필요했을 것이다. 그리고 조선조 중기까지도 詩社가 전혀 結成되지 않았던 것은 아닐 것이다. 그러나 주목할 만한 詩社가 없었던 것은 문인들이 친한 사람들끼리 모여 시를 지을 수 있는 기회가 많이 있었으므로 따로 詩社를 결성해야 할 필요가 없었을 것이며, 결성했다 할지라도 활동이 왕성하지 않았기 때문에 알려진 것이 없었을 것이다.

柳下가 관여했던 詩社는 洛誦樓詩社와 洛下詩社가 있었다. 먼저 洛誦樓詩社와의 관계에 대해 살펴보고자 한다. 洛誦樓詩社의 중심인물은 金昌翕(1653~1722)이었다. 그는 領議政을 역임한 金壽恒의 아들이며 金昌協의 동생으로서 21세 때 進士試에 합격했으나 大科에는 응시하지 않았으며, 37세 때 아버지인 金壽恒이 珍島에서 賜死되자 白雲山, 雪嶽山, 春川의 谷雲 등지에 머물며 일생동안 여러 번 관직에 임명되었으나 부임하지 않고 서울에 있는 것을 싫어했다. 金邁淳(1776~1840)은 金昌翕과 洛誦詩社와의 관계에 대해 21세 때 進士試에 합격한 후부터 科場에는 발을 끊고 白岳山 밑에 洛誦樓를 세워 同志 몇 사람과 더불어 날마다 독서하는 것으로 즐거움을 했다.[31] 이로써 보면 洛誦樓는 金昌翕이 北嶽山 밑에 세웠으며, 同志數人과 그곳에서 독서했다고 하니 옛날 선비들이 모이면 시를 論하고 짓게 마련이다.

그런데, 여기에 同志數人은 어떤 사람들이었을까. 柳下는 洛誦樓詩社와의 관계에 대해 자신이 소년시절에 妙軒 李公과 같이 놀게 되었다. 李公의 집이 北嶽山 밑에 있어 三淵 金昌翕이 사는 곳과 가깝게 있었다. 그때 金昌翕은 古詩를 倡導하며 洛誦樓를 열어 선비들을 초청했다. 妙軒이 시로써 三淵과 雙壁이 되어 경쟁하면서 서로 양보하지 않았다. 柳下는 그들과 같은 나이로써 쉽게 意氣가 投合되어 친하게 사귀었다고 했다.[32] 이러한 柳下의 기록에 따

---

31) 金邁淳 撰, 「高祖考妣墓誌」『臺山集』卷 10. "癸丑成進士 自是絶迹公車 建洛誦樓于白岳山下 與同志數人 日讀書爲樂"

르면 柳下는 妙軒의 소개로 金昌翕을 알게 되었고, 세 사람의 연령이 모두 같았음을 알 수 있다.

그리고 洛誦樓詩社의 활동에 대해 당시 우리 세 사람은 나이도 젊고 氣概도 높아 世間의 어떤 것이든지 좋아하지 않고 오직 시만 좋아해 날마다 만나지 않은 날이 없었고 만나면 반드시 시를 지었으며, 지은 시는 金石을 연주하는 것처럼 아름다워 이 세상에서 무슨 즐거움으로도 바꿀 수 없었다. 그런데, 얼마 되지 않아 妙軒이 세상을 떠났고, 잇따라 三淵도 깊은 산 속으로 들어가서 나오지 않았기 때문에 詩社의 즐거움이 없어졌다고 했다.[33] 이와 같이 柳下도 당시 그들의 모임을 詩社라고 했음을 알 수 있다.

그렇다면 이 洛誦樓詩社는 어느 시기에 結成되어 얼마나 계속되었으며, 참여하는 사람들은 얼마나 되었을까 하는 것이 주목이 되는 바인데, 이에 대해서는 자세한 기록이 없기 때문에 정확히 알 수 없고 추정할 수밖에 없음을 먼저 밝혀둔다. 이 詩社의 結成 시기에 대해 金邁淳은 위에 引示했던 것보다 약간 구체적으로 언급한 바 있으므로 그것을 들어보면 그가 撰한 金昌翕의 年譜 30歲條에 洛誦樓를 北嶽山 양지쪽에 지었는데 처음 집을 지을 때는 十餘楹이었고 별따로 그 동쪽 한 칸을 小樓로 하여 莊子에 있는 말을

---

32) 洪世泰, 「妙軒詩集跋」, 『柳下集』 卷 10. "余少時 從妙軒李公遊 公家北山之下 與三淵金公居相近 時三淵倡爲古詩 開洛誦樓 以招諸子 而公同時並峙 與之頡頏 不相讓焉 余於兩公 卽同年生 而一言道合 如石投水 許以忘形之交 故得遨遊兩間"
妙軒의 이름은 奎明이며 金昌翕이 그의 詩集 序文(『三淵集』 卷 23)을 지었다.

33) 위와 같음. "當此之時 吾三人年少氣高 於世間一切事物 無所愛好 而唯耆詩特甚 無日不相見 相見則必有詩 聲氣所感 金石迭奏 融融乎渢渢乎 不知天壤間 復有何樂 可以易此也 曾未幾何 而公下世矣 又未數年 而三淵遯居窮峽 不復出矣 自是詩社從遊之樂遂廢"

취해 洛誦樓라 하고 … 날로 동지 數人과 더불어 그 위에서 독서하며 시를 지었다고 했다.[34] 洛誦樓詩社의 활동이 洛誦樓가 건립된 후부터 시작되었다면 金邁淳의 기록에 따라 金昌翕이 30세 때가 아니었을까 추측된다.

그리고 참여한 인원에 대해 柳下는 吾三人이라 했고, 金邁淳도 同志數人이라 했으나, 그것이 한 두 번으로 끝난 것이 아니고 몇 년 동안 계속 되었다면 듣고 찾아오는 사람들이 없지 않았을 것이다. 그런데, 三淵과 柳下는 말할 것도 없고 妙軒도 進士試에 합격한 인물로서 文才가 三淵과 다툴 정도였다고 한다. 詩會는 技芸의 경쟁이라 할 수 있으므로 그들과 對敵할 수 있는 文才를 가진 사람이 많지 않았을 것이며, 또 이 詩社가 오래 계속된 것이 아니고 육칠년 동안 계속되다가 중지되었다. 이로써 미루어 볼 때 그들 외에는 詩會를 한다는 말을 듣고 호기심으로 찾아오는 사람들이 수시로 있었을 것으로 짐작되나, 매번 그들과 같이 모이는 인사들은 없었거나 얼마 되지 않았을 것으로 추측되는데, 그것은 참여했다는 다른 사람의 기록을 볼 수 없기 때문이다.

그리고 이 詩社가 폐지된 시기에 대해 柳下는 妙軒이 세상을 떠나고, 잇따라 三淵도 窮峽으로 들어가서 나오지 않았기 때문에 폐지되었다고 했다. 三淵이 37세 때 아버지 金壽恒이 그 해 3월에 珍島에 유배되어 4월에 賜死되었는데, 그 후부터 三淵은 서울에 있는 것을 싫어하고 窮峽에 많이 있었다. 그러므로 三淵의 나이 30대 중반이 약간 지나 金壽恒이 賜死된 후 바로 폐지되지 않았는가 한다.

이 洛誦樓詩社는 우리나라 詩社史에서 중요한 의미를 가진다고

34) 金邁淳 撰, 「三淵先生年譜」(國立圖書館藏) 三十歲條. “搆洛誦樓于白玉岳之陽 始營第 凡十餘楹 而別其東一間爲小樓 取莊周語 名以洛誦樓 … 日與同志數人 讀書賦詩於其上”

할 수 있다. 위에서 말한 바와 같이 우리나라에서 士大夫들은 詩社를 결성할 필요가 없었을 것이다. 高麗의 竹林高會는 武臣들로부터 탄압을 받아 정치일선에서 물러나 있었기 때문에 結成이 되었고, 조선조 후기에 활발했던 詩社는 대부분 委巷文人들에 의해 결성된 것이다. 洛誦樓詩社의 중심인물이라 할 수 있는 세 사람에서 三淵은 우리나라 屈指의 甲族이었고 妙軒도 家系를 알아보지 못했으나 士族인 듯하며 柳下는 微賤한 출신이다. 洛誦樓詩社에 참여한 인원이 많지 않았고 활동한 기간이 십년을 넘지 못했다 할지라도 甲族의 자제와 賤民 출신이 詩會를 하기 위해 같이 結社를 했다는 것은 주목할 만한 것이 아닌가 생각된다.

柳下가 洛誦樓詩社를 통해 金昌翕을 알게 되었고, 또 그를 통해 그의 형인 金昌協을 알지 않았는가 생각되는데, 柳下가 그들 형제를 알게 된 것은 큰 소득이었을 것이다. 金昌協은 학문과 문장으로 士林들 사이에 높게 인정받았고, 三淵도 당시 布衣로서 士林의 領袖였다. 그리고 그들도 柳下를 천인으로 대하지 않고 아끼었다. 金昌協이 淸風府使로 있을 때 柳下는 三淵과 같이 그곳을 방문하여 많은 시를 지은 것이 그의 문집에 실려 있고 金昌協도 매우 환대했다.[35] 그리고 金昌翕의 三淵集에도 柳下와 관련 있는 시가 적지 않다. 與洪世泰聯枕, 喜洪世泰來宿與李瑞卿(奎明)對酒同賦 등의 詩題가 있으며, 洪世泰來過詩에는 夜寒我杯深 慰子被褐衣(三淵集 卷2)라 하여 깊은 友情을 나타내었다.

柳下가 관여한 詩社는 洛誦樓詩社 외에 洛下詩社가 있었다. 詩

35) 金昌協, 與洪生世泰,『農巖集』卷 18. “生再昨與子益 同舟溯流 今到漆巖 所過山川淸曠 春物藹然 終日在蓬屋下 遊且賦詩 不知舟揖之勞 甚恨不得左右在側也 再明間當到寒碧 歸後送馬相邀 恐稍後時 未知何以則可也”

社는 詩人들의 집단 또는 詩人들이 정기적으로 모여 詩會를 가지는 것을 말하며 우리나라뿐만 아니라, 중국은 물론 日本에도 있었다. 위에서 언급한 바와 같이 우리나라의 詩社는 조선조 중기에도 結社라는 말이 없는 바 아니나 활동이 微弱했고 후기에 발달했다. 즉, 士大夫들은 送別 또는 壽讌 등 여러 모임에서 서로 어울려 시를 지을 수 있는 기회가 많기 때문에 별따로 詩社를 結成할 필요를 많이 느끼지 않았을 것이다. 그러므로 조선조 후기 委巷文人들이 배출되면서 그들에 의해 結社가 많이 된 것이다.

이 詩社의 結成에 대해 신분적 제약에서 오는 울분과 가난은 그들로 하여금 동류의식을 싹트게 하였고, 이로 인하여 집단적인 활동을 유발하는 촉매제가 되었으니 이것이 곧 詩會와 詩社의 활동이다.[36] 그리고 結社에는 구성원의 인적자원의 확보가 중요한 요인이 될 수 있는데, 조선조 후기에는 漢文學이 兩班階層의 專有物에서 벗어나 委巷人들에게까지 상당히 보급되었다. 한 예를 들면 柳下와 같은 시기의 委巷人인 鄭後僑가 어렸을 때 책을 끼고 書堂에 가다가 巡邏軍들에 붙들려 왜 밤에 다니느냐 하자 書堂에 간다고 하니 巡邏軍이 너가 人語孤舟北斗明을 지은 鄭後僑가 아니냐 하며 놓아주었다고 한다. (張志淵, 『逸士遺史』 卷 2, 鄭後僑條). 당시 鄭後僑의 이 시가 膾炙되었기 때문에 巡邏者도 외우고 있었음을 알 수 있다. 이로써 미루어 보면 漢詩를 이해할 수 있는 계층이 상당히 넓었음을 짐작할 수 있다.

洛下詩社의 主導的인 인물은 林俊元이었다. 詩社의 결성에 대해 그는 시를 잘 한다는 말이 있었으나 집이 가난하고 나이 많은 부모가 있어 內司掾에 임용되어 家產을 일으켜 부자가 된 뒤에 그것으로 만족하다고 하며, 하던 일을 그만 두고 집에서 文史를 즐기

---

36) 千柄植, 『朝鮮後期委巷詩社硏究』, 國學資料院, 1991, 53쪽.

며 그의 무리들과 詩會를 했는데, 모이는 사람들은 庾纘洪, 洪世泰, 崔大立, 崔承太, 金忠烈, 金富賢 등이었다고 한다.[37] 여기에 모인 인사들의 신분을 정확히 알 수 없으나 대부분 委巷人인 듯하다. 이로써 이 詩社의 主導的인 인물은 林俊元이었음을 알 수 있고, 이들 외에도 당시 委巷人으로서 文名이 있었던 인사들이 적지 않았으므로 참여한 인원은 더욱 많았을 것이다. 林俊元이 좋은 계절과 아름다운 景物을 보게 되면 무리들을 초청하여 시를 짓고 즐겁게 놀다가 헤어지는 것을 항상 했으므로 당시 洛下에서 才名이 있다는 자들은 그 모임에 참석하지 못하는 것을 부끄럽게 여겼다고 한다.[38] 이 기록에 따르면 이 詩會가 자주 열린 듯하고 참석 못한 것을 부끄럽게 여겼다고 하니 많이 알려졌음을 알 수 있다.

어떤 단체나 조직이 결성되어 유지되려면 財源이 필요하다. 이 洛下詩社에는 적지 않은 인원이 모였던 것으로 짐작되는데, 林俊元과 같이 豪俠하고 家貲가 累千이 되는 인물이 필요한 경비를 부담했기 때문에 가능했을 것이다. 그리고 이 詩社에서 시로써 柳下가 으뜸이 아니었던가 한다. 그것은 이 詩社에 참여한 인물을 말하면서 柳下에 대해 善詩로 명성이 당시의 으뜸이라고 했으며,[39] 또 근세의 시인은 洪滄浪 같은 사람이며, 그 뒤를 계승한 사람은 鄭來僑라 했다.[40]

---

37) 李慶民, 『熙朝軼事』 林俊元條. "頗有能詩之稱 然家貧有老親 遂屈志爲內司掾 得任用以起富 家貲累千 乃歎曰 於吾已足矣 卽謝事家居 以文史自娛 日與其徒高會 其徒有庾公纘洪洪公世泰崔大立崔承太金忠烈金富賢諸人"

38) 위와 같음. "每遇良辰美景 招呼諸人 輒賦詩酣飮 極驩而罷 以是爲常 洛下稍有才名者 以不得與其會爲恥"

39) 위와 같음. "洪公號曰滄浪 善詩名聲俱冠當時"

40) 같은 책. 鄭來僑條. "近世詩人 如滄浪洪道長卽其人 而繼道長 又有浣巖鄭潤卿者名來僑"

그런데, 당시 이 詩社에 대해 정해진 명칭이 없은 듯하다. 具滋均은 이 詩社의 명칭에 대해 崔廷憲의 七律 寄洛中舊遊諸友(『昭代風謠』 卷6)의 一聯에 洛社舊遊猶不忘 夢中時把菊花杯라 한 聯 등을 들면서 洛社라 이름했다.[41] 千柄植은 洛社와 洛下란 명칭이 가장 많이 쓰였는데, 이 말들은 서울에 있는 詩社란 모임을 지칭하였다고 보아 具滋均이 임의로 붙인 그 명칭을 본고에서도 援用하여 洛下詩社라고 부르고자 한다 했다.[42] 洛下, 洛中은 서울을 지칭한 말이다. 洛社와 洛下詩社가 의미상의 차이는 없을 듯하나, 文人들의 結社를 지칭한 詩社라는 말이 成語가 되어 있으므로 여기서는 후자에 따르고자 한다. 이 洛下詩社는 오로지 委巷人들만으로 結成된 것으로써 壬辰亂 직전에 劉希慶, 白大鵬 등이 중심이 되어 結成된 風月香徒의 뒤를 이었다고 할 수 있고, 그 후 잇따라 結成된 여러 詩社들에 先導的인 역할을 한 것이며, 林俊元과 교분이 두터웠던 柳下는 이 詩社에 참여하여 作家로서 중심인물이 되었을 것이다.

Ⅳ. 그의 文學

柳下의 작품에 대해 고찰하기 전에 그의 문집에 대해 간단히 언급하고자 한다. 柳下의 문집 柳下集은 총 14권으로써 첫 머리에 自序가 있고 1권부터 8권까지는 여러 형식의 시이며, 9권에서 10권까

41) 具滋均, 『朝鮮平民文學史』, 民學社, 1974, 61쪽.
42) 千柄植, 『朝鮮後期委巷詩社硏究』, 國學資料院, 1991, 49쪽.

지는 산문이다. 그리고 11권에서 14권까지도 모두 시이다. 편집은 형식 중심으로 하지 않고 지은 시기와 장소를 감안해서 차례를 정한 듯하나, 지은 연대를 밝힌 작품이 적기 때문에 꼭 그렇다고 말하기도 어렵다. 附錄에는 鄭來僑가 撰한 그의 墓誌銘이 있다.

『柳下集』의 편집에 대해 鄭來僑는 柳下가 蔚山에서 돌아와서 몸이 더욱 쇠약하여 출입을 하지 않고 집에 있으면서 篋中에 있는 草稿를 정리하여 스스로 편찬했다고 하였다.[43] 柳下가 自序를 쓴 시기를 崇禎紀元後再甲辰仲冬이라 했으니, 그가 72세 되던 해 겨울이었다. 柳下가 70세 되던 해 이른 봄에 蔚山에서 解官하고 上京했으므로 鄭來僑가 말한 바와 같이 돌아와서 草稿를 정리하면서 세상 떠나기 한해 전에 序를 쓴 듯하다. 그리고 간행에 대해 公이 세상을 떠난지 6년 되던 해에 둘째 壻郎인 趙昌會와 제자인 金鼎禹가 필요한 경비를 모아 遺集을 간행했는데 14卷이라고 했다.[44] 이로써 『柳下集』은 그가 自編했고, 또 세상을 떠난지 6년 후에 壻郎과 제자들에 의해 간행되었음을 알 수 있다.

다음에는 柳下의 詩에 대해 알아보고자 하며, 먼저 그가 시를 어떻게 생각하고 있었는가 하는 것부터 살펴보고자 한다. 柳下는 자신이 시를 짓게 된 동기에 대해 초년에는 가정이 貧賤해 먹고 입는 것이 급했으므로 공부를 많이 해 보겠다는 생각을 하지 못했다. 중년에 이르러서는 어렵고 곤궁해 학문을 할 수 없게 되었고, 깊은 근심에 쌓이거나 감정이 매우 우울했을 때 시로써 표현하게 되면

---

43) 鄭來僑 撰, 「墓誌銘」. 及還衰疾益甚 意忽忽不樂 杜門深居 絶還往 探篋中草稿 手自編摩
鄭來僑의 이 글은 自序에 있는 말을 그대로 옮겼다고 볼 수 있으니 더욱 신뢰가 되지 않을까 한다.

44) 위와 같음. “公沒之六年 趙君及門客金鼎禹 謀鳩財僝工 印行其遺集凡十四卷”

사람들이 보고 잘 지었다고 하며 詩人이라고 지목을 했는데, 한 번 이름을 얻게 되자 사양할 수 없게 되었다고 했다.[45] 이로써 보면 柳下는 답답하고 우울한 감정을 시로써 표현할 수밖에 없었는데, 그것을 보는 사람들은 칭찬하며 시인이라고 한다 했다.

그리고 시에 대한 관념은 시를 小技라고 하나 명예와 利慾에 깨끗한 자가 아니면 잘 지울 수 없는 것이다. … 역대로 내려오면서 시를 잘 지은 사람을 살펴보면 시골에서 숨어 있는 사람 가운데서 많이 나왔고 부자나 권력있는 사람들은 적었다. 이로써 미루어 보면 시를 과소평가 할 것이 아니고 시인도 존경할 만하다고 했다.[46] 이와 같이 그는 名利에서 깨끗한 자만이 시를 잘 지을 수 있으며 역대의 유명한 시인들은 시골에서 숨어 있는 자들이 많았다고 했다.

柳下는 海東遺珠序에서 벼슬하지 못하고 시골에 있는 선비들이 자신의 감정을 표현한 시가 비록 배운 것이 넓지 못하고 取材한 것이 좁다 할지라도 자연에서 얻은 것이기 때문에 매우 뛰어났고 맑고 깨끗해 風調는 唐詩에 가깝다. 즉, 寫景의 淸圓함은 봄날의 새 우는 소리와 같고 抒情의 悲切함은 가을철 벌레 우는 소리와 같다. 그들이 느낀 것을 그대로 표현한 것은 모두 天機에서 자연히 흘러나온 것이니 그것이 진실로 시라 할 수 있을 것이라 했다.[47] 이와

---

45) 「自警文」, 『柳下集』 卷 10. "而家素貧賤 急於衣食 未遑爲大志業 及其中歲 屯難阨窮 東西忧迫 遂未免廢學 而遇有牢愁感憤鬱悒不平之氣 則獨於詩而發 人之見者 皆謂之能 而輒以詩人目之 一得此名 無以辭焉"

46) 「雪蕉詩集序」, 『柳下集』 卷 9. "詩者一小技也 然而非脫略名利 無所累於心者不能也 … 歷觀自古以來 工詩之士 多出於山林草澤之下 而富貴勢利者 未必焉 以此觀之 詩固不可小 而其人亦可以知矣"

47) 「海東遺珠序」, 『柳下集』 卷 9. "而草茅衣褐之士 鼓舞於下 作爲歌詩以自鳴 雖其爲學不博 取資不遠 而其所得於天者 故自超絶 瀏瀏乎風調近唐 若夫寫景之淸圓者 其春鳥乎 而抒情之悲切者 其秋虫乎 惟其所

같이 假飾없이 심중에서 흘러나오는 소리가 참으로 시라고 할 수 있을 것이라 했다. 그리고 柳下는 시가 사람을 궁하게 한다고 한 말에 대해 사람의 운명은 하늘에 있는 것인데 어찌 시를 잘 하고 못하는데 있겠는가. 오늘 날 시를 짓지 않으면서도 궁한 자가 얼마나 많은가. 그럴 바에는 시를 잘 하는 것이 나을 것이다. 살아서 守錢奴가 되었을 때 죽으면 바로 이름이 없어질 것이니, 그와 같은 사람은 말할 것이 있겠는가 했다.[48] 이로써 보면 柳下는 시에 대한 자존과 긍지가 대단했음을 알 수 있다. 다음에는 그의 시에 대해 살펴보고자 하며, 먼저 五言絶句에서 沙工浦舟上詩를 들어본다.

客臥海天濶	누웠으니 바다와 하늘이 넓어
孤舟星月多	孤舟에 달과 별빛이 쏟아진다.
釜山朝在眼	아침에 釜山을 떠났는데
今夜忽蠻歌	오늘 밤에 蠻歌를 듣는다오.

(『柳下集』 卷 1)

沙工浦는 對馬島 서편에 있는 浦口라고 詩題 밑에 밝혔다. 이 시는 柳下가 서른 살 때 通信使 알행으로 日本에 갈 때 釜山을 출발하여 對馬島의 沙工浦 舟上에서 지은 것으로써 柳下가 그곳에 가서 제일 먼저 지은 작품이다. 起承兩句는 누워서 넓은 하늘을 바라보니 달과 별빛이 자신이 있는 배로 쏟아진다고 했다. 배는 浦口에 정박했으나 아직 내리지 못하고 배에 누워 하늘을 바라본 광경을 표현한 것이다. 轉結兩句는 아침에 釜山을 보았는데 밤에 異國의 노래를 듣게 되었다고 했으니, 배 위에서 日本 땅을 앞에 두고 하

以爲感而鳴之者. 無非天機中自然流出 則此所謂眞詩也"

48) 「雪蕉詩集序」, 『柳下集』 卷 9. "夫人之窮達 有命在天 豈係於詩之工不工耶 見今世之不爲詩而窮者何限 窮等耳 寧工於詩 彼生爲守錢虜 死尸未冷 而名已滅者 亦何足道哉"

늘에 있는 달과 별빛은 故國과 다름이 없으나 처음 와서 보게 될 異國은 어떨까 하는 好奇心에 사로잡혀 있는 심정을 표현한 것이 아닌가 한다. 다음에는 遣興詩를 들어본다.

老病無他念	늙고 병들어 다른 생각 없고
深居不出門	집에 있으며 나가지 않는다.
微醺南牖下	얼큰히 취해 창 밑에 누워
臥弄女曾孫	曾孫女를 희롱한다오.
(卷 14)	

이 시는 내용으로 보아 柳下가 蔚山의 監牧官을 그만 두고 上京하여 집에 있으면서 지은 것으로 추측된다. 起承兩句는 늙고 병들어 다른 생각은 없고 집에 있으면서 문밖에 나가지 않는다고 했다. 이 시를 지은 시기가 위에 추측한 것이 사실이라면 柳下의 나이 70대 초반으로써 건강도 쇠약했을 뿐만 아니라, 그의 詩稿를 정리 편찬하고 있을 때였다. 그러므로 특별한 일이 없으면 외부출입을 하지 않았을 것으로 짐작된다. 轉結兩句는 술을 약간 마시고 얼큰한 기분으로 남쪽 창문 밑에 누어 어린 曾孫女와 더불어 희롱한다고 했다.

柳下는 그의 시에 술을 마신다거나 취했다는 말이 많은 것으로 보아 술을 좋아했던 것으로 생각된다. 그리고 柳下는 文才가 있어 시로써 유명했으나 일생 동안 극히 불행했다. 즉, 두 동생이 있었으나 모두 먼저 세상을 떠났고, 또 딸만 둘을 성장시켜 출가시켰으나 柳下보다 앞서 죽었으므로 두 딸의 죽음에 대한 애절한 祭文과 시가 있다. 그러나 詩稿를 정리하다가 지치면 약간 술을 마시고 얼큰한 기분으로 증손녀와 희롱한다고 했으니 멋이 있다. 이때 曾孫女는 外曾孫女였을 것이다. 다음에는 七言絶句 가운데 江村卽事詩를 들어본다.

春動江湖新浪生　　江湖에 봄이 드니 물결이 일어
舟人鼓楫唱歌聲　　사공이 돛을 치며 노래를 한다.
自言販穀扶安去　　말하기를 곡식 사려 扶安 갔다가
三月花開可上京　　三月 꽃 필 즈음 돌아온다네.
(卷 1)

이 작품은 이른 봄 江村에서 보았던 일들을 소재로 하여 지은 것이며, 여기에서 江村은 漢江邊에 배가 오고 가고 하는 나루가 있는 마을일 것이다. 起承兩句는 겨울 철 바람이 세고 파도가 거칠 때는 뱃길도 어려웠는데, 봄이 드니 물결도 잔잔하게 일어 위험이 없으므로 사공이 배를 출발시키면서 기분이 좋아 돛을 치며 노래를 한다고 했다. 轉結兩句는 곡식을 사기 위해 扶安으로 갔다가 삼월 달 꽃이 필 즈음에 서울로 돌아오게 될 것이라고 했다. 扶安은 全羅道의 넓은 들이 가깝게 있는 곳이다. 그러므로 그곳으로 쌀을 사러 간다는 것이다. 지난 날 漢詩에 중국의 지명은 적지 않게 볼 수 있으나 우리나라 지명은 보기 어려웠는데 여기에 扶安이 있어 더욱 친근감이 간다. 이 작품은 특별한 의미가 있는 것은 아니다. 이른 봄 날 배들이 떠날 때 江村의 분주한 광경을 그대로 표현한 것에 불과하나 淸楚함이 돋보여 들어 보았다. 작품에 간혹 지은 시기를 밝힌 것이 있는데, 이 작품은 戊辰年이라 했으니 36세 때 지은 작품임을 알 수 있다. 다음에는 池上漫興詩를 들어 본다.

閑來池上枕肱眠　　한가해 池邊에서 팔을 베고 졸았더니
影落澄波水底天　　그림자 진 물 밑에 하늘이 있다.
日午柳風吹拂面　　한낮 바람이 낯을 향해 부니
靑山還復在吾前　　푸른산이 다시 내 앞에 있다.
(卷 2)

이 시는 더운 여름 날 못 가의 버드나무 밑에 앉아서 지은 것이다. 起承兩句는 더운 여름 한가한 날에 버드나무 밑에서 못을 바라보며 팔을 베고 졸고 있으니 그림자 진 맑은 물밑에 하늘이 있다고 했다. 轉結兩句는 한낮의 바람에 휘날리는 버들가지가 낯을 스치고 지나갈 때 푸른 산이 다시 내 앞에 있다고 했다. 하늘이 물밑에 있다는 것은 못 가에 누워서 맑은 물만 바라보고 있기 때문에 하늘이 倒影이 되어 물밑에 있을 수밖에 없겠으나, 위에 있는 것이 밑에 있으므로 신기한 생각을 가지게 된다. 그리고 한낮이 되어 바람에 낯을 스치고 지나가는 버들가지 밑에 졸던 잠을 깨어 앉아서 보니 푸른 산이 다시 앞에서 보인다고 하여 표현에 절묘함이 있다. 이 작품은 淸楚함도 있지만 단순한 寫景詩로 그치지 않고 같은 사물이라 할지라도 보는 위치에 따라 달라진다는 함축적인 의미도 포함된 것이 아닌가 한다. 이시는 癸酉年에 지었다고 했으니 41세 때 지은 작품이다. 다음에는 書懷詩를 들어본다.

每欲移家住近山	집을 산 가까이 옮기려 한 것은
此身於世不相關	세상과는 상관이 없기 때문이었오.
須營草閣無墻壁	띠집 지으면 담장은 하지 않고
盡取千峰入臥間	千峰을 모두 누워서 볼 수 있게 하겠소.

(卷 2)

詩題를 書懷라 했는데 어떤 의미에서 그렇게 한 것인지 알 수 없다. 起承兩句에 집을 산 근처로 옮기고자 생각한 것은 자신이 세상일들과 아무런 상관이 없기 때문이라고 했는데, 세상이 귀찮아 등지고자 산 속으로 간다는 것이 아니고 상관이 없기 때문에 가고 싶다고 했다. 즉, 현실에 대해 脫出하고자 한 것이 아니고 超克한 자세가 아닌가 한다. 轉結兩句는 산 속으로 이사를 가서 띠집이라도 짓게 되면 담장을 하지 않겠다고 했다. 그것은 방에 누워서 주위의 산봉우리들을 모두 볼 수 있게 하기 위한 것이라고 했다. 여기에는 자연과 親和하려는 의지가 엿보인다. 柳下는 末年에 微官末職이나마 몇 곳에 취임한 적이 있었으나, 초년에는 출신이 寒微했기 때문인지 과거에 응시했다는 흔적이 없고, 中年에도 매우 貧寒했으면서 生業을 위해 다른 직업을 선택하지 않고 오로지 시에 精進할 수 있었던 것은 현실에 대한 태도가 이 시에서와 같이 淡白했기 때문이 아닌가 한다. 다음에는 對花卽事詩를 들어 보고자 한다.

昨日花開嫌太遲	어제는 꽃이 늦게 핀다고 탓했는데
今朝花已半辭枝	오늘 아침 이미 반이나 떨어졌다.
長安甲第多飜覆	서울 부자집들이 번복이 많으니
不必衰翁白髮悲	백발보고 슬퍼할 것 없다오.

(卷 4)

이 작품은 꽃을 보고 인생을 觀照한 것이 아닌가 한다. 起承兩句는 어제는 꽃이 너무 더디게 핀다고 탓을 했는데, 오늘 아침에 이미 반이나 가지에서 떨어졌다고 했다. 여기서는 시간의 흐름이 더딘 듯 하면서도 빠르며, 이 시간의 흐름에 따라 핀 꽃이 떨어지는 것처럼 이 세상에 태어난 것은 모두 사라진다는 것을 示唆한 것이 아닌가 한다. 轉結兩句는 서울에 있는 權貴 또는 富家들이 오래가지 못하고 자주 번복하는 것으로 보아 늙은이들이 백발을 보고 슬퍼할 것이 없다고 했다. 다시 말하면 아름다운 꽃도 피었다가 쉽게 지며 富貴도 번복이 심하니 인생도 그와 같이 恒存하지 않는다는 것을 나타내고자 한 것이 아닌가 한다. 柳下가 이 시를 짓게 된 계기가 있었을 것으로 생각되나 말하지 않았으니 알 수 없다. 다음에는 對桃樹有感詩를 들어본다.

窓外夭桃汝所栽　　창 밖 고운 복숭아를 너가 심었는데
至今花欲向人開　　지금 꽃이 활짝 피려한다.
枝頭白蝶偏飛繞　　가지에 흰나비 꽃을 돌고 있으니
想有孤魂化得來　　아마 너 넋이 나비 되어 왔겠지.
(卷 6)

위에서 언급한 바와 같이 柳下는 아들 여덟과 딸 셋을 두었는데 일찍 잃었고, 두 딸만 키워 출가시켰으나 모두 柳下 앞에 세상을 떠났다. 이 시는 복숭아나무를 심은 죽었던 딸을 생각하며 지은 것이나 어느 딸을 생각한 것인지 알 수 없다. 起承兩句는 창밖에 곱게 피어 있는 복숭아꽃은 너가 심은 나무였는데 지금 꽃이 사람을 향해 피었다고 했다. 轉結兩句는 꽃이 있는 가지 머리에 흰나비가 꽃을 향해 돌고 있는데, 아마 그것은 너 넋이 나비가 되어 너가 심었던 나무의 꽃을 찾아온 것이 아닌가 했다. 柳下는 여러 자녀를 모두 잃었기 때문에 어느 자식할 것 없이 죽은 자식으로 인해 가슴에 한이 쌓여있는 사람이다. 그러므로 자식들을 잃고 哀悼하는 시가 적지 않음을 볼 수 있는데, 이 작품은 잃은 아이가 심은 복숭아나무에 봄이 되어 꽃이 피는 것을 보고 잃은 아이를 생각하며 꽃을 찾아온 흰나비가 너의 넋이 아닌가 했으니 이 얼마나 애절한 호소인가. 슬픈 감정을 표현한 技法에 절묘함이 있지 않은가 한다. 다음에는 滿月臺歌를 들어본다.

滿月臺前落木秋　　滿月臺 앞 나뭇잎 지는 가을에
西風殘照使人愁　　西風과 夕陽이 근심스럽게 한다.
山河氣盡姜邯贊　　山河의 精氣 姜邯贊에 모였고
日月名懸鄭夢周　　日月처럼 빛나는 鄭夢周 이름이라오.
(卷 4)

이 시의 詩題에 歌字가 있으나 특별한 의미가 있는 것은 아닌 듯하다. 이 작품 앞에 滿月臺詩가 있기 때문에 구분하기 위해 붙인 것이 아닌가 한다. 이 시는 柳下의 작품 가운데 많이 알려진 작품 중의 하나이며, 詩題에서 알 수 있는 바와 같이 松京의 懷古詩로써 起承兩句는 나뭇잎이 떨어지는 가을에 滿月臺를 찾았더니 서쪽에서 불어오는 쌀쌀한 바람과 夕陽은 시인의 마음을 悲嘆에 빠지게 한다고 했다. 즉, 과거에 화려했던 자취는 간 곳 없이 쓸쓸하며, 더구나 이곳을 찾았을 때 나뭇잎 떨어지고 西風과 夕陽이 더욱 슬프게 한다고 했다. 轉結兩句는 山河의 精氣는 모두 姜邯贊에게 모였고 鄭夢周의 忠節의 이름은 해와 달처럼 빛난다고 했다. 姜邯贊은 高麗 顯宗 때 활동했던 인물로서 文科에 장원했고 契丹主가 侵攻해 왔을 때 잘 대처했기 때문에 顯宗은 그에게 다음과 같은 시를 주었다.

庚戌年中有虜塵	庚戌年 虜兵이 침입했을 때
干戈深入漢江濱	敵兵이 漢江까지 깊게 들어왔다오.
當時不用姜公策	당시 姜公의 계획을 따르지 않았으면
擧國皆爲左衽人	모든 국민이 노예가 되었을 것이오.

그리고 뒤에 契丹의 蕭遜寧이 많은 군사를 이끌고 침입해 왔을 때 姜邯贊이 격퇴했다. 宋의 使臣이 와서 그를 보고 절을 하며 文曲星이 오래 동안 보이지 않더니 이곳에 있었는가 했다.[49] 서울 근처 落星臺가 姜邯贊의 탄생설화와 얽힌 이름이다. 그러므로 山河의 氣가 그에게 모였다고 한 것이 아닌가 한다. 鄭夢周는 학자로서 고려 말에 李成桂를 중심으로 한 軍閥勢力에 의해 기울어져 가는 國運을 바로 잡기 위해 노력하다가 李芳遠이 보낸 武士들에 의해

49)『高麗史』「列傳」卷 7, 姜邯贊條.

遇害되었다. 고려 역대의 많은 인물 가운데 대표적으로 이 두 사람을 들어 나라는 망했으나 국가나 민족을 위해 공헌한 인물의 이름은 남아있다는 것을 의미한 것이 아닌가 한다.

이 시에 대해 洪世泰는 委巷人인데 金錫胄가 그의 文才를 아끼어 死地에 있는 것을 구출해 주었고, 시로써 유명해 金昌協, 金昌翕이 그와 같이 시를 酬唱했다. 그가 松都에 가서 지은 懷古詩에 … 했으니 그의 氣像을 짐작할 수 있다고 했다.[50] 柳下가 死地에 있는 것을 金錫胄가 구출해 주었다는 기록은 다른 데서도 볼 수 있으나 어떤 사실로 인해 死地에 빠지게 되었는지 알 수 없다. 이 작품이 과거 화려했던 王都의 懷古詩이면서 감상에만 젖어 있지 않고 名賢의 이름을 들어 宣揚했기 때문에 氣像이 있다고 말한 것이 아닌가 한다. 다음에는 寄日本野鶴山詩 3首 가운데 한 수만 들어본다.

一別音信不復通	헤어진 후 소식 끊어 졌으니
此生無那馬牛風	내가 서둘러도 어찌할 수 없었소.
相思却似扶桑日	그리운 정 동쪽 해와 같아
纔落西來復出東	서쪽으로 지더니 다시 동쪽에 뜬다.

(卷 5)

이 시는 詩題에서 알 수 있는 바와 같이 日本人 野鶴山에게 보낸 것이다. 그는 日本 文人으로서 柳下가 使節一行으로 그곳에 갔을 때 시로써 서로 친하게 되었다. 이 시를 짓게 된 경위에 대해 그의 與日本野鶴山書[51]에 따르면 日本에서 돌아온 지 30년 만에 이

50) 朴性陽, 「芸窓詩話」; 趙鍾業 編, 『韓國詩話叢編』 卷 11. "洪世泰閭巷人也 金息菴愛其才 拔出死地 以詩名世 農岩三淵置諸門下 與之酬唱 遊松都時作懷古詩曰 … 可見其氣像矣"

51) 『柳下集』 卷 9.

시를 보낸다고 했으며, 그 사이 野鶴山으로부터 三十韻의 시를 받았으나 春秋大義에 國交가 없으면 大夫가 外國에 通信을 하지 않는다고 했기 때문에 答信을 하지 못했다고 하며, 친구 李重叔이 製述官으로 그곳에 가는 편에 絶句 三首를 지어 보낸다고 했다. 起承兩句는 한 번 헤어진 후 소식을 전하지 못했는데, 그것은 빨리 서둘러도 어찌 할 수 없었다고 한 것은 위에서 말한 바와 같이 허락 없이 外國과 통신을 하지 않는다는 春秋의 大義에 따라 어쩔 수 없었다는 뜻이 아닌가 한다. 轉結兩句는 野鶴山을 생각하는 마음은 동쪽에서 뜨는 해가 西山으로 졌다가 다시 동쪽에서 뜨는 것과 같다고 하여 잊고자 해도 잊혀지지 않는다는 것이다. 표현이 간곡하지 않는가 한다. 더구나 日本은 우리나라 동쪽에 있다. 野鶴山이 있는 동쪽에서 뜬 해가 西山으로 졌다가 금시 동쪽에서 솟는다고 했다. 다음 奉送趙參議令公使日本詩 다섯 수 가운데 한 수를 들어 본다.

江戶城高欲到天	江戶의 城은 하늘에 닿을 듯
引河爲帶四通船	강을 끌어 띠를 하고 배가 다닌다.
市門白日穿人海	한낮에 거리에는 人波 들끓고
鼓吹雙行使節前	치고 불며 두 줄이 使節 앞에 간다.

(卷 12)

이 시는 柳下가 日本을 다녀온 뒤에 그곳에 使節로 가는 사람을 送別하며 지은 것이다. 起承兩句는 당시 日本의 서울이었던 江戶의 城郭이 매우 높고 주위에 강물을 끌어 띠처럼 하고 그곳으로 배들이 다닌다고 했다. 城郭의 규모가 크다는 것을 표현한 것이며 강을 끌어 띠처럼 한 것은 敵軍이 城에 접근하지 못하게 한 것인데 우리나라에도 築城할 때 이렇게 한 곳이 있었다. 轉結兩句는 우리나라 使節이 江戶에 들어갔을 때 영접하는 광경을 표현한 것이다. 거리에 구경나온 많은 人波를 헤치고 북 치며 피리 부는 두 줄의 행렬이 使節一行을 인도한다고 했다. 柳下는 다섯 수의 시에서 그곳의 전통, 풍속과 物豐함을 표현했다. 이 때 趙參議는 肅宗 38년에 正使로 간 趙泰億이 아닌가 한다. 다음에는 五言律詩 가운데 送三淵歸雪岳永矢庵詩를 들어본다.

天下無憂地	이 세상 근심 없는 곳은
其唯雪岳山	오직 雪岳山이었소.
結庵千嶂裏	첩첩 산중에 암자 짓고
遺世百年間	한 평생 세속 일 잊고자 한다.
有鶴應相守	학이 있어 지켜 주겠고
騎牛又欲還	소 타고 돌아간다네.
長安足塵土	발에 묻은 서울의 먼지는
不染玉爲顔	깨끗한 낯을 더럽히지 않겠지.

(卷 12)

이 작품은 雪岳山으로 돌아가는 三淵 金昌翕을 餞別하면서 지은 것이다. 金昌翕은 柳下와 洛誦樓詩社를 같이 했을 뿐만 아니라, 柳下의 文才를 가장 높게 인정해 준 인사 중의 한 사람이다. 그러므로 두 사람의 문집에 서로 상관되는 시가 많이 실려 있다. 위에서 언급한 바와 같이 金昌翕은 그의 아버지 金壽恒이 賜死된 후 出仕를 단념하고 서울에 있기를 싫어하며 雪岳山을 비롯하여 지방에 많이 寓居해 있었다. 위의 시는 내용으로 보아 雪岳山에 있으면서 잠깐 上京했다가 다시 그곳으로 돌아갈 때 柳下가 餞別하며 지은 것이다. 首聯은 이 세상에서 근심이 없는 곳은 오직 雪岳山이라고 했는데, 그곳은 金昌翕이 家禍를 겪은 후 雪岳山을 찾아 상당 기간 동안 머물러 있었기 때문일 것이다. 頷聯은 깊은 산중에 암자를 짓고 한 평생 세속 일을 잊고자 한다고 했다. 雪岳이 名山이라고 하지만 교통이 발달되지 않았던 당시에는 가기 힘든 깊은 산중이었을 것이다. 金昌翕이 그곳에 암자를 짓고 있은 것은 현실을 비관하며 도피하고자 한 의도였을 것이다.

頸聯은 金昌翕이 그곳 永矢庵에 있다가 볼 일이 있어 下山하게 되면 학이 그곳을 지킬 것이고 돌아갈 때는 말이 아닌 소를 타고 간다고 했다. 이러한 표현은 그가 당시 屈指의 紈袴子弟였는데 완전히 山人이 되었다는 것이다. 尾聯은 서울에 왔기 때문에 발에 먼지가 묻을 수밖에 없겠으나 그것이 깨끗한 그의 낯은 더럽히지 못할 것이라고 했다. 이 작품은 淸逸 典雅함이 있다. 柳下가 누구보다도 金昌翕을 잘 알기 때문에 이 같은 작품을 지을 수 있었던 것이 아닌가 한다. 다음에는 七言律詩를 살펴보고자 하며, 먼저 統軍亭詩를 들어본다.

統軍亭勢壓龍灣	統軍亭의 위세가 龍灣을 누르며
俯視全遼朔漠間	遼東의 삭막한 넓은 들을 내려본다.
靑草不生皆磧地	푸른 풀이 나지 않은 자갈 땅이었고
黑雲常結是胡山	검은 구름 낀 곳이 胡山이라네.
長江一帶華夷界	한 줄기 긴 강이 양국의 경계되고
絶塞千重虎豹關	먼 변방의 무겁고 무서운 관문이라오.
聖代卽今無戰伐	지금은 太平聖代 싸움이 없어
戍樓春盡偃旗閑	戍樓가 오래 동안 한가하다오.
(卷 3)	

이 작품은 詩題에서 알 수 있는 바와 같이 統軍亭에 올라 지은 것이다. 이 統軍亭은 義州 鴨綠江邊에 중국을 잘 바라볼 수 있는 곳에 위치한 듯하며, 우리나라 문인들이 그곳에서 지은 시가 많다. 柳下가 이 시를 지은 시기는 그가 46세 때 淸의 博和諾이 龍灣에

와서 우리나라 시인의 시를 보고자 하므로 柳下가 선발되어 가게 되었는데, 그때 그곳에 가서 지은 것이 아닌가 한다. 首聯은 統軍亭의 雄姿와 위치를 표현한 것으로 語勢가 雄渾하다. 頷聯은 그곳에 올라 중국 땅을 바라 본 광경을 표현한 것으로써 사막과 같은 땅에는 풀이 없고 산에는 항시 검은 구름이 끼었다고 했다. 頸聯은 그곳이 우리나라와 중국과의 국경지역이기 때문인지 鴨綠江의 줄기가 양국의 경계를 이루었고, 그곳에 설치된 關門은 外侵의 防禦에 믿음직스러움을 말한 것이다. 尾聯은 태평성대가 되어 전쟁이 없기 때문에 봄이 다할 때까지 陣中에는 깃발을 내리고 국경을 수비하는 將卒들은 한가롭게 쉬고 있다고 했다. 鄭來僑는 柳下의 墓誌銘에서 그의 시가 雄放 橫逸하다고 했는데, 이러한 작품을 보고 한 말이 아닌가 한다. 이때 柳下는 그곳에서 여러 작품을 지었는데 대부분의 작품들이 雄健 豪壯하다. 다음에는 永保亭詩 일곱 수 가운데 한 수 들어본다.

千尋鐵壁聳蒼虯	천길 철벽에 蒼龍처럼 솟았는데
遂有孤亭壓上頭	孤亭이 그 위를 누르고 있다.
表裏關防山特立	산이 솟아 안과 밖으로 방어를 하고
西南天地水俱浮	서남쪽 하늘과 땅은 물위에 떴다.
參差烟樹臨江寺	안개 낀 숲은 강변 절까지 이어졌고
滅沒風帆踔海舟	사라지는 돛단배는 바다를 넘는다.
入夜明月猶指點	밤이 되어 달이 밝으니
半潮雙島似眠鷗	半潮에 두 섬이 조는 갈매기 같다오.
(卷 6)	

이 작품은 詩題 밑에 亭卽忠淸水營이라 했으니, 永保亭은 忠淸道 西海岸에 水軍 節度使의 軍營이 있었던 곳임을 알 수 있다. 首聯은 높은 절벽 위에 永保亭이 있다고 했는데, 語勢가 매우 雄健

하다. 頷聯은 주위의 산들은 방어의 要塞를 이루었고 西南 쪽에 있는 섬들은 물 위에 떠 있다고 했다. 頸聯 역시 永保亭에서 바라본 주변의 경치를 표현한 것으로써 參差한 숲은 강변에 있는 절까지 연결되었고 파도에 점점이 보이던 돛단배는 바다의 수평선을 넘어 간다고 했다. 尾聯은 밤이 되어 달빛이 더욱 밝게 비치니 조수가 반쯤 오를 때의 두 섬이 한 쌍의 갈매기가 졸고 있는 것처럼 보인다고 했으니 표현이 절묘하다. 이 永保亭은 해변의 높은 절벽에 위치하여 展望이 좋기 때문인지 문명이 높았던 문인들의 문집에 그곳에서 지은 시를 적지 않게 볼 수 있다. 柳下도 그곳에서 일곱 수를 지었는데, 모두 좋은 작품으로 그의 文才를 십분 과시했다고 볼 수 있다. 특히 위 시의 尾聯의 外句는 보기 드문 표현이 아닌가 한다. 다음에 宿重興寺詩를 들어본다.

去年曾宿此林間	지난 해 이곳에 잔 적이 있어
今日諸僧半識顔	오늘 보니 스님을 반이나 알겠다.
木落夜泉鳴衆壑	샘물 흐르는 소리 잎 진 골짜기에 가득하고
天高秋露下空山	가을 하늘 이슬이 빈 산에 내린다.
塵根有累吾今老	世俗에 얽힌 나는 늙었는데
淨界無爲佛自閑	淨界는 조용해 부처는 한가롭다.
獨看白雲峰上月	홀로 白雲臺 위의 달을 바라보니
每從西去却東還	서쪽으로 갔다가 동쪽으로 돌아온다오.
(卷 6)	

이 시는 고요한 山寺에 자면서 인생과 자연을 觀照해 보며 지은 것이 아닌가 한다. 首聯은 去年에 이곳에서 잔 적이 있었기 때문에 오늘에 와서 보니 반이나 안면이 있는 스님들이 있다고 했다. 이 聯에서 去年을 지난 해 즉, 昨年이 아닌 몇 년 전으로 보았을 때 당시 보았던 스님들이 반이나 없어졌다고 볼 수도 있다. 여기에서

'있다' 또는 '없다'에서 어느 것을 중심으로 보느냐 하는 것에 따라 의미가 완연히 달라질 수 있겠는데, 후자가 오히려 타당하지 않을까 한다. 頷聯은 절 주변의 夜景을 표현한 것이다. 즉, 나뭇잎 떨어진 산골짜기에 샘물 흐르는 소리가 곳곳에서 들리고 높은 가을 하늘에서 이슬이 空山에 내린다고 했다. 이 聯에서 이 시를 지은 시기가 가을임을 알 수 있다. 頸聯은 俗世의 인연에 얽매어 있는 자신은 지금 늙었는데, 塵世와는 달리 淨界는 조용해 부처는 한가하다고 했다. 즉, 자신과 부처와 對比해서 말한 것인데, 여기에서 불교에 대한 柳下의 태도를 짐작할 수 있을 듯하다. 尾聯은 白雲臺 위에 떠 있는 달을 보면 매번 서쪽으로 갔다가 바로 동쪽으로 돌아온다고 했다. 이 聯은 함축된 의미가 있는 듯하다. 즉, 그의 寫景詩는 現狀에 대한 直感的인 감정을 표현한 작품들이 대부분이었는데, 이 작품은 寫景詩이면서 인생을 觀照해 보고자 한 의미가 있지 않은가 한다. 다음에는 晩坐海邊卽事詩를 들어본다.

閑來步下白鷗沙　　한가해 갈매기 노는 사장으로 가서
坐對危巖列戟牙　　앉아 날카롭게 솟은 바위를 보다.
點點海中舟似葉　　점점이 떠 있는 배는 나뭇잎 같고
翻翻風末浪生花　　바람 끝에 번쩍이는 물결은 꽃이 핀 듯.
山低短日猶餘照　　산너머 落照는 아직도 비치고
地盡孤村只數家　　땅 끝에는 몇 채의 孤村이 있다.
戲狎漁翁應見怪　　漁翁은 이상히 여기겠지만
豈知吾意在天涯　　내 뜻이 天涯에 있는 것 어찌 알리오.
(卷 8)

이 작품은 詩題에서 알 수 있는 바와 같이 해질 무렵 海邊에 앉아 眼前에 전개된 광경을 표현한 것이다. 어디에서 지었는지 밝히지 않았기 때문에 알 수 없으나 전후에 실려있는 시들로 보아 蔚山

에 監牧官으로 있을 때 東海邊을 여행하며 지은 것이 아닌가 한다. 首聯은 한가해 갈매기들이 놀고 있는 해변으로 가서 창을 묶어 세운 듯 한 바위를 바라본다고 했으니, 시를 지은 장소가 암벽이 있는 해변으로 짐작된다. 頷聯은 바다 위에 점점이 떠 있는 배는 가볍게 흔들리는 나뭇잎 같고 바람 끝에 번쩍이는 물결은 꽃처럼 보인다고 했다. 표현이 극히 精巧하다. 頸聯은 西山으로 지는 落照는 아직도 비치고 있고 땅과 바다가 서로 닿는 곳에 몇 채의 외로운 漁村이 있다고 했는데, 한 폭 아름다운 東洋畵를 보는 느낌이다. 尾聯은 해질 즈음 아름다운 해변의 광경에 도취되어 있는 자신을 보고 찾아온 漁夫가 괴이하게 생각하겠지만 그가 어찌 내가 가지고 있는 뜻을 알겠는가 했다. 즉, 아름다운 광경에 도취되어 있는 자신의 감정을 漁夫가 어찌 알겠는가 한 것이다. 柳下는 서울에서 생장했기 때문에 바다에는 생소했을 것이다. 그러한 柳下가 해변의 絶景을 보고 감탄하며 이 작품을 지은 것이 아닌가 한다. 다음에는 田家詞 한 수를 들어본다.

田家老翁年七十	농가의 늙은이 나이 칠십에
頭戴靑靑大篛笠	머리에 큰 삿갓을 썼다.
朝出前溪風滿蓑	냇가에 나가니 바람에 도롱이 날리고
山雨來時荷鋤立	비 올 때 호미 메고 밭에 섰다.
荷鋤立 心自閑	호미 메고 섰으나 마음은 한가로워
野田中 往復還	밭 가운데서 왔다 갔다 한다.
人言田家苦	사람들은 농사일을 고되다고 하나
我道田家樂	나는 농촌생활이 즐겁다 한다.
五月桑麻繞茆屋	오월이면 뽕과 삼이 집을 둘러있고
麥熟滿篝蠶上箔	보리 익어 거두고 누애는 발에 오른다.
人生衣食裁取足	먹고 입는데 이것으로 만족한데
身爲老農吾不惡	농부된 것을 어찌 싫어하리.
君看賣珠長安市	서울에서 장사하는 사람들이

赤日當天汗雨落　　한낮에 비처럼 흘리는 땀을 보지 못했는가.
(卷2)

이 작품은 우리 문인들에게 보기 드문 詩型인 詞다. 詞는 平仄의 按排가 絶句, 律詩와 다르며 형식도 長短이 있는 것으로 音律에 밝지 않으면 짓기 어려운 詩型이라 한다. 우리나라 문인들 가운데 高麗 李齊賢(1287~1367)이 어느 정도 성공했을 뿐 시도한 문인들은 적지 않았으나 좋은 작품은 드물다고 한다. 여기에서 이 작품을 선택한 것은 작품의 형식에 관심을 가진 것이 아니고 내용에 비중을 두었다. 내용은 여름 농사철에 시골 늙은 농부의 생활을 표현하면서 먹고 입는 것이 이것으로 가능하기 때문에 농사짓는 일을 싫어하지 않는다고 하면서 서울 시장의 상인들이 한낮에 땀을 비 내리는 것처럼 흘리는 것을 보지 않았는가 했다. 柳下는 일생 동안 농사일을 체험해 본 적이 없었다. 그러므로 농촌생활을 얼마나 이해하고 지었는가 하는 것이 문제가 되겠는데, 농촌의 고되고 和平한 兩面에서 한 면만을 선택한 것으로 생각되며, 柳下의 성장배경으로 보아 그렇게 볼 수밖에 없었을 것이다.

이상에서 柳下의 시에 대해 십여수 들어 살펴보았는데, 그의 시가 淸逸 典雅하기도 하고 雄健한 작품도 있다. 당시 문단의 풍조는 唐詩風이 退潮해 가는 기미를 보이고 있었으나 그 餘勢가 그때도 강했으며, 明淸詩가 전래되어 선호하는 작가들이 적지 않았다. 그러나 柳下는 唐詩 특히 杜詩를 좋아했다. 이에 대해 申靖夏(1681~1716)는 洪世泰가 젊었을 때 唐詩를 좋아했으나 晩年에 杜詩를 배워 그 格이 많이 변했다. 시를 말하는 자들이 杜詩를 배운 것이 唐詩를 배운 것보다 못하다고 했으나 그는 승복하지 않았다. 한 사람이 農巖에게 물었던 바 農巖이 웃으며 말하기를 나도 여러 사람의 말에 따르겠다고 하여 得失이 정해졌다고 했다.[52] 이로써 그의 시가 초기에는 唐詩, 후기에는 杜甫의 詩를 法했음을 알 수 있다. 金錫胄는 柳下를 高適 岑參과 같다고 말했으나 詩風이 같다는 말이 아닐 것이고 그와 같이 시를 잘 짓는다는 의미일 것이다. 어쨌든, 柳下는 委巷 출신이었으나 그의 文名을 肅宗도 알고 있었고, 金昌協 형제를 비롯하여 당시 유명인사들이 높게 인정했다.

이러한 柳下가 漢文學의 발전에 끼친 공로에 대해 南有容은 세상에서 柳下를 시에만 능했다고 말하나 그 공을 과소평가 할 수 없을 것이다. 그가 委巷 출신으로서 文名이 士大夫 사이에 많이 알려 지자 委巷 사람들이 스스로 분발하여 공부를 열심히 하게 되었으니, 그것이 누구의 공인가 했다.[53] 그리고 鄭後洙는 그는 종래 사대부들만이 차지했던 詩壇에 중인들도 참여할 수 있다는 이론적 근거를 제시한 점에서 크게 평가받을 만하다. 또 여러 詩社에 직접 참가하면서 주도하였고, 이로써 중인들의 문단활동의 구심점이 되기도 하였다.[54] 조선조 중기까지도 제도적으로 신분이 미천하기 때문에 詩壇에 나올 수 없었던 것은 아니지만 사회적인 여러 가지 제약으로 시인이 되기 어려웠다. 柳下의 文名이 국내에 널리 알려지므로 비슷한 신분의 사람들에게 분발하게 용기를 준 것도 사실일 것이며, 詩社 활동을 활발하게 하여 그 후에 더욱 발전하게 된 것에도 그의 공로가 적은 것이 아니다.

---

52) 申靖夏, 『恕菴集』 卷 16. "滄浪洪世泰 少日爲唐 晩乃學杜 其格頗變 論者以爲學杜者 不如學唐 而洪未之服也 有一詩人就問於農巖者 農巖笑答曰 吾從衆 得失之論遂定"

53) 南有容, 「省齋集序」. "世謂滄浪洪君徒能詩耳 以余論之 其功亦不可少也 始滄浪徒手起委巷 一唱爲正音 名動士大夫間 而閭井之人 各自奮厲 自五尺童子 咸知挾筴讀書之爲貴 嗟乎是誰之力也"(具滋均, 『平民文學史』, 67쪽 再引).

54) 鄭後洙, 『朝鮮後期中人文學硏究』, 깊은샘 1990, 176쪽.

柳下의 시에 대해 신분적 갈등에서 오는 현실의식을 강하게 표출하고 있으며 낮은 지위 때문에 겪는 비분강개를 표현한 서정시를 많이 썼다고 했으나,[55] 柳下는 가정의 悲運에 대한 애절한 탄식은 적지 않았으나 신분에 따른 비분은 보기 드물다. 신분이 미천했던 인사가 文名이 높이 알려졌을 때 士大夫들에게 의도적으로 가깝게 접근하여 신분상승을 도모하고자 하는 인사도 있고, 이와는 달리 경우에 따라 士大夫들과 相從은 하되 의도적으로 접근하지 않으며 오만한 인사도 있었는데, 柳下는 후자에 가까웠다고 생각된다. 이렇게 보려는 것은 柳下의 성격이 오만하면서 그의 문명이 많이 알려진 후에도 委巷文人들과 어울려 같이 지은 작품이 적지 않은 것으로 보아 계속 접촉이 많이 있었음을 알 수 있기 때문이다.

柳下의 이러한 태도는 주어진 운명에 安住하는 것이 선비가 취할 태도로 생각하고 극복하고자 한 것이며, 그렇다고 해서 신분의 차별에서 오는 울분까지 가지지 않았다는 것은 아니다. 劉希慶의 墓誌銘은 洪世泰가 지었고, 洪世泰의 墓誌銘은 鄭來僑가 썼다. 鄭來僑는 柳下의 墓誌銘에서 운명은 窮通이 있으나 재능은 낮게 또는 높게 할 수 있는 것이 아니다. 그것을 억지로 막게 되면 더욱 노출이 된다. 많은 세월이 흐른 뒤에도 柳下의 이름은 있을 것이니 그때 비교하면 누구를 깊다고 하겠는가 했다.[56] 얼마나 울분에 찬 호소인가. 이것은 鄭來僑 개인의 감정이 아닐 것이며, 바로 柳下와 그들 전체의 감정을 대변한 것으로 볼 수 있을 것이다.

55) 千柄植, 앞의 책, 53쪽.

56) 鄭來僑 撰, 「墓誌銘」. "銘曰 命則有窮通 才不以庳崇 抑而塞之 其發彌章 後千百世 猶有滄浪 而此視彼 就爲短長"

V. 結 言

委巷文學은 독특한 특징이 있기 때문에 命名된 것이 아니고 다만 委巷人들이 지은 작품이기 때문이다. 조선조는 중기에 이르기까지 사회적인 여러 가지 제약으로 委巷人들이 출세하기 어려웠고 따라서 문단에서 활동할 수 있는 기회도 쉽게 주어지지 않았다. 그러나 17세기 후반부터 사회의 변화에 따라 漢文學의 보급이 확대됨과 동시에 委巷人들 가운데서도 우수한 문인들이 배출되기 시작했는데, 그 중에 柳下는 가장 뛰어났던 문인 중의 한 사람이 아니었던가 한다.

이러한 柳下에 대해 漢文學史에서 그의 비중을 어떻게 평가해야 할 것인가 하는 문제가 제기 될 수 있겠는데, 그의 시가 橫放한 특징이 있어 당시 문단에 우수했던 문인으로 看做할 수 있겠고, 또 委巷文人을 대표하는 인물로 볼 수 있을 것이다. 위에서 살펴 본 바와 같이 그는 사회적으로 委巷文學이 형성될 때 대표적인 인물이었으며, 委巷人들을 중심으로 詩社가 結成되었을 때 그는 主導的인 역할을 했다. 그리고 십여 년 동안 노력하여 朴繼姜 이하 48인의 委巷文人들의 시를 採集하여 간행한 『海東遺珠』도 그의 중요한 업적의 하나가 될 것이다. 그리고 그가 시에 능했기 때문에 그를 이야기 할 때 시를 중심으로 말하게 되나 그의 散文도 상당히 우수했음을 밝혀 둔다.

제4장

鄭來僑 研究

Ⅰ. 序　言

Ⅱ. 人物 性格

Ⅲ. 그의 文學

Ⅳ. 結　言

Ⅰ. 序 言

우리나라는 먼 옛날부터 士大夫階層에서 漢文學을 독점해 왔다. 그러나 시대의 變遷에 따라 17세기 중엽부터 委巷階層에서도 참여하기 시작했다. 물론 前代에도 委巷階層에서 文名이 높았던 인물이 전혀 없었던 것은 아니었으나, 극히 드물었기 때문에 하나의 突出된 現象으로 볼 수밖에 없었는데, 이 시기에 이르러 委巷階層의 文人들이 적지 않게 등장했다.

本稿에서 대상으로 한 鄭來僑는 肅宗, 英祖 때 활동했던 委巷文人으로서 당시 문명으로 많이 알려졌으나, 寒微한 가문의 출신이었기 때문에 출세를 못한 탓인지 文集만 전할 뿐 그에 대한 다른 기록은 찾아보기 어렵다. 그러므로 그의 인물 성격과 일생 동안의 행적을 구체적으로 알 수 없어 그의 문학을 이해하는데 적지 않은 어려움이 있다.

지난 날 우리나라에서 국가의 공식적인 기록은 王室과 官職에 있는 자들의 활동을 중심으로 했고, 개인의 身後文字에 관한 것도 누구나 할 수 있는 것이 아니었기 때문에 鄭來僑와 같이 委巷階層의 出身 作家들에 대한 기록은 찾아보기가 쉽지 않다. 그렇다고 해서 朝鮮朝 後期 문단의 一翼을 담당했던 그들에 대한 연구를 포기할 수도 없을 것이다. 그러므로 本稿에서 작가에 대해서는 구체적으로 언급하지 못하고 작품을 중심으로 했음을 먼저 밝혀 둔다.

Ⅱ. 人物 性格

鄭來僑(1681～1757)는 위에서 말한 바와 같이 당시 文名도 높았고 士大夫들과 交遊도 넓었으나, 그의 인물 성격과 일생의 행적을 간단하게 기록한 傳과 身後文字인 墓碑文 또는 誌銘 등도 보지 못했고, 다만 『大東詩選』(卷 6)에 그의 시를 選入하면서 字는 潤卿, 호는 浣巖 또는 玄窩라 하기도 하며, 敏僑의 형으로서 進士試에 합격했고 벼슬은 察訪에 그쳤다고 했다.[1] 그런데, 다른 기록에는 浣巖이 進士試에 합격했다는 것은 볼 수 없고, 李慶民의 熙朝軼事에 浣巖의 동생 敏僑에 대해 就擧子業 二十九始登國庠이라 했으니, 『大東詩選』의 편찬자가 敏僑의 합격을 잘못 알고 浣巖이 한 것으로 기록한 것이 아닌가 한다.

浣巖의 동생인 敏僑는 進士試에 합격한 후 이것이 어찌 榮親을 하고 내 뜻을 발휘할 수 있겠는가 하고 더욱 노력하여 많이 알려질 계획을 했다고 한다.[2] 여기에서 敏僑가 더욱 많이 알려질 계획을 했다는 것은 전후 기록으로 보아 大科에 응시하고자 한 것이 아니고 詩文에 주력하겠다는 것이었는데, 그것은 大科에 합격해도 家門이 좋지 않기 때문에 크게 출세하기 어려움을 알았던 탓이 아닌가 한다. 浣巖의 家門과 出身에 관해 기록한 것을 보지 못했으나 그와 같은 나이로 가장 교유가 많았던 申靖夏(1681～1716)는 委巷

---

1) 『大東詩選』 卷 6. "字潤卿 號浣巖 又號玄窩 敏僑之兄 中進士 官止察訪 有集二卷"

2) 李慶民, 『熙朝軼事』 鄭來僑條. "旣而歎曰 此何足以榮吾親 而發吾志耶 益力爲大闡計"

의 선비 가운데 시로써 유명해 나와 같이 교유한 사람이 셋이 있었는데 洪世泰, 鄭後僑, 鄭來僑였다고 했다.[3] 이로써 浣巖은 委巷 出身이었음을 알 수 있다.

朝鮮朝는 門閥을 重視해 士族이 아니면 階層에 따라 科擧에 응시할 수도 없게 되고, 또 응시는 할 수 있었으나 합격해도 출세하기 어려웠다. 鄭敏僑가 小科에 합격하여 大科에 응시할 수 있는 자격을 얻었음에도 대과에 연연하지 않았던 것은 합격해도 출세가 보장이 되지 않았기 때문일 것이며, 浣巖은 일찍 포기했으므로 그의 문집에 科試와 상관된 기록이 없었던 것이 아닌가 한다.

『大東詩選』 기록에 벼슬은 察訪에 그쳤다고 했으니 微官이나마 역임했음을 알 수 있다. 大科에 급제하지 않아도 蔭仕가 있었기 때문에 出仕는 가능했을 것으로 생각되는데, 그의 詩題에 除利仁察訪將赴任이라 한 것이 있는 것으로 보아 察訪에 임명되어 赴任했음을 알 수 있고, 또 年過六十始郵官이라 했으니, 郵官도 60세가 지나서 임명되었다. 그런데, 浣巖이 察訪과 郵官만을 역임했던 것은 아닌 듯하다. 그의 文集에 癸亥人日夜直通禮院이라는 기록이 있고,[4] 李宜叔이 쓴 浣巖集 序에 자신이 浣巖과 弱冠 때부터 사귀었는데, 자신이 槐院을 맡아 있을 때 浣巖이 製述官으로 있었다. 浣巖이 眼疾로 사임하고자 하므로 자신이 말하기를 浣巖은 오날의 張籍으로서 마음은 어둡지 않을 것이다. 눈을 감고 입으로 불러도 院中의 맡은 일은 할 것이라 하며 허락하지 않았다고 했다.[5] 이

3) 申靖夏, 「贈鄭生來僑序」, 『恕菴集』 卷 10. "委巷士之以詩名世 而從吾遊者 有三人焉 曰滄浪洪道長鄭惠卿鄭潤卿"

4) 『浣巖集』 卷 4, 夢作劍銘.

5) 李宜叔, 「浣巖集序」. "余之交潤卿奧自弱冠 而及余之領槐院 潤卿方食製述官祿 潤卿以目疾辭 余曰潤卿今之張籍 不盲於心者也 閉眼口呼足以了院中文事 竟不許焉"

로써 보면 浣巖이 槐院의 製述官으로 있었음을 알 수 있다.

浣巖의 인물 성격에 대해 洪鳳漢은 鄭來僑는 호걸스러운 선비였다. 孤寒한 가운데서도 분발하여 詩文에 크게 노력하여 잘했고, 가난했으나 그의 기상은 꺾이지 않았으며 늙을수록 그의 지조는 깊고 굳었다. 成就한 바가 洪世泰와 비슷하나 인품은 그보다 지났다고 했다. 세상에서 의롭고 옛 것을 좋아하는 사람들은 그를 숭배하며 名公과 巨卿들도 그와 매우 가깝게 사귀었다고 했다.[6] 이러한 洪鳳漢의 말에 따르면 浣巖은 詩文에 능했을 뿐만 아니라, 人品도 존경할 만한 인물이었음을 알 수 있다. 洪鳳漢은 자신과 浣巖과의 관계에 대해 어렸을 때 그로부터 글을 배웠고 수십 년 동안 가르침을 받은 것이 많았다고 했다.[7] 그리고『浣巖集』에는 洪鳳漢과 관련된 시가 여러 수 있다. 그리고『浣巖集』을 간행할 때 洪鳳漢은 적지 않은 협조를 했다고 하며 跋文을 썼다. 이로써 볼 때 洪鳳漢은 浣巖을 누구보다 잘 알고 있었을 것이다.

위의 洪鳳漢의 말에 따르면 浣巖은 가난해도 지조를 굽히지 않았다고 했다. 浣巖의 일생 동안의 행적을 기록한 문헌이 없기 때문에 생활양상을 정확히 알 수 없으나 가난했던 것은 사실인 듯하다. 그의 시에서도 가난에 대해 말한 것을 여러 곳에서 볼 수 있으며, 浣巖이 어디에서 태어났는지 알 수 없으나 서울에서 생장하지 않았는가 생각되는데, 先代로부터 받은 遺産과 일정한 직업이 없었다면 가난하게 마련이며, 또 浣巖은 여행을 좋아한 듯하고 文人들과 어울려 詩作하는 것을 제외하고 다른 生業에 종사하지 않은 듯

6) 洪鳳漢,「浣巖集跋」. "鄭來僑潤卿 自號浣岩 人稱以玄翁 玄翁豪傑士也 自奮於孤寒之中 大肆於詩文之工 饑而其氣也不詘 老而其操也采堅 所成就殆與洪滄浪相伯仲 其賢則過之 世之好義尙古者 皆知玄翁之爲可慕 名公巨卿莫不顚倒而相與"

7) 上同. "記余幼少時 問字於玄翁 首尾數十年 受益於玄翁者多矣"

하다. 그러므로 申靖夏는 그의 가난에 대해 委巷出身인 鄭來僑는 자신으로부터 詩文을 배웠는데, 그의 시 帆前芳草二陵來라는 것으로 당시 사람들에게 크게 칭찬을 받았으나 매우 궁했다. 그때 한 宰相이 그의 궁한 것을 민망하게 생각하며 자신에게 세상 사람들이 鄭生의 궁한 것은 자네 탓이라고 하는데 사실인가 했다. 그 말을 듣고 사실이라고 하면서 자신이 아니었다면 公이 어찌 鄭生을 알았으며, 그가 궁한 것을 민망하게 여기겠는가 했다.[8] 이러한 기록들을 미루어 볼 때 浣巖은 매우 가난했음을 알 수 있다.

그리고 李宜叔은 浣巖에 대해 당시의 學士大夫들이 그와 친하게 사귀며 이름을 부르지 않고 字로써 불렀으며 혹은 집으로 초청하여 子弟들의 글을 가르치게 했다. 그의 사람됨은 淸脩해 파리한 학과 같았으며 그의 眉宇를 바라보면 시인임을 알 수 있는데, 매우 가난하여 집에는 아무 것도 없었다고 했다.[9] 浣巖은 委巷人이었는데 당시의 사대부들이 그와 사귀면서 이름을 부르지 않고 字를 불렀다는 것은 그에 대해 상당히 예우를 하고 있음을 말한 것이다. 그리고 매우 가난하여 집에는 四方의 벽만 있다고 했으니 아무 것도 가진 것이 없다는 말이며, 士大夫들이 그를 초치하여 子弟들을 가르치게 한 것은 그의 학문적인 능력을 인정한 것이다. 浣巖이 洪鳳漢과 나이 차가 적지 않았음에도 서로 친밀하게 지내게 된 것은 洪鳳漢이 어렸을 때 浣巖이 그의 집에 초치되어 글을 가르쳤기 때

---

8) 申靖夏,『恕菴集』卷 16,「雜記」. "巷居子鄭來僑 學詩文於余 嘗有帆前芳草二陵來之語 大爲詩人所賞 然特窮甚 有一大宰憫其窮 而語僕曰 世俗皆言鄭生之窮 乃爲君所誤 信乎 僕對曰 固信然 若非僕 公又何由得知鄭生 而憫其窮耶"

9) 李宜叔,「浣巖集序」. "又有浣巖鄭潤卿者 名來僑 當世之學士大夫與之交狎 不名而字之 或致之家 訓其子弟 其爲人淸脩 如臞鶴 望其眉宇 可知爲詩人 而甚貧窶 家徒四壁"

문이라고 했다.

浣巖은 詩文 뿐만 아니라, 거문고에도 능했다고 한다. 이에 대해 潤卿이 거문고를 잘 탔고, 또 長歌 부르는 것을 좋아하여 모두 뛰어난 경지에 이르렀다. 그가 술에 半醉하게 되면 거문고를 타면서 노래를 부르는데 누가 거문고를 타고 노래를 부르는지 완전히 잊은 상태가 된다고 했다.10) 이로써 그는 거문고와 노래에 沒入이 될 수 있을 정도였다고 하니 거문고를 타는 것이 상당히 높은 수준이었음을 짐작할 수 있다.

浣巖이 長歌를 좋아하며 불렀다고 했는데, 그것은 그가 「金生天澤歌譜序」를 쓴 것에서도 알 수 있다. 金天澤은 『靑丘永言』의 編者로서 당시에 유명했던 唱曲家며 作家였다. 浣巖은 그 序에서 자신이 그 詞를 본 바 모두 淸麗하고 音調가 律에 맞아 松江의 新飜과 비교할 만하다고 했다.11) 朝鮮朝 後期까지만 해도 時調와 長歌 등에 대해 士類社會에서 관심을 가진 인사가 적었는데, 浣巖이 金天澤의 작품을 보고 音調와 節腔이 律에 맞았다고 한 것을 보면 당시 士類들과는 달리 俗謠를 좋아했고 聲調에 조예가 있었음을 알 수 있다.

浣巖이 재능은 있었으나 家門이 좋지 않아 출세를 하지 못했음에도 현실에 대해 불평을 하지 않고 문인으로서 지조를 지키며 성실히 살았다. 그는 선비가 하는 일에 대해 務實할 따름이다. 文辭에 實이 없으면 경솔하고 거칠어진다. 文辭에 實이 있으면 오래 전할 수 있게 되고, 학문에 實이 있게 되면 高明할 수 있으니 선비가 實을 힘쓰지 않을 수 있겠는가 했다.12)

10) 上同. "潤卿傍解琴操 且喜爲長歌 皆極其妙 酒半輒自彈 而自和之 浩浩然殆忘其孰爲琴 而孰爲歌也"

11) 鄭來僑, 「金生天澤歌補序」, 『浣巖集』 卷 4. "余觀其詞 皆淸麗有理致 音調節腔皆中律 可與松江新翻後先方駕矣"

이와 같이 浣巖은 학문과 文辭에 이르기까지 務實을 강조했다. 그리고 높은 관직에 있는 인사들에 대해 지금 벼슬하는 사람들이 과거에 급제하여 벼슬이 높게 되면 국가의 이익을 위해 깊게 생각하지 않고 승진에만 관심이 있고 貪慾이 그치지 않아 원망이 쌓여 화가 미치게 되므로 주위 사람들은 위태롭게 생각한다. 그러나 본인은 오만하며 得意然하니 심하구나 그 취함이여. 술에 취한 자는 깰 때가 있으나 벼슬에 취한 사람은 화가 절박했는데 깰 줄을 모르니 슬프구나 했다.[13] 이와 같이 당시 높은 관직에 있는 인사들이 국가의 이익을 위해 생각하지 않고 자신의 탐욕에 사로잡혀 헤어나지 못하고 있음을 질책하고 있다. 浣巖이 일생 동안 察訪과 製述官을 역임했을 뿐 다른 생업에는 종사하지 않고 詩作에 몰두하며 현실에는 외면한 듯 했으나, 당시 관료들의 부패와 타락한 것에 대해서는 이와 같이 날카롭게 지적했다.

그리고 浣巖은 이 세상에서 大才는 다른 사람의 재능을 수용하지만 小才는 수용하지 못한다. 大才는 덕이 많은 사람을 말하는 것이기 때문에 다른 사람의 재능을 자신의 것과 같이 사랑하므로 수용할 수 있다. 그러나 小才는 才勝한 것을 말하는 것이기 때문에 才勝한 사람은 다른 사람이 자신보다 위에 오르는 것을 미워하고, 자신이 위에 오르고자 하기 때문에 다른 사람의 재능을 수용하지 못한다. 大才가 小才에 가리어지고 大德이 小德에 의해 막히게 되

12) 鄭來僑, 「金以實字說」, 『浣巖集』 卷 4. “士之攻業 在乎務實而已矣 文辭無實則儇薄 學問無實則鹵莽 以實爲文辭者 可傳於悠久 以實爲學問者 能造乎高明 士可以不務實乎”

13) 鄭來僑, 『浣巖集』 卷 4, 「雜記」. “今有官人者 自其釋褐而仕 仕而至於顯 未嘗有深謀長慮 以救時利國 而惟求進之不已 貪得之無厭 及其怨之積 而禍之至也 人莫不危之 而己則方傲然自得焉 甚矣其醉也 噫 酒者之醉 有時而醒 官者之醉 禍迫而醒 無曰哀哉”

니 국가의 통치가 잘 될 수 있겠는가 했다.14) 朝鮮朝는 출신성분에 따라 아무리 뛰어난 재능을 가졌다 할지라도 출세를 할 수 없게 制度的으로 철저하게 防限해 왔다. 浣巖은 이러한 제도적인 모순을 바로 말하지 못하고 大才가 小才에 가리어 빛을 보지 못하게 되니 나라의 통치가 잘 되겠는가 했다. 浣巖의 이와 같은 주장은 현실에 대한 비판이며, 또 자신의 불평을 말한 것으로 볼 수 있다.

다음에는 浣巖과 交遊가 깊었던 인사들과의 관계에 대해 간단히 살펴보고자 한다. 浣巖 당시 그에게 많은 영향을 끼쳤고 존경했던 인물은 洪世泰(1653～1725)가 아니었던가 한다. 浣巖과 洪世泰와의 연령은 30세에 가까운 차가 있었으나 다같이 委巷 출신이었고, 당시 洪世泰는 傑出한 文人이었기 때문에 浣巖과 같은 後進들에게는 존경의 대상이 되었을 것이다. 浣巖이 이십대에 그를 처음 찾았을 때 그의 나이 오십이었는데 머리가 희고 얼굴에 윤기가 있어 신선같았다고 했다.15) 浣巖이 젊었을 때는 洪世泰로부터 推奬을 받았고 뒤에는 文名이 서로 비슷했다. 그러므로 그의 시에 대해 李宜叔은 근세의 시인에 洪世泰가 있고 그를 이어 鄭來僑가 있다고 했으며,16) 사람들이 그의 시를 말할 때 洪世泰와 비교해서 말하는 것을 볼 수 있다. 浣巖集에 그와 같이 지은 시도 적지 않게 실려 있으며, 洪世泰의 墓誌銘은 浣巖이 지었다.

다음으로 浣巖과 가장 친숙했던 인사는 申靖夏가 아니었던가

---

14) 上同. "天下之大才 能擧人之才 小才不能容人之才 大才德勝之謂也 德勝者愛人之才 若己有之 愛之能無擧乎 小才才勝之謂也 才勝者惡人之上我 而欲我之上人也 惡之能有容乎 嘻 大才爲小才蔽 大德爲小德詘 天下其理歟 不理歟"

15) 鄭來僑 撰, 「滄浪洪公墓誌銘」『浣巖集』卷 4. "余初見公於柳下 時公年且五十 鬚髮蒼然 顔色丹潤 望之如神仙"

16) 李宜叔, 「浣巖集序」. "近世詩人如滄浪洪道長卽其人 而繼道長 又有浣巖鄭潤卿者名來僑"

한다. 그는 農巖 金昌協(1651～1708)의 제자였으며 文名이 있었다. 그는 浣巖과 같은 나이였으며, 浣巖에게 詩文을 가르쳤다고 했다. 그의 문집에 浣巖과 같이 지은 시도 적지 않을 뿐만 아니라, 보낸 편지의 答書가 다섯이나 되며, 送鄭生來僑讀牛峽序, 送鄭生來僑遊華嶽序, 贈鄭生來僑序, 勉鄭生來僑說 등이 있다. 그 가운데 讀牛峽序에는 浣巖이 학문에 뜻을 둔지 여러 해가 되었으나 매우 가난하여 분발하지 못하고 학업을 태만히 할까 겁내어 家事를 떠나 牛峽에 가서 공부를 하고자 하면서 떠날 때 자신에게 격려의 말을 해달라고 한다 했다.[17] 그리고 浣巖에게 보낸 答書에는 자신이 어찌 46일 동안의 한가함을 얻을 수 있겠는가. 潤卿의 무리들과 하루라도 정다운 이야기를 할 수 있는 날을 가졌으면 했는데, 결국 얻지 못했으니 벼슬하고 있는 것이 내가 하고 싶은 일을 방해하고 있는 것이 많다고 했다.[18] 이러한 기록들을 미루어 보면 두 사람의 사이가 신분의 차이를 떠나 매우 가까웠음을 알 수 있다.

浣巖集에는 당시 名士들과 같이 지은 시가 적지 않게 실려 있다. 그리고 浣巖集의 序를 쓴 李宜叔은 浣巖이 자신의 집을 찾았을 때 童僕을 시켜 붙들어 升堂하게 했다고 한다. 相位를 역임한 李宜叔이 委巷人인 浣巖에게 이와 같이 한 것은 상당히 禮遇한 것이다. 이로써 보면 浣巖은 가난했으나 권력에 아부하지 않고 지조를 지켰으며, 士大夫들로부터 禮遇를 받았던 인물이었음을 알 수 있다.

---

17) 「送鄭生來僑讀書牛峽序」, 『恕菴集』 卷 10. “有鄭生潤卿者 志于學有年矣 然顧貧甚 恐其不能有以自振 而墮其業也 將棄去家事 與同學數子 讀書於牛峽以行日告余願有言勖之”

18) 申靖夏, 「答鄭來僑」, 『恕菴集』 卷 9. “若余何敢望四十六日閒 欲得與潤卿輩靜話一日 而終不可得 以此知仕宦之可以害吾所欲者無窮”

Ⅲ. 그의 文學

浣巖의 시에 대해 고찰하기 전에 먼저 그의 문집에 대해 간단히 언급하고자 한다. 『浣巖集』은 全 4卷으로 1卷에서 3卷까지는 여러 형식의 詩이며, 4卷은 散文이다. 첫머리에 李宜叔의 序가 있고 後尾에 洪鳳漢의 跋이 있다. 洪鳳漢이 跋文을 쓴 해를 乙酉라 했고, 끝에 歲乙酉冬完營開刊이라 했으니, 浣巖이 세상을 떠난 지 8년 후인 1765년에 全州에서 간행되었음을 알 수 있다. 李宜叔의 序에 따르면 편집은 洪樂命이 했고, 財政的인 협조는 洪鳳漢이 했다고 한다. 洪鳳漢은 어렸을 때 浣巖으로부터 글을 배웠다고 하며, 洪樂命과는 堂叔侄間이다. 완암은 일생 동안 매우 가난했고 동생인 敏僑까지 먼저 세상을 떠났기 때문에 문집의 간행이 어려웠을 것으로 생각되었는데, 洪氏 家門과의 인연으로 쉽게 간행되지 않았는가 한다.

浣巖의 시에 대해 李宜叔은 먼저 시는 天機에서 나오는데, 天機는 地閥을 선택해서 주어지는 것이 아니고 物累에 깨끗한 자만이 얻게 된다. 委巷出身의 문인들이 功名과 榮利에 흔들리지 않기 때문에 天機를 온전히 가질 수 있고, 하는 일에 모든 힘을 경주할 수 있다고 전제하면서 그가 시를 지을 때 疏宕 演瀁하여 詩人의 태도를 가졌으며, 聲調의 慷慨함은 燕趙의 擊筑하는 선비들이 아래 위로 달리는 것과 같다. 그의 시의 淵源은 洪世泰로부터 나왔으며 天機에서 얻은 것이 많다. 만약 그의 마음이 外物에 유혹되어 온전하지 못했다면 그의 시가 이와 같을 수 있겠는가 했다.[19] 이러한 李宜叔의 말에 따르면 浣巖은 委巷出身으로서 일찍 功名과 榮利를 포기하고 天機를 시에 온전히 경주했기 때문에 시가 좋다고 했다. 다음에는 그의 작품에서 五言絶句부터 살펴보고자 하며, 먼저 過東山申相公池亭詩부터 들어본다.

寂寂東山閣　　쓸쓸한 東山閣에
幽花數樹開　　그윽한 꽃만 몇 나무에 피었다.
獨來誰與語　　홀로 왔으니 누구와 더불어 말하랴.
池水照徘徊　　못에 비친 그림자와 배회한다오.
(『浣巖集』 卷 4).

이 작품은 申相公의 東山閣을 지나며 지었다고 했는데, 浣巖이 사귄 申氏가 여러 사람이었으므로 누구인지 알 수 없으며, 내용의 분위기로 보아 浣巖이 그 곳을 찾았을 때는 東山閣의 所有主인 申相公은 이미 세상을 떠나지 않았던가 추측된다. 起承兩句는 주인이 거처하지 않은 東山閣을 찾았더니 池亭 주위에 있는 나무에 꽃만 피어 있다고 하여 주인 잃은 池亭의 쓸쓸함을 표현한 것이다. 轉結兩句는 주인도 없는 亭閣에 홀로 왔으니 말할 사람도 없어 물에 비친 자신의 그림자와 함께 배회한다고 했다. 지난 날 주인과 같이 와서 놀던 때를 回想하며 感懷에 젖은 표현이 좋지 않은가 생각된다. 이 시의 내용으로 보아 지난 날에는 申相公과 같이 이 東山閣에 와서 같이 시를 지으면서 놀았는데, 그가 없는 지금에 그 곳을 찾아 과거를 回憶하며 지은 것이다. 다음에는 與申斯文無忝李節度聖美約會山暎樓詩를 들어본다.

澗蹊秋色淨　　시냇가에 가을빛이 깨끗해

---

19) 李宜叔, 「浣巖集序」. "其爲詩也 疎宕演漾 得詩人之態度 而往往聲調慷慨 有若與燕趙擊筑之士 上下而馳逐 蓋其淵源所自出於道長 而其得之天機者多 其胸中苟有所誘於外物而不嗜不專 則其成就能如是乎"

手弄楓菊枝　　　손으로 楓菊가지를 만진다.
山前留二客　　　山前에 두 사람은 기다리며
應怪我來遲　　　늦게 오는 나를 이상히 여기겠다.
(卷 3).

이 시는 申無忝 李聖美 등과 같이 山暎樓에서 만나기로 약속하고 가던 도중 溪邊의 아름다운 秋色을 보고 지은 것이다. 起承兩句는 山暎樓로 가는 냇가의 길에 가을빛이 깨끗해 손으로 단풍나무와 국화꽃을 꺾어보기도 하고 만져 보기도 한다 했다. 우리나라에서 가을을 상징하는 대표적인 나무와 꽃은 단풍나무와 국화꽃일 것이다. 그러므로 이 시를 지은 시기가 늦가을이었음을 알 수 있다. 轉結兩句는 山前에 있는 山暎樓에 먼저 도착했을 두 사람은 자신이 도중에서 아름다운 가을 광경을 보고 심취해 늦게 가는 것을 모르고 약속 시간에 오지 않은 것을 이상히 여기겠다고 했으니 표현에 묘미가 있다. 다시 말하면 寫景詩이면서 아름다운 秋景을 바로 표현하지 않고 약속한 시간에 도착한 사람들이 늦게 오는 자신을 이상히 여기며 기다리겠다고 한 것이다. 다음에는 七言絶句 가운데 過公山小坐柳塘詩를 들어본다.

兩行蒲柳綠參差　　　두 줄 푸른 버들 연이어 있고
野水橫分入小池　　　野水는 나누어 小池로 흘러든다.
佳境會心那得去　　　佳境을 두고 어찌 떠나리
移時立馬聽黃鸝　　　갈려다가 멈추고 꾀꼬리 소리 듣는다.
(卷 1)

이 시는 公山을 지나다가 버드나무들이 늘어져 있는 못 가에 잠깐 앉아 쉬면서 지은 것이다. 起承兩句는 푸른버들은 두 줄로 연이어 방죽 가에 있고 野水는 가로질러 小池로 흘러들고 있다고 했으니, 池邊에 앉아 眼前에 전개된 景色을 그대로 표현한 것이다. 轉結兩句는 이와 같은 아름다운 경치를 두고 어찌 떠날 수 있겠는가. 그러나 오래 머물러 있을 수 없어 떠나고자 하다가 꾀꼬리 우는 소리에 다시 말을 멈추고 듣는다고 하여 眼前에 전개된 경치만 좋은 것이 아니라, 숲 속에 울고 있는 꾀꼬리 소리까지 아름답다고 했다. 이 작품은 비가 내린 후 맑게 개인 날 시골길을 여행하다가 池塘 주변의 아름다운 경치를 보고 잠깐 앉아 쉬면서 지은 작품으로 생각되는데, 표현이 극히 精巧한 것은 아니라 할지라도 俗氣가 전혀 없이 淸楚하기 때문에 들어보았다. 다음에는 郡齋詩 두 수 가운데 한 수만 들어본다.

四野凄風氣似秋	사방의 쌀쌀한 바람은 가을 같고
星河曉色滿虛樓	은하수의 새벽빛이 虛樓에 가득하다.
田家五六官墻外	官墻 밖의 오륙 채의 田家에
松火茅詹起飯牛	소죽 끓이는 연기가 처마 끝에서 오른다.

(卷 2)

이 작품의 詩題를 郡齋라 했으니 浣巖은 일생 동안 守令을 한 적이 없었으므로 아는 분의 초청을 받아 郡齋에 있으면서 지은 것이 아닌가 한다. 起承兩句는 사방에서 쌀쌀한 바람이 불어 가을처럼 느껴지는데 은하수의 새벽빛이 虛樓에까지 가득하다고 했다. 새벽이면 아직도 쌀쌀한 바람이 부는 시골 정경을 표현한 것으로써 계절은 봄이 아니었던가 한다. 轉結兩句는 郡齋의 담장밖에 있는 몇 채의 農家에서는 일찍 들에 가서 일을 하기 위해 소죽을 끓이는 연기가 처마 끝에 오른다고 했다. 농사철이 되면 시골의 농가에서 새벽부터 일찍 일어나 부지런히 준비하고 있는 것을 처마 끝에 소 죽 끓이는 연기가 피어오른다고 하여 절묘한 표현을 했다.

다음에는 江村訪友人歸路醉入漁家詩를 들어본다.

訪友歸來日欲斜	친구 찾고 돌아오는 夕陽 길에
狂歌扶醉入漁家	취해 노래하며 漁家에 들였다
老翁莫怪非相識	아는 사람 아니라고 이상히 여기지 마오
愛爾庭前一樹花	뜰 앞에 핀 꽃이 좋아 찾았다네.

(卷 1)

이 시는 江村에 살고 있는 친구를 찾아갔다가 돌아오는 길에 취해 漁夫의 집에 들어간 것을 詩題로 한 것이다. 起承兩句는 친구를 찾아갔다가 해가 지고자 할 즈음 돌아오다가 술에 취해 노래 부르며 漁家로 들어갔다고 했다. 轉結兩句는 주인인 늙은 漁夫에게 알지도 못한 사람이 찾아왔다고 이상하게 생각하지 말라 뜰 앞에 있는 나무에 핀 꽃이 아름다워 그것을 보고자 왔다고 했다. 浣巖이 漁家에 들리게 된 것은 친구 집에서 滿醉되어 오다가 정신이 몽롱해 漁家에 들리게 되었을 것이다. 그런데, 낯이 선 사람이 술에 취해 찾아온 것을 보고 이상하게 생각하는 주인에게 당신 집 뜰 앞에 있는 나무에 핀 꽃이 탐스러워 찾았다고 했으니 주인이 그를 問責할 수 있었겠는가. 어쨌든, 꽃이 좋아 찾았다는 것에는 浪漫的인 멋이 있지 않은가 한다. 이와 같이 시가 멋이 있고 깨끗한 것은 浣巖이 일생 동안 매우 궁하게 살면서도 그것을 탈피하기 위해 현실과 타협하지 않고 선비의 지조를 지키며 살아왔기 때문일 것이다. 다음에는 重興洞記所見詩를 들어보고자 한다.

前呼後應去如流	서로 부르고 대답하며
載糴三人共一牛	파는 곡식 소에 싣고 빨리 간다.
歸去今宵應飽食	돌아가서 오늘 저녁 배불리 먹겠으나
秋來恐有賣牛愁	가을되면 소를 팔게 될지 걱정된다오.

(卷 1)

이 시의 詩題는 重興洞에서 본 것을 그대로 기록한 것이라고 했으나 당시 貧農의 어려운 생활상을 표현한 것이다. 起承兩句는 세 사람이 한 마리의 소에 조쌀을 싣고 앞뒤에서 呼應하며 물 흐르듯 빨리 간다고 했다. 轉結兩句는 糶米를 싣고 집에 돌아가면 오늘 저녁에는 배부르게 먹겠지만, 가을이 되면 그것을 갚기 위해 소를 팔게 되지 않을까 걱정된다고 했다.

여기에서 糶米는 흉년이 들어 쌀값이 비쌀 때 국가에서 備蓄해 두었던 쌀을 싸게 파는 것을 말하며, 이와 반대로 糴米는 풍년이 들어 쌀값이 싸게 될 때 국가에서 사 들이는 것이다. 이러한 米穀政策은 국가에서 시행하는 목적에 따라 달라질 수 있다. 즉, 국가의 이익을 위한 것인가 농민을 위한 것인가 하는 것에 따라 달라질 수 있다는 것은 쌀값이 쌀 때 적정한 가격에 사지 않고 싸게 사며, 비쌀 때 싸게 팔지 않고 비싸게 팔면 국민을 위한 것이 아니고 국가의 이익을 위한 정책이 된다. 朝鮮朝 시대의 이 정책이 어떻게 시행되었는지 알아보지 못했으나 농민을 위해 쌀 때 적정한 가격으로 매입하고 비쌀 때 싸게 팔지는 않았을 것이다.

이 작품은 농민들이 春窮期에 굶주리고 있다가 국가에서 가을에 받기로 하고 糶米를 放出한다고 하니, 가족이 와서 얻어 빨리 싣고 가지만 가을에 흉년이 들어 농사지은 벼로써 갚지 못하게 되면 농가에서 가장 귀중한 소를 팔아 갚게 되지 않을까 두렵다고 했다. 浣巖은 일생 동안 가난에 많이 시달리어 생활해 왔기 때문에 농민들이 糶米를 얻어 가는 것을 보고 갚지 못하게 되었을 때 닥칠 어려움까지 걱정한 것이 아닌가 한다. 다음은 五言律詩에 대해 살펴보고자 하며, 먼저 石湖亭詩를 들어본다.

地濶憑欄坐　　넓은 난간에 의지해 앉으니

天晴氣欲蘇	하늘이 개어 기운이 소생한다.
平江來木杪	호수에 나뭇가지는 떠 오고
危嶂入簷隅	날카로운 산봉우리는 처마 옆에 섰다.
景暖花爭發	볕이 따뜻하니 꽃이 다투어 피었고
春深鳥競呼	봄이 깊으니 새소리 요란하다.
白雲孤起處	흰 구름 홀로 떠오르는 곳이
迢遞是京都	멀리 있는 서울이 아닌가.

(卷 1)

이 시는 石湖亭에 올라 近景과 遠景을 바라보고 지은 것이다. 이 작품 앞에 淸凉里 弘濟院 등 서울 近郊의 地名을 소재로 한 시가 있고, 또 石湖暮汎이라는 詩題의 작품이 있다. 이로써 石湖亭은 서울 근처 石湖에 있는 亭子임을 알 수 있다. 首聯은 視界가 넓은 亭子의 난간에 의지해 앉아 갠 하늘을 바라보고 있으니 자신도 기운이 소생하여 기분이 상쾌하다는 것이다. 頷聯은 이해가 되지 않은 곳도 없지 않다. 즉, 平江은 流速이 없는 湖水를 말한 것이 아닌가 생각되며, 木杪의 字意는 나무토막으로 볼 수밖에 없겠는데, 그렇다면 頷聯의 內句는 호수에 나무토막이 떠 있다는 것인지 무엇을 어떻게 표현하고자 한 것인지 애매하기 때문이다. 그리고 外句에는 날카로운 산봉우리가 처마 모퉁이에 있다고 했으니 앉아 있는 亭子가 높다는 것으로 隅字의 표현이 좋다.

頸聯은 石湖亭에서 바라본 近景의 표현이다. 봄이 깊어 따뜻한 날씨에 여러 가지 꽃들이 서로 다투는 듯 피어 있고, 없었던 새들도 찾아와서 요란하게 우는 소리가 들린다고 했다. 꽃피고 새우는 것은 봄날의 특징이기 때문에 신기할 것이 없겠으나 표현이 精巧해 신선한 느낌을 준다. 尾聯은 흰 구름이 멀리서 외롭게 떠 있는 곳이 서울이 아닌가 했는데, 이 聯은 유명한 李白의 登金陵鳳凰臺詩에서 尾聯에 總爲浮雲能蔽日 長安不見使人愁라 한 詩句를 연상케 한다. 서울은 君王이 있는 곳이다. 浣巖이 일생 동안 벼슬다운 벼슬은 하지 않았으나 君王을 생각하는 마음은 士大夫들과 다름이 없음을 알 수 있다. 더구나 당시 상황은 서로 달랐다 할지라도 李白은 浮雲蔽日이라 했는데, 浣巖은 白雲起處라 하여 對照的이라 할 수 있다. 이 작품은 寫景詩이면서 尾聯으로 인해 무게를 더하고 있지 않은가 한다. 다음에는 奉恩寺詩를 들어본다.

隨意尋禪院	생각 따라 절을 찾았더니
鶯花步步奇	꾀꼬리와 꽃이 가는 곳마다 신기하다.
散襟松下石	옷깃을 풀고 소나무 밑에 앉기도 하고
扶杖寺前池	지팡이 짚고 池邊을 거닐었다.
村婦分新菜	시골 아주머니는 나물을 가리고
山僧誦古詩	스님은 옛 시를 읊는다.
披林成久坐	숲을 헤치고 오래 동안 앉았다가
稍覺砌陰移	섬돌 그림자가 옮겨짐을 느낀다.

(卷 1)

이 시는 늦은 봄 奉恩寺를 찾아 주변의 아름다운 景物을 보고 지은 것이다. 首聯은 늦은 봄 奉恩寺를 찾았더니 걸음마다 꾀꼬리 우는 소리와 꽃들이 아름답게 피어 신기하다고 했다. 봄이라는 말을 하지 않았으나 서울 근처에서 꽃들이 많이 피고 꾀꼬리가 나타나는 시기는 늦은 봄이 된다. 都心에 살다가 봄날 郊外에 처음 나가보면 모든 것이 신기할 수밖에 없을 것이다. 頷聯은 아름다운 景物에 도취되어 옷깃을 헤치고 소나무 밑에 있는 돌에 앉아보기도 하고, 지팡이 짚고 절 앞에 있는 池邊을 거닐기도 한다고 했다. 봄날의 아름다운 경치를 玩賞하는 것에 대한 표현이 좋지 않은가 한다.

頸聯은 시골 아주머니들은 들에 새로 돋은 나물을 캐어 가리고 있고, 절에 스님은 古詩를 읊고 있다고 했는데, 표현도 새롭고 頷

聯과 함께 對도 좋다고 생각된다. 尾聯은 숲을 헤치고 앉아 있으면서 섬돌에 내린 그늘이 점점 옮겨가는 것을 느낄 수 있었다고 했으니, 아름다운 景物에 취해 돌아갈 생각을 하지 않고 오래 동안 앉아 있었음을 의미한다. 그리고 結句에서 砌陰移라 했는데, 시계가 없었던 때는 움직이지 않는 물체의 그림자의 이동을 보고 時點을 짐작했다. 그러므로 돌체에 내린 그림자가 위치를 옮겼다는 것은 시간이 상당히 지났다는 것을 의미하게 된다.

이 작품은 奉恩寺를 詩題로 했으나 절의 특징은 물론 佛敎思想에 관해서도 전혀 반영된 것이 없다. 頸聯의 外句에 山僧을 말했으나 그것도 讀經이 아닌 古詩를 외운다고 했다. 물론 절에서 지었다고 해서 불교에 관한 것이 꼭 반영되어야 한다는 것은 아니다. 그러나 절을 詩題로 했으면서 그 절에 관한 표현이 없기 때문에 하는 말이며, 그것은 불교에 대한 조선조 선비들의 일반적인 태도와 상관이 없지 않았을 것이다. 어쨌든 浣巖의 寫景詩에 俗態가 없는 것이 특징이라 할 수 있겠는데, 이 작품도 淸逸함이 있으며, 村婦分新菜는 쉽게 볼 수 있는 句가 아님을 말해 둔다. 다음에는 可洲子來京邸會話詩 두 수 가운데 한 수를 들어본다.

可能營數頃	몇 이랑 농사만 지을 수 있다면
去矣不求餘	가서 다른 것은 구하지 않으리라.
盡力吾治稼	나는 힘써 씨 뿌리고
專心弟讀書	아우는 부지런히 글 읽히겠다.
漁樵携作侶	漁夫와 農夫와 같이 어울리며
花木種成居	꽃과 나무 심어 그 속에 살고 싶다.
一切塵紛事	일체의 세상 시끄러운 일이
何曾到弊廬	나의 집에 어찌 들어오리오.

(卷 1)

이 시는 시골에 있는 可洲 安重觀이 서울에 왔을 때 서로 만나 이야기하며 지은 것이라고 했다. 首聯은 시골 가서 몇 이랑 농사만 지을 수 있는 형편이 된다면 다른 것은 생각하지 않고 미련 없이 내려가겠다고 했으니, 몇 이랑 밭도 살 돈이 없어 가고 싶은 시골로 가지 못하는 어려운 사정을 나타낸 것이다. 頷聯은 만약 시골에 가서 살게 되면 자신은 열심히 농사일을 하고 아우는 공부에만 전념하게 하겠다고 했다. 이와 같이 浣巖의 시골생활에 대한 소망이 牧歌的이고 浪漫的인 것이 아니고 소박함을 알 수 있다. 頸聯은 漁夫와 農夫들과 같이 어울려 지내며 꽃과 나무를 심어 그 속에 집을 짓고 살겠다고 했다. 尾聯은 시골에 가서 그러한 생활태도로 살게 되면 세상의 시끄러운 일들이 어찌 자신이 살고 있는 집에 들어올 수 있겠는가 했다.

위에서 언급한 바와 같이 浣巖의 일생에 관해 자세한 기록이 없어 정확히 알 수 없으나 서울에서 생장하지 않았는가 생각되는데, 그러한 浣巖이 시골을 이와 같이 동경한 것은 무슨 까닭이었을까. 그것도 막연한 동경이 아니고 소박하며 구체적이다. 浣巖이 시골을 동경한 것은 서울에서 생장했기 때문에 환경이 전혀 다른 시골에 대한 호기심으로 인한 것은 아닐 것이고, 신분에 대한 차별로 현실에 부정적인 태도와 상관이 있지 않았을까 한다. 이렇게 보려는 것은 그의 작품 가운데 신분에 따른 차별에 불평을 표출한 것은 보기 드물었으나, 그것은 극복하려는 의지가 약하고 운명으로 여기며 順受하고자 했기 때문일 것이며, 그러한 생각이 연장되어 현실의 시끄러운 일들이 미치지 않는 시골로 도피하려는 생각을 가지고 있었기 때문이 아닌가 한다. 다음에는 疎濶詩를 들어본다.

疎濶復疎濶　　　세상 사정에 너무 어두워

吾知吾道窮	내 길이 궁할 것을 안다오.
腹雖百家有	배에는 百家의 학문을 가졌으나
囊自一錢空	주머니에는 한 푼 돈도 없다.
形貌里閭笑	형상은 마을 사람도 웃겠지만
姓名朝貴通	성명은 朝廷의 높은 분도 안다.
隨人學干謁	사람 찾아 벼슬 구하려는 것은
親老在堂中	늙은 어버이가 계시기 때문이었소.
(卷 1)	

이 시는 浣巖의 自畵像과 같은 작품이기 때문에 들어보았다. 首聯은 자신이 세상 물정에 너무 어둡기 때문에 하는 일이 잘 풀리지 않고 막히고 있는 것을 잘 알고 있다고 했다. 여기에는 자신의 인물 성격과 당시의 처지를 말한 것으로 생각되는데, 그가 疎濶하다는 것도 사실일 것이고, 따라서 처지가 궁했던 것도 알려진 것이다. 頷聯은 학문적으로는 百家의 것에 모르는 것이 없을 정도로 박식했으나 주머니에는 한 푼의 돈도 없어 가난하다고 했는데, 재질과는 상관없이 빈곤하다는 것이다.

頸聯은 자신의 형상이 초라하고 못생겼기 때문에 같이 살고 있는 마을 사람들도 웃을 정도이나, 성명은 朝廷에 있는 높은 사람들까지 알고 있다고 했다. 마을 사람들도 웃는다는 것은 형상이 초라하다는 것인데, 浣巖의 형상에 대한 기록이 없기 때문에 알 수 없으나 일생 동안 가난했기 때문에 초라했을 것이며, 형상과는 달리 문장으로는 당시에 이름이 높았으므로 朝廷의 高官들까지도 그의 文名은 들어 알고 있다는 것이다. 이 頷聯과 頸聯은 浣巖이 가지고 있는 상반된 특징을 바꾸어 가며 對照를 시켜 자신의 인물 성격을 더욱 분명하게 부각시키고 있다. 漢詩의 律詩에 頷聯과 頸聯은 內外句가 對를 이루어야 한다. 이것이 定型이기 때문에 이루지 못하면 律詩가 되지 못한다. 그러므로 이 定型이 표현을 억제시키는 바도 없지 않으나, 형식미와 아울러 여기서는 표현하고자 하는 내용을 더욱 선명하게 하는 효과도 있다. 尾聯은 자신이 사람을 찾아다니며 벼슬을 하고자 한 것은 나이 많은 어버이가 있기 때문이라고 했는데, 솔직한 고백이라고 생각된다.

浣巖의 아버지는 일찍 세상을 떠났고 어머니는 오래 살았음을 그의 시 여러 곳에 나타난다. 그리고 그는 察訪과 製述官 등을 역임했다. 浣巖이 젊었을 때는 科擧에도 관심을 가지지 않은 듯했으나, 중년이 지나면서부터 가난했기 때문에 老親을 봉양하기 위해 官界에 있는 사람들을 찾아 微官末職이라도 얻기 위해 청탁했다는 것이다. 그러므로 이 시는 자신의 처지와 심정을 숨김없이 나타낸 것이 돋보인다고 생각된다. 다음에는 七言律詩 가운데 舟次楮子島詩부터 들어보고자 한다.

龍川席上醉深杯	龍川에서 마신 술에 취해
港口春風解纜廻	봄바람 부는 항구에 닻을 풀었다.
霧裏雜花孤嶼出	안개 속에서도 섬에 꽃들은 피었고
帆前芳草二陵來	돛대 앞의 芳草는 二陵쪽에서 왔다네.
平沙鷗鳥依依集	沙場의 새들은 정답게 모여 있고
猷岸人家歷歷開	언덕 위에 집들은 나란히 있다.
日暮繫舟高柳下	저물어 배를 버드나무에 매어 두고
攀崖上處有亭臺	비탈길 따라 亭子에 오른다.

(卷 1)

이 시는 浣巖의 작품 가운데 많이 알려진 작품이다. 大東詩選에 이 시가 選入되었고, 申靖夏의 『恕菴集』의 「雜記」에 嘗有帆前芳草二陵來之語 大爲詩人所賞이라 한 것을 보면 이 시가 당시 문인들 사이에 많이 알려졌음을 알 수 있다. 이 시의 楮子島는 어디에 있는 섬인지 알아보지 못했으나 서울 동쪽 한강변에 있는 섬이 아닌가 추측된다. 이렇게 보려는 것은 이 작품 주위의 詩題가 淸凉里, 石湖亭, 奉恩寺 등으로 이어졌고, 이에 따라 내용의 二陵은 宣靖陵일 것이다.

이 작품의 詩題가 배로써 楮子島에 이르렀다고 했으니 楮子島에서 바라본 광경을 표현한 寫景詩다. 首聯은 龍川에서 마신 술에 취해 봄바람에 닻을 풀어 港口에 돌아왔다고 했으니, 楮子島에 도착했음을 말한 것이며, 계절은 봄이었음을 알 수 있다. 頷聯은 안개 속에 여러 가지 꽃들은 孤嶼에 피었다고 했는데, 孤嶼는 楮子島를 지칭한 것이 아닌가 한다. 그리고 돛대 앞의 芳草는 二陵 쪽에서 왔다는 것은 섬에서 바라본 건너편 광경을 표현한 것이다. 浣巖의 작품을 말할 때 이 句가 좋은 것으로 거론된 것은 표현과 함께 聲調가 좋기 때문일 것이다.

頸聯은 강변의 沙場에는 白鷗와 다른 새들이 정답게 모여 있고 언덕에 의지한 집들이 나란히 있다고 했는데, 평온한 江邊의 近景을 표현한 것이다. 尾聯은 날이 저물어 배를 버드나무에 매어 두고 비탈길을 따라 亭子가 있는 곳을 올라갔다고 했다. 終日 동안 船遊와 함께 섬에서 아름다운 광경을 보고 놀다가 해가 저물었기 때문에 亭子를 찾아 쉬겠다고 한 것이다. 이 시는 楮子島에서 바라 본 近遠景에 대한 표현이 아름다우며 聲調도 좋아 浣巖의 작품 가운데 秀作으로 指稱되지 않았는가 한다. 다음에는 農家歎詩 두 수를 차례로 들어본다.

赤日鋤禾霜天穫	더운 날 김매고 추울 때 벼 베니
水旱之餘能幾獲	물들고 가물어 얼마나 거두랴.
燈下繅絲鷄鳴織	등불 아래 고치 켜고 새벽까지 베 짜며
戞戞終日纔數尺	쉬지 않고 종일 해도 겨우 몇 자였다.
稅布輸來身無褐	稅布로 싣고 가니 입을 것이 없고

官糴畢後缾無粟	官糴 갚자 항아리가 비었다.
惡風捲茆山雪深	찬바람에 나물도 없고 눈이 많이 내렸는데
糟糠不飽牛衣宿	지게미 조금 먹고 짚방석에 잔다오.
(卷 1)	

이 작품은 詩題에서 알 수 있는 바와 같이 農家의 탄식을 표현한 것이다. 지난 날 우리나라 農家는 토지가 적어 貧農이 많았고 때로는 官家의 收奪이 심해 생활이 매우 어려웠다. 그것이 먼 옛날부터 계속된 것이므로 不感症이 있었기 때문인지 農家의 어려운 사정을 반영한 작품이 많지 않다. 그런데, 浣巖의 農家歎 두 수는 農家의 慘相을 절실하게 표현한 작품이다. 首聯은 여름철 뜨거운 햇볕 아래 김을 매고 서리 내리는 추운 날에 벼를 베게 되는데, 지난 여름 농사철에 물이 들고 가물었으니 거둘 것이 얼마 되지 않을 것이라고 했다. 벼농사는 雨順風調해야 풍년이 된다. 旱害와 水災가 심했다고 하니 흉년일 수밖에 없다. 頷聯은 등불 아래 고치 실 켜고 새벽 닭이 울 때까지 베를 짰으나 하루 종일 짠 것이 겨우 몇 자에 불과하다고 했다. 우리나라는 6·25 事變前까지 手工으로 입는 옷감을 해결한 농가가 적지 않았는데, 그것은 이와 같이 많은 노력이 필요한 것이다.

頸聯은 그렇게 고생하며 짠 베를 稅布로 모두 실고 갔으니 입을 것이 없고, 官家의 糴米를 모두 갚으니 항아리가 비었다고 한 것은 남은 것이 없다고 한 것이다. 糴米는 풍년이 들어 쌀값이 쌀 때 정부에서 사들였다가 흉년이 들어 비쌀 때 팔게 되는데, 농가에서 絶糧이 되었을 때 그 쌀을 먹고 秋收한 후 利息까지 합쳐 갚게 된다. 이 頸聯에는 흉년이 들어 수확을 제대로 하지 못했음에도 쌀과 베를 稅布와 糴米로 官家에서 모두 가지고 갔으니 집에는 먹고 입을 것이 없다고 한 것이다. 尾聯은 찬바람에 나물도 먹을 것이 없고 산에 눈까지 많이 내렸다고 했다. 농가에서 양식이 떨어지면 草根木皮로 延命한다고 했는데, 그것도 바람과 눈으로 먹을 수 없게 되었으며, 지게미도 배부르게 먹지 못하고 소나 덮어 주었던 거적을 깔고 덮고 잔다고 했다. 浣巖의 이러한 표현이 결코 과장된 것이 아니고 당시 어려운 貧農의 慘相을 절실하게 표현한 것이라고 생각된다. 다음에는 其二를 들어본다.

白骨之徵何慘毒	白骨이 되게 거두니 얼마나 혹독한가
同鄰一族橫罹厄	이웃 一族도 액운에 잘못 걸렸다.
鞭撻朝暮嚴科督	아침 저녁 매질하며 엄하게 독촉하니
前村走匿後村哭	앞집은 도망가고 뒷집은 울고 있다.
鷄狗賣盡償不足	닭과 개 팔아도 다 갚지 못하며
悍吏索錢錢何得	독한 관리 돈을 찾으나 돈이 어디 있으랴.
父子兄弟不相保	부자 형제 같이 있지 못하고
皮骨半死就凍獄[20]	피골만 있는 半死體로 찬 옥에 갇힌다.

앞에 든 시는 가난한 농가의 慘相을 표현했고, 이 작품은 官家의 혹독한 수탈을 나타낸 것이다. 首聯은 白骨이 되게 거두고자 하니 收奪이 어찌 이와 같이 혹독한가. 이웃에 살고 있는 다른 가족도 橫厄에 걸리었다고 했으니, 官家의 搾取에 누구나 할 것 없이 혹독하게 당하고 있음을 말한 것이다. 頷聯은 착취를 어떻게 당하고 있는가 하면 아침 저녁으로 관리들이 찾아와서 매질을 하며 엄하게 독촉하기 때문에 앞집은 도망가고 뒷집은 울고 있다고 했다. 頸聯은 집에 기르는 닭과 개까지 모두 팔아도 官家에 償還할 것이 모자라는데, 혹독한 관리가 돈이 될 것이 있을까 하고 찾으나 있겠

20) 이 두 작품은 형식은 七言律詩 같으나 高低가 무시되었다. 그렇다고 古詩로 보기도 어려워 선택에 주저했으나 내용이 절실해 언급하기로 했다.

는가 했으니 집에는 남은 것이 없다고 한 것이다. 尾聯은 독촉으로 인해 부모와 형제들이 서로 같이 있지 못하고 皮骨이 相接해 半死한 상태에서 헤어져 차가운 옥으로 가서 갇히게 되었다고 했다.

商工業이 발달하기 전에는 어느 민족이든지 대부분 살기 어려웠으며 우리 민족도 마찬가지였다. 그리고 階層의 차별이 심한 사회에서는 빈부의 격차가 많을 수밖에 없었다. 우리나라는 국토가 좁은 가운데 산이 많고 들이 적어 농민들의 생활이 더욱 어려웠다. 그러므로 前代의 문인들 가운데 농촌의 어려운 생활상을 반영한 작품이 적지 않았다. 그러나 위에서 본 浣巖의 農家歎과 같이 참상을 절실하게 표현한 작품이 얼마나 있었을까. 더구나 그 속에는 관리들의 무자비한 수탈과 독촉의 행동까지 반영되었다. 前代의 문인들이 그와 같이 절실하게 표현할 수 없었던 것을 浣巖이 할 수 있었던 것은 貧困을 실질적으로 체험하고 하지 못한 것에 차이가 있었을 것이다. 다시 말하면 前代의 문인들은 대부분 士大夫 階層이었기 때문에 눈으로 보았을 뿐이며, 그 속에서 직접 체험을 당해 보지는 않았을 것이다. 그러나 浣巖은 서울에서 생장했으나 신분이 平民이었고 일생 동안 가난했으며, 또 전국으로 여행을 많이 했다. 그러므로 가난을 실제 체험했고 많이 보았기 때문에 그와 같은 절실한 표현이 가능하지 않았겠는가 생각된다. 다음에는 古詩의 형식인 示兩弟詩 두 수 가운데 한 수 들어본다.

衆皆雞鳴起	모든 사람들이 일찍 일어나
惟利是孳孳	오직 이익만을 위해 부지런하다.
我獨焚膏油	나만 홀로 기름 태우며
矻矻在書詩	괴롭게 책 속에 묻혀 있다.
各自從其志	서로 뜻을 따라 하는 것이나
所以異飽飢	배부르고 주린 것이 다르다.
吾非惡貧者	나는 가난을 싫어하지 않으며

藜藿寔甘之	명아주와 콩잎도 달게 먹는다.
但念無所成	다만 이룬 바 없어
終然子道虧	자식 도리 못할까 염려된다오
(卷 1)	

이 시는 詩題에서 알 수 있는 바와 같이 두 동생에게 준 것으로써 浣巖의 인물과 사상을 이해하는데 좋은 자료가 될 것으로 생각된다. 두 동생 가운데 鄭敏僑는 시에 능해 이름이 있었고 進士試에 합격했다. 이 작품은 세상의 모든 사람들이 자신의 물질적인 이익만을 위해 부지런히 하고 있으나, 자신은 이익과는 상관없이 책 속에 묻혀 열심히 공부를 한다고 했다. 서로 각자의 뜻에 따라 하는 것이지만 이익을 추구한 자는 배부르고 공부만 하고 있는 자신은 주린 사람이 되었다고 했다. 그런데, 가난을 싫어하는 것은 아니나 자식의 도리를 다하지 못할까 걱정된다고 했다. 이로써 볼 때 浣巖이 生業에 종사하지 않고 詩書만을 열심히 해 온 것에 대해 후회하고 있지 않았음을 알 수 있다. 그러면서 子道를 다하지 못한 것을 걱정했고, 또 같은 詩題의 其二에 莫學兄迂拙 非農卽工商이라 한 것을 보면 그는 지나치게 이익만을 추구하는 것도 취할 바가 아니라고 생각하지만 현실을 지나치게 무시하려는 것도 아님을 알 수 있다. 다음에는 賣馬歎詩를 들어본다.

袍帽在身不可徒	도포와 사모 썼으니 걸어 다닐 수 없어
辛苦買得一驪駒	어렵게 검은 망아지를 샀다.
縱非冀野產	비록 명마는 아니나
自與駑駘殊	노둔한 말과는 달랐다.
載我衰病軀	노쇠하고 병든 나를 실고
踏遍三條與九衢	시골길과 번화한 거리를 두루 다녔다.
春來掛壺趁花柳	봄이 오면 술항아리 실고 꽃과 버들을 찾았고
公卿朱門時一候	때때로 높고 귀한 분을 방문하기도 했다.

爲我盡其力	나를 위해 힘을 다했으나
未得飽芻豆	배부르게 먹이지도 못했다.
今朝牽出向市賣	오늘 아침에 몰고 나가 팔아
錢鈔入室驚暴富	돈을 받아오니 갑자기 부자가 되었다.
瘦妻得錢伸眉笑	瘦妻는 돈을 보고 웃었으며
十口於今飢可救	많은 가족 주린 것을 구하게 되었다.
飢可救能幾多	주린 것을 얼마나 구할 수 있으랴
老夫從此出無馬	老夫가 지금부터 말이 없게 되었다.
出無馬可奈何	나갈 때 말이 없는 것 어찌하리
好得三冬閉戶臥	긴 겨울 문닫고 누웠으면 되겠지.
不妨如此送餘年	餘年을 이렇게 보내는 것은 무방하나
但愁飢來無馬可更賣	주릴 때 팔 말이 없어 근심된다.

(卷 3)

이 시는 내용으로 보아 浣巖이 製述官 察訪 등 관직을 역임한 후기에 지은 것으로 짐작된다. 詩題에서 알 수 있는 바와 같이 출입할 때 타고 다니던 말을 팔고 아쉬운 심정을 반영한 작품이다. 앞서 든 農家歎과 아울러 시제에 보기 드물게 歎字가 있다. 賣馬歎은 타고 다니던 말을 팔고 아쉬운 감정을 탄식한 것으로 생각된다. 그런데, 古詩 형식의 이름에 歌, 行, 曲, 篇 등과 같은 名稱 가운데 歎이 있으며, 작품으로 杜甫의 夏日歎 등이 있다. 이로써 歎도 古詩의 여러 형식의 종류 가운데 하나가 아닌가 한다.

이 작품에 반영된 내용은 도포와 사모관대를 하게 되었으니 걸어 다닐 수 없어 어려운 사정에도 불구하고 말을 사게 되었다. 비록 名馬는 아니라 할지라도 駑馬는 아니었으며, 여러 곳으로 자신을 태우고 다니며 힘을 다했으나 배부르게 먹이지도 못했다고 했다. 여기까지는 말을 사게 된 경위와 말이 자신에게 힘을 다해 봉사한 것을 표현했다. 그리고 생활이 어려워 시장에 몰고 가서 팔았는데, 아무 것도 없었던 집에 말을 판 돈이 갑자기 들어오니 부자가 된 것과 같은 기분이라고 했다. 영양실조로 파리한 부인은 얼굴을 펴고 웃었으며 많은 가족들의 주린 것을 구하게 되었으나 그것이 얼마나 구하게 되겠는가 했다. 굶주림을 견디기 어려워 말을 팔 수밖에 없는 사정을 표현했음을 알 수 있다. 말을 팔게 된 후 출입할 때 말을 타고 다닐 수 없게 되었는데, 출입을 하지 않고 집에 있으면 되겠으나 다음에 배가 주릴 때 팔 말이 없어 근심이 된다고 했으니, 가난에 대한 표현이 매우 절실함을 알 수 있다. 이 賣馬歎은 자신이 말을 사서 타고 다니다가 팔게 된 경위를 소재로 하여 자신의 가난을 절묘하게 표현하였다.

이상으로 浣巖의 시를 살펴보았다. 그는 朝鮮朝 後期 委巷文人들이 문단의 一角에 등장할 때 洪世泰의 뒤를 이어 당시 문단의 주목받은 문인이었다. 그는 여러 곳을 여행하며 紀行詩를 많이 지으면서 寫景에 능했으며 淸楚한 작품이 많았다. 그리고 작품은 많지 않으나 농민들의 빈곤과 官家의 수탈에 대해 보기 드물 정도로 날카롭게 반영한 것은 높게 평가할 만하다. 그리고 그가 활동했던 시기에 문단에는 唐宋과 明淸 詩風이 混在했다고 할 수 있겠는데, 그의 시는 唐宋合取이면서 唐詩의 영향을 많이 받지 않았는가 한다.

그의 文集 3卷에는 여러 형식의 산문이 실려 있다. 李宜叔은 浣巖이 시에만 능했던 것이 아니라, 산문도 잘 지어 作家의 풍모가 있었다. 그의 글을 말하는 사람 가운데는 시보다 산문이 나았다고 한 사람도 있다 했다.[21] 이로써 보면 그는 산문에도 능했음을 알 수 있다.

---

21) 李宜叔, 「浣巖集序」. "潤卿非獨工於詩 其文善俯仰折旋 頗有作者風致 論者或曰 文勝於詩"

Ⅳ. 結 言

위에서 언급한 바와 같이 浣巖의 家系를 정확히 알 수 없으나 士族이 아닌 寒微한 家門이 아니었던가 생각되며, 그는 매우 가난했음을 알 수 있다. 그러나 그는 권력에 접근하여 타협하지 않고 지조를 지켰으며, 다른 生業에 종사하지 않고 일생 동안 시에 정진했는데, 그것이 그의 일생의 전부가 아니었던가 생각된다. 浣巖은 여행을 많이 하며 시를 지었고, 또 次韻詩와 贈人詩가 많음을 볼 수 있는데, 그것은 士大夫를 비롯하여 交遊했던 사람이 많았음을 알 수 있다.

浣巖 당시에는 문단에 委巷文人들이 적지 않게 활동했으며, 그들을 중심으로 詩社도 結成되었다. 浣巖이 洪世泰를 비롯하여 鄭後僑 등과 交遊가 많았으나 위항문인들이 결성한 詩社에 얼마나 적극적으로 참여했는지 그의 문집과 다른 문헌에도 기록이 없기 때문에 알 수 없다. 그렇다고 해서 詩社의 활동에는 참여하지 않았다는 것은 아니며, 또 의도적으로 사대부만을 접근했다는 흔적도 없다. 이로써 보면 그는 세속적인 것에 초월하여 시작을 즐거워하며 몰두하지 않았던가 한다. 어쨌든, 조선조 후기 浣巖과 같은 위항문인이 있었기 때문에 위항문학이 풍성하면서 발달했던 것으로 생각한다.

제5장

李彦瑱 研究

Ⅰ. 序 言

지난 날 漢文化圈에서 漢詩는 文人들만이 지었던 것이 아니고 선비들은 필수 교양으로 생각하고 누구나 지었던 것이다. 그러므로 朝鮮朝 後期에 이르러 漢文學의 보급이 급속도로 확대되면서 委巷人士들 가운데서도 특히 中人階層의 譯官들에서 漢詩로써 文名이 높았던 사람들이 적지 않았다. 金澤榮은 우리나라 譯官 출신의 인사들 가운데 시로써 유명했던 사람으로 洪世泰, 李彦瑱, 李尙迪, 鄭芝潤을 들었다.[1)]

朝鮮朝 中期까지만 해도 한문학은 士大夫 또는 兩班階層에서 독점하고 있었으므로 委巷文人들의 出現이 어려웠기 때문에 委巷文學에 대해 주목할 것이 없었으나, 후기에는 委巷 출신의 문인들이 많아 그들을 중심으로 詩社를 結成하여 활동이 활발했으므로 비록 수준은 士大夫 문인들에 미치지 못했다 할지라도 漢文學史에서 무시할 수 없게 되었다.

本稿는 朝鮮朝 後期 委巷文人 중의 한 사람인 李彦瑱의 시에 대해 고찰해 보고자 한다. 그는 27세의 나이로 夭絶했고 작품이 많이 燒失되었다고 하며, 그에 대한 기록자료가 적기 때문에 그의 문학을 이해하는데 어려움이 없지 않았음을 먼저 밝혀 두며, 그의 인물에 이르기까지 살펴보고자 한다.

---

1) 金澤榮, 「鄭芝潤傳」『韶濩堂集』卷 14. “吾韓象胥之族 以詩聞者 有洪世泰李彦瑱李尙迪 及鄭芝潤四人 而芝潤爲最勁矣”

Ⅱ. 人物 性格

李彦瑱은 높은 관직을 역임한 인물도 아니고 文才가 絶倫했다고는 하나 젊은 나이에 夭絶했으며, 지은 작품도 그가 세상을 떠나기 전에 불태워 버리는 것을 부인이 빼앗아 남긴 것이라고 하니, 지은 작품도 전하는 것이 많지 않은 편이다. 그리고 그의 身後文字와 아울러 그의 작품에 대한 논평도 찾아보기 어렵고, 다만 朴趾源의 「虞裳傳」과, 그의 문집 『松穆舘集』에 실려 있는 金祖淳이 지은 「本傳」과 李德懋의 「淸脾錄一則」 그리고 李尙迪의 「李虞裳先生傳」 등이 그에 대한 기록들이다. 本稿에서는 이러한 기록들을 중심으로 그의 인물에 대해 살펴보고자 한다.

李彦瑱(1740~1766)은 一名 湘藻며 字는 虞裳, 號는 雲我 滄起 松穆館主人이라 했다. 이와 같이 虞裳의 號는 여러 개가 있었으나 夭死한 中人의 雅號를 말하는 것이 내키지 않았기 때문인지 그의 傳에는 雅號로 부르지 않았다. 그리고 그의 生沒年代에 대해 일반적으로 英祖 16년 庚申年(1740)에 출생하여 英祖 43년 丁亥年(1767)에 세상을 떠난 것으로 알고 있으나, 李家源은 다만 李彦瑱傳 중의 年纔三十餘와, 李虞裳先生傳 중의 年纔二十七 (楓皐集 李君傳) 등은 모두 그릇된 것이었다고 했다.[2] 李家源은 虞裳傳研究 小引에서 虞裳의 生沒을 1704~66으로 밝혔으면서[3] 三十餘는 모르지만 二十七을 왜 그릇된 것이라 했을까. 이에 대해 설명이 없기 때문에 어디에 근거를 두고 한 말인지 알 수 없으나, 英祖 16년

---

2) 李家源, 『燕巖小說研究』, 乙酉文化社, 1965, 416쪽.

3) 앞의 책, 392쪽. 여기에 1704는 1740의 바뀐 것이 아닌가 한다.

에 출생하여 27세에 세상을 떠난 것은 사실인 듯하다.

虞裳이 세상을 떠날 때의 나이에 대해 그의 스승으로서 그를 가장 아끼었던 李用休(1708~1778)는 李虞裳挽에서 賀年卄七死 志業僅成半이라 하여 李賀가 27세에 세상을 떠난 것에 비교하여 말했고, 朴趾源(1725~1790)도 虞裳傳에서 旣而虞裳死 年二十七이라 했다. 李用休는 虞裳의 재능을 크게 인정해 주었던 스승이었고, 虞裳도 그를 매우 존경했으며, 朴趾源은 虞裳과 面識은 없었다고 하나 같은 시대에 생존하면서 서로 잘 알고 있었던 처지였다. 그러므로 이들이 말한 세상을 떠날 때 虞裳의 나이는 신빙성이 있을 것으로 생각된다. 그리고『詩話叢林』에는 李長吉이 27세에 세상을 떠났고 虞裳도 같은 나이에 죽었으며, 우리나라 閨房詩人의 大家였던 許蘭雪軒도 역시 27세에 요사했으니, 三九之會가 詩家의 阨難이었음을 알 수 있다고 했다.[4] 이러한 기록들을 미루어 볼 때 虞裳이 세상을 떠날 때의 나이가 27세였음을 믿을 수 있을 것으로 생각된다.

그리고 虞裳의 여러 편의 傳에 그의 신분을 한결같이 譯官이었다고 했다. 朝鮮朝 시대에 譯官은 임의로 되는 것이 아니고 文科 또는 武科와 함께 雜科의 하나로 시험을 보아 합격된 자만이 譯官의 자격이 주어지는 것이다. 雜科榜目에 나타난 그의 家系를 보면 다음과 같다.

李壽崙	→	李世伋	→	李德芳	→	李彦瑱
(譯官)		(譯官)				

4) 編者 未詳,『詩話叢林』續 1 ; 趙鐘業編,『韓國詩話叢編』11. “李長吉以二十七年卒 虞裳亦如之 吾東閨房大家許蘭雪 亦以二十七夭 儘知三九之會 詩家阨難也”

이와 같이 先代부터 譯官으로 계승되고 있는 것으로 보아 그의 家系는 대대로 譯官이었음을 알 수 있으며, 그는 英祖 35년 그의 나이 20세 때 式年試 譯科에 漢語로 합격했다. 그리고 그의 동생 李彦瑠도 譯官이었다. 우리나라에서 譯科은 中人階級에 속하는 階層이며 賤業으로써 兩班階層과는 엄연히 구분되었다. 朝鮮朝 후기 譯科에서 譯官들이 치르는 科目은 주로 漢語와 倭語로 나누어 졌다. 虞裳의 先代가 漢語였고 그도 漢語였으나 倭語에도 通話가 가능했던 것으로 짐작된다. 이에 대해서는 다음에 다시 언급하고자 한다.

虞裳의 출생에 대해 그의 아버지가 關帝廟에 빌어 文章에 능한 아들 낳기를 원했다고 했다.[5] 그의 성장과정에 대해 金祖淳(1765~1831)은 총명이 뛰어나 글을 읽을 때 한 번 본 것은 빠뜨리지 않았고 文辭가 贍富해 빨리 지었으며, 또 글씨를 신속하게 잘 썼다. 겨울 철 아침에 늦게 일어나 세수하고 글씨를 쓰면 아침 식사를 하기 전에 30餘頁을 썼는데, 字畫이 모두 단정한 楷字로써 印本과 같을 뿐만 아니라, 탈자와 오자가 없으니 그의 精敏함이 이와 같았다고 했다.[6] 李尙迪(1803~1865)은 虞裳이 태어났을 때 파리하고 광대뼈가 나왔으며 손톱이 길었다. 타고난 바탕이 극히 총명하여 많은 책을 읽었고 한 번 본 것은 잊지 않았으며 文辭가 贍給해 매우 빨리 지었다고 했다.[7] 이러한 기록들로 미루어 보면 虞裳은

---

5) 李尙迪,「李虞裳先生傳」『恩誦堂集』續集 卷 2. "其父嘗禱關帝廟 願生文章子"

6) 金祖淳,「李彦瑱傳」『楓皐集』卷 15. "聰穎絶人 讀書過目不遺 文辭贍給 能擊鉢賦文 又善書而疾 嘗冬日晏起 盥櫛端坐抄書 未朝食 而得卌餘頁 字畫皆端楷如印本 亦無脫謬處 其精敏類此"

7) 李尙迪,「李虞裳先生傳」. "虞裳果生 瘦顴長瓜 性慧悟 博極群書 聰記絶世 過目不遺 文辭贍給 未七步而成章"

어렸을 때부터 총명이 뛰어났고 글씨를 빨리 잘 썼음을 알 수 있다. 虞裳의 성장과정에 대한 다른 기록은 없기 때문에 알 수 없고, 그의 社會的인 활동은 20세 때 譯科에 漢語로 합격한 것과 通信使 一行으로서 日本에 갔다가 돌아온 것이 고작이다. 그러므로 通信使 一行으로 日本에 갔다가 돌아온 것에 대해 살펴보고자 한다.

지난 날 우리나라에서 中國과 日本에 使臣을 보낼 때 인물을 嚴選해서 보냈다고 한다. 朴趾源은 虞裳이 通信使 一行으로 日本에 갈 때의 人選에 대해 朝廷에서 三品 이하의 文臣 가운데서 嚴選하여 많은 사람들을 딸려 보냈다. 그 幕佐의 사람들 가운데는 문장이 뛰어나고 박식한 선비들로서 天文, 地理와 算數, 醫卜에 이르기까지 능했으며, 樂器와 雜技로써 국내에 이름이 있었던 자들을 종행시켰는데, 그 가운데서도 詞章과 書畵를 가장 중하게 여겼다고 했다.[8] 이때 正使는 趙曮, 副使는 李仁培, 從事官은 金相翊으로서 학식과 문장과 技藝에 이르기까지 전 인원이 482명이었다고 한다.

壬辰倭亂 후 한동안 日本과 國交가 단절되었으나, 德川幕府가 들어서면서 修好를 요청해 通信使가 여러 번 갔다 오게 되었다. 이때 가게 된 것은 日本 德川幕府의 十代將軍 德川家治의 襲職을 축하하기 위한 것이었다고 하며, 江戶에까지 간 것은 이때 갔던 것이 마지막이었다고 한다. 虞裳이 같이 가게 된 通信使 一行은 英祖 39년 癸未(1763) 7월에 출발하여 그 다음 해 7월에 서울에 도착했다고 한다. 그때 虞裳은 24세였다고 하니,[9] 돌아올 때는 25세였다.

8) 朴趾源, 「虞裳傳」, 『燕巖集』 卷 8. "朝廷極選文臣三品以下 備三价以送之 其幕佐賓客 皆宏辭博識 自天文地理算數卜筮醫相 武力之士 以至吹竹彈絲 諧浪戲笑歌呼 飮酒博奕騎射 以一芸名國者悉從行 而最重詞章書畵"

9) 編者未詳, 「東詩叢話續」 1 ; 趙鍾業 編, 『韓國詩話叢編』 11. "年二十四隨通信使 入日本"

虞裳이 日本에 갔을 때 職責에 대한 공식적인 기록은 二房漢學押物通事였다. 그는 漢語科 출신의 譯官이었기 때문에 中國이 아닌 日本이었고, 또 漢學押物通事의 맡은 일이 어떤 것이었는지 알아보지 못했기 때문에 漢譯官과 어떤 관계가 있는 일을 맡았는지 알 수 없으며, 譯官 자격이 아니었을 경우 文詞에 능했던 것으로 가게 되었는지 알 수 없다. 그런데, 虞裳의 文名이 크게 알려진 것은 日本을 다녀온 후였기 때문에 文詞로써 가게 되었다고 보기도 어려울 것 같다. 그러므로 虞裳이 어떤 자격으로 가게 되었는지 알아 보고자 한다.

虞裳이 日本에 갈 때 그의 스승인 李用休가 지은 送李君虞裳隨通信使入日本이라는 送別詩 三首가 있다. 그 가운데 二首를 들어 본다.

李君膽包身	李君은 담이 매우 커
敵多往愈勇	敵이 많을수록 더욱 용감하다.
一枝鷄毛筆	한 자루의 鷄毛筆로
欲爲三韓重	三韓의 이름을 무겁게 하리라.
學通百家書	학문은 百家를 통달했고
職通兩國語	職務는 兩國語에 능했다.
可惜用違才	가석하게도 재능을 잘못 사용하고 있으니
世事每如許	세상 일이 항상 그와 같다네.
(『惠寰居士詩集』)	

위 시에서 첫째 작품은 李彦瑱이 대담해 상대에 따라 적응력이 있기 때문에 이번에 日本에 가게 되면 文才로써 우리나라 이름을 크게 빛낼 것이라고 했다. 그리고 둘째 작품은 그가 百家書와 兩個國語에 능한 뛰어난 재능을 가진 인물이었지만 가석하게도 그의 재능을 잘못 사용하고 있다고 하면서 세상 일이 매양 그와 같이 잘

못 된다고 하며 개탄하고 있다. 다시 말하면 虞裳이 그와 같은 학식과 재능으로 중요한 직책을 맡지 못하고 천한 譯官 자격으로 가는 것을 안타깝게 여기는 심정을 표현한 것이다. 이로써 미루어 보면 日本에 通信使 一行으로 갈 때 譯官 자격으로 가지 않았던가 생각되며, 朴趾源도 그의 虞裳傳에서 虞裳以漢語通官隨行이라 했으니, 당시의 자격을 더욱 확인 할 수 있지 않을까 한다. 따라서 虞裳이 通信使 一行으로 갈 때 직책인 漢學押物通事는 通譯과 상관이 있었던 것으로 짐작된다.[10]

위에서 언급한 바와 같이 日本에서는 德川幕府가 권력을 장악하면서 우리나라에 修好를 청해 우리나라 通信使가 십여 차례나 가게 되었다. 日本과 우리나라는 같은 漢文化圈이었다. 우리나라가 日本보다 지리적으로 중국과 가까운 곳에 위치하고 있고, 또 역사적으로 중국과의 문화적인 교류가 앞섰다고 생각하고 있었기 때문에 日本에 대해 우리나라 사람들이 가지고 있는 일반적인 관념은 문화적으로 그들보다 우리가 앞섰다고 생각하고 있었다. 이러한 관념은 使節 一行으로 가는 인사들도 가지고 있었을 것이다. 그러므로 日本에 사절 일행으로 갔다온 洪世泰(1653~1725)는 製述官 자격으로 일본에 가는 李重叔에게 일본의 국토가 수천 리나 되는데 어찌 인재가 없겠는가. 자신도 그들과 酬唱할 때 신중하게 대응하여 그들로부터 웃음을 당하지 않게 주의하였다. 저들이 우리를 대할 때 밖으로는 敬謹하게 하는 듯하나 안으로는 깊이 살펴, 돌아가고 난 후에 지은 글과 인물에 대한 평을 하여 널리 알린다. 자신도 그러한 평을 받은 적이 있었기 때문에 지금도 생각하면 땀이 흐른다고 했다.[11] 洪世泰의 이러한 말은 당시 日本에 가는 通

10) 李用休의 詩에 職通兩國語의 兩國은 日本과 中國일 것이며, 따라서 虞裳이 日本語도 알고 있었다는 것이 된다.

信使 一行에 대해 自省을 촉구한 것으로 생각된다.

虞裳이 일본에 갔을 때 통신사 일행은 오백 명에 가까웠고 왕복에 일년의 세월이 걸리었다. 그리고 일행들은 교육 수준의 차이는 물론 여러 가지 다른 성격의 인물들이 복합되었기 때문에 日本에 비친 그들의 행동이 좋게만 보였던 것은 아니었을 것이다. 그러므로 당시 自省論이 대두될 수 있었을 것이다. 그때 虞裳은 日本에 가서 어떻게 했을까. 이에 대해 朴趾源은 다른 譯官들과 비교해서 언급한 바 있다. 譯官들은 虎豹, 貂鼠, 人蔘 등 모든 禁物을 숨겨 가지고 가서 구슬과 칼 등으로 바꾸는데 거간하며 이익이나 득이 될 만한 것에 빠르기 때문에 倭人들이 밖으로는 공경하는 듯 했으나 실질적으로는 존경하지 않았다. 그러나 虞裳은 漢語 通譯官으로 수행하여 문장으로 日本에서 크게 알려졌기 때문에 그 나라 名僧과 貴人들이 모두 雲我先生이라 했으며, 그와 비교할 사람이 없었다고 했다.[12] 이로써 보면 虞裳은 다른 譯官들과 달랐음을 알 수 있다.

虞裳이 日本에 갔을 즈음 그곳의 漢文學은 우리나라와 같이 委巷階層에 이르기까지 보급이 확대되지는 않았으나 僧侶와 上流層에서는 상당히 높은 수준이었다. 그러므로 우리나라 通信使 一行이 그곳에 가게 되면 그들과 漢詩로써 酬唱하게 되었고, 또 그것으로 양국 문인들의 실력도 자연히 비교가 되었을 것이다.

---

11) 洪世泰, 「送李重叔往日本序」, 『柳下集』 卷 9. "夫以日本數千里之地 而豈無一人 余故嘗飾同行唱酬之際 不可爲誕率語 以取笑於遠人 被接我也 外若敬謹 內則深察 及使歸 文之佳惡 人之長短 無不評論爲書 傳布其國中 以余不敏 誠恐其不免 至今思之 未嘗不汗出也"

12) 朴趾源, 「虞裳傳」. "象譯持虎豹貂鼠人蔘諸禁物 潛貨璣珠寶刀 駔儈機利殉財賄如鶩 倭外謬爲恭敬 不復衣冠慕之 虞裳以漢語通官隨行 獨以文章大鳴 日本中其名釋貴人 皆稱雲我先生 國士無雙也"

朴趾源은 虞裳이 日本에 갔을 때 文章으로 크게 알려졌다고 했다. 譯官 출신이었던 虞裳이 그와 같이 알려지게 된 것에 대해 朴趾源은 大坂까지 가는 동안 寺刹과 僧侶들이 많았는데, 가는 곳마다 그들로부터 詩文의 요구를 많이 받아 繡牋이 床案에 쌓였으며, 그것은 대부분 어려운 詩題와 强韻으로 文才를 시험해 보고자 한 것이다. 그러나 虞裳은 갑자기 짓는 것이면서 미리 생각했던 것과 같이 빨리 지었으며, 押韻도 무리가 없이 조용히 끝내 군색하거나 억지스러운 것이 없었다고 했다.[13]

지난 날 우리나라 使臣 一行이 日本에 가게 되면 그곳 사람들이 종이와 비단을 가지고 나와 詩를 청했다고 한 기록은 많이 볼 수 있었는데, 그것이 순수한 마음에서 우리나라 문인들이 시를 잘 지었기 때문에 얻기 위한 것만은 아닌 듯하다. 그러한 태도에 대해 日本 사람들이 교활해 우리나라 사신들이 가게 되면 무리를 지어와서 종이와 먹 등을 요구하기도 하고, 미리 詩文을 길게 생각해 와서 갑자기 和詩를 요구해 곤욕스럽게 했다. 우리나라 문인들도 막히지 않고 지었으나 너무 촉박해 어려움이 적지 않았다고 한다.[14] 교활한 日本人이 오만했던 우리나라 文人들에게 있을 수 있었던 것으로 짐작되며, 虞裳에게 難題 强韻으로 궁지에 빠지게 했다는 것은 사실인 듯 하다.

虞裳이 日本 文人들과 酬應한 것에 대해 虞裳이 24세 때 通信使를 따라 日本에 갔을 때 그곳 문인들이 異史로써 어렵게 하고, 또

---

13) 上同. “大坂以東 僧如妓 寺刹如傳舍 責詩文如簿 進繡牋花軸 堆床塡案 而類爲難題强韻以窮之 虞裳每倉卒口占 如誦宿構 步押平安 從容席散 無罷色無軟詞”

14) 金祖淳, 「李彦瑱傳」. “日本人素狡 每我使往 輒羣至索翰墨 或預搆詩文 多至屢千百言 卒出求和 冀以困之 我人亦不欲詘 必揮灑副之 然亦患其太迫”

는 强韻으로 궁지에 빠지게 하고자 했으나 虞裳이 신속하게 응해 붓은 날고 먹물은 튀는 것과 같아 비바람 소리가 나는 듯하니 日本 사람들이 놀라며 天人이라고 했다.[15] 표현에 과장이 없었다고는 말할 수 없겠지만 虞裳이 신속하게 수응했음을 짐작할 수 있지 않을까 한다.

金祖淳은 虞裳이 日本 文人들과의 신속한 酬應에 대해 약간 구체적으로 언급한 바 있으므로 들어보고자 한다. 虞裳이 그곳에 갔을 때 倭人들이 부채 오백 개를 가지고 와서 그것에 五言律詩를 지어 써 주기를 청했다. 虞裳이 먹을 많이 갈아 읊고 쓰고 하여 俄頃에 모든 부채에 써 주었다. 여러 倭人들이 둘러서서 그것을 보고 놀라며 다시 부채 오백 개를 가지고 와서 公의 文才는 승복했으니 이제 記性을 알아보고자 한다 했다. 虞裳이 이미 지어 썼던 것을 다시 생각하고 쓰기를 매우 빨리 해 얼마 사이에 다시 쓰는 것을 모두 끝냈다. 그 날 晡時가 되지 않았는데 부채 천 개에 五言律詩 오백 수를 지어 썼고, 또 그것을 다시 외워 오백 개의 부채에 쓰는 것을 본 倭人들이 놀라며 神人이라 했으며, 이로써 虞裳의 이름이 일시에 많이 알려지게 되었다고 했다.[16]

그리고 李德懋(1741~1793)는 倭人들의 요청에 虞裳이 左右로 바라보며 酬應할 때 筆墨이 나는 것처럼 빠르니 倭人들이 보고 크게 놀라며 天人이라고 했다 한다.[17] 이러한 기록들을 액면대로 믿

---

15) 『東詩叢話』 續 1. 趙鐘業 編, 『韓國詩話叢編』 11. "年二十四隨通信使入日本 日本文士以異史難之 或以强韻窮之 虞裳左酬右應 筆飛墨濺 颯颯風雨聲 日本人皆詫異 以爲天人"

16) 金祖淳, 「李彦瑱傳」. "及彦瑱至 羣倭持五百箑 索五言律 彦瑱卽磨墨數升 且吟且書 俄頃而足 羣倭環顧驚喜 復持五百箑 請曰 已服公才思 願試公記性 彦瑱又且念且書 如錄已言 指間颯颯起秋雨聲 須臾擲筆整襟而坐 日未晡 而書千箑賦五百律 所記誦亦如之 倭愈驚歎吐舌 以爲神也 於是彦瑱之名噪一時"

기는 어렵다 할지라도 여러 기록들이 같은 것을 보면 경탄할 만한 文才였음을 알 수 있다. 金祖淳은 이로써 虞裳의 이름이 많이 알려지게 되었다고 했는데, 그것은 日本에서만 많이 알려지게 되었다는 것이 아니고, 그러한 광경을 같이 갔던 사람들 가운데서 본 사람들이 있었기 때문에 그들이 돌아와서 우리나라에까지 많이 알려지게 했던 것이 아닌가 한다.

지난 날 우리나라에서 외국에 使臣을 보낼 때 文詞에 능했던 인물을 선발하여 보냈기 때문에 그곳에 가서 칭찬을 받은 사람이 적지 않았는데, 그 가운데 日本에 가서 더욱 유명했던 인물은 車天輅(1556~1615) 洪世泰 등이었다. 虞裳도 그들과 함께 포함되지 않을까 한다. 그가 日本에서 文名을 크게 높인 것에 대해 그의 스승인 李用休는,

島蠻亦具眼	島蠻도 알아보는 사람 있어
得詩輒珍藏	시를 얻어 보배처럼 여긴다.
家家箱篋裡	집집이 상자 속에
各有一虞裳[18]	한 사람의 虞裳이 있다오.
(『惠寰居士詩集』)	

이러한 李用休의 시는 虞裳의 驚異的인 文才가 日本에서도 많이 알려졌다는 것인데, 사실 虞裳이 日本에 가기 전까지는 그의 文才를 스승인 李用休를 비롯하여 주위에서만 알고 있었을 것이며, 그가 日本 文人들을 경탄시킨 후에 일본은 물론 우리나라에까지 크게 알려 지게 된 것이다. 그런데, 虞裳이 일본 사람들을 驚歎시

17) 李德懋, 「淸脾錄一則」『松穆館集』卷頭. "虞裳左應右酬 筆飛墨騰 倭皆瞠目呿舌 詫若天人"

18) 李用休, 「李虞裳挽」『惠寰居士詩集』. 挽詩는 五言絶句로 모두 10首이다.

킨 것은 文才였지 작품이 아니었다고 말할 수 있겠으나, 작품도 문재가 있은 뒤에 가능한 것이며, 또 당시 일본 사람들의 태도가 문재를 시험해 보고자 한 것이었고 작품은 다음 문제였을 것이다.

李德懋는 虞裳에 관해 그의 동생 李彦瑠에게 물었던 바 책 읽는 것을 좋아하여 寢食을 잊을 정도였고, 글씨를 빨리 써 잠깐 사이에 십여장을 썼으나 틀리고 빠진 자가 없으며, 책을 빌리면 집에 와서 보지 않고 路上에서 읽는 것에 몰두해 사람과 말에 부딪치는 것을 몰랐다고 했다.[19] 일반적으로 재능이 있는 사람들은 게으르다고 말하나 虞裳은 부지런했으며, 한 곳에 관심을 가지게 되면 주변과는 상관없이 沒頭했음을 알 수 있다. 그리고 李用休는 그의 挽詩에서,

昔君時贄我	옛날 나에게 執贄할 때
光氣透紙背	光氣가 紙背를 뚫었다.
未及開卷讀	책 읽는 소리 듣지 못했으나
已知異寶在	이미 異寶임을 알았다오.
(『惠寰居士詩集』)	

이러한 기록들을 종합해 볼 때 그는 특출한 재능을 가졌던 인물이었음을 알 수 있다. 그리고 그가 日本에 갔을 때 故國에 있는 동생에게 보낸 글에는 좋은 음식을 대할 때마다 동생 생각을 한다면서 가을철 공부하기 좋은 계절에 열심히 하라고 하는 당부에는 형제간에 우애가 넘친다.

19) 李德懋, 「淸脾錄一則」. "余嘗問其第彦瑠以虞裳遺事 對曰 但嗜書忘寢食 抄賸疾如飛電 頃刻得十許葉 亦無譌漏 故多抄本秘書 今皆流散 每借人奇書 袖而歸 不待還家 輒於路上 展視忽忽而行 不覺人衝而馬觸"

Ⅲ. 그의 詩에 대한 論評

虞裳은 27세에 夭死했고, 또 살아 있는 동안 顯達한 직위에 있었던 것도 아니고 寒微한 家門의 출신으로서 譯官이었으며, 작품도 전하는 것이 많지 않았기 때문에 그의 작품은 널리 알려지지 않았을 것이다. 따라서 그의 시에 대한 논평도 많이 받지 못했을 것으로 짐작되었으나 주위로부터 그의 시에 대한 논평이 적지 않았다. 우선 그의 스승이었던 李用休는 독창과 모방을 말하며 독창을 할 수 있는 사람을 여러 해 동안 구하다가 虞裳을 얻었다고 하면서 그는 詩文에 뛰어난 식견과 깊은 생각이 있었으며, 짓는 것을 매우 아끼며 다듬기를 丹藥 다루듯이 하여 지은 작품이 전할 만했다. 그러나 세상에 알려지기를 원하지 않았고 세상에서는 알아주는 사람도 없었다. 또 사람들에게 이기려 하지 않았고, 이겨야 할 사람도 없다고 했으며, 오직 자신에게만 보여 주고 감추어 둔다고 했다.[20]

李用休는 당시 우리나라에서 朴趾源과 더불어 文章으로써 雙璧을 이루며 布衣로서 수십 년 동안 문단의 領袖로 군림했던 인물이었으며, 다른 사람의 시문에 대해 칭찬하는데 극히 인색했다. 이러한 李用休가 그를 獨創할 수 있는 인물이라고 하며, 그의 작품에 대해 이와 같이 칭찬을 아끼지 않았다. 그리고 그는 李虞裳挽에서,

雖食朝鮮粟	비록 朝鮮 곡식을 먹었으나

20) 李用休, 「松穆館序」. "虞裳君於是道 有邁倫之識 入玄之思 惜墨如金 鍊句如丹 筆一落紙可傳也 然不求知於世 以世無能知者 不求勝於人 以人無足勝者 惟間出薦余 還錮之篋而已"

不作朝鮮語	朝鮮 티가 나는 말은 하지 않았다.
平生愛重意	평생 그를 애중히 여긴 뜻은
已盡松穆序	松穆集序에서 모두 말했다오.
(『惠寰居士詩集』)	

虞裳이 이 땅의 곡식을 먹고 자랐으나 이 땅의 티가 나는 시를 짓지 않았다는 것은 陳腐한 말은 사용하지 않고 독창적인 것을 모색한다는 것이다. 李德懋는 虞裳이 李用休에게 시를 배우면서 그의 詩作의 奧妙함을 모두 터득했다. 李用休는 詩作에서 평범하고 좋지 않은 것은 모두 씻어버리고 별따로 독특한 것을 갖추어 古今을 통해 우뚝 솟았다. 그리고 작품을 보는 眼識도 높아 우리나라 문인들은 인정하지 않았으나 虞裳만은 깊게 허락했다. 사람들이 虞裳의 재능을 물으면 벽을 만지며 이 벽을 걸어서 넘을 수 있겠는가. 虞裳은 벽과 같다고 했다.[21]

그리고 李德懋는 虞裳이 세상을 떠났다는 말을 듣고 슬퍼하면서 朝鮮의 李長吉이 죽었구나. 같은 시대에 태어났으면서 보지를 못했으니 나도 보잘 것 없는 사람이라고 했다.[22] 李德懋가 虞裳을 보지 못했다고 하나 같이 서울에서 생장했고 나이도 한 살 적었기 때문에 虞裳의 능력에 대해서는 듣고 잘 알고 있었을 것이다. 그러므로 그가 죽었다는 말을 듣고 우리나라의 李長吉이 죽었구나 하며 탄식하지 않았는가. 그리고 李用休가 虞裳에 대해 한 말을 그대로 인용한 것은 자신도 그 말에 동의한다는 의미가 아닌가 한다. 또 李德懋

21) 李德懋, 「淸脾錄一則」. "李彦瑱 … 嘗學詩于李惠寰用休 心摹手追 盡得其妙奧 惠寰洞洗凡陋, 別具靈異 橫竪今昔 眼珠如月 幾乎東方無一操觚摛翰者 獨深許虞裳 心無間然 人或問虞裳之藝 惠寰輒以掌摩壁曰壁豈可步涉哉 虞裳猶壁也"

22) 李德懋, 『靑莊館全書』 卷 5. 耳目口心書 四, "完山李子執書惻然曰朝鮮國李長吉死矣 噫 生同一世 不見其人 吾其陋也夫"

는 虞裳의 시에 대해 기운이 상승하여 뭉쳤으면서도 넘지 않으며, 幽奇해도 窮僻하지 않으며, 超悟하면서도 空虛하지 않으며, 裁制도 짧지 않아 우리나라에서 그와 같은 사람이 드물다고 했다.[23] 이와 같이 李德懋는 虞裳의 시에 대해 격찬을 아끼지 않았다.

金允植(1835~1922)은 虞裳이 27년 동안 살면서 문을 닫고 자취를 감추며 담박해 욕심내어 구하는 것이 없었으나, 오직 古文辭를 좋아 해 한 편을 짓게 되면 써두고 보이지 않았기 때문에 아는 사람이 없었다고 전제하면서 그의 遺稿를 보았을 때 散文인 경우 멀리는 柳子厚를 법해 峭潔하며, 가까이는 淸初 名家들의 영향을 받아 秀雅했다. 시는 王漁洋 宋荔裳의 영향을 받아 骨節이 아름답고 風神은 자연스러워 다듬고 억지로 만든 흔적이 없다고 했다.[24]

金濾은 詩文을 말할 때 반드시 漢唐과 宋明을 말하며 字句를 닮고자 하는데 그것은 얼마나 더러운가. 詩文에서 前人의 것을 답습하지 않고 오로지 자신의 것으로 짓는 사람은 虞裳에서 볼 수 있다. 그의 말은 간단하면서도 뜻이 깊고 아는 것이 많으면서 聲調가 奇異하다. 세상에 유명한 인사의 詩文이 어려우면 보는 사람들이 누구의 詩文을 배웠기 때문이라고 한다. 이와 같이 누구의 것을 배웠다는 것은 虞裳의 뜻이 아니다. 칭찬을 해도 기뻐하지 않으며, 좋지 않게 말해도 화를 내지 않은 것은 그의 뜻이 世俗的인 것에 있지 않기 때문이라고 했다.[25] 위에서 金允植은 虞裳이 지은 작품

23) 李德懋, 「淸脾錄一則」. "虞裳之詩 書卷之氣上升 該洽而不濫 幽奇而不僻 超悟而不空 裁制而不短 要之東方罕此人也"

24) 金允植, 「李虞裳遺稿序」, 『雲養集』 卷 10. "今觀其所著遺稿 於文遠祖子厚之峭潔 近邇淸初諸名家之秀雅 於詩深得王漁洋宋荔裳之遺則 骨節姍姍 風神翛然 陶洗烹鍊 無苟且之意"

25) 金濾, 跋文, 『松穆館集』 後尾. "文後於漢 詩後於唐 始有某學某之稱 … 必曰漢唐宋明 而欲句類 而字肖之者 不其陋乎 詩文之不踏襲前人 而專出於己者 吾見李君虞裳 言簡而旨深 識博而調奇 雖世之老宿 文未

을 사람들에게 보여주지 않기 때문에 아는 사람이 없으나 자연스러워 다듬은 흔적이 없다고 했고, 金鏞은 虞裳의 詩文은 누구의 것에서 法한 것이 아니고 독창적이라고 했다.

朴趾源은 虞裳보다 15세가 많은 선배였다. 그의 말에 따르면 虞裳이 살았을 때는 서로 面識이 없었다. 虞裳은 사람을 시켜 몇 번 자신이 지은 시를 보이면서 이 사람만은 자신을 알아 줄 것이라고 했다. 朴趾源은 그의 시를 가지고 온 사람에게 희롱으로 이것은 남쪽 시골 사람의 입에서 나온 것으로 좀스러워 좋다고 말할 수 없다 했다. 그 말을 전해 들은 虞裳이 화를 내며 시골뜨기가 사람의 기를 죽인다고 했다.[26] 虞裳과 朴趾源과의 사이에 이러한 일이 있은 것이 언제였는지 말하지 않았기 때문에 알 수 없으나, 虞裳이 朴趾源의 말을 전해 듣고 화를 내었다가 다시 탄식하며 내가 세상에 오래 살겠느냐 하며 눈물을 흘렸고, 朴趾源 자신도 그 말을 듣고 슬퍼했는데, 그리고 虞裳이 죽었으니 27세였다고 했다.[27] 이러한 내용을 미루어 볼 때 虞裳이 日本에서 돌아온 후 있었던 것이 아닌가 짐작되며, 虞裳이 25세 되던 해 7월에 日本에서 돌아왔으니 그 후에 있었던 것이 된다. 이때 朴趾源은 40대 초반으로서 文名이 크게 알려졌던 때였으므로 虞裳이 자신의 글을 그에게 보여 評定을 받아보고 싶었을 것이다.

朴趾源이 虞裳의 시를 보고 그렇게 말한 것은 마음으로 그의 재능을 아끼면서 자극을 주어 젊은 나이에 열심히 하여 후세에 남길

易句 詩未易解 讀之者乃曰 是學誰也 如可謂之學誰 則非虞裳之志也 譽之而不喜 毁之而不怒 其志必有在矣"

26) 朴趾源, 「虞裳傳」. "余與虞裳 生不相識 然虞裳數使示其詩 曰獨此子庶能知吾 余戱謂其人 曰此吳儂細唾 瑣瑣不足珍也 虞裳怒 曰傖夫氣人"

27) 上同. "久之歎 曰吾其久於世哉 因泣數行下 余亦聞而悲之 旣而虞裳死 年二十七"

만한 작품을 짓게 하기 위한 것이었는데, 지금 생각하면 내가 좋아하지 않았던 것으로 虞裳이 알고 있었을 것이라고 했다.[28] 이로써 보면 朴趾源도 虞裳의 문재와 시에 대해 높게 인정하고 있었음을 알 수 있다. 그리고 박지원은 傳을 많이 짓지 않았는데, 그가 面識도 없었던 젊은 虞裳의 傳을 지어 문재를 칭찬한 것을 보면 그에 대한 박지원의 태도를 알 수 있지 않을까 한다. 李用休는 虞裳이 알지도 못하는 사람에게 알려지는 것을 바라지 않았고, 또 이기려 하지 않았다고 했으나, 당시 一代의 名家라 할 수 있는 이용휴와 박지원으로부터 크게 인정을 받았다는 것은 그의 문재의 뛰어남을 明證한 것이 아닌가 한다.

虞裳이 젊은 생애에도 불구하고 주위로부터 격찬을 받은 것은 그만큼 재능이 있었음을 알 수 있겠고, 따라서 그의 자존심도 대단했다. 그에 대해 이해를 돕기 위해 그의 閒吟詩를 들어 본다.

居士通身眼	居士는 通身眼이 있어
手摸知好詩	손으로 만져 좋은 시를 안다오.
一枝如意筆	한 자루 如意筆을 들고
造化與爭奇	造化翁과 기이함을 다툰다.
(『松穆館集』)	

이 시에서 虞裳은 자신이 通明眼을 가지고 있어 좋은 작품을 정확히 알 수 있고, 임의대로 쓸 수 있는 如意筆로써 造化翁과 爭奇를 한다고 했으니, 얼마나 강한 자존심의 표현인가. 다음에는 吾身詩를 들어본다.

---

28) 上同. "余嘗內獨愛其才 然獨挫之 以爲虞裳年少俛就道 可著書垂世也 乃今思之 虞裳必以余爲不足喜也"

天人眼目寄吾身	하늘이 나에게 밝은 눈을 주어
秘册靈文辯贋眞	秘册과 靈文의 眞贋을 분별하게 한다.
超一函三誠快事	超一 函三[29]은 참으로 통쾌해
自開門戶作家新	참신한 作家로 門戶를 연다.
(『松穆館集』)	

이 작품에서도 하늘이 밝은 눈을 자신에게 주어 秘册 등의 眞假를 구분하게 했고, 독창적인 작가로 門戶를 열게 되었다고 했으니, 위에 든 시와 더불어 감히 말하기 어려운 표현으로 자존심을 나타낸 것이 아닌가 한다. 이러한 虞裳의 죽음에 대해 李用休는 그의 李虞裳挽에서,

賀年卄七死	李賀처럼 이십 칠세에 죽었으니
志業僅成半	志業을 겨우 반 정도 이루었다.
再爲李姓人	다시 李氏로 태어나
又續卄七算	또 이십 칠년을 이었으면 하오.
五色非常鳥	五色의 이상한 새가
偶集屋之脊	우연히 집 뒤에 앉았다.
衆人爭來看	뭇 사람이 다투어 와서 보니
驚飛忽無迹	놀라 갑자기 날라가버렸다.
(『惠寰居士詩集』)	

李用休의 李虞裳挽의 10首에서 위에 든 시는 첫째와 둘째의 작품이다. 이들 시는 虞裳이 일찍 세상을 떠나 志業을 반밖에 이루지 못했으니 다시 태어나 完遂했으면 했는데, 스승으로서 기대했던 제자의 이른 죽음에 대한 애절한 감정의 표현이다.

---

29) 超一 函三은 어떤 뜻인지 알아보지 못 했음.

Ⅳ. 그의 詩

虞裳의 시에 대해 살펴보기 전에 그의 문집『松穆館集』에 대해 언급하고자 한다. 金祖淳은 虞裳이 세상을 떠나기 전에 자신이 지은 글을 불태우면서 두어도 유익한 것이 없는데 세상에서 누가 李彦瑱을 알아주겠는가 했다. 그의 부인이 보고 달려와서 구하고자 했으나 미치지 못하고 타다 남은 약간의 것을 두었다가 그가 세상을 떠난 뒤에 알려지게 되었다고 했다.[30] 오늘날 전하는 虞裳의 작품이 얼마되지 않은 것은 그가 세상을 떠나기 전에 불에 태웠기 때문임을 알 수 있으며, 그의 문집『송목관집』內紙에 松穆館燼餘稿라고 한 것은 불에 타다 남았다는 것에서 붙여진 이름임을 알 수 있다. 그리고 虞裳이 쓴 散文도 적지 않았을 것으로 짐작되나, 그의 문집에 실려 있는 것이 없는 것은 태워버렸기 때문이 아닌가 한다.

지금 전하는『송목관집』에는 여러 형식의 시와 산문으로는 그가 日本에 갔을 때 故國에 있는 동생에게 보낸 尺牘 두 개가 있다. 언제 누구에 의해 편찬되어 간행되었다는 기록이 없기 때문에 편찬과 간행에 대해서는 알 수 없으며,[31] 卷頭에 李用休의 序文과 朴

30) 金祖淳,「李彦瑱傳」. "未死時 嘗出其所著 悉火之曰 存亦無益 世誰知李彦瑱者 其妻奔救之不及 只收燼餘若干首藏之 彦瑱死始行於世"

31) 柳最鎭,「題松穆閣焚餘稿」,『樵山雜著』. "其三從姪石經山人 求稍完本並拾遺及零句 合寫一册 以壽家傳 甚盛擧也" 여기에 三從姪은 李基福((1791∼ ?)은 號 石經・醫官)이라 했다. 이로써 보면 松穆舘集은 李基福이 편찬했음을 알 수 있다(李相鎭, 衕衚居室考,『韓國漢文學硏究』 12, 韓國漢文學硏究會, 1989, 319쪽 再引用). 그런데 현존판본에 柳最鎭의 題松穆閣焚餘稿가 실려 있지 않으므로 현존 판본의 편찬을 李基

趾源, 金祖淳, 李德懋 등이 지은 그의 傳과 後尾에 金𢢜의 跋文이 있다. 李用休의 序文에 그가 일찍 세상을 떠났다는 말을 하지 않은 것을 보면 虞裳이 세상을 떠나기 전에 序文을 받아 두었던 것이 아닌가 생각된다.

『松穆館集』에는 여러 형식의 시가 있다. 그 가운데 六言絶句가 상당 부분을 차지하고 있다. 그 작품 수를 들어 보면 衕衚居室 157首, 日本途中所見 22首, 失題 5首, 自題日本詩集 1首, 畵像自題 1首, 二楊贊 2首 등 모두 188首가 된다. 六言絶句는 虞裳이 처음 시도했던 것이 아니고 그 전에도 간혹 文集 등에 실려 있는 것을 볼 수 있으나 몇 수에 불과했는데, 虞裳은 이와 같이 많은 작품을 지었다. 그런데, 漢詩의 五言 또는 七言絶句와 律詩 등은 엄격한 定型詩다. 간혹 破格이 없는 바 아니나 극히 드물고 형식에 따라 字數, 平仄의 按排, 脚韻 등이 엄격하게 지켜진다. 만일 그것이 지켜지지 않으면 그 형식의 시가 가지는 節奏 즉, 리듬이 생기지 않기 때문이다. 따라서 節奏가 다른 것은 같은 형식의 시가 될 수 없다.

虞裳의 六言詩는 承結兩句에 脚韻이 있다. 五言과 七言絶句에는 起句까지 있는 것이 일반적이나 承結兩句에만 있는 작품도 적지 않으므로 脚韻은 일반 絶句의 형식을 갖추었다고 볼 수 있다. 字數의 구성은 六言句에서 두자씩 나누어 지은 것과, 석자씩 나누어 지은 것과, 두자와 넉자로 나누어 져 일정하지 않다. 그리고 平仄은 無視되었는지 어떤 식으로 按排되었는지 알 수 없으나, 五言 또는 七言絶句와 같이 되지 않았다. 형식면에서 六言絶句는 새로운 형식의 시도이기 때문에 다른 絶句의 按排를 꼭 따를 필요는 없겠지만, 六言絶句에도 그에 알맞은 平仄의 按排는 필요한 것이다. 그런데 일정한 형식도 없이 두자씩, 석자씩, 두자와 넉자씩 묶

福으로 보는 것을 유보해 둘 수밖에 없다.

어졌을 때 일정한 節奏가 생길 수 있을까. 그리고 일정하지 않은 형식에 平仄의 按排를 어떻게 해야 할까. 그렇다면 節奏는 어떻게 되는 것일까. 漢詩에서 五言 또는 七言으로 定型이 된 것은 節奏와 상관이 있는 것이다. 漢詩의 根源이 되는 詩經에도 五言과 七言이 많이 있지 않은가 할지 모르겠으나, 그것은 絶句가 아니며, 詩經에서 가장 많은 句가 四言인데, 그 형식에서 四言은 아름다운 節奏가 있다.

虞裳의 六言詩와 같은 형식의 시에 대해 이러한 것들은 여항시인들이 자신들의 문학활동에 대해 커다란 의미를 부여하고, 일반 자기들의 문학은 양반들의 것과는 다르다는 의미에서 나온, 주체적인 산물인 것이라 했다.[32] 위에서 말한 바와 같이 六言詩는 虞裳이 짓기 전에 士大夫들의 문집에서도 간혹 볼 수 있다. 그런데, 委巷文人들이 既存 양식에 나름대로 의미를 부여해 이를 積極的으로 사용했던 것이라고 하나,[33] 委巷文人들이 적극적으로 사용한 흔적은 찾아보기 어려우며, 다만 虞裳이 많이 지었을 따름이다. 詩作에서 取材와 用語의 선택에 참신함을 찾고자 했던 虞裳이 다른 사람들이 많이 사용하지 않은 새로운 것을 시도해 보고자 지은 것으로 생각되나, 다른 문인들에 의해 後續作品이 많지 않은 것으로 보아 성공했다고는 보기 어렵지 않을까 한다.[34]

어쨌든, 虞裳은 衕衚居室을 비롯하여 많은 수의 六言絶句를 지었다. 여기에 衕衚居室의 첫 수를 들어본다.

---

32) 李相鎭, 앞의 논문, 324쪽.
33) 上同.
34) 虞裳의 시에 대해 朴趾源・李用休 등 적지 않은 인사들이 언급하고 있었으나 六言詩에 대해 말이 없는 것을 보면 주목을 받지 못한 것이 아닌가 생각된다.

五更頭晨鍾動	五更 첫머리 새벽종이 울자
通衢奔走如馳	모든 거리에 분주하게 달린다.
貧求食賤求官	가난한 자는 밥을 천한 자는 벼슬을 구해
萬人情吾坐知	많은 사람 생각을 나는 앉아서 안다.
(『松穆館集』)	

衕衚居室은 委巷에서 보고 듣고 느낀 것을 쓴 것이다. 윗 시는 새벽 일찍부터 많은 사람들이 거리를 분주하게 달리는 것은 가난한 사람은 밥을 위해, 천한 사람은 벼슬을 구하기 위해 다니는 것을 자신은 앉아서 안다고 했다. 사람들이 각자 사정이 있겠으나 크게 보면 貧求食 賤求官에서 벗어나지 않을 것이다. 虞裳이 서울의 새벽 거리의 광경을 眺望하며 너무 현실에 집착하고 있는 세상 사람들을 嘲笑한 것이 아닌가 한다.

다음에는 그의 시 五言絶句에서 村家詩부터 들어본다.

童歸簪稻穗	사내아이 벼 이삭 꺾어 가고
女出採菁花	계집아이 부추꽃 캐러 간다.
老牸將新犢	늙은 암소 어린 송아지 데리고
沿溪自認家	시내 따라 제 집으로 찾아간다.
(『松穆館集』)	

이 시는 초가을 시골 마을을 지나면서 지은 작품이다. 起承兩句에 사내아이는 벼 이삭을 꺾어가지고 오고 계집아이는 부추꽃을 캐러 간다고 했다. 지난 날 농촌에서 햅곡식이 나기 전에 絶糧이 되어 완전히 익지 않은 벼나 보리 이삭을 꺾어와서 먹었다. 이 시에서는 작품 전체의 분위기를 보아 虞裳 자신이 먹을 것이 떨어져 그러한 체험을 한 것은 아닌 듯하고 여행하다가 眼前에 전개된 田家의 풍경을 그대로 표현한 것이 아닌가 한다. 轉結兩句에 늙은 암소가 낳은지 얼마 되지 않은 송아지를 데리고 시내를 따라 주인집

으로 찾아간다고 했다. 농촌에서 소로써 논과 밭을 갈아 농사를 지을 때는 한 마리의 소를 십여 년 이상 집에서 기른다. 그러므로 소가 주인집 논밭의 위치까지 알고 있기 때문에 여름철 소를 들에서 먹이고 집으로 돌아올 때 간혹 주인이 뒤에 따라 오지 않아도 홀로 주인집으로 찾아간다. 虞裳이 서울에서 생장하여 그러한 것을 알지 못하고 있다가 그것을 처음 보았을 때 신기하게 생각되어 표현한 것이 아닌가 한다. 다음에는 寓言詩 두 수를 들어본다.

雞母伏鳧雛	어미 닭이 오리새끼를 부화해
哺啄認己子	제 새끼인양 쪼아 먹인다.
天性不俟敎	천성이 가르치지 않아도
見水卽赴水	물을 보면 바로 뛰어든다.

鷄卵長爲鷄	계란은 닭이 되고
鴨卵長爲鴨	오리알은 오리가 된다.
獃僧要做佛	어리석은 스님이 부처가 되기 위해
修行三千劫	三千劫이나 수행한다오.

(『松穆館集』)

위 시에서 첫 시는 孵化시키는 기술이 발달하기 전에 시골에서 간혹 볼 수 있었던 것을 시로써 표현하여 寓言한 것이다. 즉, 오리는 알을 낳으나 부화를 하지 못하기 때문에 암탉이 병아리를 부화할 때 오리알을 같이 넣어 부화시킨다. 그리고 부화를 시킨 뒤에는 암탉이 병아리와 같이 오리새끼를 데리고 다니며 먹이를 찾아 준다. 오리새끼가 병아리와 같이 자라다가 물을 보게되면 그 속으로 뛰어들며 그것을 본 어미닭은 구출하고자 밖에서 애를 태운다. 그러나 오리새끼는 구하고자 하는 어미닭을 생각하지 않고 물에서 놀다가 나온다. 俗談에 씨는 속이지 못한다고 할 때 이 사실을 들어 이야기한다. 虞裳은 이 시에서 본 바탕은 바꾸어지는 것이 아님에도 사람들이 그것을 모르고 바꾸고자 하는 것을 풍자한 것이 아닌가 한다.

둘째 시는 위 시와 다른 의미를 풍자한 것이 아닌가 한다. 즉, 달걀을 부화시키면 닭이 되고 오리알을 부화시키면 오리가 된다. 그것은 그렇게 될 수밖에 없는 평범한 진리라 할 수 있을 것이다. 그러나 어리석은 스님은 부처가 될 수 없음에도 그것을 모르고 부처가 되기 위해 긴 시간으로 修行하고 있다고 했다. 다시 말하면 달걀이 닭이 된다고 해서 스님이 모두 부처가 되는 것은 아닌데, 그것을 모르고 부처가 될 수 없는 스님이 부처가 되기 위해 계속 修行을 하고 있다는 것이니, 되지 않을 일을 모르고 우매하게 계속하는 것을 풍자하고자 한 것이다. 이 작품들은 현실의 事象에 대해 풍자하고자 한 것이기 때문인지 표현에 기교가 있는 것은 아니다. 다음에는 五言古詩 가운데 贈人詩를 들어본다.

七尺倭環刀	七尺의 倭國 環刀를
淬以南海水	南海의 맑은 물에 담금질한다.
丈夫重結交	丈夫는 사귐을 무겁게 여겨
能生亦能死	살릴 수도 죽을 수도 있다.
所以管與鮑	管仲과 鮑叔의 사귐은
千載遺其美	千載에 아름다움을 남겼다네.
(『松穆館集』)	

이 작품의 詩題를 贈人이라 했으니 누구에게 준 것인지는 알 수 없으나 친한 친구에게 준 것이 아닌가 생각되며, 짓게 된 계기가 있었을 것으로 짐작되나 밝히지 않았기 때문에 알 수 없다. 倭環刀는 옛날 倭國의 環刀가 좋았기 때문에 좋은 칼을 指稱한 것이 아닌가 한다. 그리고 그러한 칼을 南海의 맑은 물에 담금질하여

날을 세웠다고 했으니, 友情과 관련시켜 상징성이 있는 듯하다. 이러한 倭環刀를 前提로 하여 丈夫의 사귐에는 신의를 중하게 여겨 死地에 빠져 있는 친구를 구출하기도 하고 대신 죽을 수도 있다는 것이다.

管仲과 鮑叔은 중국 春秋戰國時代에 생존했던 인물들이었다. 두 사람의 사이가 돈독해 평생 동안 서로 오해가 없었기 때문에 管鮑之交라 하며, 이 시에서 말한 바와 같이 사람들이 긴 세월 동안 그들의 우정을 아름답게 여기고 있다. 여기에서 管鮑의 우정을 찬미한 것은 당시 사람들이 勢利에 따라 쉽게 흔들리기 때문에 그들과 같이 信義를 지키라는 것이 아닌가 한다. 다음에는 七言絶句에서 擬古田家四時詞의 17首 가운데 몇 수 들어보고자 한다.

溪入稻田春鴨鬧	물 고인 논에 오리들이 놀고
雨侵茅屋老牛寒	빗물 새는 띠집에 늙은 소가 춥겠다.
花朝節後人中酒	꽃이 진 뒤에도 술에 취해
尙擁綿裘不戴冠	솜 갓옷 안고 갓은 쓰지 않았다.

(『松穆館集』)

이 작품의 詩題를 田家四時詞라 했으니, 시골의 봄, 여름, 가을, 겨울을 배경으로 하여 지은 시 가운데 이 시가 첫 머리에 있는 것으로 보아 序詩가 아닌가 생각되었으나 내용은 春詞에 해당된다. 起承兩句는 봄날 도랑물이 논으로 들어가 고인 물에 벼 알이 떨어져 있는 것을 오리들이 요란스럽게 소리내며 주어 먹고 있으며, 빗물이 새어드는 외양간에 있는 늙은 소가 춥겠다고 했으니, 가난한 田家의 풍경을 그대로 나타낸 것이다. 轉結兩句는 꽃이 피었을 때는 꽃이 좋아 술을 마시기 위해 일찍 일어났으나, 꽃이 진 뒤에는 늦게까지 이불을 안고 앉아 갓을 쓸 생각을 하지 않는다고 했다.

이 兩句는 이른 봄 村老들의 생활상을 반영한 것으로 볼 수 있겠는데, 가난하나마 낭만이 있지 않은가 한다. 다음에는 秋詞 한 수 들어 보고자 한다.

連牛帶犢家家稻　　집집이 소들은 벼 실어 나르고
縛蟹撈魚岸岸燈　　언덕마다 게잡는 魚燈이 있다.
呼取西隣張社長　　이웃집 張社長 불러
瓦盆沽濁話秋登　　탁주 마시며 풍년농사 이야기한다.

四時詞 17首 가운데 위의 시는 다섯 번 째에 있다. 한 계절에 4首씩 지었다면 차례로 보아 夏詞가 되어야 하겠으나 秋詞임이 분명하다. 내용은 가을철 농가의 情景을 반영한 작품이다. 起承兩句는 소들은 송아지까지 데리고 들에 있는 벼를 집으로 실어 나르고, 밤에는 게와 물고기를 잡기 위해 냇가의 언덕에는 魚燈이 많이 켜져 있다고 했다. 지난 날 소는 농가에서 논밭을 가는 데만 필요했던 것이 아니고 짐을 운반하는 데도 많이 이용했다. 그러므로 첫 귀는 가을철에 소를 이용해 벼를 집으로 실어 나르는 것이 아닌가 한다. 그리고 게는 구멍에 있다가 밤이면 나와 있기도 하고, 물고기는 밤에 동작이 둔하다. 그렇기 때문에 시골에서 가을철이 되면 밤에 등불을 들고 냇가에서 물고기를 잡기도 한다. 이 兩句는 가을철 田家에서만 볼 수 있는 情景일 것이다.

轉結兩句는 이웃집 張社長을 불러 瓦盆에 담긴 탁주를 마시며 벼농사의 풍년에 대해 이야기한다고 했다. 이때 張社長은 누구인지 알 수 없으나 신분은 중요한 것이 아니고 村老로 생각하면 될 것이다. 그리고 농가에서는 흉년과 풍년에 따라 당장 생활에 영향을 주기 때문에 인심에도 상관이 있다. 여기서 이웃집 노인까지 청해 술을 마시며 가을 풍년을 말한다고 했으니, 和平하고 여유있는 분위기를 느낄 수 있다. 이 작품은 淸新함이 있다. 다음에는 다른 작품을 들어 보고자 한다.

茶甘飯軟貪尙味　　차 달고 밥 부드러워 배 부르게 먹고
履大衣寬愜野情　　발 뻗고 띠 푸니 마음이 흡족하다.
魯論一編章句熟　　論語 章句를 익숙하게 알고 있으니
冬烘村裏作先生　　따뜻한 시골방에서 선생이나 하련다.

이 시는 내용으로 보아 冬詞임을 알 수 있다. 起承兩句는 차 맛도 있고 밥도 쌀로 지어 평소 때보다 많이 먹어 배가 부르기 때문에 발을 뻗고 허리띠를 풀고 누었으니 마음이 흡족하다고 했다. 여기에서 軟飯은 쌀밥을 의미한다. 반대로 보리밥은 麤飯이라 한다. 지난 날 농가라 할지라도 보리가 생산되는 지역의 가난한 집에서는 항시 보리밥을 먹게 되며 쌀밥 먹는 것이 쉽지 않았다. 그러므로 쌀밥을 보자 평시보다 많이 먹었고, 또 그것으로 飽腹해 호흡이 가쁘기 때문에 발을 뻗고 허리띠를 풀고 있다고 했다. 轉結兩句는 『論語』의 章句를 익숙하게 잘 알고 있으니 따뜻한 사랑방에서 論語를 가르치는 선생이나 해야하겠다고 한다. 여기에서 선생이나 하겠다고 한 인물은 일생 동안 가난하게 살아온 村老를 지적한 것이 아닌가 생각되며, 또 村老가 아니고 過客이라 할지라도 상관이 없을 것이다. 이 작품은 소박하면서도 豪矜한 바가 없지 않다. 또 다른 시를 들어 본다.

陂裡草深牛沒脊　　언덕에 풀은 길게 자랐고
籬邊霜重黍垂頭　　서리 내려 기정이 고개를 숙였다.
酒濃鷄嫩魚如土　　술은 걸쭉하고 고기와 생선이 많으니
近局今年大饗秋　　금년은 근래 큰 풍년이라네.

이 작품은 晩秋의 농촌 情景을 표현 한 것이다. 起承兩句는 언덕에 풀은 많이 자라 소 등이 보이지 않을 정도이고, 울타리 언저리에 있는 기정은 알이 익었기 때문에 머리를 숙인 것처럼 보인다고 했다. 늦가을 농촌의 풍경을 화폭에 옮겨 놓은 듯하다. 그리고 轉結兩句는 술은 걸쭉하고 고기와 생선이 많으니 금년은 근래에 보기 드문 큰 풍년이라고 했다. 여기에서 술이 걸쭉하다는 것은 옛날 농가에서 마시는 술은 집에서 담근 탁주였기 때문에 술이 걸쭉하다고 했을 것이다. 닭고기가 연하다는 것은 풍년이 들어 닭도 먹을 것이 많아 살이 쪘기 때문이다.

지난 날 농촌에서 다른 副業이 없었고 오로지 농업에만 의지하여 생활했기 때문에 그 해의 농사의 흉년과 풍년에 따라 농촌의 인심도 달라진다. 이 작품은 풍년이 들어 田家에서 먹을 음식이 많아 인심도 순후해 태평을 謳歌하고 있음을 느낄 수 있다. 다음에 田家詩 한 수만 더 들어 본다.

野樹霜繁牛入屋	野樹에 서리 많아 소는 집으로 갔고
江天雪猛鳥投村	江邊에 눈이 사나워 새들도 숨었다.
先生敗絮寒如鐵	先生은 낡은 옷이 너무 추워
兩手和頭向火盆	두 손으로 머리 싸고 火盆을 찾는다.
(『松穆館集』)	

이 시는 추운 겨울을 배경으로 한 것이기 때문에 冬詞가 된다. 起承兩句는 들에 서리가 많이 내려 풀이 시들어 말랐기 때문에 소들이 집으로 들어갔다고 했다. 농가에서 들에 秋收가 끝나면 소를 放牧하게 된다. 그러나 겨울이 들면서 서리가 많이 내려 풀이 시들어 말라죽게 되면 소가 먹을 것이 없어 집에 있게 된다. 그리고 江天에 눈이 사납게 내려 새들이 추위를 견디기 어렵기 때문에 사람

이 살고 있는 마을로 찾아와서 추위를 피하게 되는데, 이러한 것이 서울에서 생장한 李彥瑱에게는 생소했으므로 田家의 冬景으로 표현한 것이 아닌가 한다.

轉結兩句는 낡은 솜옷을 입은 先生이 매서운 추위를 견디기 어려워 두 손으로 추위를 많이 타는 귀를 가리고 火盆이 있는 곳을 찾아간다고 했다. 이때 先生도 특정인물을 지칭한 것은 아닐 것이며 가난한 村老를 말한 것이 아닌가 한다. 이 시에서는 풍성했던 가을과는 달리 삭막한 들에 눈까지 내리는 매섭게 추운 겨울날에 村老가 추위에 떨며 웅크리고 가는 모습이 눈에 선하게 나타나는 듯한 시골의 겨울 풍경을 표현한 것이다.

漢詩에서 田家를 소재로 한 시는 많이 볼 수 있으며 내용도 다양하다. 李彥瑱의 田家四時詞는 작품 수가 적은 편이 아닌데 반영된 내용이 田家의 疾苦에 대해서는 말하지 않고 敍景에 치중한 것은 그가 서울에서 생장했고 夭死했기 때문에 田家의 생활을 체험한 바가 없고, 간접적으로 들었거나 여행 중에 본 것에 불과하기 때문에 자신이 보기에 신기하다고 생각되는 것에 초점을 모으지 않았는가 한다. 그러나 着想과 用語에는 청신함이 있다. 다음에는 遊仙詞 5수 가운데 한 수 들어 본다.

夢起綺窓落月橫	꿈을 깨니 창에 달이 걸렸으며
太淸何處曉鍾聲	天上 어느 곳에서 새벽 종소리 들린다.
間呼玉女褰珠箔	仙女 불러 발을 걷게 하니
雲滿高松鶴不驚	高松에 앉은 학이 놀라지도 않는다.

(『松穆館集』)

遊仙詞는 天上世界를 배경으로 한 작품으로써 우리나라는 물론 중국 문인들도 적지 않게 지었으며, 특히 우리나라 許蘭雪軒은 遊

仙詞로 더욱 유명하다. 天上世界는 道敎에서 말하는 것이며, 儒家에서는 말하지 않는 것이 일반적이다. 그런데, 遊仙詞와 같은 작품이 많은 것은 단순히 호기심으로 想像해서 그려 본 것이 아니고 현실세계의 속박에서 벗어나 새로운 세계를 동경하는 심정에서 지은 것이 아닌가 한다.

起承兩句는 잠을 깨니 窓에 落月이 걸려 있고 天上世界의 어느 곳에서 종소리가 들린다고 했으니 이른 새벽의 광경이다. 天上 白玉樓는 黃金으로 지었다고 한다. 그렇다고 생각했기 때문인지 窓도 綺窓이라 했다. 轉結兩句는 仙女를 불러 드리운 주렴을 걷게 했더니 구름위로 높게 솟은 소나무 가지에 앉아 있던 학이 놀라지도 않는다고 했다. 학이 사람을 보면 놀라 날아가는데 그곳에서는 해롭게 하지 않기 때문에 학이 사람을 보고 놀라지 않는다고 한 것이다. 이것은 시기하고 중상하는 인간세계와는 달리 和平하다는 것을 상징적으로 표현한 것이 아닌가 한다. 이로써 보면 遊仙詞는 현실의 속박에서 벗어나 理想鄕을 추구해 보려는 의도에서 지은 것으로 보는 것이 타당할 것이다. 그리고 詩題의 영향을 받았기 때문인지 淸新 灑落함이 있다. 다음에는 詩畵帖詩를 들어 본다.

名畵新詩好手裝	名畵와 新詩를 잘 장식했더니
居然壓架萬縹緗	의젓한 靑黃玉이 시렁에 가득하다.
怪來斗室通宵紫	이상하게 좁은 방에 붉은 기운이 돌아
奎璧如虹特放光	구슬이 무지개처럼 빛을 토한다.
(『松穆館集』)	

이 작품은 자신이 소중하게 가지고 있는 詩畵帖을 소재로 한 것이다. 起承兩句는 名畵와 新詩를 잘 꾸며 첩을 만들었더니 靑黃色의 玉과 같은 보물이 의젓하게 시렁에 가득하다고 했다. 玉은 빛이

아름다운 寶石으로 귀중하게 여기는 것인데, 자신이 가지고 있는 詩畵帖을 玉으로 비유하여 보배스러움을 말한 것이다. 轉結兩句는 詩畵를 帖으로 하여 시렁에 둔 후 그 좁은 방에는 이상하게 밤이 되면 붉은 기운이 돌아 구슬이 무지개처럼 빛을 발하는 것과 같다고 했다. 선비는 누구나 詩畵를 좋아한다. 李彦瑱도 매우 좋아 했던 것으로 짐작된다. 그것은 이 시에서 詩畵帖을 靑黃의 玉과 같이 비유하면서 붉은 빛을 토한다고 생각한 것에서도 알 수 있다. 그런데, 이 詩畵帖은 한 장에 畵題와 그림이 있는 것을 말한 것인지 내용에 名畵와 新詩라고 했으니 따로 있는 것을 말한 것인지는 분명하지 않다. 그러나 그것은 중요한 것이 아니고 그가 좋아했던 詩畵帖이면 상관이 없을 것이다. 어쨌든, 이 시는 자신이 애중하게 여기며 가지고 있었던 詩畵帖을 찬미한 것임에는 분명하다. 다음에는 七言律詩에 대해 살펴보고자 하며, 塞下曲 5수 가운데 2수를 들어 본다.

玉門城外獨登臺	玉門城 밖에서 홀로 臺에 오르니
天接三邊豁達開	三邊의 하늘이 넓게 열렸다.
青海暮雲山盡黑	青海城의 暮雲에 산 빛이 검고
白楡秋月角偏哀	白楡關 가을 달에 퉁소소리 구슬프다.
漢兵欲逐征鴻去	漢兵은 기러기 가는 곳으로 좇고자 하며
虜騎常窺牧馬來	虜騎는 항상 말을 먹이며 온다.
壯志不須悲遠戍	壯志가 먼 수자리를 슬퍼하랴
劍歌長醉夜光杯	夜光杯의 술에 취해 劍歌를 부른다.
(『松穆館集』)	

塞下曲은 出塞曲과 같은 의미의 詩題로써 변방으로 出征하는 將兵들의 武功을 빌며 용기를 찬미한 것이 있는가 하면, 이와는 달리 오랜 수자리 생활에 지쳐 고향 생각에 젖은 將卒들의 감정을 표

현한 작품도 있다. 이러한 시는 중국은 물론 우리나라 문인들의 문집에서도 적지 않게 볼 수 있다.

首聯은 玉門關 城 밖에 있는 높은 臺에 오르니 하늘에 닿은 三面이 넓게 열렸다고 했다. 이것은 城樓에서 바라본 遠景이다. 玉門關은 前漢 때 漢族이 匈奴族과 치열한 싸움을 할 때 중요한 방어의 關門이다. 頷聯은 青海城에 있는 暮雲으로 인해 산이 모두 검게 보이고 白楡關 위에 뜬 가을 달빛 아래 퉁소소리가 더욱 구슬프게 들린다고 했으니 표현이 遠景에서 近景으로 옮겨졌다고 볼 수 있다. 그리고 가을 밤 밝은 달과 퉁소소리는 변방에서 수자리하는 將卒들에게 더욱 고향 생각을 자아내게 하는 것이다.

頸聯은 변방에 있는 兩國 陣營의 동태를 나타낸 것이다. 여기에서 漢兵이라고 한 것은 위에서도 말한 바와 같이 前漢 때 匈奴族과 싸움이 가장 치열했기 때문에 塞下曲과 같은 작품의 배경은 다른 部族이 아닌 匈奴族과 漢族과의 싸움이며, 匈奴族 酋長의 명칭도 그때의 명칭인 單于, 左賢王 등이 사용되는 것과 같은 것이다. 당시 兩民族 사이의 싸움에서 匈奴族은 북쪽의 추운 지방에서 따뜻한 남쪽으로 내려오고자 했기 때문에 漢을 침범하게 되었고, 漢族은 그것을 방어하기 위해 싸운 것이다. 尾聯은 국가를 守護하기 위한 장한 뜻에서 出征했으므로 어찌 멀리 수자리 하려 온 것을 슬퍼하겠는가. 夜光杯의 술에 취해 劍歌를 부른다고 했으니 塞下曲답게 豪氣가 있다. 이 작품은 尾聯뿐만 아니라, 전체적으로 豪健함이 있다. 다음에는 塞下曲 가운데 한 수 더 들어 본다.

隴水悲鳴起晚風	隴水의 悲鳴에 저녁 바람이 일어
行人淚落向寒空	行人이 눈물 흘리며 寒空으로 향한다.
孤峰直暎關山外	孤峰은 關山 밖에서도 보이고
宿霧平沈野戍中	짙은 안개에 들까지 잠겼다.

戰地草枯多牧馬	戰地에 풀은 마르고 먹일 말은 많으며
胡天月黑少征鴻	胡天이 어두우니 날아가는 기러기도 적다.
夜深樓上聞吹笛	깊은 밤 樓上에서 피리소리 듣고
故國梅花思不窮	故國의 梅花 생각 끝이 없다오.

이 작품은 같은 詩題의 塞下曲이지만 앞에서 살펴 본 시와는 대조적이라 할 수 있다. 우선 계절의 배경이 앞에 시는 가을이었는데, 이 시는 깊은 겨울임을 알 수 있다. 따라서 가을 다음의 계절이 겨울이므로 出戰한 기간도 길어 將卒들의 생각도 달라질 수 있다. 즉, 出戰한 기간이 짧으면 功名에 도취될 수 있으나 오래 있게 되면 思鄕心에 잠기게 될 것이다. 首聯은 日氣에 대한 표현이다. 즉, 隴水의 흐르는 물소리가 구슬프게 들리는데 저녁에 바람까지 불어 行人이 눈물을 흘리며 북쪽의 차가운 하늘을 향해 간다고 했다.

頷聯은 頸聯과 더불어 陣營이 있는 주변 景物에 대한 표현이다. 즉, 平原에 솟은 孤峰은 關門 밖에 있는 산에서도 볼 수 있고 짙은 안개는 陣營이 있는 곳까지 깔려 있다. 그리고 戰地에 풀은 말랐는데 먹일 말은 많고 달빛이 가리어 캄캄하니 하늘에 기러기도 날아가는 것이 적다고 하여 분위기가 무겁고 침울함을 나타내고 있다. 尾聯은 밤이 깊은 뒤에 樓上에서 피리 부는 소리 들으며 故國에 피었을 매화 생각에 깊게 잠긴다고 했다. 즉, 고요한 밤 구슬픈 피리 소리를 듣고 고향 생각에 잠긴다고 했으니, 앞의 시에서 夜光杯로 주는 술에 취해 劍歌를 부른다는 豪氣와는 달리 극히 沈鬱함을 느낄 수 있다.

李彦瑱은 일생 동안 전쟁을 체험해 본 인물이 아니다. 그러므로 塞下曲은 상상해서 지은 것이라 할 수 있겠는데, 한 작품으로 끝나지 않고 같은 詩題로 여러 수를 지을 경우에는 功名心에 불타는 壯志가 아니면 부모 처자를 떠나 오래 동안 살벌한 수자리 생활에서 고향을 생각하며 가족을 그리워하는 思鄕心에 잠기는 것이 일반적일 것이다. 따라서 李彦瑱의 塞下曲 다섯 수 가운데 위에 살펴 본 두 수도 壯志와 思鄕心으로 나누어 선택했다. 다음에는 山寺題壁詩 다섯 수 가운데 한 수 들어 본다.

老納幽居祗樹林	늙은 스님이 깊은 숲속에 있으며
石橋苔徑入春尋	이끼 낀 돌다리 길로 봄을 찾아간다.
盧潭驟雨垂龍氣	盧潭의 소나기는 龍이 氣를 드리운 듯
碧嶂遊雲帶鶴心	碧嶂에 뜬 구름은 학처럼 나른다.
竹裏疎燈僧院靜	竹裏의 희미한 등불 밑에 僧院은 고요하고
花間淸磬佛樓深	花間의 맑은 경쇠소리에 佛樓가 그윽하다.
百靈來聽無生偈	百靈이 와서 無生偈를 들으니
每夜松窓月色陰	밤마다 松窓에 달빛이 음침하다.
(『松穆館集』)	

이 작품은 詩題를 山寺題壁이라 했으니 산속에 있는 절에서 지은 것임을 알 수 있다. 首聯은 老僧이 숲속에 있으면서 이끼 낀 돌다리 길로 봄을 찾아간다고 했으니 山寺가 어느 곳에 있는 절인지는 모르지만 깊은 산속에 있는 절임을 알 수 있다. 頷聯은 절에서 바라본 遠景을 표현한 것이다. 즉, 盧潭에 갑자기 쏟아지는 소나기는 龍이 기운을 드리운 듯하고 푸른 산 높은 봉우리에 떠 있는 구름은 蒼空을 날고싶어 하는 학과 같다고 했다.

頸聯은 대나무 속 희미한 등불빛은 僧院의 靜寂을 알리는 듯하고 꽃이 피어 있는 곳에서 들리는 맑은 경쇠소리는 佛樓가 그윽함을 알게 한다고 했다. 頷聯이 遠景을 표현한 것이라면 頸聯은 近景을 나타낸 것이다. 여기에서 竹裏라고 한 것을 보면 山寺는 南道에 있는 절임을 알 수 있다. 尾聯은 視界가 점차 좁혀져 山寺의 내부로 모아진다. 즉, 百靈이 老僧의 無生偈를 와서 듣기 때문에 밤마다 松窓에 비치는 달빛이 음침하다고 하여 내부의 분위기를 함축성 있게 표현했다. 이 작품은 雄渾함이 돋보인다.

이상으로 李彦瑱의 시 십여수를 들어 살펴보았다. 그는 일찍 세상을 떠났고, 또 지어 놓은 작품도 누가 알아주겠는가 하며 그가 세상을 떠나기 직전에 불태워 버리는 것을 그의 부인이 타다 남은 것을 모아 세상에 전하게 되었다고 했으니, 지은 작품도 그대로 전해지지 못했음을 알 수 있다. 이러한 이유로 인해 전하는 작품이 많지 않았다. 그러나 그의 작품은 특이한 바가 있다. 李彦瑱이 생존했던 英祖 때는 우리나라 詩壇에 唐詩風이 전과는 달리 상당히 退潮했으나 餘勢가 강하게 남아 있었고, 또 宋詩風으로 回歸하는 경향도 없지 않았으며, 明淸詩의 영향도 적지 않았다. 그런데, 李彦瑱의 시는 唐詩에 접근하고자 하지 않았고, 宋詩도 거부하면서 독특한 詩風을 創造하고자 노력했다.

李彦瑱의 문학에 가장 많은 영향을 끼진 李用休는 唐詩가 아니면 시가 아니라고 생각하는 것이 오늘날의 폐단이다. 그 體를 본받고 그 말을 배워 한 사람이 지은 것과 같으니 백마리의 새가 종일 앵앵거리며 울고 있으나 제 목소리는 없다. 나는 그것을 매우 싫어한다고 했다.[35] 그리고 李用休는 松穆館集序에서 詩文에는 다른 작가의 영향을 많이 받고 作家가 된 경우가 있고 자신의 것으로 된 獨創的인 作家도 있다. 前者는 더러워 말할 것이 못되고, 後者인 경우에는 雜되고 편벽된 바가 없지 않으나 재질로 보충하면 성공할 수 있다. 오래 동안 이러한 사람을 구하다가 李彦瑱을 얻었다고 했으니,[36] 虞裳이 前代의 것을 모두 거부하고 자신의 것을

35) 李用休, 「李華國遺草序」, 『惠寰雜著』, 筆寫本. "詩無不詩唐詩者 近日之獘也 效其體學其語 幾乎一管之吹 是猶百舌 終日嚶嚶 無自己聲 余甚厭之"

36) 李用休, 『松穆館集序』. "詩文有從人起見者 有從己起見者 從人起見者

가져 보고자 한 것에는 李用休의 영향을 적지 않게 받았을 것으로 짐작된다.

어느 분야에서든지 作家가 독창적인 의지와 재능을 가졌다 할지라도 새로운 것을 創造한다는 것은 어려운 것이다. 虞裳은 前代의 것을 거부하고 새로운 것을 摸索하고자 했을 때 주위로부터 적지 않은 질책을 받았을 것이다. 虞裳의 병이 위독했을 때 成大中이 問病와서 자네는 재주가 많은데 재주는 안으로 감추고 밖으로 보이는 것이 아니다. 그러므로 才字가 안으로 삐치고 밖으로 삐치지 아니하지 않았느냐. 이 말에 虞裳은 나무가 좋으면 사람들이 베어가서 쓰고자 하고 眞珠가 좋으면 빼앗고자 하니 무섭지 아니한가 했다.[37] 이로써 보면 그에 대한 질책도 적지 않았음을 알 수 있다.

그리고 虞裳은 세상을 떠나기 전에 자신의 시를 朴趾源에게 보냈다가 무시를 당했는데, 이와 같은 질책과 무시를 견디지 못하고 번민하다가 병을 얻게 되었을 것이고, 세상을 떠나기 직전에는 자신의 손으로 아끼었던 詩稿를 불태워 버렸을 것이다. 그러므로 虞裳이 당시 유행과는 달리 새로운 것을 시도하고자 하다가 어려움을 극복하지 못하고 중도에 좌절한 것으로 보는 것이 타당하지 않을까 한다.

鄙無論 卽從己起者 毋或雜之固與偏 乃爲眞見 又必須眞才而輔之然後乃有成焉 予求之有年 得松穆舘主人"

37) 李德懋, 앞의 책. "子多才 才可內蘊 而不可外揚 才之爲字 撇內而不撇外也 虞裳曰 木有才 人思伐之 貝有才 人思奪之 豈不畏"

V. 結 言

本稿에서 李彦瑱을 연구대상으로 한 것은 委巷文人으로서 稀少性을 높게 인정한 것도 아니며, 또 작품이 매우 뛰어 났다고 생각되었기 때문만은 아니다. 虞裳이 활동했던 시기에는 委巷文人들이 많았고, 그 가운데는 우수했던 문인들도 적지 않았다. 그러므로 稀少性에 의해 선택되던 시기는 지났다고 생각된다. 그리고 작품이 보기 드물게 뛰어나지 않았음에도 선택한 것은 당시의 유행을 거부하고 독창적인 것을 시도해 보고자 노력했기 때문이다. 虞裳이 비록 성공하지 못하고 중도에 좌절되었으나 새로운 것을 시도하려는 그의 의도는 높게 평가되어야 할 것이다.

작품이 뛰어나지 못하다는 것은 역대 大家의 작품과 비교해서 한 말이다. 새로운 것을 시도하고자 한 작품이니 거칠 수밖에 없었을 것이다. 그리고 27세에 夭絶했으니 작가로서 활동했던 時限이 너무 짧았기 때문일 것이다. 그러나 그의 시가 착상에 奇拔함이 있고 用語의 선택에 新鮮함이 있는 점은 인정해야 할 것이다. 그리고 虞裳의 문학을 말할 때 시를 중심으로 하고 산문은 제외되었으나, 文稿를 태우기 전에는 산문도 많았고 우수했다고 한다.[38)]

---

38) 李尙迪, 「李虞裳先生傳」. "所著文甚富 若長城 賦關王廟記 尤爲傑作 然並不傳於世"

제6장

張混 研究

Ⅰ. 序 言

文學史에서 作家로서 연구대상이 될 수 있는 요건은 주목을 받을 만한 우수한 작품을 많이 저작한 작가와, 또 형식과 思潮의 변혁에 선도적인 역할을 한 작가와, 작가이면서 활동과 보급에 적지 않은 공로가 있었던 작가들이 될 것이다.

본고에서 대상으로 한 張混은 위에서 제시한 요건에서 작가이면서 보급에 공로가 있었던 작가가 아니었던가 한다. 張混에 대해 이렇게 보려는 것은 그가 당시 유명했던 작가가 아니었다는 것은 아니다. 그러나 당시 문단의 층이 두터워 그를 전체 문단에서 굴지의 작가로 인정하기는 어렵다고 생각되었기 때문이다. 그리고 장혼이 문단에서 활동할 시기에는 唐詩의 영향이 전대에 비해 퇴색되기는 했으나 그 여세가 강했고 宋詩와 明淸詩의 영향도 있었으나, 그의 작품에 새로운 변혁을 시도해 보려는 것은 찾아보기 어려웠다. 장혼이 작가로서 활동과 보급에 공로가 있었다는 것은 그가 委巷文人으로서 千壽慶과 더불어 松石園詩社의 結社와 昭代風謠 續選의 편찬에 중추적인 역할을 했는데, 그것이 委巷文學의 발전에 적지 않은 공로가 있었다고 생각되기 때문이다. 본고에서 이러한 장혼에 대해 그의 문학과 아울러 생애 및 인물 성격 등에 대해 고찰해 보고자 하나, 그에 대한 기록자료가 零星해 구체적으로 밝히지 못함을 아쉽게 생각한다.

Ⅱ. 生涯와 人物 性格

張混(1759~1828)의 字는 元一이며, 號는 而已广으로서 대대로 서울에서 살았다고 한다. 曾祖 漢弼의 시가 『昭代風謠』에 실려 있으며, 아버지 友壁은 성격이 구속받기를 좋아하지 않아 벼슬하지 않고 항상 인왕산에 들어가 종일 歌詠을 했기 때문에 그곳을 歌臺라 했다고 한다.[1] 이로써 보면 신분은 중인 또는 상인의 가문이 아니었던가 짐작되며, 文翰은 대대로 계승이 되었음을 알 수 있다. 그는 형제와 자매도 없이 독자로 자랐기 때문에 부모로부터 많은 사랑을 받고 자랐다고 한다.[2] 그리고 그는 어렸을 때부터 重厚하고 內明했으며 지나치게 총명함을 염려해 就學을 시키지 않고 母夫人 郭氏가 書史를 알아 글을 가르쳤던 바 쉽게 이해하고 한 번 본 것은 외웠다고 했다.[3] 자신도 아홉 살 때 처음으로 문자를 배웠고 십여세 때 시를 배웠다고 했다.[4] 이러한 기록들을 미루어 보면 그는 어렸을 때부터 매우 총명했음을 알 수 있다.

장혼은 자신의 靑壯年期에 대해 집에서 하고 있는 가업이 없어 스스로 어떻게 하지 못하고 17·8세 때는 글을 써 주고 가르쳤으며, 30세 때는 약간의 祿으로 부모를 받들었다고 했다.[5] 우리나라는

---

1) 張志淵, 『逸士遺事』 卷 1, 張混條. "世居漢城 曾祖漢弼 詩載昭代風謠 父友壁倜儻不仕 常入仁王山 歌詠終日 至今指其處爲歌臺"

2) 張混, 「庭下至訓」 『凡例而已广集』 卷 14. "且無姉妹弟兄 以至頑而鍾至愛"

3) 張之琬, 「張先生混傳」 『枕雨堂集』 卷 6. "自幼重厚內明 慮其過於聰慧 不念就學 母郭氏解書史 試授之書 犁然透悟 一過目輒誦"

4) 張混, 私草囊說 『而已广集』 卷 14. "余九歲始學文字 十餘始學詩"

상공업을 천시해 왔기 때문에 조선조 중기까지만 해도 양반계층에서는 상공업에 종사하지 않았으나 후기로 접어들면서부터 종사하는 사람도 있었다고 한다. 장혼이 생존했던 전후기에 양반계층에서도 상공업에 종사했다고는 하나 많지 않았기 때문에 商工은 중인 또는 상인들의 직업이 될 수밖에 없었다. 장혼의 가문에 대한 기록은 보지 못했으나 앞서 말한 바와 같이 그의 증조 漢弼이 委巷人들의 詩選集인 『昭代風謠』에 실려 있다고 했으니 위항인이 틀림없을 것이다.

장혼의 父祖가 醫譯과 工商에 종사했다는 말이 없는 것으로 보아 그가 말한 바와 같이 家無故業이 사실일 것 같으면 그의 집은 가난했을 것이다. 그러므로 그는 자신이 가난한 집에서 태어나 자랐으며 가난해 벼슬을 했으나 祿이 박해 부모를 봉양하기 어려워 마음으로 아프게 여겨 울고자 했으나 울지 못했다고 했다.[6] 이로써 보면 그의 가정이 매우 가난했음을 알 수 있다. 張混이 가난했으면서도 父祖 때부터 工商에 종사하지 않은 것은 자본과 기술이 없었고 文翰이 계속되었기 때문에 그것을 천시했던 탓도 있었을 것이다. 장혼이 이러한 가난 속에서 생활방편으로 선택한 것이 傭書와 授經이었는데, 그는 다른 사람의 글을 써 주는 것으로 한 해 쌀 數十斛을 얻었다고 했다.[7] 그리고 그가 의학을 공부했다는 기록은 있으나 掛藥한 흔적은 찾아볼 수 없는 것으로 보아 상식으로 알아두고자 한 것인지, 처음 배우고자 했을 때는 가난을 극복하기

---

5) 張混, 「題如存錄」, 같은 책 卷 11. "且家無故業 無以自發 年十七八傭書授經 三十干斗祿具菽水"

6) 張混, 述貧詩 竝序, 같은 책 卷 10. "余生於貧長於貧 迨爲貧而仕 祿亦貧薄 菽水不能繼 日困於貧 心常隱痛 欲哭貧而不敢發久矣"

7) 張混, 祭亡室令人善山金氏緬葬日文, 같은 책, 卷 12. "伊間余傭書 歲得米數十斛"

위해 하고자 했다가 設局을 못하고 그만 둔 것인지 알 수 없다.

張混 자신이 三十千斗祿이라 했으니 30대에 벼슬을 했음을 알 수 있다. 이에 대해 先朝가 만든 鑄字所에 開印할 때 玄僉知在德이 자신과 함께 그 일을 감독했다고 했으므로,[8] 주자소 일을 한 것으로 추측되는데, 이에 대해 약간 구체적인 기록을 들어 보고자 한다.

正祖때 監印所를 설치하여 御定書籍을 간행할 즈음에 校正볼 사람을 구했던 바 吳載純이 장혼을 추천했다. 그가 교정을 신속하게 잘 보았기 때문에 館閣에 있는 인사들이 그의 능력을 인정하여 일을 모두 그에게 맡겼다. 맡은 일을 끝내게 되면 加資를 받게 되었으나 그는 사양하며 祿은 부모를 받들기 위한 것이고 榮進은 바라는 바가 아니라고 했다. 正祖께서 그의 뜻을 알고 후하게 주었다고 한다.[9] 이로써 볼 때 軍啣을 가지고 監印所에서 간행하는 御定書 校定보는 일을 맡았음을 알 수 있고, 맡은 시기는 양친이 살아 있을 때였음을 알 수 있는데, 그의 나이 51세 때 아버지가 돌아갔고, 57세 때 어머니가 돌아갔다고 했으니,[10] 30세 때 校正職을 맡았음이 사실이었음을 알 수 있다. 그리고 그가 그 직을 맡게 된 것은 供親을 하기 위한 것이기 때문에 榮進은 원하지 않는다고 했는데, 여기에서 그의 인물 성격의 한 단면을 짐작할 수 있지 않을까 한다.

張混이 일생 동안 맡은 벼슬은 監印所에 있은 것 밖에 없는 듯

---

8) 張混, 같은 책, 卷 5, "先朝御製鑄字所開印時 玄僉知在德 與余同監斯役"

9) 張志淵,『逸士遺事』卷 1, 張混條. "正廟時設監印所 將印頒御定書籍 求讎校之才 吳醇庵載純 首以混薦 付軍職 考異訂訛如破竹 館閣諸公莫不推許 事皆專委 每竣一役 例有陞資之典 輒讓不居 曰微祿爲供親也 榮進非所欲"

10) 張混, 題如存錄,『而已广集』卷 21. "五十一不幸喪考 五十七又喪妣"

하며, 그의 생애에 특기할 만한 것은 千壽慶과 더불어 결성한 松石園詩社의 활동과 『昭代風謠』 續選의 편찬에 주도적인 역활을 한 것을 들 수 있으나, 이에 대해서는 뒤에 따로 언급하기로 하고 다음에는 그의 인물 성격에 대해 살펴보고자 한다.

漢文化圈에서는 옛날부터 학자나 문인들은 대부분 이름 외에 부르는 字와 아호가 있다. 그것은 주위에서 지어주기도 하고 본인이 직접 짓기도 하는데, 자신의 意趣를 반영한 것이 적지 않다. 장혼은 아호를 而已广이라 했다. 而已는 우리말로 해석할 때 '따름' 또는 '뿐'으로써 불완전 명사와 같은 것이기 때문에 修飾하는 말이 없으면 의미가 불분명하므로, 일반적인 아호에 비해 특이한 점이 없지 않다.

그는 자신이 그와 같은 아호를 가지게 된 것에 대해 그의 平生志에서 仁王山 밑에 경치가 아름다운 玉流洞에 얼마의 땅을 마련하게 되면 집을 짓고 주변에 여러 가지 나무와 화초를 심어 그곳에 꽃이 피면 가서 보고 나무 밑에는 쉬고 과일을 따서 먹고 蔬菜는 삶아 먹겠다고 전제하면서 그곳에서 優遊自得할 수 있는 것이 어찌 丘園과 林泉의 아름다움뿐이겠는가. 그 속에 홀로 있을 때는 거문고를 타고 책을 보면서 한가하게 쉴 수 있으며, 생각이 나면 걸어서 산에도 오를 수 있고, 손이 오게 되면 술을 가지고 오게하여 마시면서 詩를 논하며, 흥이 더욱 높아지면 퉁소를 불고 노래할 것이다. 그리고 배가 고프면 내 밥을 먹고 목이 마르면 내 샘물을 마시며 철따라 옷을 갈아입으며 해가 지면 내 집에서 쉬게 될 것이다. 그곳에 살면서 비 내리는 아침 눈 오는 낮과 夕景, 曉月 등 幽居의 神趣는 外人에게는 말하기 어렵고 말을 해도 이해하기 어려울 것이다. 날마다 즐거워하면서 남는 것이 있으면 자손들에게 끼쳐 줄 것이다. 평생의 소원이 이것으로 끝나는 것이며, 변화와 언

고 잃는 것은 운명에 따를 따름이므로 내 집을 而已라 한다고 했다.[11]

이러한 내용을 보면 張混이 자신의 아호를 而已广이라 한 것은 현실의 명예와 영리에 집착하지 않고 物外의 閑人이 되어 아름다운 자연 속에서 優遊 自適하는 것이 평생의 소원일 따름이라고 했는데, 이것은 자신의 意趣를 밝힌 것으로 볼 수 있을 뿐만 아니라, 그의 인물 성격을 이해하는데 적지 않은 도움이 될 것으로 생각된다. 그리고 그의 悟養生에서도 다른 사람의 잘못은 듣고만 있을 따름이며, 사물의 흑백에 대해서는 보고 있을 따름이며, 평탄하고 험한 것과 苦樂을 만나게 되면 피하지 않을 따름이며, 喜怒와 好惡를 당하게 되면 표현하지 않을 따름이라고 했다[12]. 이와 같이 그의 아호와 상관된 생활 태도를 밝히고 있다.

그리고 장혼은 그의 寓言에서 而已子는 어떤 사람인지 알 수 없으나 궁하게 있으면서 뜻은 크고 밑에 있으면서 말은 고상하며 집에 있을 때는 글을 읽고 나가면 법에 따른다. 그러나 처자들은 굶주림을 면하지 못하고 있으며 집은 비바람을 가리지 못하기 때문에 사람들은 모두 그가 아무것도 가진 것이 없다고 비웃는다고 했다.[13] 이와 같이 그는 궁하면서도 뜻은 크고 밑에 있으나 말은 고

---

11) 張混, 「平生志」, 『而已广集』 卷 14. "信有優遊自得者 豈獨丘園林泉之美歟 獨居則撫破琴閱古書 而偃仰乎其間而已 意到則出步山麓而已 賓至則命酒焉 諷詩焉而已 興劇則嘯也歌也而已 飢則飯吾飯而已 渴則飮吾井而已 其雨朝雪晝 夕景曉月 幽居神趣 難可爲外人道也 道之而人亦不解焉耳 日以自樂 餘以遺子孫 則平生志願 如斯則畢而已 其屯亨也 修短也 聽吾天而已 故扁吾广以而已"

12) 張混, 「悟養生」, 『而已广集』 卷 4. "則人之雌黃 聽之而已 物之黑白 視之而已 己之夷險苦樂 逢着則不避而已 喜怒好惡 當之則不發而已"

13) 張混, 「寓言」, 『而已广集』 卷 14. "而已子不知何如人也 處窮而志大 居下而言高 入則讀書 出則攝儀 然而妻孥不免凍餓 衡宇不庇風雨 人皆

상하게 한다고 했다.

張混은 신분적으로 寒微했고 경제적으로 빈곤했기 때문인지 그의 생활태도에 대해 여러 번 밝힌 바 있다. 그의 이러한 감정을 반영한 閑居詩를 들어 본다.

生平少同調	평생 동조한 사람이 적었으니
出門何所投	문밖을 나섰으나 갈 곳이 없다.
欲仕非材具	벼슬하고자 해도 재능을 갖추지 못했고
欲隱無田疇	시골에 살고 싶으나 논밭이 없다.
姑與將文酒	부득이 文酒를 가지고
暇日作閑遊	쉬는 날에는 閑遊를 하고 싶다.
(『而已广』 卷 1)	

이 시에서도 평생 동안 사귄 사람이 없기 때문에 찾아볼 사람이 없고 벼슬을 하고자 하나 재능을 갖추지 못했으며 시골에 가서 농사를 짓고자 해도 전답이 없기 때문에 그것도 하지 못하고 술을 마시며 시를 짓는 것으로 閑遊를 한다고 했으니, 현실에 대한 공명과 영리에 관해 관심을 가지려 하지 않았음을 알 수 있다. 장혼이 현실에 대해 이러한 태도를 가지게 된 것은 신분이 한미했기 때문에 출세하기 어려움을 알았고, 醫業이나 상공에 종사하지 않아 가난했을 것으로 짐작되는데, 가난을 타개하기 위해서는 상공에 종사하거나 권력에 접근하여 아부하는 것이 하나의 방법이 될 수 있겠으나, 장혼의 자존심으로는 용납할 수 없는 것이므로 그의 생활이 빈궁할 수밖에 없었을 것이다.

張混은 자신의 그러한 처지를 알고 있었기 때문에 공명과 영리는 일찍 포기했으며, 그러한 상태에서 그가 취할 태도는 현실에 초연할 수밖에 없었을 것이다. 장혼이 현실적인 영리와 물욕에 초연

目笑其無所有”

했다는 것은 자신이 가지고 있다는 여덟가지 淸福에서도 잘 나타나 있다. 그 청복을 들어보면 ① 生太平, ② 居京都, ③ 幸列衣冠, ④ 粗解文字, ⑤ 泉壑一區, ⑥ 花木千株, ⑦ 得心交, ⑧ 蓄好書 등이다. 그리고 淸供으로 든 80종 가운데는 古琴, 古劍, 名畵, 端溪硯 등이 있으며, 淸寶 100部에는 경전을 비롯하여 중국의 유명한 문인들의 문집과 古典 등이 있는데, 그가 淸福에서 좋은 책을 가지고 있다는 것은 이러한 책들을 지칭한 것이 아닌가 한다.

張之琬은 그의 인물 성격에 대해 한가롭게 있을 때는 순수하게 보였으며, 물질에 대해서는 淡泊했다. 오직 書史에만 관심이 있었고 稗官小說은 보지 않았다. 晩年에는 더욱 가난해 생활이 매우 어려웠으나 책 보는 것을 중지하지 않았으며, 사람들을 대하게 되면 修身齊家하는 법을 말했다. … 그는 항상 겸손하고 감추며 알려지는 것을 바라지 않았다. 그는 어렸을 때부터 脚疾이 있어 걸을 때 절뚝거렸고 귀한 사람 집을 찾지 않았으나 당시의 名碩들이 그를 높게 인정한다고 했다.[14] 이로써 볼 때 장혼은 일생 동안 매우 가난했으나 그것을 운명으로 생각하고 順受했으며, 현실과 타협하여 그것을 극복하려 하지 않았다. 그러므로 그는 태평성세에 태어난 것과 약간의 문자를 알 수 있고 좋은 책을 가지고 경치가 좋은 곳에 많은 나무와 꽃을 심고 사는 것을 복으로 생각하며 살지 않았는가 한다.

---

14) 張之琬, 「張先生混傳」『枕雨堂集』卷 6. "燕居粹然 於外物泊如 惟書史是篤 稗官小說一無寓目 晩年窮益甚 殆至屢空 而猶不輟看書 對人循循戒飭 以修齊之法 … 混常自謙晦 不求知 且幼得脚疾 弱行蹣跚 未嘗曳裾朱門 而一時名碩傾嚮推許有如是矣"

Ⅲ. 詩社活動과 編纂

장혼의 詩社活動은 千壽慶과 더불어 松石園詩社를 결성하여 주도적인 역할을 한 것이다. 장혼과 송석원시사와의 관계를 알아보기 전에 먼저 詩社에 대해 간단히 언급하고자 한다.

우리나라에서 시사는 송석원시사가 최초로 결성된 것은 아니고 그 전에도 있었고, 그 후에도 결성되어 일제초기까지 계속되었다. 당시 詩社에서 詩會를 어떻게 진행시켰는지 구체적인 기록을 보지 못했기 때문에 자세히 알 수 없으나, 주어진 시제에 押韻까지 정해 놓고 일정한 시간에 짓게 하고 그 시간이 지난 뒤에 거두어 평점을 했던 것이 아닌가 한다. 이러한 진행은 현대시의 입장에서 볼 때 이해가 되지 않을 것이다. 그러나 漢詩에서는 詩社뿐만 아니라, 다른 성격의 詩會에서도 押韻까지 정해 두고 시를 짓는 것이 일반적이다. 한시가 이러한 특징을 지니고 있기 때문에 漢文化圈에서는 먼 옛날부터 시사의 결성과 아울러 詩會가 성행했던 것이다.

이러한 시사가 우리나라에서는 언제부터 결성되었는지 알 수 없으나, 기록으로는 고려 중기 李仁老(1152~1220) 등에 의해 결성된 竹林高會가 최초에 된 것이 아닌가 한다. 그런데, 이 죽림고회는 무신정권의 박해로 失勢한 문인들에 의해 결성된 것이므로 그들은 한동안 文酒로써 울분을 표출했으나 잇따라 계승한 최씨 정권의 유화정책과 타협하면서 죽림고회는 자취를 감추었다. 그 후 조선조 중기까지 주목할 만한 시사의 결성을 볼 수 없었던 것은 당시 한문학이 委巷人들에게까지 폭넓게 보급되지 못했고, 문단을 장악하고 있었던 인사들은 사대부와 士族들이었기 때문에 그들은 여러 성질의 모임을 가져 詩會가 언제든지 가능했으므로 따로 결성할 필요를 느끼지 않았을 것이다. 그러나 委巷人들이 문단의 一角을 장악하면서 詩社의 결성이 필요하게 되었다.

松石園詩社가 결성되기 전에 있었던 시사로는 洛誦樓詩社와 洛下詩社를 들 수 있다. 낙송루시사는 金昌翕(1653～1722)과 洪世泰(1653～1725) 등 몇 사람에 의해 결성되어 십여 년 가까이 계속되다가 끝났다. 그런데, 이 시사는 많은 사람이 참여하여 활발했던 것도 아니고 짧은 기간에 끝났으나, 중심인물에 士族과 委巷人이 같이 참여한 것으로써 다음에 계승되는 시사의 결성에 영향을 주지 않았는가 하는 것에 의의가 있다고 할 것이다.

洛下詩社의 주도적인 인물은 林俊元이었다. 그는 좋은 계절과 아름다운 景物을 만나게 되면 무리들을 초청하여 시를 짓고 즐겁게 놀다가 헤어졌는데, 당시 洛下에서 才名이 있다는 자들은 그 모임에 참석하지 못하는 것을 부끄럽게 여겼다고 했다. 그리고 이 詩社에 필요한 경비는 林俊元이 부담했다고 하며, 여기에 중심인물들은 洪世泰·崔大立·崔承太·金忠烈·金富賢 등이었다. 그들은 대분분 委巷人이었다고 하며, 後續 詩社에 적지 않은 영향을 끼쳤을 것으로 짐작된다.

松石園詩社는 西園詩社·玉溪詩社라 하기도 했는데, 참여한 인원의 수와 당시 문인들의 관심을 감안할 때 우리나라에서 결성된 시사 가운데 가장 주목할 만한 것이 아닌가 한다. 이 송석원시사의 가장 중심인물은 千壽慶이었다. 그는 가난했으나 글 읽기를 좋아했고 시를 잘 지었으며, 玉流泉 위에 집을 지어 同人들을 모아 매일 시를 지었는데, 당시 시를 아는 자들이 그 모임에 참여하지 못한 것을 부끄럽게 여겼다.[15] 이로써 보면 松石園詩社는 千壽慶의

---

15) 李慶民, 『熙朝軼事』 千壽慶條. "家貧好讀書 工於詩 結茅於玉流泉上 …

집에서 시작되었음을 알 수 있다.

그리고 松石園詩社의 詩會에 대해 千壽慶·張混·王太가 松石園에서 詩社를 주도해 모이는 사람이 수백 명이 되었다. 이들이 돌아가면서 모여 매일 30에서 50명 가까이 모였으며, 매년 봄과 가을이 되면 通文을 해 날짜를 알려 詩會를 크게 열었다고 했다.[16] 이에 따르면 松石園에는 매일 수십 명씩 모였고, 春秋로 通文으로 알려 많은 사람이 모이는 시회를 열었음을 알 수 있다.

이 시회에 참석하는 사람들은 도시락을 두 개씩 가지고 와서 가난해서 가지고 오지 못하는 사람에게 주었다고 한다. 그리고 진행은 남북으로 나누어 詩題는 長竿에 걸어두고 남쪽 詩題에서는 북쪽 韻을, 북쪽 시제에서는 남쪽 운으로 하게 했으며, 늦을 즈음에 詩軸을 거두어 당시에 문명이 제일 높은 사람에게 평을 받아 으뜸이 된 시는 많은 사람에게 전해져 그 날 바로 都下에 알려졌다. 그 날 밤에는 巡邏軍도 그 시회에 참석한 사람은 잡지 않았다고 하며, 문명이 높은 宰相들도 그 詩軸을 평한 것을 영광으로 생각했다고 한다.[17]

이러한 松石園詩社에 장혼이 어느 정도 참여했던가 하는 것을 알아보고자 하는데, 먼저 천수경과의 관계부터 살펴보려 한다. 장혼이 지은 천수경의 모친상 輓詩에 吾慈常說隔垣居[18]라 한 것을 보면 어렸을 때 이웃에서 같이 자랐음을 알 수 있다. 그리고 천수경이 먼저 세상을 떠나자 그는 祭松石園主人文, 祭千君善文 등의 제문을 지었으며, 玉溪雅集帖序와 書玉溪社修稧帖後를 비롯하여

聚同人分曹賦詩無虛日 世之解詩者 無少長未與松石會者 人爲之耻"

16) 上同. "千壽慶張混王太 倡社於松石圓 會者數百人 輪流來集 日不下三五十 每春秋佳辰 發文約日"

17) 같은 책, 千壽慶條 參考.

18) 張混, 『而已广集』 卷 5.

송석원과 관련된 시제가 수십 수에 이른다. 이로써 보면 장혼과 천수경은 어렸을 때부터 이웃에서 같이 자랐으며, 천수경이 세상을 떠날 때까지 서로 우정이 두터웠음을 알 수 있다.

松石園詩社는 처음 천수경이 마을 자제들을 모아 글을 가르쳤던 서당에서 시작되었다고 한다. 뒤에 많은 사람이 모이게 되고 당시 문명이 높았던 朝廷의 사대부들까지도 春秋로 열리는 시회를 주목하게 되었다면 천수경 개인으로서는 감당하기 어려웠을 것이고 주위에서 적극적으로 가담하는 인사가 있었을 것이다. 장혼과 천수경은 모두 委巷人으로서 문명이 있었고, 또 같이 시를 많이 지었기 때문에 어렸을 때의 우정이 그대로 계속되었다. 그것은 장혼의 문집에 천수경과 송석원에 관한 기록이 많은 것에서도 알 수 있다. 그렇다면 장혼은 송석원시사와 어떠한 관계가 있었을까. 이에 대해 알아보고자 한다.

장혼이 인왕산 욱류동에 溪壑이 깊숙하고 아름다워 항시 집을 지어 살고 싶은 생각이 있었으나 가난해 하지 못하다가 드디어 시내 동쪽에 집을 빌려 而已庵이라 扁額을 하고 同社의 친구들과 송석원에서 修禊를 해 춘추로 술을 마시며 시 짓는 것을 해마다 하기로 하였다. 이에 委巷의 준수한 사람들이 興起해 從遊하는 자가 천명이 가까웠다고 했다.[19] 이 기록에 따르면 장혼의 堂號인 而已广이 옥류동에 있었고, 송석원에서 同社의 친구들과 修禊하여 委巷人을 대상으로 春秋로 시회를 열었음을 알 수 있다.

그리고 같은 委巷文人이었던 朴允默의 玉溪詩史序에서 松石先生이 玉溪上에 살면서 文史를 즐기고 있었는데, 鄕隣의 동지들이

19) 張志淵, 같은 책, 張混條. "仁王山玉流洞 溪壑幽蔓 恒有卜築之意 而貧不能 遂於溪東 僦一屋 扁曰而已庵 與同社諸友 修禊于松石園 春秋觴詠 歲以爲常 於是委巷俊秀輿 起從遊者 殆近千人"

서로 長松과 老石 사이를 왕래하며 지은 시가 책을 이루었으며, 이것이 詩史의 시작이라고 했다.[20] 이러한 기록들을 미루어 볼 때 張混과 千壽慶이 시사가 결성되기 전에 다같이 인왕산 밑의 玉流洞에 살았고, 시사의 이름을 松石園이라 한 것은 그곳의 長松 老石에서 가지고 온 이름이며, 그 시사를 玉溪詩社 또는 西園詩社라 하기도 한 것은 송석원의 위치가 옥류 또는 옥계에 있었고, 서울의 서쪽에 있었기 때문에 붙여진 이름임을 알 수 있다.

이 松石園詩社에서 장혼은 천수경·王太·金洛瑞 등과 더불어 송석원시사를 만들어 술을 마시며 시를 지어 풍류가 질탕했다. 장혼이 천수경과 우두머리가 되어 시사를 주도하여 한 때를 풍미했으며, 모이는 사람이 항시 수백 명이 되어 명성이 세상에 회자되었다고 했다.[21] 이로써 장혼이 천수경과 더불어 송석원시사의 주도적인 인물이었음을 알 수 있다.

장혼이 중심인물의 한 사람이 되어 활동한 송석원시사가 그 전에 있었던 洛社보다 더욱 많은 호응을 받았고 오래 계속 되었던 것은 송석원시사는 중심인물이 여럿이었고 洛社는 林俊元 개인에 많이 의존했기 때문이었을 것이다. 낙사에서 임준원은 좋은 계절과 때를 만나면 장소를 정해 사람들을 불러 모이게 하고 자신이 酒肴를 준비하여 따라가서 같이 시를 짓고 술을 마시며 즐기다가 왔는데, 그것이 계속되었으며 서울에서 才名이 있다는 사람들이 그 모임에 참여하지 못함을 부끄럽게 여겼다고 했다.[22] 이와 같이 洛

20) 朴允默, 『存齋集』 卷 23. "嗚呼 松石先生居玉溪上 以文史自娛 鄕隣同志之士 相與往來於長松老石之間 會心有詩 詩文成卷 此詩史之所以作也"

21) 張志淵, 같은 책, 張混條. "混與詩人千壽慶王太金洛瑞諸人 倡松石園社 酒酣賦詩 風流迭宕 而混壽慶執牛耳主騷壇 一時風靡 會者常數百人 名聲膾炙於世"

社는 임준원 개인에 많이 의지했음을 알 수 있다. 그러나 송석원시사는 천수경과 장혼이 주도를 하면서 다른 委巷文人들도 적극적으로 참여하는 인사가 많았기 때문에 길게 계속되지 않았던가 한다.

장혼은 많은 책을 편찬했다. 그의 문집에 편찬했다는 책의 서문을 중심으로 들어보면『庭下至訓』『如存錄』『唐律集英』『初學字彙』『古文柯則』등의 책을 편찬했음을 알 수 있으며, 중국 역대시의 選集인『詩宗』26권이 있다. 그리고『壺山外記』『逸史遺事』에는 위에 든 것 외에도 다른 책이 있다. 그러나 장혼이 편찬한 책 가운데 가장 주목되는 것은 천수경과 더불어 편찬한『昭代風謠 續選』일 것이다.

이『昭代風謠』續選은 천수경의 편찬으로 알려졌으나 장지연은『소대풍요』가 英祖 丁巳年에 이루어 졌는데, 60년이 되면서 잊어버린 것이 많기 때문에 장혼이 천수경과 더불어 자료를 넓게 찾아 續選 여섯 권을 편찬했다고 했다.[23] 이로써 보면 續選의 편찬에 장혼이 적극 참여했음을 알 수 있다. 사실 속선과 같은 크기의 책을 자료를 찾아 편찬한다는 것은 쉬운 일이 아니다. 그러므로 편찬의 논의가 송석원을 중심으로 이루어졌을 때 그곳을 찾는 인사들이 적지 않은 협조를 했을 것이고 천수경과 장혼이 그 일을 주도하지 않았던가 한다.

---

22) 鄭來僑,「林俊元傳」『浣巖集』卷 4. "傳條.每遇良辰美景 招呼諸人 指某地爲期 俊元爲主辨酒肴而隨之 輒然飮極驩而罷 以是爲常 久而不倦 洛下稍有才名者 以不得與其會爲恥"

23) 張志淵, 같은 책, 張混條. "昭代風謠 成於英宗丁巳 而六十年來 散佚者多 與千壽慶 旁搜博採 作續選六卷"

Ⅳ. 그의 文學

장혼의 문집『而已广集』은 모두 14권으로써 1권부터 9권까지는 여러 형식의 시이며, 10권은 여러 사람과 함께 지은 聯句이다. 그리고 11권부터 14권까지는 記, 序, 跋 등 산문이다. 本集은 전후에 序跋이 없기 때문에 편찬 경위에 대해 알 수 없다. 본고에서 臺本으로 한 민족문화추진회의 영인본 범례에 본집은 轉寫經緯가 불분명한 罫印寫本이라 한 것으로 보아 간행이 되지 못하고 필사본으로만 전해 온 것이 아닌가 한다. 장혼은 자신의 문집 轉寫와 편집에 대해 소년이었을 때는 文選을 좋아했고 자라서는 陶淵明과 韋應物의 시를 탐독했으며, 지은 작품이 담백했으나 奇警함이 없고 時體에도 맞지 않아 주위로부터 버림을 받았는데, 壬子(1792, 34세)년 이전에 지은 시는 李書九가 考覽했고, 그 후 수십 년의 것은 보여 주지 않았다. 癸酉年(1813) 여름에 제자 李相誼에게 六軸을, 林行麟에게 二册을 쓰게 하고, 長軸 3개와 2책은 자신이 썼으며, 中軸은 큰 아들 昶이 썼는데, 모두 洪奭周가 평을 했다. … 그렇게 하여 버려둔 것을 둘째 아들이 애석하게 여겨 烏絲闌唐粉紙 수백 장을 가지고 왔으므로 各體에 다라 編次한다고 했다.[24] 이로써 문집 편찬은 장혼이 직접 했음을 알 수 있다. 다음에는 詩文에 대해 장혼이 어떻게 생각하고 있었는가 하는 것을 살펴보고자 한다.

---

24) 張混,「私草囊說」,『而已广集』卷 13. “癸酉夏使門生李相誼 書成六軸 林行麟書二册 長軸三小册二 吾自書也 中軸一 大兒昶書也 軸若册又皆洪淵泉學士手評騭 紅批是也 … 旭兒悢惜之 以烏絲闌唐粉紙數百葉進余 乃分各體次諸篇”

장혼은 詩와 文의 근원은 같은 것이라고 전제하면서 오늘 날에는 詩와 文을 나누어 문을 전공하는 자는 문을 載道의 器라 하며 시를 무시하고, 시를 배우는 자들은 시에는 別才가 있는 것이므로 經書와는 상관없는 것이라고 하며 문을 쓸모없는 것으로 생각하기 때문에 두 가지를 잘 하기 어려웠다. 자신의 생각으로는 모두 문제가 있다. 분리하게 되면 詩文이 相資 相須할 수 없다고 했다.[25] 장혼이 이와 같이 말한 것은 당시 문인들 가운데 文을 하는 자는 시를 무시하고, 시를 하는 자는 문을 멸시하는 것을 비판한 것이 아닌가 생각된다. 이러한 현상은 먼 옛날부터 있었던 것이며, 우리나라뿐만 아니라, 중국도 마찬가지였다. 그리고, 그는 莊周가 말하기를 학은 다리가 길지만 자르고자 하면 슬퍼하고, 오리발은 짧으나 길게 해 주고자 하면 근심한다고 했는데, 문장도 그와 같은 것이다. 一分을 감하면 너무 짧고 1분을 더하면 지나치게 길게 된다. 문장의 기법은 起頭, 轉腰, 結尾의 三者에 불과한 것이다. 이 삼자의 묘는 많은 것을 싫어하지 않으며, 적다고 탓하지 않고 오직 그 軌範을 잃지 않는 것에 있다고 했다.[26] 이로써 보면 그는 문장의 修辭에서 가장 중요한 것은 起頭, 轉腰, 結尾로써 軌範에 따라야 함을 강조하고 있음을 알 수 있다.

그리고 장혼은 자신이 본디 稗官과 傳奇를 좋아하지 않아 57세까지 『三國志演義』를 몇 번 보았을 뿐 다른 傳奇는 보지 않았다.

---

25) 張混, 「上尹正言鶴山書」, 『而已广集』 卷 13. "顧今之世 文與詩分而二之 攻文者曰 文者載道之器 焉用詩爲 贅疣以視詩 學詩者曰 詩有別才 非關書也 弁髮以棄文 二者鮮能兼善 愚所以爲二人者 胥有過也 如此而安能望詩與文 體用相資 表裏相須哉"

26) 張混, 「古文柯則序」, 『而已广集』 卷 11. "莊周之言曰 鶴脛雖長 斷之則悲 鳧脛雖短 續之則憂 文章亦猶是已 減之一分則太短 增之一分則太長 述作之法 不過起頭也 轉腰也 結尾也 此三者而已 三者之妙 不厭多不嫌少 唯在乎不失其軌範"

乙亥年(57세)에 喪中에 있을 때 아이들이 『水滸傳』을 가지고 왔으므로 처음에는 圖象을 보았으며, 반쯤 읽으면서 나이 젊은 사람들이 이 책을 탐독하며 손에 놓지 못하고 극찬하고 있는데, 그 좋아하는 이유를 알 수 없다고 했다.[27] 『수호지』에 대한 장혼의 이러한 태도는 내용보다 문장을 중심으로 한 것임을 알 수 있는데, 전통문체에서 벗어난 『수호지』의 독특한 문체를 좋게 평가하지 않은 듯하다. 그리고 시에서도 『唐律集英』을 選集한 것으로 보아 당시 문단에서는 唐宋詩와 다른 明淸詩風을 선호하는 문인들도 적지 않았고, 朴趾源・李用休・李彦瑱 등과 같이 새로운 문체와 면모가 다른 시를 모색해 보려는 시도도 있었으나, 장혼은 그러한 경향과는 달리 전통적인 것을 고수하지 않았는가 생각된다. 다음에는 그의 시에 대해 살펴보고자 하며, 먼저 五言絶句에서 答貧詩 3수 가운데 한 수 들어본다.

籬角妻舂粟	울타리 옆에서 처는 절구질하고
樹根兒讀書	나무 밑에 아이는 글을 읽는다.
不愁迷處所	사는 곳이 이렇다고 근심하지 않은 것은
卽此是吾廬	이곳이 바로 내집이기 때문이요.
(『而已广集』 卷 4)	

이 작품의 詩題를 答貧이라고 한 것은 내용으로 보아 山中에 살고 있는 자신에게 찾아온 사람이 왜 이런 곳에 살고 있느냐 했을 때 대답한다는 뜻인 듯하다. 起承兩句는 울타리 모퉁이에서 처는 절구질을 하고 아이는 나무 아래 그늘에서 글을 읽는다고 했다. 세

27) 張混, 「讀水滸傳」, 『而已广集』 卷 14. “余素不喜稗官傳奇 行年五十七 閱三國志數過外 他未嘗窺 乙亥居憂疾多 兒子輩請追水滸傳 余初目也 試從圖象 讀至半部 竊疑年少後生 酷耽是書 讚莫舌捫 愛不手繹 試未曉其所好何在”

속의 風塵이 전혀 미치지 않은 산골의 화평한 가정의 정경이다. 지난 날 시골 가정에서 이러한 광경은 흔히 볼 수 있는 것이었으나 시로써 표현한 것을 보았을 때 더욱 새롭고 정겹게 느껴진다. 轉結兩句는 이러한 곳에 어떻게 살고 있느냐 했을 때 답한 것으로 볼 수 있겠는데, 李白의 山中問答詩와 같이 이 산골에도 외부 사람이 알지 못하는 別世界가 있다는 것이다. 장혼은 서울에서 출생하여 세상을 떠날 때까지 서울에서 살았기 때문에 시골 생활을 체험해 보지 못했을 것으로 생각되는데, 부인은 울타리 옆에서 절구질하고 아이는 나무 밑 그늘에서 글 읽는 그러한 정경을 동경한 나머지 지은 것인지, 그가 한 동안 살았다는 松石園 근처가 이와 같이 한적한 곳이었는지 알 수 없다. 다음에는 暮春詩를 들어본다.

我家花樹中	우리 집이 꽃밭 가운데 있어
花發自春早	이른봄부터 꽃이 핀다오.
日日飫看花	날마다 꽃을 많이 보고 있어
不知花色好	꽃의 아름다움을 모른다오.
(卷 4)	

이 작품은 늦은 봄 꽃을 바라보며 지은 것이다. 起承兩句는 집이 꽃밭 가운데 있어 꽃이 이른봄부터 계속 핀다고 했다. 轉結兩句는 날마다 꽃을 많이 보기 때문에 꽃이 얼마나 아름다운 것인지 잘 모르겠다고 했다. 이 시는 아름다운 꽃이라 할지라도 오래 동안 매일 보기 때문에 감각이 둔해 져 아름다운 꽃을 보고도 그 아름다움을 느끼지 못한다고 한 것인지 그 속에 寓意的인 의미가 있는 것인지 알 수 없다. 다음에는 七言絶句 가운데 燕居書情詩 열 수에서 몇 수 들어보고자 한다.

寒山如拭淨朝暉	산은 씻은 듯 아침 햇살도 깨끗한데
數戶依依隱翠微	몇 채의 집이 산 중턱에 흩어져 있다.
無事幽人猶未起	한가한 사람이 아직 일어나지 않아
滿林秋色掩雙扉	단풍이 가득해도 문을 열지 않았다.

(卷 5)

이 작품의 詩題에 따르면 한가롭게 있을 때의 감정을 표현한 것으로써 사계절로 나누어 모두 10수인데, 이 시는 가을을 배경으로 한 것이다. 起承兩句는 山色과 아침 햇빛도 맑고 깨끗한데 몇 채의 집들이 높은 산 중턱에 흩어져 있다고 했으니, 산골 마을의 맑고 깨끗한 광경을 표현한 것이다. 轉結兩句는 산골에서 일없이 한가롭게 지내면서 늦게까지 일어나지 않아 아름다운 단풍이 온산을 물들이고 있으나 문을 닫고 있다고 했다. 옛날은 생활 여건이 좋지 않아 열심히 노력해도 살아가기가 어려웠다. 그러므로 무사하다는 것은 무능하기 때문이 아니고 생활에 여유가 있다는 것을 상징적으로 표현한 의미도 된다. 그리고 문을 닫고 있다는 것은 세상이 싫기 때문에 찾아오고 들리는 소리까지 거부하기 위한 것으로 생각할 수 있겠으나, 여기서는 그런 것이 아니고 한가롭고 여유가 있어 아름다운 단풍 구경도 뒤로 미루고 늦게 일어난다고 했다. 다음에는 같은 시제의 春詞를 들어보고자 한다.

山色晴明豁洞天	산빛도 청명하고 하늘도 넓은데
暖雲如絮柳如烟	구름은 솜같고 버들은 연기처럼 보인다.
溪上掩門春日靜	문을 닫고 있으니 봄날도 고요한데
數聲啼鳥抱書眠	새소리 들으며 책보다 잔다오.

起承兩句는 봄이 되니 산빛도 맑고 깨끗하며 살고 있는 마을 하늘도 더욱 넓게 보이고, 뭉게구름은 솜같이 따뜻하게 느껴지며 버

들가지는 바람에 날려 연기처럼 허옇게 보인다고 했는데, 아름다움 시골 春景을 표현한 것이다. 轉結兩句는 溪上에 있는 집에서 문을 닫고 있으니 화려한 봄임에도 고요해 새 우는 소리 들으며 책을 보다가 존다고 했다. 이 시와 위에 든 작품은 燕居라는 시제에서 조금도 벗어나지 않고 철저하게 지켰는데, 작자가 현실세계의 이야기나 사정은 조금도 반영하지 않고 오로지 燕居의 閒靜만 표현하고자 했는지 알 수 없다. 그렇다고 해서 과소평가 하고자 하려는 것은 아니다. 다만 너무나 티없이 깨끗하기 때문에 하는 말이다. 어쨌든 표현도 아름답고 淸逸함이 있어 들어 보았다. 다음에는 四時詞題峭蒨亭壁上詩를 들어본다.

碧園春雨過疎疎	푸른 동산에 봄비가 소소히 내리니
土脈膏黏可種蔬	흙이 기름지게 젖어 蔬菜를 심겠구나.
鉏罷坐眠花樹影	김매고 나무 밑에 앉아 졸았더니
燕泥時墜汚衣裾	제비가 진흙을 떨어뜨려 옷자락을 더럽힌다.
(卷 5)	

이 시는 四時詞 4수 가운데 春詞다. 起承兩句는 푸른 동산에 봄비가 소소히 내려 흙이 기름지고 차져 여러 가지 씨들을 뿌릴 수 있겠다고 했다. 봄철에 농가에서 씨를 뿌리거나 묘종을 옮겨 심을 때는 흙의 수분이 알맞아야 하기 때문에 適時에 비가 내려 씨앗들을 뿌리고 묘종을 심을 수 있게 되었다고 했으니 기쁜 표정이 言外에 넘친다. 轉結兩句는 김을 매다가 중지하고 꽃나무 그늘 밑에 앉아 졸았더니 제비가 집을 짓기 위해 진흙을 물고 가다가 떨어뜨려 옷자락을 더럽힌다고 했다. 이러한 광경은 시골 농부들이 간혹 체험할 수 있을 것으로 생각되는데, 시로써 표현한 것을 읽을 때 더욱 신기함을 느끼게 한다. 이 시는 시골의 화평한 정경을 표현한

것으로써 매우 纖麗하다. 다음에는 悲李亶佃詩를 들어본다.

詩聲當日耳如雷　　살았을 때 詩名이 크게 알려졌는데
獘褐凄凉掩夜臺　　떨어진 옷으로 처량하게 무덤으로 간다.
翻笑天公多戲劇　　웃노니 하늘이 희롱을 많이 해
有時窮賤產奇才　　때때로 궁천한 사람에게 奇才를 지니게 한다.
(卷 5)

이 작품은 장혼이 지은 李亶佃의 挽詩이다. 趙秀三의 李亶佃傳[28]에 따르면 그의 어머니는 종이었다고 하며, 얼굴도 못생겼으나 시로써 알려졌고 글씨도 잘 썼다고 한다. 그는 글을 써 주고 돈이 생기면 술을 마셨고 행동에 검속성이 없어 주의를 주면 禮가 어찌 우리 같은 사람을 위해 만들어 진 것이겠는가 했다. 그는 散髮하고 狂歌를 하다가 길에서 죽었다고 하며, 『風謠續選』 卷 2에 그의 여러 형식의 시가 15수나 실려 있다. 이 시의 起承兩句는 살아있을 때 시로써 세상에 크게 알려졌는데 떨어진 옷 입은 채 무덤으로 간다고 했다. 가난한 사람이라 할지라도 세상을 떠났을 때 새옷을 입혀 보내는 것이 살이 있는 사람의 감정이며, 또 그렇게 하고 있다. 鄭芝潤(1808～1858)도 그의 아들의 죽음에 十年慟煞貧家子 復使壤泉藍縷歸라 하여 아버지로서 죽은 아들에게 남루한 옷을 입혀 무덤으로 보내는 것을 통한으로 여겼다. 장혼도 李亶佃이 입었던 낡은 옷을 그대로 입고 무덤으로 가는 것을 슬퍼하고 있다. 轉結兩句는 하늘이 인간세계에 희롱을 많이 해 때때로 窮賤한 사람에게 奇才를 가지게 한다고 했다. 다시 말하면 李亶佃이 비록 궁하고 천했으나 그의 재능은 뛰어났다고 한 것이다. 장혼은 이단전과 같이 窮賤하지는 않았다 할지라도 역시 한미했던 委巷人이었

28) 趙秀三, 「李亶佃傳」 『秋齋集』 卷 8.

기 때문에 그의 죽음에 이와 같이 애도를 나타낸 것이 아닌가 한다. 다음에는 五言律詩 가운데 趙芝園踐約松石園詩를 들어보고자 한다.

長往知無策	長往에 方策이 없음을 알았으니
浮生歎有涯	浮生이 有限함을 탄식한다오.
時將林下趣	때로는 숲속에서 雅趣를 가졌고
來會故人家	친구 집에 와서 모이기도 했다네.
雨井蛙飜出	비 내리는 우물에 개구리가 놀고
風溪燕掠斜	바람부는 냇가에 제비가 난다.
留君同夜宿	그대를 머물게 하여 같이 자고 있으니
吾室畜蘭花	내방에 난초꽃이 핀 듯하다오.
(卷 6)	

이 시는 詩題에서 알 수 있는 바와 같이 친구인 趙芝園과 松石園에서 만나기로 약속하여 같이 자면서 지은 작품인 듯하다. 首聯은 長往에는 방책이 없음을 알았으니 浮生이 유한함을 탄식한다고 했다. 長往이 어떤 의미로 사용한 것인지 분명히 알 수 없으나 죽음을 의미한 것이 아닌가 생각되므로 初句는 죽음에 대한 불가항력을 뜻한 것으로 생각된다. 어쨌든, 유한한 인생의 무상을 말한 것임에는 틀림없을 것이다. 頷聯은 어떤 때는 그와 같이 詩酒로써 숲속에 앉아 즐겁게 놀기도 했고, 또 친구집에 가서 모이기도 한다고 했는데, 그와의 친한 우정을 반영한 것으로 생각된다. 頸聯은 비 내리는 산골 마을 얕은 우물에 개구리들이 놀고 있고 바람 부는 냇가에 제비가 이리 저리 날고 있다고 했으니, 당시 松石園에서 바라본 外景을 표현한 것으로 절묘함이 있다. 尾聯은 그대를 머물게 하여 같이 자고 있으니 내방에 난초꽃이 핀 것과 같다고 하여 깊은 우정을 나타내고 있다. 이 시는 깊은 의미가 내포된 것이 아니고

친한 친구와 약속하여 같이 자면서 기쁜 감정을 표현한 것이다. 그리고 송석원에는 千壽慶이 살았던 곳으로 알고 있었는데, 이 시의 내용을 보면 張混도 그 근처에 살지 않았는가 생각된다. 이를 뒷받침하는 것은 뒤에 다시 언급하고자 한다. 다음에는 一碧亭詩를 들어 본다.

十載病中客	오래 동안 병중에 있다가
秋風湖上樓	가을이 되자 湖邊의 樓에 올랐다.
沙鷗羞髮白	백구같은 흰 수염 부끄럽게 여기며
萍水覺身浮	浮萍처럼 뜬 신세 알게 되었다.
枕底平郊樹	베개 밑에는 樹海가 펼쳐 있고
窓間入浦舟	창 틈으로 포구의 배가 들어 온다.
手持一樽酒	손에 큰 술잔을 잡고
自許我名流	나도 名士임을 자부한다오.

(卷 6)

이 시의 原題는 一碧亭次杜韻이다. 杜詩에서는 韻만 따랐을 뿐이며, 一碧亭은 어디에 있는 亭子인지 알아보지 못했으나 해변에 있는 것임을 알 수 있다. 이 시를 지을 때 일행이 있었는지 혼자 갔는지 알 수 없다. 首聯은 오래 동안 병중에 있다가 가을 바람이 부는 것을 보고 금년도 얼마 남지 않았구나 하는 생각이 들어 病軀를 이끌고 樓에 올랐다고 했다. 頷聯은 오랜 병중에 있다가 나왔기 때문에 沙場에 있는 白鷗를 보고 자신의 수염도 그와 같이 흰 것을 부끄럽게 여기며, 물에 뜬 부평초를 보고 자신의 신세도 그와 같이 定處가 없음을 느끼게 되었다고 했다. 이 聯은 현실에 대한 자신의 비탄을 말한 것으로 생각된다.

頸聯은 베개 밑으로는 나무로 가득한 평원이 펼쳐 있고 창틈에는 浦口로 들어오는 배가 보인다고 했는데, 이 聯은 一碧亭에서 바라본 前景이다. 頷聯과 頸聯은 착상이 좋고 표현이 뛰어나지 않은가 생각된다. 尾聯은 큰 술잔을 가지고 마시며 스스로 자신도 名士임을 자부한다고 했는데, 오래 동안의 병중에서 침체해 있다가 一碧亭에 올라 아름다운 전경을 보고 기분이 전환되어 호기를 부려본 것이다. 다음에는 窮歲永宵有懷無寐用前寄韻寄汝長兼示長兒詩 두 수를 차례로 들어본다.

小燭未終夕	짧은 촛불이 일찍 타버려
有書恒廢看	책은 있으나 항시 볼 수 없다오.
丈夫抱志慮	丈夫는 큰 뜻을 가졌으나
兒女怨飢寒	아이들은 춥고 배고파 원망한다.
兀兀驚時晩	때 늦은 것이 불안해 놀라며
愔愔坐夜殘	조용히 긴 밤을 앉아 있다오.
方因百尺苦	오래 동안 어려움에 시달리다가
且喜一枝安	조금 안정된 것을 기뻐한다오.

(卷 2)

이 시는 섣달 긴 밤 생각에 잠겨 잠 못 이룬 것을 시로써 汝長에게 보내고 큰아들에게 보인다고 한 것이다. 首聯은 짧은 초가 일찍 타버리기 때문에 책은 있으나 항상 보다가 중지할 수밖에 없다고 했으니, 가난한 선비의 어려운 생활상을 절실하게 반영한 것으로 생각된다. 石油가 들어오기 전에는 어두운 밤의 조명을 시골에서는 각종 열매를 짜서 얻은 기름을 사용했고, 도시에는 기름과 초로써 밝혔다고 한다. 가난했던 선비의 가정에서는 촛불을 오래 동안 밝힐 수 없었기 때문에 보던 책을 중지 할 수밖에 없었을 것이다. 頷聯에서 장부는 큰 뜻을 가지고 있으나 아이들은 춥고 배고파 원망한다고 한 것은 현실의 어려운 처지를 말한 것이다. 즉, 선비의 포부가 功名일 수밖에 없겠는데, 초를 살 돈이 없어 밤에 공부를 할 수 없게 되었으니 큰 포부를 가졌으나 성취할 가망이 없기 때문이었을 것이다.

頸聯은 때 늦은 것이 불안해 놀라기도 하며 긴 밤을 조용히 앉아 있다고 했다. 장혼이 이 시를 언제 지었는지는 말하지 않았기 때문에 알 수 없으나 큰 아들에게 보인다고 했으니, 아들이 시를 이해할 정도의 나이라면 장혼은 사십대 이상은 되지 않았을까 추측된다. 그가 비록 委巷人이라 할지라도 志慮를 가졌는데 나이 사십이 지났으나 이룬 것이 없으니 늦은 것에 놀라게 되며 초조하기 때문에 잠을 이루지 못하고 밤이 깊도록 생각에 잠겨 앉아 있다고 한 것이다. 尾聯은 끝이 없는 어려움에 시달리면서 한가닥 좋은 일에 기쁨을 느낀다고 한 것은 자신의 심정을 솔직히 고백한 것으로 생각된다. 다음에는 같은 詩題의 다른 한 수를 들어본다.

老去人情慣	늙어가니 감정도 익숙해 져
逾從歲暮看	저물어가는 해를 보고만 지난다오.
瘦妻讓堗煖	여윈 처는 따뜻한 구들목을 사양하고
稚子問天寒	어린아이는 추위를 묻는다.
糲飯當宵永	굵은 밥먹고 긴 밤 지나며
秋衣禦臘殘	가을 옷으로 섣달 추위 견디다.
古來賢俊者	옛부터 현준한 자들도
多於窮處安	궁한 것을 편안히 넘기는 자 많았다오.

이 작품 역시 자신의 궁한 처지를 반영한 것이다. 首聯은 늙어가니 감정도 현실의 적응에 익숙해 져 저물어 가는 해를 보고만 있다고 했다. 젊었을 때는 한 해가 저물어 가게 되면 계획한 것을 성취하지 못한 것에 대해 안타깝게 생각하며 반성하고 분발할 것을 다짐했으나, 지금은 생각없이 해를 넘긴다고 했다. 頷聯은 여윈 처는 따뜻한 구들목을 자신에게 사양하고 어린 아이들은 날씨가 얼마나

추운가 하며 묻는다고 했으니, 추운 겨울 밤을 지나는 가난한 가정의 情景이 여실히 반영되었다.

頸聯은 精米가 아닌 굵은 보리로 한 밥을 먹고 긴 밤을 지나야 하고 가을철에 입었던 옷으로 섣달 추위를 넘긴다고 했으니, 가난해 먹을 것도 부실하고 철따라 옷을 바꾸어 입지도 못해 배고프고 추위를 견디기 어렵다는 것이다. 尾聯은 가난으로 좌절하지 않고 옛날부터 賢俊한 자들도 궁한 처지에서 편안하게 넘긴 사람이 많다고 한 것으로 자위하고자 했음을 알 수 있다.

지난 날 우리나라의 지식인들은 世業과 관직에 있은 자가 아니면 생활이 어려울 수밖에 없었다. 특히 장혼과 같이 한미한 가정에서 생장하여 父祖로부터 받은 유산과 종사하는 직업도 없으면서 문인으로서 일생을 보냈으니 그의 가정은 견디기 어려울 정도로 가난했을 것이다. 그러므로 위의 두 수의 시는 자신의 가난을 그대로 반영한 것이 아닌가 한다. 그리고 그것은 장혼 개인의 체험에 그치지 않고 당시 우리나라에 어려운 가정의 대부분의 체험일 수도 있을 것이다.

장혼은 여러 형식의 시를 많이 지었으나 그 가운데 五言律詩에 좋은 작품이 많은 것을 보면 律詩에 능하지 않았던가 한가. 다음에는 七言律詩에 대해 살펴보고자 하며, 먼저 石瓊樓觀瀑詩 2수 가운데 한 수만 들어보고자 한다.

歷盡稽山顧虎頭	稽山을 모두 지나 虎頭를 돌아보니
歸言萬壑共爭流	골짜기마다 물이 다투어 흐른다 한다.
未知佳境能勝此	佳境이 이곳보다 좋은 데 없으며
却怪喧聲更作幽	시끄러운 소리가 다시 그윽해 이상하다.
野雨人家初向夕	떨어지는 물방울이 저녁처럼 서늘하고
溪風巾髮欲生秋	골짜기의 바람이 가을을 느끼게 한다.
塵間欣戚終烏有	속세의 감정은 간 곳이 없고

身在搖搖水上樓　　몸만 물 위의 樓에 위태롭게 섰다.
(卷 1)

이 작품은 石瓊樓에서 瀑布를 바라보며 지은 두 수 가운데 한 수이다. 首聯은 稽山을 모두 거쳐 虎頭를 돌아보니 골짜기마다 냇물이 다투어 흐른다고 했다. 이것은 首聯으로써 폭포가 있는 곳의 상태를 말한 것이다. 頷聯은 경치가 너무 아름다워 이곳보다 더 아름다운 곳이 이 세상에서 또 있을지 알 수 없다고 했으며, 우렁찬 폭포소리가 계속 들리기 때문에 그것이 다시 그윽하게 느끼게 되어 도리어 이상하다고 했는데, 표현이 쉽게 보기 드문 절묘한 것이 아닌가 한다. 頸聯은 폭포 주위에 비처럼 떨어지는 물방울로 인해 낮이면서 저녁 때와 같이 서늘하며 계곡으로부터 불어오는 바람으로 가을을 느끼게 한다고 했다. 觀瀑을 어느 때 했는지 알 수 없지만 여름이 아니었던가 짐작되는데, 폭포가 있는 주위의 기온이 해질 즈음 저녁 때와 가을처럼 서늘하다는 것이다. 尾聯은 폭포의 광경을 보고 있는 동안 현실세계의 기쁘고 슬픈 모든 감정이 사라지고 자신이 높은 水上樓에 위태롭게 서 있다고 했다. 즉, 현실의 모든 것을 잊고 觀暴에 沒入해 있음을 말한 것이다. 그리고 이 시는 장혼의 작품에서 보기 드물게 雄健함이 있다. 다음에는 西亭中夜起望月上詩를 들어본다.

深溪門掩兩三家　　깊은 골짜기 몇 채의 집들은 문을 닫았고
老樹巑岏宿暮鴉　　높은 고목에 갈가마귀가 자고 있다.
睡起回風鳴落葉　　자다 일어나니 바람에 낙엽소리 들리고
酒醒寒月在黃花　　술 깨니 달빛이 국화꽃을 비춘다
久吟山曉衣裳冷　　산골 새벽에 오래 앉았으니 옷이 차갑고
獨立池清鬢髮斜　　홀로 못가에 서 있으니 수염이 날린다.
時有新香生竹外　　때때로 멀리서 향기나더니

小童初碾雪坑茶	小童이 처음으로 雪坑茶를 간다네.

(卷 7)

이 시는 詩題에 따르면 西亭에서 밤중에 일어나 달 뜨는 것을 바라보며 지은 것이다. 首聯은 깊은 계곡에 있는 몇 채의 집들은 모두 문을 닫았고 높은 古木에는 갈가마귀들이 자고 있다고 했으니, 西亭이 있는 곳의 주위의 야경을 표현한 것이다. 頷聯은 자다가 일어나니 바람에 낙엽 소리 들리고 술이 깨니 달빛이 국화꽃을 비추고 있다고 했다. 首聯이 원경을 표현한 것이라면 이 함련은 근경의 표현이 아닌가 한다. 頸聯은 산골의 새벽에 시를 읊으며 오랫동안 있었기 때문에 입고 있는 옷이 차가워졌고 홀로 못가에 서 있으니 바람에 수염이 날린다고 했다. 시점이 원경과 근경에서 자신에게 옮겨가고 있음을 알 수 있다. 尾聯은 때때로 향기가 대나무들이 있는 쪽에서 나더니 小童이 雪坑茶를 갈고 있다고 했다. 이 작품은 산골에 있는 정자에서 깊은 달밤에 홀로 일어나 詩想에 잠겨 있는 자신과 주변 景物을 표현한 것으로 보겠는데, 尾聯이 더욱 좋지 않은가 한다. 내포된 뜻만으로 좋다고 말할 수 없는 것이 시의 특성이다. 이 미련은 淸新함이 돋보이기 때문에 좋다고 한 것이다. 다음에는 早過千氏詩를 들어본다.

朱門不向向柴門	朱門을 가지 않고 柴門을 찾은 것은
慣識君家景物繁	자네집 景物을 잘 알기 때문이오.
雲曙高林鶯滑滑	구름 걷힌 숲에 꾀꼬리 울고
露晴紅藥蝶翩翩	이슬 갠 작약에 나비들이 날고 있다.
正逢詩料好天氣	詩材가 많은 좋은 날 만났으니
莫惜酒錢從我言	술값 아끼지 말고 내 말을 따르시오.
塵內浮生空自老	세상 부생이 부질없이 늙으니
愛茲邱壑幾人存	이곳 좋아하는 자 몇이나 있을까.

(卷 8)

이 시의 시제는 일찍 千氏 집을 지나면서라고 했으니, 천씨는 千壽慶이었을 것으로 짐작된다. 首聯은 귀한 사람이 살고 있는 붉은 대문이 있는 집으로 가지 않고 싸립문이 있는 집을 찾은 것은 자네 집에 경물이 번화함을 익히 알고 있기 때문이라고 했다. 위에서 알아본 바와 같이 천수경과의 관계는 어렸을 때 이웃에 같이 살아 世交가 있었으며, 자라서는 다같이 委巷文人으로 松石園詩社를 주도했고, 『昭代風謠 續選』을 편찬했다. 그러므로 가정 사정을 서로 잘 알고 있었을 것이다. 頷聯은 구름 걷힌 숲속에는 꾀꼬리가 울고 이슬 개인 芍藥에는 나비들이 날고 있다고 한 것은 천수경이 있는 집 주위의 경물을 표현한 것이다.

頸聯은 시재가 많은 좋은 날씨를 만났으니 자신의 말을 따라 술과 안주를 아끼지 말고 가지고 오라고 했는데 여기에는 豪放함과 낭만이 넘친다. 尾聯은 속세의 浮生들이 부질없이 늙어가면서 邱壑의 아름다움을 좋아하는 사람이 몇이나 있겠는가 했으니, 속인의 우매함을 탄식하면서 이와 같이 좋은 곳에 같이 술을 마시며 시나 짓자고 했다. 이 시는 자신의 사상을 잘 반영한 것으로써 장혼의 인물 성격을 이해하는데 도움이 되지 않을까 한다. 다음에는 咏梅詩 3수 가운데 한 수만 들어본다.

終年寥落水雲涯	선달 즈음 물가에 떨어져 있어
爭似深藏卿相家	귀한 집에 깊게 숨었던 것 같았다.
春意自生非藉雨	봄이면 아름다운 것은 비 때문이 아니고
枯容向暖不禁華	마른 모습이 따뜻하면 번화해 진다.
本將國色辭鉛粉	國色이었기에 연분을 사양했고
如乏天香等栟楂	天香을 등걸처럼 보이게 했다.
占盡風情居第一	風情을 모두 가져 제일이 되었으니
爲君天下摠難花	그대 때문에 꽃되기도 어렵다오.

(卷 8)

이 시는 시제를 咏梅라 했으니 매화를 보고 지은 것이다. 首聯은 지난 해 섣달 즈음에 물가에 쓸쓸하게 떨어져 있을 때는 마치 卿相의 귀한 집에 깊게 숨은 듯하다고 한 것은 연말 추울 때는 찾아보기도 어려웠다고 한 것이다. 頷聯은 표현이 절묘한 바가 있다. 봄이 되어 아름다운 꽃이 피는 것은 비가 내렸기 때문이 아니고 그의 자생적인 것이며, 마른 가지가 따뜻한 계절을 만나게 되면 화려한 꽃이 피는 것은 피지 않게 하고자 해도 할 수 없다고 했는데, 이것은 매화나무의 생태를 말한 것이다.

頸聯은 매화의 아름다움을 칭송한 것이다. 內句는 화장을 하지 않아도 으뜸이 되는 아름다움을 가졌기 때문에 鉛粉을 사양했다는 것이며, 外句는 등걸처럼 향기롭지 않게 하고자 했으나 天然으로 가지고 있는 향기는 감출 수 없다고 한 것이다. 國色과 天香은 꽃을 비유해서 말할 때는 목단을 말한다. 그러나 이 頸聯에서는 서로 對句를 이루고 있기 때문에 아름답고 향기로움을 말한 것이 아닌가 한다. 尾聯은 매화가 지니고 있는 향기롭고 아름다움은 많은 꽃 가운데 제일이 되기 때문에 이 지상에 있는 모든 꽃들이 매화의 향기와 아름다움에 짓눌려 꽃이라고 말하기 어렵게 되었다고 했으니 매화의 아름다움을 극찬한 것이다. 매화는 이른 봄 다른 꽃이 피기 전에 開花되기 때문에 문인들의 관심을 받았다. 장혼도 다른 꽃에 비해 매화를 詩材로 한 시가 많은 것을 보면 매우 좋아했음을 알 수 있다. 다음에는 遠景樓晩眺詩를 들어 보고자 한다.

一鄰樵牧雜讙呼	한 마을 아이들은 떠들썩하게 부르며
漆吏還同野老愚	漆吏도 野老처럼 어리석은 듯하다.
聽水田間携子姪	들에서 子姪들과 물소리 들으며
看山籬外揖公孤	울타리 밖에 읍한 산을 바라본다.
寒禽谷靜啼相應	고요한 골짜기에 새들은 서로 울고

落景峰高勢欲扶	석양에 높은 봉 그림자는 넘어질 듯하다.
碌碌棼棼塵世事	쓸모없고 어지러운 일들은
終昏對此自消無	해지는 이 광경에 사라지리라.
(卷 7)	

이 작품은 遠景樓에서 落照를 바라보며 지은 것이다. 首聯은 같은 마을 아이들은 서로 떠들썩하게 부르며 漆吏[29]가 시골에서 농사짓는 늙은이처럼 어리석게 보였다고 했다. 이러한 내용은 당시 원경루 주위의 특수한 광경을 표현한 것이 아닌가 한다. 말이 어려운 것은 아니나 이해가 쉽지 않다. 頷聯은 子姪들을 데리고 논 사이에 흐르는 물 소리도 듣고 울타리 밖에 公孤에 읍하고 있는 산을 바라본다고 했다. 농부들은 농사철 날이 가물 때 자기 논으로 흘러 들어가는 물소리는 어떤 소리보다 듣기 좋다고 한다. 田間이라 했기 때문에 그와 같은 물소리가 아닌가 한다. 公孤는 어떤 의미인지 알아보지 못했으나, 이 聯은 아름답게 들리는 물소리도 듣고 멀리 떨어져 있는 산봉우리도 바라본다는 내용이다. 극히 閒雅함이 있지 않은가 한다.

頸聯은 새들이 다른 소리는 들리지 않은 골짜기에서 서로 울고 있으며 석양에 생긴 높은 봉우리의 그림자는 그 형세가 넘어질 듯하다고 했다. 당시 원경루에서 듣고 보고 한 것을 그대로 표현한 것이다. 尾聯은 쓸모없고 어지러운 현실 세계의 모든 일들은 이 晩眺의 아름답고 장엄한 광경을 보게 되면 자신도 모르게 사라질 것이라고 했다. 위에서 알아본 장혼의 시에 塵間所戚終烏有, 또 塵內浮生空自老라 했고, 이 尾聯에서도 碌碌棼棼塵世事라 하여 현실에 대한 허무의식과 부정적인 태도가 반영되었음을 볼 수 있는데,

29) 漆吏는 어떤 의미로 사용한 것인지 알 수 없으나, 莊子가 漆園吏를 했기 때문에 박식하고 영리한 벼슬아치를 말한 것이 아닌가 한다.

이것은 자신의 불평을 간접적으로 나타낸 것이 아닌가 생각된다.

위에서 장혼의 시 십여 수를 들어 살펴보았다. 그의 시에 대해 張之琓은 「張先生混傳」에서 그는 더욱 시에 능했고 지은 시가 알려지게 되면 서로 傳誦했다고 했다. 이로써 보면 당시에 유명했음을 알 수 있다. 장혼이 활동했던 시기만 해도 우리나라 한문학은 전대에 비해 약간 쇠퇴한 듯 했으나 이름 높은 문인들이 적지 않았는데, 장혼이 그 가운데서 시로써 유명했다고 하면 문인으로서 능력은 상당히 인정받았던 것이 아니었던가 한다.

그리고 장혼의 시가 독특한 특징이 있었던 것은 아니었으나, 당시 유행하는 시풍에 따라 표현하는 능력은 委巷文人들 가운데 우수했던 작가였다. 그것은 그의 작품에서도 알 수 있겠지만, 그가 千壽慶과 더불어 松石園詩社를 주도했던 인물이라는 것에서도 인정할 수 있지 않을까 한다. 그의 문집에 실려 있는 작품에는 사대부들과는 달리 挽詩와 贈人詩들이 적고, 산수와 같은 자연의 아름다움에 대해 取材가 많은 것은 불우했던 위항문인이었기 때문일 것이다. 그러면서 현실의 비리에 대해 지적이 적은 것은 의도적으로 회피한 것이 아닌가 한다.

V. 結 言

張混이 근세의 인물이었음에도 불구하고 그에 대한 기록이 없어 생애와 인물 성격을 구체적으로 알지 못하게 되어 아쉽다. 어쨌든, 그는 寒微한 가문의 출신으로서 일생 동안 빈곤한 가운데서도 權

貴에 접근하여 爵祿을 탐하려 하지 않았을 뿐만 아니라, 일정한 직업을 가지지 않고 문인으로 自處하며 작품과 詩社 활동에 주력한 인물이었다. 그를 이렇게 보려는 것은 그의 문집에 당시 높은 관직에 있었던 인사들과 교유가 적지 않았음을 볼 수 있는데, 監印所에서 御定書籍을 간행할 때 校正을 보았을 뿐이며, 加資를 내리고자 했을 때도 그것을 사양했기 때문이다. 그리고 다른 직업에 종사했다는 흔적은 찾아볼 수 없고, 醫書를 공부했다고는 하나 掛藥했다는 말은 없다. 이와 같이 장혼이 빈곤한 처지에 있었으면서 작품 및 詩社 활동에 주력하여 委巷文學의 발전에 적지 않은 공헌을 한 점을 높게 평가해야 하지 않을까 한다.

제7장

趙秀三 研究

Ⅰ. 序 言

朝鮮朝 後期 正祖, 純祖 때에 이르게 되면서 委巷文學이 상당히 발달함과 동시에 作家層도 두터워 졌던 것으로 생각된다. 이렇게 보려는 것은 委巷文人들의 작품을 수록한『昭代風謠』와『大東詩選』등과 같은 시 選集에 이 시기에 활동한 委巷作家들과 그들의 작품이 많이 실려 있는 것에서도 알 수 있기 때문이다.

그런데, 委巷作家들에 대한 연구에는 적지 않은 어려움이 있다. 그것은 연구에 도움이 될 만한 기록자료를 찾아보기 어렵기 때문이다. 지난 날 우리나라에 국가의 공식적인 기록은 정치를 圍繞한 王室中心의 것이었고, 개인적으로는 文集과 身後文字들이 있었으나, 委巷人들은 당시 사회에서 신분적으로 政界에 진출하기 어려웠기 때문에 王室中心의 기록에는 오를 수 없었고, 文集은 간행에 많은 비용이 들기 때문에 文名이 있었다고 해서 누구나 할 수 있었던 것이 아니었으며, 身後文字도 士族社會에서 많이 남겨 졌고 委巷人들에게는 쉬운 것이 아니다. 그러므로 대부분의 委巷人들은 思想과 인물 성격 등에 대한 기록자료가 零星하기 때문에 作家硏究에 어려움이 적지 않다.

本稿에서 연구대상으로 한 趙秀三은 委巷文人으로 당시 文名도 높았을 뿐만 아니라, 다행히 많은 양의 작품이 실려 있는 문집이 전하고 있다. 그러나 그의 사상과 인물 성격을 이해하는데 도움이 될 만한 기록은 많지 않다. 그러므로 本稿에서는 그의 生涯와 人物性格 및 그의 문학에 대해 고찰해 보고자 하나, 그의 인물에 대한 기록이 많지 않기 때문에 구체적인 연구가 어려움을 밝혀 둔다.

Ⅱ. 生涯와 人物 性格

趙秀三(1762～1849)의 字는 芝園, 號는 秋齋 또는 經畹이라 했다. 秋齋는 자신이 쓴 「經畹先生自傳」이 있으나 疎略하기 때문에 그의 生涯와 人物 性格을 이해하는 데는 큰 도움이 되지 못하고 위에서 말한 바와 같이 다른 기록도 없기 때문에 그가 어디에서 성장했고, 또 출신 성분에 대해서도 알려진 바가 없다. 臆測이 되겠지만 이 시기에 委巷文人으로 유명했던 인사들이 대부분 서울에서 출생했거나 서울에 살고 있었고, 秋齋도 그의 많은 기록 가운데 고향이 어디라고 말한 것을 볼 수 없으나, 그가 서울에 계속 살고 있었기 때문에 서울에서 성장하지 않았는가 한다.

그리고 그의 출신 성분에 대해서도 士族인지 寒微한 家門의 출신인지 기록이 없기 때문에 정확히 알 수 없으나, 그가 進士試에 應試한 것으로 보아 아주 微賤하지는 않았음을 알 수 있다. 그런데, 그가 進士試에 합격했을 때의 榜目인 崇禎紀元甲辰增廣司馬榜目에 그의 아버지의 이름은 趙元文으로서 유명했던 인사가 아니었고, 그의 문집에 교유했던 인사들 가운데 官職에 있었던 사람도 적지 않았으나 委巷出身의 문인들을 많이 볼 수 있고, 張志淵의 『逸士遺事』(卷 4)의 趙秀三條에 秋齋才高地微라 했으며, 그가 세상을 떠난 지 얼마 되지 않아 편찬된 委巷文人들의 작품 選集인 『風謠三選』에 그의 시가 여러 수 실려 있는 것으로 보아 士族은 아니었음을 알 수 있다. 이로써 미루어 볼 때 秋齋의 신분은 中人階層이 아니었던가 한다.

秋齋는 그의 丙子初度詩에 따르면 三兄弟였는데 그가 끝이었으며, 어렸을 때 병이 많아 주위로부터 더욱 사랑을 받았다고 한다.[1] 그리고 그는 매우 조숙했음을 알 수 있다. 그의 今日新年詩에 자신은 네 살 때 처음으로 글을 배우기 시작하여 다섯 살 때 散文을 짓게 되었으며, 여섯 살 때 史와 傳을 배웠다. 그리고 일곱 살 때 經典을 읽었으며, 여덟 혹은 아홉 살 때 詞賦를 잘 지었다고 하며, 열 살이 약간 지났을 때 試場에 나가서 일등을 하게 되었다고 했다.[2] 그리고 그의 自傳인 經畹先生自傳에 따르면 어렸을 때부터 散文 짓기를 좋아해 寢食을 잊을 정도였으며, 지은 것이 매우 좋지는 않았으나 간혹 힘이 있어 옛 作家의 氣風이 있었다고 했다.[3]

『熙朝軼事』에는 秋齋가 여섯 번이나 중국에 가서 세계의 여러 지역 사람들과 사귀었다고 했다.[4] 그의 문집에 중국에 갔을 때 지은 紀行詩가 많은 것으로 보아 여러 번 갔던 것은 사실인데, 자신의 말에 따르면 乾隆 庚戌과, 嘉慶 庚申 및 癸亥와 丙寅에 使臣을 따라 燕京에 갔다고 했다.[5] 이와 같이 秋齋는 중국에 간 시기까지 밝히며 네 번 갔다고 하여 『熙朝軼事』의 기록과 차이가 있음을 볼 수 있다. 이에 대해서는 뒤에 다시 언급하기로 하고 중국에 간 시기부터 알아보고자 한다.

---

1) 『秋齋集』 卷 2, 詩. "兄弟三人我最少 少多疾病尤憐之"
2) 『秋齋集』 卷 4, 詩. "四歲始學書 五歲能屬文 六歲誦史傳 七歲窺典墳 八歲九歲作詞賦 蛍光的爍磨青雲 十二三四出戰藝 奮譬一呼靡千軍"
3) 『秋齋集』 卷 8, 文. "自幼愛屬文 至廢寢食 而不甚佳 然往往凌厲 有古作者風"
4) 李慶民, 『熙朝軼事』 趙秀三條. "六遊中原 與四海人交"
5) 趙秀三, 「寄劉燕亭喜海書」, 『秋齋集』 卷 8, 文. "秀三以乾隆庚戌 嘉慶庚申及癸亥及丙寅 從貢使回次進京"

秋齋가 처음 중국에 간 乾隆 庚戌은 正祖 14년으로써 그의 나이 28세 때였다. 그런데, 그의 燕行留別의 詩題 밑에 己酉 十月 十五日이라고 한 것을 보면 서울에서 출발은 正祖 13년 그의 나이 27때 己酉年이었음을 알 수 있으며, 이 때는 初行이었기 때문인지 留別詩에 男兒四方志 何必涕潸然이라 하여 남아가 사방에 큰 뜻을 품었는데 어찌 눈물을 흘리겠는가 했다. 嘉慶 庚申은 正祖 24년으로써 그의 나이 38세 때였다. 庚申年 入燕했다는 留別詩에 中原萬里帝王州 十二年間再此遊(卷 1)라 했다. 그가 처음 중국으로 가기 위해 서울을 출발한 해로부터 12년이 된다. 세 번째 癸亥年은 純祖 3년으로써 41세 때였으며, 네 번째 丙寅은 純祖 6년으로써 44세 때였다.

『熙朝軼事』에 秋齋가 여섯 번 갔다고 한 바와 같이 그가 중국에 간 것은 위에서 말한 네 번으로 그치지 않았다. 그의 詩題에 戊寅秋孟余從事接駕使臣作瀋陽之行留別同社(卷 3)라 한 시가 있는 것으로 보아 純祖 18년 그의 나이 56세 때 우리나라에 오는 중국 使臣을 맞이하기 위해 瀋陽까지 갔음을 알 수 있다. 그리고 그의 「明實錄歌」 並序(卷 5)에 歲己丑冬 余從國使入燕이라 했다. 己丑年은 純祖 29년으로 秋齋의 나이 67세였다. 이 해 겨울에 갔다고 했으므로 68세 때 돌아왔을 것이며, 그 때 지은 玉田道中詩의 結句에 尙餘周覽興 七十未龍鍾이라 했으니, 내용이 당시 나이와 비슷함을 알 수 있다. 이로써 볼 때 그가 여섯 번 중국에 갔다왔음을 알 수 있으며, 秋齋가 「寄劉燕亭喜海書」에 네 번 갔다고 한 것은 44세 때 네 번 중국을 다녀온 후에 쓴 편지였기 때문일 것이다.

여섯 번째 중국에 갔을 때 秋齋도 다시 오기 어려움을 알았기 때문인지 燕亭 劉喜海를 비롯하여 중국을 왕래하면서 交遊했던 문인들을 많이 찾아보았으며, 太和殿 萬應宮 등 宮殿과 琉球館,

琉璃廠, 回回館과 아울러 여러 곳을 觀光하고 그 所感을 시로써 나타냈다.

이상의 考察로써 秋齋가 27세 때부터 68세에 이르기까지 중국에 여섯 번 갔다왔음을 알 수 있는데, 높은 관직에 있었던 것도 아니면서 이와 같이 여러 번 왕래한 것은 어려웠을 것으로 생각되기 때문에 그가 어떤 자격으로 갔던가 하는 것을 살펴보고자 한다.

朝鮮朝 시대에 외국에 使臣을 보낼 때는 正使, 副使, 書狀官을 비롯하여 譯官과 隨行員이 많이 수행하게 되었다고 한다. 秋齋는 여러 번 갔기 때문에 譯官으로 간 것이 아닌가 생각해 볼 수 있겠는데, 그의 문집에 중국을 왕복하여 지은 紀行詩가 많이 실려 있으나 譯官과 관련있는 말은 찾아볼 수 없다. 그리고 그가 譯官이 아니었다는 것은 다음 기록에서도 분명히 알 수 있다. 秋齋가 처음 중국에 갔을 때 길에서 江南 사람을 만나 같이 수레를 타고 가면서 중국말을 배워 燕京에 도착했을 때는 그곳 사람들과 이야기 할 때 筆舌을 빌리지 않았다고 한다.[6] 어쨌든, 당시 이러한 말이 전하고 있었다는 것은 秋齋가 처음 중국에 갈 때 中國語를 알지 못했기 때문일 것이며, 따라서 譯官 자격으로 가지 않았음을 알 수 있다.

그리고 秋齋 자신은 중국에 간 것에 대해 從貢使라 했다.[7] 위에서 말한 바와 같이 使臣 일행이 외국에 갈 때 적지 않은 隨行員을 동행한다고 했는데, 이 隨行員 가운데는 뚜렷한 직책없이 文名이 있는 文人들도 적지 않게 가게 되었으므로 秋齋도 처음에는 그러한 자격으로 갔을 것이고, 뒤에는 중국말도 배워 通話가 가능했기

---

6) 李慶民, 『熙朝軼事』, 趙秀三條. "初遊中原時 路逢江南人 同車而行 盡學其語 及與皇都人語 不借筆舌"
이 기록의 出典을 趙熙龍의 「壺山外記」라 했는데, 조희룡은 秋齋와 같은 시대에 생존했던 인물이며, 추재가 그에게 준 시도 있다.

7) 註 5)와 같음.

때문에 外國에 나간 경험이 없는 正使와 副使들이 전적으로 譯官에 의지하는 것보다 秋齋가 신뢰성이 있을 것으로 생각되었기 때문에 동행을 요구하지 않았던가 생각된다. 그리고 秋齋도 당시 우리나라와 중국과의 관계가 원만했으므로 위험부담이 없고, 또 신분이 士族이 아니었기 때문에 下待를 받아왔으나 중국의 문인들과 사귀는 것에는 전혀 그러한 부담이 없었을 것이고 옛부터 文化的으로 우리보다 先進的이었으며, 당시 중국은 西歐의 文物까지 적지 않게 流入되어 있었다. 그리므로 秋齋는 여러 번 가본 곳이지만 같이 가기를 거절하지 않았으며, 老軀를 무릅쓰고 가지 않았던가 한다.

秋齋는 官職을 역임한 적이 없고 평범하게 살았기 때문인지 중국에 간 것을 제외하고는 그의 행적에 주목할 만한 것이 없다. 다만 추재가 중국의 文人 劉喜海에게 보낸 簡札 가운데 昨年에 雲石 趙寅永이 嶺南觀察使로 임명되면서 자신을 불러 記室參軍을 시켰다고 했다.[8] 추재가 이 簡札 내용에 秀三今年六十五年矣라 했으니, 嶺南의 記室參軍을 한 것이 64세 때였음을 알 수 있다.

趙寅永은 뒤에 領議政을 역임한 인물로서 추재의 文才를 아꼈으며 貴賤을 떠나 일생 동안 사이좋게 지냈는데, 그가 嶺南觀察使에 임명되면서 秋齋를 부른 것이 아닌가 생각된다. 秋齋가 劉喜海에게 이 簡札을 보낼 때 65세 때였다고 했으니, 중국에 다섯 번 갔다온 뒤였다. 이 簡札에서 네 번이라고 한 것은 다섯 번 째 간 것은 燕京에 가지 않고 瀋陽까지 갔기 때문에 말하지 않은 것으로 생각된다.

秋齋가 70 가까운 나이에 중국을 다녀온 것도 驚異的인 것이었

---

8) 「寄劉燕亭喜海書」, 『秋齋集』 卷 8, 文. "昨年雲石公拜嶺南觀察使 謬辟秀三 爲記室參軍矣"

지만 83세에 進士試에 합격했다. 이러한 것은 전에도 없었기 때문인지 발표하던 날에 바로 五衛將에 임명되었다.[9] 그리고 秋齋가 進士試에 합격하던 날 지었다는 司馬唱榜日口呼七步詩 二首가 있으므로 들어본다.

腹裡詩書幾百擔	배 속에 많은 詩書 가졌으나
今年方得一襴衫	금년에 겨우 襴衫을 입었다.
傍人莫問年多少	사람들아 나이 얼마냐 묻지 마오.
六十年前二十三	육십년 앞에 이십 삼년이 있다네.
堯舜君民忘夯擔	聖代의 백성이 큰 짐 지게 되니
相逢人笑老生談	만나는 사람마다 내 이야기 한다.
成均進士今春榜	금년 봄 成均進士榜에
一國皆驚趙秀三	모두 나를 보고 놀랐다네.
(『秋齋集』 卷 6)	

『秋齋集』에 科文體의 시가 많이 실려 있는 것을 보면 秋齋가 과거 준비를 착실히 했음을 알 수 있는데, 기회 있을 때마다 應試를 계속 했는지, 젊었을 때 몇 번 보았으나 낙방되었기 때문에 포기했다가 우연한 계기로 응시하여 합격한 것인지 알 수 없으나, 팔십삼세에 합격한 것은 前無後無했던 것으로 그의 말과 같이 一國의 사람들이 놀라지 않을 수 없었을 것이다.

다음에는 秋齋의 인물 성격에 대해 살펴보고자 한다. 秋齋의 生涯에 대한 기록이 없기 때문에 고찰이 疎略할 수밖에 없겠는데, 그의 인물에 대한 기록도 많지 않으므로 그의 自傳인 『經畹先生自傳』과 『熙朝軼事』의 기록을 중심으로 알아 보고자 한다. 『熙朝軼事』에는 秋齋의 얼굴이 아름다워 안개와 같이 희고 깨끗하다고 했

9) 『秋齋集』 卷 6, 詩. "年八十三 獲忝賢關大比之科 唱名之日 特蒙五衛將晋爵之恩"

다. 그리고 세상 사람들은 그가 가지고 있는 열 가지 재능에서 한 가지만 가지고 있어도 평생에 만족할 것이라 하며, 그가 지니고 있는 것으로 風度, 詩文, 功令, 醫學, 奕棊, 字墨, 强記, 談論, 福澤, 壽考라고 했다.[10] 이 열 가지는 누구나 가지고 싶어하는 것이다. 秋齋가 이것에 모두 능했고 가지고 있었다고 하니 보기 드문 인물이었음을 알 수 있다. 秋齋는 風姿가 아름다웠고 詩文은 물론 科詩에까지 뛰어났던 것은 사실이다. 그리고 醫學에 대해 말한 바가 없기 때문에 알 수 없지만, 그의 시에 바둑을 두었다는 것이 있는 것으로 보아 좋아했거나 高手였음을 알 수 있다. 그가 팔십 팔세까지 살았으니 드문 壽考였으며, 福澤은 어떤 것을 말한 것인지 알 수 없으나, 그의 自傳에 家貧不厭糠覈이라 한 것을 보면 가난하지 않았던가 생각되지만 그의 시에 貧困에 대한 말은 없으며, 福澤은 貧富만을 가지고 말하는 것은 아니기 때문에 어떤 福澤이 있었는지는 알 수 없다. 그의 自傳에는 諧謔을 잘해 俚俗에 있는 일을 중심으로 했으나 經典의 내용에 어긋나지 않았다고 했으니,[11] 談論에 능했음을 알 수 있다. 이로써 볼 때 그가 사람들이 가지고 싶어하는 재능을 많이 가지고 있었던 것은 사실일 듯하다.

秋齋는 자신의 성격에 대해 열흘 또는 한달 동안 山水間을 유람하면서 처자를 돌보지 않았으며, 술을 먹지 않았으나 使臣一行으로 중국에 갔을 때 개를 잡는 시장에서 큰 술잔으로 하루 저녁에 數斗를 마셨다. 그리고 체질이 매우 약했으나 古今의 成敗와 義利를 이야기 할 때는 엄숙한 자세가 勇士와 같았으며, 사람들과 사귀는 것을 좋아하여 貴賤과 賢愚를 구분하지 않고 환심을 얻었으나

10) 李慶民, 『熙朝軼事』. "美風姿有烟霞氣 …. 世以爲秋齋所蘊者凡十 而人得其一 可是生平 一風度 …"

11) 趙秀三, 「經畹先生自傳」, 『秋齋集』 卷 8, 文. "善諧謔 多談俚俗事 究歸不背經"

뒤에 그들로부터 용납을 받지 못했다고 했다.[12] 秋齋의 문집에 국내를 두루 여행하며 지은 紀行詩가 많은 것을 보면 그가 여행을 좋아했음을 알 수 있으며, 평소에는 술을 마시지 않았으나 분위기에 따라 많이 마셨다는 것은 그의 성격의 한 단면이라고 볼 수 있지 않을까 한다. 그리고 古今의 역사에서 成敗와 義利의 구분에는 勇士와 같았다고 한 것은 是非의 분별에 타협이 없이 분명했다는 것이다.

秋齋가 중국에 갔을 때 깊게 사귀었던 사람이 있었는데, 몇 년 후 중국에 갔을 때 그 사람은 세상을 떠났고 그의 아들이 떠돌아다니는 것을 보고 가지고 있었던 돈을 모두 그 사람에게 주었다고 한다.[13] 秋齋의 이러한 성격을 볼 때 그가 利害에 민감하지 않고 義理를 중시했음을 알 수 있다. 그리고 秋齋는 蘇秦이 한 말에 대해 한탄하면서 大丈夫가 어찌 몇 이랑의 밭을 계획할 것인가. 자신은 九經을 좋은 밭으로 할 것이라 하며 經畹先生으로 自號한다고 했다.[14] 蘇秦은 중국 春秋戰國時代에 여러 諸侯國을 縱橫으로 합쳐 힘을 모으고자 했는데, 뒤에 말하기를 밭 몇 이랑만 있었더라도 縱橫은 하지 않았을 것이라고 했다. 그런데, 秋齋는 蘇秦이 어찌 재물을 가지고 말을 하는가. 자신은 九經을 좋은 밭으로 생각하며 연구할 것이라고 했다. 이로써 보면 秋齋는 功名과 재물에 관심이 없었고 학문에 있었음을 알 수 있다.

---

12) 上同. “旬月出遊山水間 不顧妻孥也 素不能飮酒 而嘗隨國使 歷遼野臨溟渤 入燕臺遊於屠狗之市時 則能揮巨觥 一夕罄數斗 力綿弱不勝衣及夫論古今成敗義利之分 輒髮竪目張 矍然如勇士也 喜交遊 無問貴賤賢愚 咸得其歡心 然卒不見容”

13) 李慶民, 『熙朝軼事』. “與一人交厚 後幾年 其人沒 而其子飄迫 相逢於遼薊之間 緬舊生感 乃傾槖與之”

14) 「經畹先生自傳」. “常恨蘇秦之言曰大丈夫豈可謀數頃田哉 吾當以九經作良疇 是以自號 曰經畹先生云爾”

秋齋는 自傳 後尾에 있는 贊에서 外柔內剛한 자는 미치지 아니하는데 미쳤다고 하는가. 자신을 희생하면서 道를 발전시킨 자는 불가능한 것을 가능하게 한 것이 아닌가. 미치지 않았는데 사람들이 믿어주지 아니하고, 능력이 있는데 사람들이 알아주지 못하니 운명인가 시대가 그렇게 한 것인가 했다.[15] 이로써 미루어 보면 秋齋는 자신이 外柔內剛한 인물로서 道에 대해 많이 알고 있었으며, 자신이 가지고 있는 능력만큼 세상 사람들이 알아주지 못하고 있는 것에 불평이 없지는 않은 듯하다.

秋齋는 사람들이 한 가지만 가지고 있어도 평생 동안 만족할 만한 것을 열 가지나 가지고 있었으니 자신의 능력에 대한 自負가 대단했을 것으로 짐작된다. 그런데, 위에서 언급한 바와 같이 秋齋의 家門은 士族이 아니었던 것은 분명한 듯하다. 그러므로 당시 국가의 制度的인 제한에 의해 높은 관직에 오르기 어렵기 때문에 불평이 없지 않았을 것이다.

이상의 고찰로써 볼 때 秋齋의 생애는 기록이 적기 때문에 구체적으로 알 수 없으나, 譯官도 아니면서 白衣로 使臣一行을 隨行하여 여섯 번이나 중국을 다녀왔다. 이것은 秋齋의 인물을 이해하는데 중요한 의미를 지닌다고 생각된다. 그리고 그는 여러 가지 재능을 가졌음에도 신분적인 제한으로 출세를 하지 못했으나 그것을 운명으로 또는 어찌 할 수 없는 시대적인 狀況으로 인식하고 詩文에 傾注하며 조용히 받아들였지만 內心으로는 강하게 불만을 가지고 있지 않았던가 짐작된다.

---

15) 上同. "贊曰 外柔而內剛者 不狂而狂耶 身廢而道興者 能於不能耶 不狂而人不能知 能而人亦不能知 命耶時耶"

Ⅲ. 그의 文集

秋齋의 문집『秋齋集』은 첫 머리에 中國人 朱文翰, 江連의 序가 있고, 1권부터 6권까지는 여러 형식의 詩이며, 7권은 功令詩인데, 科擧를 보고자 하는 사람들은 누구나 지었으나 일반적으로 文集에 실지 않았다. 그런데, 秋齋集에 여러 首를 실은 것은 秋齋가 그 형식의 시를 잘 지었기 때문이 아닌가 한다. 그리고 8권은 散文이다.

朱文翰이 序를 쓴 해를 乾隆龍集大荒落이라 했고, 江連은 乾隆庚戌이라 했으니 乾隆 庚戌은 正祖 14년으로써 秋齋가 28세 때 처음 중국에 가서 序를 받은 것이 된다. 그리고 編集은 秋齋가 自編한 것으로 지은 年代順에 따라 실은 것이 아닌가 한다. 編集에 관해 어디에서도 밝힌 바 없으나 自編으로 보려는 것은 秋齋가 작품을 지은 시기를 밝힌 것이 극히 적기 때문에 정확히는 알 수 없으나 지은 年代順으로 실지 않았는가 생각되는 것은 첫 부분에 실려 있는 시들은 초기에 지은 것이고 뒷부분의 것은 후기에 지은 것이다. 그리고 그의 많은 燕行詩들도 갔던 시기에 따라 순서대로 실려 있다. 문집에 작품을 실은 순서가 이와 같은 것을 볼 때 自編이 아니고는 불가능하다고 생각되기 때문이다.

文集 刊行에 관해『熙朝軼事』에 詩文 若干卷이 있었는데 趙寅永이 간행해 세상에 전하고자 계획하고 있다고 했다.[16] 그런데, 趙寅永은 秋齋가 세상을 떠난 다음 해 下世했으므로 계획만 하다가

16) 李慶民,『熙朝軼事』. "詩文若干卷 雲石趙相國 方謀剞劂 傳于世"

간행은 하지 못한 것이 아닌가 한다. 따라서 筆者가 본 寶晋齋本은 秋齋가 自編하고 趙寅永이 계획했던 것을 얼마 후 가족이나 제자들에 의해 洋活字로 간행한 것으로 생각된다.

Ⅳ. 그의 詩

秋齋는 당시 문명이 높았는데, 그의 문장을 대표하는 것은 산문보다는 시였을 것이다. 그러나 그의 시에 대한 논평은 보기 어렵다. 그것은 秋齋뿐만 아니라, 秋齋 前後에 활동했던 다른 委巷文人에 대해서도 마찬가지다. 이러한 현상은 委巷文學이 발전했다고 하지만 후대에까지 전할 수 있는 기록은 士族들이 잡고 있었기 때문일 것이며, 또 다른 이유는 잇달아 漢文學이 쇠퇴했기 때문일 것이다. 그러나 秋齋는 자신의 재능과 문장에 대해 높은 자존심을 가지고 있었다. 그는 자신에게 십년 동안 문장에 노력할 수 있게 해준다면 太平聖代의 擊壤歌를 지을 수 있을 것이라 했다.[17] 秋齋는 이와 같이 자신의 재능에 대한 자존심이 대단했다.

그리고 자신의 시에 대해 "내 시에 唐代 大家들의 風貌가 있다고 하는데, 이 말이 과연 깊게 생각하고 한 말인가. 그렇지 않으면 점하는 사람이 돈을 받기 위해 칭찬하는 것과 같은 것인가. 내 시는 좋은 것이 없다. 젊었을 때는 輕薄하고 綺麗한 말을 많이 사용했으나, 십 수년 후에는 그러한 것이 좋지 않음을 알고 蒼老하고

17) 「經畹先生自傳」. "歎曰 假我十年之間 一肆力於文章 則亦足爲聖世作擊壤之歌"

忠厚함을 힘써 많은 노력 끝에 지금은 고쳐졌다고 했다.[18] 이로써 보면 그의 시가 초기에는 綺麗함을 좋아했고, 뒤에는 蒼老 忠厚함을 좇고자 했음을 알 수 있다. 다음에는 그의 시에 대해 살펴보고자 하며, 먼저 五言絶句의 北行百絶에서 其十二 鄒家嶺詩부터 들어본다.

山店日未西	산 속 주막집에 해가 지지 않았는데
主翁挽人宿	주인은 자고 가게 잡는다.
傳聞樵子語	나무하는 아이의 전하는 말에
虎噉東隣犢	범이 이웃집 송아지를 물고 갔다네.

(『秋齋集』 卷 3)

「北行百絶」은 그 序에 壬午年 그의 나이 60세 때 늦은 봄에 關北地方으로 여행을 떠나 그 해 초겨울에 돌아왔는데, 이백일 동안 만여 리를 여행하면서 직접 찾아 보고 듣고 한 것을 素材로 하여 시를 지었으나, 紙筆이 없어 써두지 못했다가 뒤에 썼다고 했으며, 이 시는 12번 째 鄒家嶺에서 지은 것이다. 鄒家嶺이 어디 있는지 알아보지 못했지만 시 내용으로 보아 깊은 산 속에 있음을 알 수 있다. 起承兩句는 山店에 아직 해가 지지 않았는데 늙은 주인은 자고 가게 잡는다고 했으니, 주인에게는 사람이 그리웠을 것이고, 또 산 속 밤길이 위험했기 때문일 것이다. 순후한 산골 인심을 짐작할 수 있다. 轉結兩句는 나무하는 아이의 말을 들으면 범이 내려와서 동쪽 이웃집 송아지를 물고 갔다고 하니, 주인이 자고 가게 잡는 이유를 알게 된 것이다. 이 작품은 修辭에 노력한 흔적도 없

---

18) 趙秀三, 「與朴生」, 『秋齋集』 卷 8. "極言拙詩 有唐人大家風云 斯言也 果能知之深覿之切而發耶 不然則率口稱美 如賣卜子之談命索價耶 僕詩誠無好處 年少時喜作輕薄綺麗語 自十數年來 自覺其非 端務於蒼老忠厚 既久稍稍滌除 今則已改觀矣"

이 純厚한 인심과 산골의 情景을 잘 반영한 작품으로써 秋齋의 詩作이 完熟했을 때 지은 것임을 알 수 있게 한다. 다음에는 十三山詩를 들어본다.

遼野平如盤	遼野가 소반처럼 평탄해
日月出其間	해와 달이 그 사이에서 뜬다.
拳石亦未見	주먹만한 돌도 보지 못했는데
今朝十三山	오늘 아침 十三山이 있다네.
(卷 2)	

이 시는 秋齋가 使臣一行으로 중국에 가면서 遼東을 지나다가 十三山을 보고 지은 것이다. 이 작품 두 수 뒤에 丁卯歲十月二十四日遊寶鳳山華藏寺詩가 있다. 이로써 秋齋가 丙寅年 純祖 6년 10월에 우리나라에서 출발하여 다음 해 遼東에서 지었음을 알 수 있으며, 당시 45세였다.

우리나라는 산이 많기 때문에 중국에 使臣으로 가다가 一望無際한 遼野를 보면 경탄하게 된다. 이 시는 秋齋가 며칠 동안 遼野를 지루하게 지나다가 갑자기 나타난 十三山을 보고 지은 것이다. 起承兩句는 遼野가 끝없이 평탄하기 때문에 해와 달이 그 사이에서 뜬다고 했다. 해와 달이 들에서 뜨고 있다는 것은 들이 매우 넓음을 나타낸 것이다. 轉結兩句는 며칠 동안 遼野를 지나면서 주먹만한 돌도 보지 못했으나 오늘 아침에 갑자기 十三山을 보았다고 하니 넓은 들길에서 지루하게 가다가 산을 보고 반가워하는 감정을 느낄 수 있다. 彫琢한 것 같지 않으면서 이십자의 한정된 글자로서 遼野의 광활함을 유감없이 표현한 것이 아닌가 한다. 다음에는 五言律詩에 대해 살펴보고자 하며, 먼저 入左塞詩부터 들어본다.

小負請纓志	젊었을 때 높은 관직 바랐는데
老無橫草勳	늙기까지 적을 무찌른 공이 없다오.
羽書徵戍卒	羽書로 변방의 군졸을 부르고
馹騎赴河濆	驛馬로 江濆을 달린다.
腰下沖宵劒	허리에 沖宵劒 찼고
腦中勒石文	머리에 戰功을 새길 글 생각한다.
寥寥千載後	까마득한 먼 훗날
誰識趙參軍	누가 이 趙參軍을 알아주리.

(卷 2)

이 시의 시제가 入左塞인 것으로 보아 秋齋가 어느 때 지었는지 알 수 없으나 북쪽 변방의 營中에 末職의 營將으로 있었음을 알 수 있다. 그것은 이 시에서도 趙參軍이라고 했지만 이 작품 앞에 巡邊道中作이라는 시가 있고, 한 수 다음에 余在左塞作文告示彼人聞近漸退歸喜賦此詩라는 시가 있기 때문이다. 그러므로 이 시는 秋齋가 左塞에 있으면서 지은 것이다. 그런데, 秋齋의 生涯에서 언제 있었는지는 알 수 없다.

首聯은 젊었을 때는 卿相의 높은 職位에까지 오르고자 野望을 가졌으나 오늘까지 敵軍을 무찌른 戰功을 세우지 못했다고 했으니, 初志를 달성하지 못한 悔恨과 늦게나마 營將으로써 각오까지 반영한 것이 아닌가 한다. 頷聯은 털붙인 檄文으로 급하게 변방에 있는 軍卒들을 불렀고 驛馬를 타고 濆江의 江邊을 달렸다고 했으니 營將으로서 豪氣가 넘친다. 頸聯은 허리에는 沖宵劒을 차고 머리에는 돌에 戰功을 기록할 글을 생각하고 있다고 했으니 장수로서 위엄과 必勝을 다짐했다고 볼 수 있다. 尾聯은 먼 훗날 누가 자신을 알아주랴 한 것은 일생의 虛無를 말했다고 볼 수 있으나, 그렇다고 현실을 부정하고자 한 것은 아니며 공이 크다는 것을 과시하고자 한 것으로 볼 수도 있다. 秋齋가 언제 그 곳에 갔는지는 알 수 없으나 그가 활동했던 시기에는 북쪽 邊境에 戰亂이 있은 적이 없었다. 그러나 營將으로서 그와 같은 보람있는 일을 해보고 싶었기 때문에 작품으로 이와같이 표현한 것이 아닌가 생각된다. 그리고 이 시는 格調도 雄健함이 있다. 다음에는 獨坐詩를 들어보고자 한다.

老去春偏惱	늙어가니 봄이 괴로우며
深居怮遠遊	들어앉으니 먼 여행도 겁이 난다.
看花如被酒	꽃을 보면 술에 취한 듯 하고
騎馬似登樓	말을 타면 높은 데 오른 것 같다.
獨座圍黃卷	홀로 책 속에 묻혀 앉아
長吟和白頭	길게 白頭詞를 읊는다.
山公應笑我	山公은 응당 나를 웃으며
無復舊風流	옛날 風流 다시 볼 수 없다 하리라.

(卷 4)

이 시의 내용을 보면 노년에 활동이 어려웠을 때 지은 것인 듯하다. 首聯은 꽃이 피고 잎이 트며 만물이 생동하는 봄이 오면 누구나 기뻐하지만 늙으니 그러한 봄도 귀찮으며, 출입을 제대로 하지 못하고 있어 먼 곳으로 여행하는 것이 겁이 난다고 했다. 頷聯은 꽃을 보게 되면 술에 취한 듯 낯이 붉어지고 말을 타게 되면 樓에 오른 듯 어지럽다고 했는데, 젊었을 때와는 달리 늙었을 때 일어나는 현상이다. 頸聯은 늙었기 때문에 밖에서 활동하기가 어려워 책을 보며 옛날 문인들이 지은 白頭吟과 같은 시를 읊기도 하고 和詩도 지어 본다고 했다. 노인들의 日課에서 있을 수 있는 일을 담담하게 표현했다. 尾聯은 주위에서 자신에게 옛날의 풍류를 볼 수 없다고 웃을 것이라 했는데, 옛날과 달라진 것을 자신도 의식하고 있음을 말한 것이다. 이 작품은 生老病死에 대한 秋齋의 觀念을 나타낸 것으로써 지나치게 悲觀하지 않고 자연의 섭리로 생각하며 順應함을 엿볼 수 있다. 다음에는 七言絶句에 대해 살펴보고자 하며, 먼저 過松京登滿月臺詩를 들어본다.

樓臺埋沒野田中　　樓臺가 밭 가운데 매몰되었으니
五百高麗此地空　　오백년 고려가 이곳에서 그쳤구나.
一代繁華何處去　　一代의 번화는 어디로 가고
荒山寂寞水東流　　적막한 거친 산에 물만 동으로 흐른다.
(卷 4)

이 시는 詩題에서 말한 바와 같이 松京을 지나다가 滿月臺에 올라 지은 것이다. 起承兩句는 樓臺가 들에 있는 밭 가운데 매몰되었으니 오백년의 高麗朝가 이곳에서 그쳤다고 했다. 松京이 서울이었을 때는 滿月臺가 王都의 중심에 있었으나 지금은 들 가운데 있는 밭에 매몰되었다고 하여 변화의 무상함을 말한 것으로 볼 수 있다. 轉結兩句는 高麗朝 당시 번화했던 것은 어디로 갔는지 자취를 감추었고 쓸쓸한 거친 산에 물만 옛날과 같이 흘러가고 있다고 했다. 松京은 高麗朝의 사백여 년 동안 王都였으나 朝鮮朝로 바뀌면서 지방 도시로 전락하여 점차 쇠퇴해 갔다. 그러므로 그곳에 가면 문인들은 弔古傷今의 시를 많이 지었다. 秋齋도 그곳을 지나면서 이 시를 지었는데, 여기에서 이 작품을 든 것은 다른 문인들의 시와 비교해 秋齋의 작가적인 능력을 비교해 보고자 하는 의도도 없지 않았다. 다음에는 瀋陽雜詠詩에서 두 수 들어보고자 한다.

漚麻地接養鵝池　　漚麻地는 養鵝池와 연했으며
政値黃粱玉薥時　　바로 기장과 옥수수가 익을 때였다.
一路田間秋窸窣　　가는 길 밭 사이에 가을 소리 들리며
村狵終日吠高麗　　마을 삽살개는 종일 우리 보고
(卷 3)

이 시는 瀋陽雜詠十首 가운데 한 수로써 秋齋의 작품에서 많이 알려진 것이다. 이 작품은 지은 때를 戊寅年으로 밝혔으니 純祖 18년 使臣과 같이 審陽까지 갔을 때였으므로 秋齋의 나이 56세 때였다. 起承兩句는 漚麻地는 거위를 기르는 못과 연해 있고 기장과 옥수수가 익었을 때라고 했으니, 瀋陽에 도착했을 때 路邊의 風景을 말한 것으로써 계절은 가을이었음을 알 수 있다. 轉結兩句는 가는 길 밭 사이에는 가을 바람이 실솔하게 불고 마을 삽살개는 우리 일행을 보고 짖는다고 했다. 삽살개가 짖는 것은 우리나라 使臣一行의 복색이 그곳 사람들과 달랐기 때문에 개들 눈에도 낯이 설어 볼 때마다 계속 짖었던 것이 아닌가 한다. 이 시에 깊은 사상이 반영 되었거나 표현이 절묘한 것도 아니면서 秋齋의 작품을 선발하는데 빠지지 않는 것은 극히 淸楚할 뿐만 아니라, 聲律이 아름답기 때문이었을 것이다. 다음에는 다른 瀋陽雜詠 三首 가운데 한 수 들어본다.

六角黃牛十口羊　　세 마리 누른 소와 열 마리 양이
河邊秋草四茫茫　　넓은 강변 풀밭에 있다.
縱然散去無多遠　　흩어놓아도 멀리 가지 못하고
倒臥田頭看夕陽　　밭머리에 누워 夕陽을 바라본다.
(卷 3)

이 시는 詩題를 정하지 않고 雜詠이라고 했으니 그곳을 지나면서 眼前에 전개된 景物을 보고 느낀 대로 표현한 것이다. 起承兩句는 몇 마리의 소와 양들이 사방이 넓은 江邊의 풀밭에 있다고 했다. 轉結兩句는 소와 양들의 고삐를 매어두지 않고 임의대로 가게 흩어두어도 멀리 가지 않고 밭머리에 누워 夕陽을 바라보고 있다고 했다. 한가한 시골 風景의 표현으로 瀋陽에서만 볼 수 있는 것이 아니고 우리나라에서도 볼 수 있는 것이기 때문인지 생소하지 않고 친근감이 있다. 다음에는 病中倩內子梳頭詩를 들어본다.

舊霜新雪幾莖餘　　빠지고 나는 흰머리 몇 개나 남았을까.
猶憶靑絲結髮初　　옛날 처음 묶을 때가 생각난다오.
可與齊臺添一笑　　같이 鏡臺 앞에 앉아 웃노니
禿翁頭倩禿婆梳　　禿翁의 머리 禿婆가 빗질한다.
(卷 3)

이 시는 늙었을 때 병중에 있으면서 부인에게 머리 빗질을 빌리며 지은 것이다. 起承兩句는 먼저 센 흰머리와 뒤에 난 흰머리가 몇 개나 남았을까 옛날 靑絲로 머리를 처음 맬 때가 생각난다고 했으니, 옛날과 지금과의 차이에서 虛無와 悲感도 없지 않았을 것이다. 轉結兩句는 머리를 빗질하기 위해 부인과 나란히 鏡臺 앞에 앉아 웃은 것은 머리 빠진 첨지의 머리에 머리 빠진 老婆가 빗질을 하고 있는 것이 거울 속에 나타나기 때문이라고 했다. 이 작품은 戱作으로 볼 수 있으면서도 내용에 인생의 無常을 깊게 함축하고 있으며, 그것을 표현하기 위한 착상이 좋지 않은가 한다. 다음에는 傳奇叟詩를 들어보고자 한다.

兒女傷心涕自零　　兒女들이 상심해 눈물 흘리니
英雄勝敗劒難分　　英雄의 승패는 칼로써 어렵다오.
言多默少邀錢法　　읽다가 그쳐 돈을 구하는 妙法은
妙在人情最急聞.　　가장 듣고 싶은 곳이었다네.
(卷 7)

이 작품은 紀異詩 71首 가운데 하나다. 紀異詩 序에 따르면 어렸을 때 들은 것과 자라서 사방으로 여행하면서 본 것 가운데 奇異하다고 생각되는 것을 골라 紀異詩를 지었다고 했다. 이 紀異詩에는 각 작품마다 내용에 대한 설명이 있다. 傳奇叟는 傳奇를 읽는 늙은이를 말한 것이다. 이 傳奇叟詩에 대한 설명을 들어보면 이 늙은이가 東大門 밖에 살면서 국문으로 된 淑香傳, 蘇大成傳, 沈淸傳, 薛仁貴傳 등 傳奇를 거리에 앉아 口誦하고 있는데, 그 달 첫날인 一日은 第一橋 아래에서, 二日은 第二僑에서, 三日은 梨峴에서, 四日은 校洞入口에서, 五日은 大寺洞入口에서, 六日은 鐘樓 앞으로 올라오면서 읽으며, 七日부터는 그 순서대로 아래로 내려가고, 또 아래로부터 올라왔다가 다시 내려가면서 그 달을 마친다. 다음 달에도 그와 같이 하는데, 잘 읽었기 때문에 많은 사람들이 둘러싸고 들었으며, 가장 긴장되고 듣고 싶은 대목에 이르러 갑자기 그쳐 읽지 않고 있기 때문에 사람들이 다음 이야기를 듣기 위해 돈을 던져 주게 되는데 그것을 邀錢法이라 한다고 했다.[19] 이 기록은 우리 소설사에서도 중요한 의미를 지니며, 이 시는 이러한 傳奇叟를 詩題로 한 것이다.

이 시의 起承兩句는 읽는 소설의 전개되는 내용에 등장한 인물 가운데 동정을 받는 인물이 패하거나 곤욕을 당하게 되면 아이들과 부녀자들은 상심해 스스로 눈물을 흘리고 있으니 英雄의 승패는 힘으로써 말하기 어렵다고 했다. 이러한 내용은 東坡志林에 아이들이 劉玄德이 패했다면 눈물을 흘리고 曹操가 패했다면 박수를 친다는 것과 같은 의미가 될 수 있을 것이다. 轉結兩句는 읽다가 갑자기 중지를 하는 것은 청중들에게 돈을 요구하는 방법인데,

---

19) 趙秀三, 『秋齋集』 卷 7, 詩. "叟居東大門外 口誦諺課稗說如淑香蘇大成沈淸薛仁貴等傳奇也 月初一日 坐第一橋下 二日坐第二橋下 三日坐梨峴 四日坐校洞口 五日坐大寺洞口 六日坐鐘樓前溯上 旣自七日沿而下 下而上 上而又下 終其月也 改月亦如之 而善讀 故傍觀匝圍 夫至最嘆緊甚可聽之句節 忽默而無聲 人欲聽其下回 爭以錢投之 曰此乃邀錢法也"

그 妙法은 가장 듣고 싶어하는 대목에서 그치는 것이라고 했다. 그리고 이 시를 통해 당시 小說에 대한 일반의 관심이 높았다는 것을 알 수 있다. 다음에는 戱路邊長栍詩를 들어본다.

依然面目儼然身	변함 없이 위엄 있는 몸으로
長立不言問幾春	나이를 물어도 말없이 서 있다.
若使世間皆似爾	세상 사람들이 모두 너와 같았다면
應無天下是非人	싸우는 사람은 없을 것이네.
(卷 1)	

이 시는 路邊에 있는 長栍을 보고 지은 것이다. 起承兩句는 변함 없이 위엄 있는 몸으로 있은 지 얼마나 되었느냐 해도 말없이 서 있다고 했다. 轉結兩句는 세상 사람들이 너와 같다면 是非를 다투는 싸움은 없을 것이라고 했다. 長栍은 虛한 地氣를 補하고 里程을 표시하는 것으로 우리나라 도처에 세워져 있다. 그런데, 秋齋는 이 작품을 戱作이라고 했으나 당시 亂舞하는 詭辯과 空虛한 論議를 주장하는 자들에 대한 叱責으로 보아야 할 것이다. 이렇게 보려는 것은 이와 비슷한 시가 그의 문집에 또 있기 때문이다.[20] 다음에는 七言律詩에 대해 살펴보고자 하며, 먼저 慶州詩를 들어본다.

新羅舊物盡桑田	新羅의 옛 자취 桑田으로 변했으나
鐘鐻星臺獨宛然	鐘樓와 瞻星臺만은 완연하다오.
庾信勳名夷夏震	金庾信의 功名은 중국까지 알려졌고
薛聰儒術古今傳	薛聰의 학문은 지금도 말한다.
興亡百變思人傑	興亡이 잇따르자 人傑을 생각하고
聲樂千秋像海仙	聲樂은 항시 海仙花처럼 아름답다.
五十六陵何處是	五十六陵 있는 곳이 어디메냐
東京城外草連天	東京 城밖은 풀만 짙었다.
(卷 4)	

---

20)『秋齋集』卷 2, 詩. "長立亦云苦 松下臥如仙 問渠人間齪 白眼仰靑天"

秋齋가 乙酉年에 達城과 開寧 兩 郡守의 초청을 받고 가서 嶺南一帶를 두루 여행하게 되었는데, 그때 慶州에 들려 이 시를 지은 것으로 짐작되며 당시 63세였다. 首聯은 新羅의 옛자취가 桑田으로 변했으나 그때 만들어진 大鐘과 瞻星臺만은 완연히 남아 있다고 했다. 頷聯은 三國統一에 절대적인 역할을 한 金庾信의 功名은 우리나라는 물론 중국에까지 크게 알려졌고, 薛聰의 학문은 지금까지 전하고 있다고 했는데, 보는 사람에 따라 다를 수도 있겠으나 秋齋는 金庾信과 薛聰을 신라의 대표적인 인물로 간주했기 때문에 對稱했던 것으로 생각된다.

頸聯은 어느 시대든지 능력있는 인물은 요구되겠으나 국가의 흥망이 자주 반복이 될수록 인재를 생각하게 되며, 聲樂은 항시 海仙花처럼 아름답다고 했는데, 秋齋가 古都 慶州를 찾았을 때 그곳의 아름다운 風流를 듣고 말한 것으로 생각된다. 尾聯은 新羅 歷代의 王陵은 어느 곳에 있느냐 慶州城 밖에는 풀만 짙어 있다고 했는데, 古都를 찾아 弔古傷今에 젖은 感懷를 표현한 것이다. 朝鮮朝 문인들 가운데 開京의 懷古詩는 많았으나 慶州를 찾아 지은 시는 보기 드물었다. 高麗朝는 가깝고 新羅는 멀었기 때문일 것이다. 이 시는 詩題에 알맞게 典雅함이 있어 좋을 뿐만 아니라, 다른 작가의 開京懷古詩와 비교해 보려는 의도에서 들어보았다. 다음에는 三月十五夜對月偶吟詩를 들어본다.

楊柳風輕掠鬢絲	버들에 부는 바람 가볍게 스쳐가니
竹欄東畔點茶時	竹欄 동쪽에 차 끓일 때였소.
新烟着地難分草	땅에 깔린 연기가 풀처럼 보이고
乳鳥爭栖不擇地	어린 새들은 서로 자리를 다툰다.
春月色勝秋月朗	봄 달이 밝은 가을 달보다 좋고
今年花較去年遲	금년 꽃은 작년보다 늦게 피었다.
鄰朋已散僮先睡	이웃 벗은 가고 아이는 먼저 잠들어

清景沼沼欲語誰　　까마득한 淸景을 누구와 말하리.
(卷 6)

이 시는 3월 15일 밤 밝은 보름달을 바라보며 지었다고 했으니 다른 의미가 있었던 것은 아닌 것으로 생각된다. 首聯은 버드나무 가지에 부는 微風이 난간 동쪽에서 茶를 끓일 때 수염을 가볍게 스쳐 지나간다고 했다. 달을 바라볼 때의 日氣와 時點을 말한 것으로써 和暢한 봄 날 밤에 차를 마시며 밝은 달을 바라본다는 것은 韻致가 있다. 頷聯은 차를 끓일 때 나는 파란 연기가 땅에 깔려 풀과 구분하기가 어렵고 나뭇가지에 깃들어 있는 어린 새들은 서로 자리를 다툰다고 했다. 밝은 달 밤 주변 景物을 표현한 것으로 매우 寫實的이며 絶妙함이 있다.

頸聯은 봄철 밤에 달빛이 가을의 밝은 달보다 좋으며, 금년에 핀 꽃은 작년보다 늦었기 때문에 아름다운 달빛과 아울러 같이 볼 수 있게 되었다는 것이 아닌가 생각된다. 尾聯은 이웃집에서 놀러온 친구는 밤이 깊어지자 돌아가고 아이는 먼저 자고 있기 때문에 높고 까마득한 밤 하늘의 淸景을 누구와 玩賞하며 이야기하겠는가 했는데, 깊은 밤 夜景의 아름다움을 혼자 보기 아쉬워하는 심정을 말한 것으로 무한의 餘韻을 남긴다. 詩의 論評에서 우수한 것으로 지적되는 작품도 처음부터 끝까지 모두 좋기는 어렵고 그 가운데 몇 句節이 좋아 우수한 작품으로 인정되는 경우가 적지 않다. 秋齋의 이 시도 頷聯의 표현이 좋기 때문에 작품 전체의 값을 올린 것으로 생각된다. 다음에는 悼亡詩 여덟 수 가운데 한 수만 들어본다.

幾度叩盆歌不成　　몇 번 叩盆하면서도 노래를 부르지 못했으니
蒙莊非達薄於情　　莊子를 따르는 것은 너무 薄情하다오.
他年我亦同歸穴　　뒷날 나도 같은 무덤에 갈텐데

易地君何認獨生	바뀌면 당신인들 혼자 살고 싶겠는가.
明月影孤鸞鏡舞	달빛 아래 외롭게 鸞鏡을 보고 슬퍼하며
春風耦失鹿門耕	봄 날 鹿門에서 밭갈다 쟁기를 잃었다.
曉來偶得還家夢	우연히 새벽 꿈에 집을 찾았더니
依舊中鐵倒屣迎	옛처럼 中門에서 급히 맞이한다오.
(卷 3)	

이 시는 秋齋가 부인과 死別하고 지은 것이다. 모두 8수였는데 哀絶한 감정을 曲盡하게 표현했으며, 위에 든 시는 그 가운데 하나이다. 首聯은 부인이 운명을 하자 몇 번이나 동이를 두드리며 노래를 부르고자 했으나 불러지지 않으니, 莊子를 따르고자 한 것은 達人이 되는 것이 아니고 薄情한 것이라고 했다. 이 聯은 莊子가 부인이 세상을 떠나자 동이를 두들기며 노래를 불렀다는 故事를 중심으로 한 것인데, 秋齋는 그렇게 하고자 해도 되지 않을 뿐만 아니라, 그것은 너무 薄情한 것이 아닌가 했다. 頷聯은 뒷날 자신도 죽으면 같은 무덤으로 갈텐데, 처지가 바뀌었을 때 내가 죽었다면 당신도 홀로 살고 싶어 하겠느냐 했다. 지금 자신의 슬픈 감정을 反射的으로 표현한 것이며, 그 표현 방법이 뛰어나다.

頸聯은 달빛 아래 혼자 鸞鏡을 보고 슬퍼하며 봄 날 鹿門에서 밭을 갈다 쟁기를 잃은 것과 같다고 했다. 鸞鏡은 짝을 잃은 鸞이 삼년동안 울지 않으므로 제 그림자를 보면 운다는 말을 듣고 거울을 달아 비치었더니 鸞이 거울 속에 비친 그림자를 보고 울다가 죽었다는 故事에서 나온 말로서 夫婦間의 死別의 슬픈 감정을 말한 것이다. 그리고 밭은 쟁기로써 갈게 되는데, 쟁기를 잃었다는 것은 밭을 갈 수 없다는 것이므로 부인을 잃게 되어 말할 수 없는 큰 슬픔에 싸여 있다는 것이다. 尾聯은 우연히 새벽 꿈속에 집에 갔더니 옛처럼 부인이 급하게 신발을 거꾸로 신고 中門까지 나와 반갑게 맞이한다고 했다. 이것이 생시가 아니고 꿈이었다고 했으니 얼마나 哀絶한 감정의 표현인가. 이 시는 秋齋의 작품 가운데 秀作의 하나가 아닌가 한다.

이상으로 秋齋의 여러 형식의 시를 십여 편 선택하여 살펴보았다. 秋齋는 전국 여러 곳을 여행했고, 중국에 여섯 번이나 往還하면서 紀行詩를 많이 지었고 따라서 寫景詩에 능했음을 알 수 있다. 그리고 역대 문인들 가운데 지은 작품도 많은 편에 속하는데, 平民들의 哀歡이나 당시 현실의 非理에 대한 질책과 참상을 반영한 작품은 보기 드물다. 그것은 秋齋 자신이 寒微한 家門의 출신이었기 때문에 의식적으로 피했는지 알 수 없다.

秋齋가 생존했던 조선조 後期의 문단은 唐詩風이 前代에 비해 쇠퇴한 듯 했으나 그 餘勢가 강했고, 宋詩와 明淸詩風을 선호하는 문인들도 있었다. 秋齋 자신은 唐詩風을 선호했고 접근하고자 한 듯하나 얼마나 성공했는지 쉽게 말하기는 어렵지 않을까 한다. 秋齋가 활동했던 시기의 漢文學은 전대에 비해 뛰어난 作家는 없었다 할지라도 士大夫階層에는 우수한 문인들이 많았고, 委巷作家들 가운데 유능했던 시인도 적지 않았다. 秋齋는 委巷出身의 작가로서 委巷文人들 가운데 우수했을 뿐만 아니라, 士大夫階層의 문인들에까지 널리 알려졌던 문인이었음에는 틀림없다고 생각된다.

Ⅴ. 그의 傳

『秋齋集』에는 「鬻書曺生傳」, 「崔烈婦傳」, 「金將軍傳」, 「東里先生傳」, 「李亶佃傳」과 「經畹先生自傳」 등 여섯 편의 傳이 있다.

다음에는 그의 傳에 대해 살펴보고자 하며, 먼저 그가 散文을 어떻게 이해하고 있었는가 하는 것에 대해 알아보고자 한다. 秋齋는 그의 自傳에서 어렸을 때부터 散文 짓는 것을 좋아해 寢食을 잊을 정도였으며, 매우 좋지는 않았으나 淩厲해 옛 作家의 모습이 있었다고 했다.[21] 이로써 보면 그는 시뿐만 아니라, 산문에 대해서도 일찍부터 많은 노력을 했음을 알 수 있다. 그런데, 그는 軟文學에 대해서는 냉담했던 것으로 생각된다.

秋齋는 아는 사람이 자신에게『西廂記』『水滸傳』이 읽을 만한 것이라고 했을 때 그는 어찌 한결같이 잘못 생각하고 있는가.『水滸傳』과『西廂記』는 나무하고 밭 갈고 하는 아이들이나 말할 것이지 老成한 君子가 볼 것이 되겠는가. 문장에 도움이 된다고 한 말은 누가 한 말인지 모르겠으나, 司馬遷·杜甫가 그러한 책을 보고 詩文의 宗師가 되었겠느냐. 빨리 버리는 것이 좋겠다고 했다.[22]

추재가『水滸傳』과『西廂記』등에 대해 냉담했던 것은 여기에서 그치지 않았다. 그는 말하기를 記事를 할 때는 멀리 있는『水滸傳』의 句讀을 들어 말하고 論議를 할 때는『西廂記』評語를 따라하며 어려울 때는 멀리 있는 蔥嶺으로써 눈을 가리고 있으니 매우 웃을 일이다. 古文이 傳奇가 아닌데 金聖歎과 李卓吾 등이 할 수 있는 것이겠는가.[23] 이와 같이 秋齋는 古文과 傳奇를 분리해서 생

---

21)「經畹先生自傳」, "自幼愛屬文 至廢寢食 而不甚佳 然往往淩厲 有古作者風"

22) 趙秀三,「答吳生」其三,『秋齋集』卷 8, 文. "來示西廂水滸可讀云者 一何誤也 水滸西廂 乃牧兒耕奴恣意談唱者 此豈老成君子所可掛眼者耶 有助文章之說 夫孰作俑 未知子長子美亦資此 而爲萬世詩文宗師耶 亟舍之爲善耳"

23) 趙秀三,「與蓮卿」, 같은 책. "每於記事處 引斷水滸句讀 論議處循襲西廂評語 時遇窘迫苟且處 忽以遙遙葱嶺 遮暎人目 誠可笑也 古文旣非傳奇 則豈聖歎卓吾之可爲者哉"

각했음을 알 수 있다.

傳은 司馬遷『史記』列傳에서 비롯되어 후대로 내려오면서 列傳을 그대로 繼承한 것과 小說로 變遷된 두 갈래의 傳이 있다. 秋齋의 傳은 列傳을 그대로 繼承한 것으로 볼 수 있다. 문집에 실려 있는 순서에 따라 「鬻書曺生傳」부터 간단히 살펴본다.

曺生이 책을 팔러 다닌 지 오래였기 때문에 보는 사람들은 누구나 그를 알고 있었다. 曺生이 날마다 책을 가지고 도시와 시골, 학교와 官府로 찾아다니며 팔다가 책을 어느 정도 팔게 되면 술을 사서 취하게 마시고 날이 저물면 돌아가는데 사람들이 그가 가는 곳을 알 수 없으며, 또 그가 밥을 먹는 것을 보지 못했고 항시 입었던 옷과 신던 신발이었다.

英祖 때 중국의 朱璘이 쓴『明紀輯略』에 太祖와 仁祖를 모욕한 내용이 있어 그 책을 불살라 버리고 책을 파는 사람들까지 죽였는데, 曺生은 먼저 먼 곳으로 도망쳐 죽음을 면했다. 한 해가 지난 후 다시 나타나 전과 같이 책을 팔러 다니기 때문에 사람들이 이상히 여겨 어디 갔더냐 하면 여기 있었는데 어디로 도망갔겠는가 했다. 나이를 물으면 잊었다 하기도 하고 어떤 때는 35세라 하기도 했다. 다음 해 묻게 되면 같은 대답을 하므로 그 까닭을 물으면 사람의 나이 35세가 제일 좋기 때문에 그 나이에서 마치고자 한다고 했다. 간혹 취해서 하는 말을 듣고 알아보면 백 십년 전의 일이었다.

사람들이 曺生에게 고되게 왜 책을 팔러 다니느냐 하면 술을 받아 마시고 취하기 위한 것이라고 하며, 책의 뜻을 아느냐 하면 어디에 어떤 책이 있다는 것을 알고 있으니 세상의 책이 모두 나의 책이 아닌가. 내가 책으로써 많은 사람들을 겪어보았는데, 모든 사람들은 比類從群하고 있으므로 내가 세상에 있는 모든 책만 알겠느냐, 앞으로 세상의 모든 일까지 알 것이라고 했다.

秋齋는 先親때부터 書生을 통해 책을 샀기 때문에 어렸을 때부터 알게 되었는데, 일찍 그에게 왜 밥은 먹지 않는가 했더니 불결하기 때문이라고 했으며, 또 자신에게 사람들이 오래 살기 위해 약을 먹는 것보다 敦行 孝悌가 좋다고 하며, 세상 사람들이 자신에게 묻지 않게 해 달라고 했다 한다. 秋齋는 書生이 隱者로서 玩世하는 사람이라고 했다.

秋齋가 이러한 書生을 立傳의 대상으로 선택한 것은 그의 奇行을 통해 진실성과 玩世하는 자세가 있었기 때문이 아닌가 했다. 다시 말하면 그는 아는 듯 하면서도 안다고 하지 않고 세상 사람들이 자신에게 묻지 않기를 바란다고 했다. 그리고 책을 열심히 팔아 남은 돈으로 술을 취하게 마시며 밥은 불결하기 때문에 먹지 않는다고 한 것은 현실을 외면하며 잊고자 한 것이기 때문일 것이다.

「崔烈婦傳」은 한 여인이 貞節을 지키기 위해 젊은 나이에 自決한 내용을 서술한 것이다. 烈婦는 어렸을 때 가난해 아버지와 같이 떠돌아다니다가 아버지 마저 세상을 떠나자 남의 집에 일을 해주고 살았으며, 십 칠세 때 주인의 추천으로 결혼했으나 얼마 후 남편이 병으로 세상을 떠났다. 烈婦의 현숙함을 알고 전 주인을 통해 改嫁를 종용하자 烈婦는 천한 사람이 守節을 하겠느냐 三年喪을 마친 후 하겠다고 하여 뒤로 미루었다. 喪을 마치던 다음 날 아침 문이 닫혀 있어 열어보니 烈婦가 목을 매고 죽어 있었다. 그때 나이 스물 한 살이었다.

秋齋는 국가에서 忠孝와 節義에 대해 표창을 하여 국민을 興起시키고 있다. 烈婦는 자신의 지위로써 표창되기 어렵고 宗族이 없기 때문에 표창이 되게 알릴 사람도 없으므로 알려 지게 하기 위해 傳을 짓는다고 했다. 崔烈婦와 비슷한 행동은 다른 곳에서도 볼 수 없는 바 아니나, 알려 지지도 않고 알릴 사람도 없는 崔烈婦를 立

傳했다는 것에 意義가 있다고 생각된다.

「金將軍傳」은 武人이었던 甲山 사람 金希祖의 戰功을 기록한 것이다. 希祖의 七代祖는 朝鮮朝 開國 一等功臣으로 左議政을 역임했고, 高祖까지 높은 관직에 있어 勳舊勢家였으나 祖父 때부터 全家가 甲山으로 옮겨 죄 없는 流配가 되었다고 한다.

金將軍은 隆慶 癸丑年에 났으며, 壬申에 虜兵이 침입해 약탈을 자행하므로 김장군이 이십세의 젊은 나이에 홀로 虜陣에 들어가서 虜兵을 죽이고 약탈당한 것을 빼앗아 돌아왔다. 萬曆 甲戌年에 虜兵이 鴨綠江을 건너와서 많은 약탈을 하고 있었는데, 金將軍이 賊中에 들어가서 賊兵을 죽여 擊退시켰다. 이로써 虜兵은 金將軍을 더욱 무서워했다고 한다. 그 뒤에도 여러 번 虜兵의 침입을 격퇴하여 甲山 지역의 여러 고을이 피해가 없었다고 한다. 그 때 金將軍의 아들도 같이 출전하여 공을 세우고 戰死했다.

당시 北兵使 南時坤이 金將軍의 이름을 듣고 초치해 幕府에 있게 했는데, 얼마 후 女眞이 침범하여 鐘城을 포위하고 있다가 金將軍이 나타나자 크게 놀라며 포위한 것을 풀고 갔다. 朝廷에서 듣고 守門將을 주었으나 나가지 않고 있다가 세상을 떠났으며, 뒤에 肅宗이 金將軍의 事蹟을 보고 祭需를 주고 그의 자손들에게 戶役을 면해 주었다.

秋齋는 金將軍의 능력을 높게 평가하면서 공을 세운 뒤에도 임명된 관직에 나가지 않고 고향을 지키고 있은 것을 지혜와 효성이 있다고 하며 국가에서 포상하는 것이 마땅하다고 했다.

「東里先生傳」은 鄭潤이 그의 아버지 希僑와 함께 속리산 東里에 숨어살면서 죽을 때까지 산 밖으로 나가지 않았기 때문에 주위 사람들이 東里先生이라고 했으므로 이 傳은 鄭潤의 傳이다.

希僑의 나이 열 일곱에 潤이 태어났고 부인은 일찍 세상을 떠났으며, 潤은 가난했기 때문에 장가를 가지 못하고 음식과 의복을 직접 마련했다. 潤의 나이 사십세 때 집에 아무것도 없었으나 책은 천여권을 가지고 있었다. 潤이 어렸을 때 어떤 사람이 希僑에게 책을 팔아 생활에 도움이 되게 하라고 권했더니 자식은 없을지라도 이 책은 없을 수 없다 하고 말을 못하게 했다. 그것은 책을 좋아했을 뿐만 아니라, 世傳하는 것이기 때문이라고 했다.

鄭潤이 자라서 열심히 밭 갈고 글 읽어 經史에 능통했다. 希僑는 論策에 潤은 詩賦를 잘해 주위의 젊은 사람들이 많이 배우러 왔으며, 과거를 보지 않는가 하고 물으면 벼슬을 하게 되면 농사를 지을 수 없다고 했다. 뒤에 希僑가 세상을 떠나자 潤은 농사를 짓지 않으면서 아버지가 계시지 않으니 의식을 걱정할 것이 없고 草根으로 족하다고 했으며, 세상을 떠날 때 아버지의 묘 옆에 묻어달라고 했다.

秋齋는 希僑 부자가 일생 동안 밭 갈며 어렵게 살면서도 다른 길을 선택하지 않고 열심히 공부한 高風을 찬미하기 위해 傳을 지었다고 했다.

「李亶佃傳」의 亶佃은 종의 아들이었다. 체구도 왜소하고 얼굴도 못생겼으며 말도 두서가 없어 알아듣기 어려우나 시로써 이름이 있었으며, 뒤에 李德懋에게 배워 시가 더욱 뛰어났다. 가난했기 때문에 다른 사람의 글씨를 써 주었고 돈을 받으면 술을 사서 취하게 먹었으며 草書를 쓰면 枯枝와 怪石 같았다고 했다.

亶佃은 山水를 좋아하여 같이 가기를 청하면 사양하지 않았고 가게 되면 술에 취했다. 일찍 喪服을 입고 다니면서 시도 짓고 술도 마시므로 주위에서 말을 하면 禮가 어찌 우리와 같은 사람을 위해 만들어졌겠는가 했다. 뒤에 亶佃은 散髮 狂歌를 하다가 세상을 떠났는데 나이 삼십 육세였다.

秋齋는 「李亶佃傳」을 짓게 된 동기에 대해 그 小序에서 어느 날 바람이 불고 눈이 많이 내리는데 자신을 찾아와서 그의 金剛山 詩를 보이며 세상 사람들이 모두 좋다고 해도 믿을 수 없고 선생 한 사람이 좋다고 하면 좋으니 평을 해 달라고 했다. 두 사람은 술을 마시며 시를 논했는데, 그의 죽음을 슬퍼하며 傳을 짓는다고 했다. 그리고 傳의 後尾에 선비가 세상에 태어나서 때를 만나지 못하면 시골에 묻혀 일생을 마치는 사람이 적지 않으니 슬프고 아까운 일이나 오래까지 남아있는 것은 재능이다. 亶佃도 그러한 재능을 가진 자이므로 그의 시를 소장한 자는 亶佃을 위해 세상에 발표를 하는 것이 좋겠다고 했다.

이상에서 自傳을 제외한 다섯 편의 傳의 내용을 간단히 들어 보았다. 秋齋의 傳에 대해 그 立傳 對象이 된 인물들의 특징으로 볼 때 대개 두 계열로 나누어 진다. 하나는 「金將軍傳」, 「崔烈婦傳」, 「東里先生傳」과 같이 어려운 삶의 여건 속에서도 오히려 자신의 기본 도리에 충실한 인물을 입전한 것이고, 또 하나는 「鬻書曺生傳」, 「李亶佃傳」과 같이 은둔과 초탈, 기행 등을 통해 자신의 현실적 갈등을 극복하고자 한 인물을 입전한 것이라고 했다.[24]

秋齋가 立傳한 인물에는 몇 가지 공통적인 특징이 있다. 첫째, 신분적으로 微賤한 출신이다. 「鬻書曺生傳」의 曺生은 不知何許人이라 하여 출신을 알 수 없으나 책을 팔러 다니는 사람이며, 「崔烈婦傳」의 烈婦는 아버지와 같이 떠돌아다니다가 아버지가 죽은 후 어린 나이에 傭工을 했다고 하며 이름이 四月이라고 했으니 여종이나 다름이 없는 신분이다. 「金將軍傳」의 金將軍은 先代는 宦族이었으나 조부 때 甲山으로 옮겨 無罪謫甲州라 했으니 常人으로

24) 김용남, 「秋齋 趙秀三의 傳 考察」『開新語文硏究』第16輯, 開新語文學會, 忠北大, 1991, 154쪽.

轉落한 것이다.「東里先生傳」의 父子는 俗離山 東里에 살면서 죽을 때까지 산 밖에 나가지 않은 사람이라고 했으니 寒微했던 인물이며,「李亶佃傳」의 亶佃의 어머니는 婢였다. 이와 같이 신분적으로 모두 微賤했음을 알 수 있다.

둘째, 그들은 현실적으로 不遇했다. 曺生은 가정도 없이 책을 팔러 다니는 인물이며, 金將軍은 外侵을 여러 번 擊退한 공이 있었는데, 守門將으로 除授되자 취임하지 않고 고향에 있었다. 崔烈婦는 젊은 나이에 남편 따라 自決했고, 東里先生의 父子는 모두 詩文에 능했으나 평생 동안 俗離山에 隱居했으며, 李亶佃은 詩才는 있었으나 극히 불운했던 인물이다. 秋齋가 立傳을 한 동기는 대상 인물들이 지니고 있는 특징을 宣揚하기 위한 것이라 하겠으나, 그 특징은 그들만이 가지고 있었던 것이 아니고 비슷한 類型은 다른 인물에서도 없지 않았다. 그런데, 이러한 신분의 인물들만을 선택하여 立傳한 것은 秋齋 자신의 신분과, 또 그가 재능이 있었음에도 출세하지 못하고 일생 동안 布褐로 있었던 것과 무관하지 않을 것으로 생각된다.

Ⅵ. 結　言

秋齋는 文集까지 전하고 있으나 그의 人物과 生涯에 대한 기록이 零星하기 때문에 구체적으로 알지 못한 것이 아쉽다. 그는 委巷人으로서 여러 가지 면에 재능은 있었으나 微賤하여 身分的인 制限 때문에 출세를 하지 못하고 일생 동안 중국을 여섯 차례 갔다왔고, 전국 각지를 여행하며 많은 시를 지었다.

秋齋가 표면적으로는 晏然했으나 재능이 많았던 것만큼 불평도 많았던 것으로 짐작된다. 그의 다섯 편의 傳에서 入傳한 인물들이 모두 微賤한 인물들이었고, 秋齋에게 좋은 비단을 주었더니 모두 藍色으로 물을 들이어 상하의 옷을 지어 입었다고 하니,[25] 그것은 강한 불평의 표시일 것이다. 그가 交遊했던 인물들 가운데는 趙寅永, 金正喜, 李書九 등 士大夫들이 있었는가 하면 李德懋, 朴齊家, 鄭壽銅, 趙熙龍 등 委巷人들도 있었다. 그런데, 그는 士大夫들에 접근하고자 노력한 흔적도 찾아보기 어렵고, 또 委巷文人들의 활동에 주도적인 역할도 하지 않은 듯 하다.

秋齋가 활동했던 시기의 우리나라 漢文學은 前代에 비해 약간 쇠퇴한 듯 했으나 보급은 더욱 확대되어 委巷人들 가운데서도 文名이 높은 인사가 적지 않았다. 이러한 시기에 활동했던 秋齋는 委巷文人들을 대표했던 인물 중의 한 사람으로서 委巷文學의 수준을 높였을 뿐만 아니라, 당시 士大夫들의 문인들로부터 상당히 인정을 받았던 것으로 짐작된다. 秋齋는 산문에도 능했으나 그의 문학을 대표한 것은 시가 아니었던가 한다.

25) 張志淵, 『逸士遺事』 趙秀三條. "人有以細絹遺之 悉以染藍靛 上下衣袴 一以此製之"

제8장

李尙迪 研究

Ⅰ. 序　言

Ⅱ. 人物 性格

Ⅲ. 歲寒圖와 海隣尺素

Ⅳ. 그의 文集

Ⅴ. 그의 文學

Ⅵ. 結　言

Ⅰ. 序　言

金澤榮은 우리나라 象胥族으로서 시에 유명했던 인물은 洪世泰・李彦瑱・李尙迪・鄭芝潤 등 네 사람이었다고 했는데,[1] 본고에서는 그 가운데 李尙迪을 연구 대상으로 선택하였다.

조선조는 門閥을 중시하면서 계급이 매우 복잡했다. 象胥는 역관으로서 醫學・天文 등의 출신과 같이 중인계급에 속한 것으로 士族과 平民 사이의 계급이라 할 수 있으나 사족보다 평민에 가까웠다.[2] 이 중인계급은 비록 신분은 士族과 구분되었으나 雜科출신을 비롯하여 높은 수준의 지식을 갖춘 인사들이 많았다. 특히 역관은 조선조 후기까지 倭學이 있었으나 적은 수였고 대부분 漢語였는데, 그들은 당시 東洋文化圈의 중심지였던 중국을 왕래하면서 선진문물을 직접 볼 수 있었고, 또 적은 규모였으나 무역도 할 수 있었기 때문에 경제적으로 여유가 있었던 사람들이 많았다.

그리고 당시 중국에 가는 사신일행은 正使・副使・書狀官을 비롯하여 문명이 높은 인사들이 가기 때문에 그들과 가까이 접촉할 수 있는 기회가 있었고, 詩文에 능했던 譯官들은 긴 여행에 오래 동안 행동을 같이 하면서 함께 시도 지을 수 있었으므로 그들로부

1) 金澤榮은 네 사람을 모두 象胥族이라 했으나, 洪世泰는 상서족이 아니었고, 그가 通信使一行으로 일본에 갔으나 譯官 자격으로 간 것은 아니다.

2) 『正祖實錄』 卷 33, 15年 11月. "中人輩非兩班 非常人 居於兩間 最是難化之物"

터 쉽게 인정을 받을 수 있었을 것이다. 따라서 조선조 후기 委巷文學이 발달하게 된 것은 여러 가지 요인이 있었겠으나, 그 가운데 역관출신의 문인들이 선도적인 역할을 하지 않았는가 한다.

李尙迪은 역관출신으로서 문명이 있었다. 그가 생존했을 시기에는 委巷文學이 상당히 발달하여 詩社도 결성되어 활동이 활발했던 때였으므로 그가 선도적인 역할을 하는데 일익을 담당했다고는 볼 수 없겠으나, 이상적과 같은 문인이 등장하므로 委巷文學의 수준은 더욱 높았을 것이다. 그러므로 본고에서 李尙迪의 인물과 시에 대해 고찰해 보고자 한다.

Ⅱ. 人物 性格

이상적(1803～1865)은 근세 인물로서 문명이 있어 우리나라는 물론 중국의 문인들에게까지 많이 알려졌으나, 역관출신으로 신분이 낮아 높은 벼슬을 역임하지 못했기 때문인지 그의 인물 성격에 관한 기록이 없으므로 그의 인물에 대한 연구는 물론 그의 문학을 이해하는데 적지 않은 어려움이 있다.

이상적의 字는 惠吉 또는 允進이며, 號는 藕船이다. 그의 가문은 9대에 걸쳐 30여 명의 譯科 합격자를 배출한 세습적인 역관의 집안이었다고 한다.[3] 이로써 보면 藕船은 그의 前代는 물론 後代에 이르기까지 역관이 많이 배출되었음을 알 수 있다. 중국을 왕래한

3) 鄭後洙, 『朝鮮後期中人文學硏究』, 깊은샘, 1990, 55쪽

역관들은 경제적으로 여유가 있었던 인사들이 많았다고 하나 藕船은 일찍 아버지를 여위었기 때문인지 성장할 때는 가정이 어려웠다고 한다.

위에서 말한 바와 같이 그의 성장과정에 관한 기록은 찾아볼 수 없고 다만 그의 六旬初度述懷示天行詩[4]의 내용에 따르면 八歲未斷乳라 하여 여덟 살 때까지 어머니의 젖을 끊지 못했다고 했고, 九歲始授字라 하여 아홉 살에 비로소 글자를 배웠다고 하니 어렸을 때 건강이 좋지 않았기 때문인지 就學이 늦었음을 알 수 있다. 그리고 十四失乾蔭이라 하여 열 네 살 때 아버지를 여위었음을 알 수 있다. 또 壯而通仕籍이라 하여 仕籍에 오르게 되었다고 했는데, 譯科에 합격한 것을 말한 것이다. 藕船이 몇 살 때 역과에 합격했는지 기록을 보지 못했으나, 鄭後洙는 23세 때에 式年試 역과에 합격했다고 했다.[5]

뒤에 다시 언급하겠지만 藕船은 일생 동안 열 두 번이나 역관으로 사신일행과 같이 중국을 往還했다. 당시 중국과의 관계가 원만했기 때문에 크게 어려운 일은 없었을 것으로 생각되지만 국가에서 그에 대해 褒賞이 없지 않았을 것이다. 그가 壬戌年에 지은 시 가운데 新正卄日特蒙永授知樞之命謝恩恭賦라는 시가 있다.[6] 그리고 金奭準이 撰한 「李藕船先生傳」에도 同治壬戌永授知中樞府事之職이라 했다. 임술년은 哲宗 13년으로 그의 나이 60세 때였는데, 이때 영구히 知中樞府事의 職을 받았음을 알 수 있다.[7] 그 다

---

4)『恩誦堂集』卷 9.
여기에서 臺本으로 한 藕船의 문집은 驪江出版社에서 影印한 林熒澤 編,『李朝後期閭巷文學叢書』5권에 있는『恩誦堂集』으로 했음.

5) 鄭後洙, 앞의 책, 60쪽.

6)『恩誦堂續集』卷 9.

7) 작품 後尾에 曾經是職已十六年矣이라 했으니, 이 職에 임명된 것은 사

음해 癸亥年에 지은 시에 七月卄二赴任溫州柬寄天行이라는 시가 있다.[8] 그리고 「李藕船先生傳」에는 出宰溫州 民有五袴之謠라 했다. 이로써 그의 나이 61세 때 溫陽郡守에 임명되었음을 알 수 있는데, 譯官으로서 地方守令職을 임명받은 것은 쉬운 일이 아니다. 藕船이 知中樞府事職을 영구히 받은 것은 그가 10차 중국을 다녀온 후였고, 溫陽郡守에 임명된 것은 哲宗 14년에 正使인 尹致秀와 陳奏使一行으로 중국에 다녀온 직후였다.

藕船이 高宗 初年에도 중국을 갔다가 돌아왔는데, 그것이 마지막이었다. 그러므로 그가 知中樞府事職을 영구히 받게 되었고 온양군수에 임명된 것은 십여차례 중국을 다녀온 공로의 보상이었을 것이다. 그러므로 그의 傳에는 凡奉使已十二次矣 勤勞王事 寵錫無數라 하여 국가로부터 많은 표상을 받았다고 했다. 그리고 온양군수로 있을 때 民有五袴之謠라고 한 것은 수령으로서 治積이 있었다는 것이다.

藕船이 역관으로서 12번이나 중국에 갔다고 했는데, 그것은 극히 드문 일로써 그의 능력을 높게 인정받았기 때문일 것이다. 그가 처음 중국에 갔을 때는 純祖 29년에 갔다가 그 다음 해 돌아왔으며, 그의 나이 27세 때였다. 그리고 그가 마지막 12번째 간 것은 高宗 1년으로써 그의 나이 62세 때였다. 이로써 보면 그가 27세에 시작된 燕行이 세상을 떠나기 한 해 전까지 계속되었음을 알 수 있다.

위에서 알아 본 바와 같이 藕船의 신분이 대대로 계승된 역관가문의 출신으로서 중인계층에 속한다고 하지만 士族들로부터 천시를 받았던 것은 常人과 다를 바 없었다. 그러므로 국내에서는 文名

십대 중반이었음을 알 수 있다.

8) 『恩誦堂續集』 卷 9.

『恩誦堂集』에 실려 있는 작품들은 지은 연대순으로 편집되어 있다.

이 있었고 역관으로서 국가에 공로가 있었다 할지라도 신분에서 오는 한계를 벗어나지 못했을 것이다. 그러나 중국에 가서 그곳 문인들로부터 받은 예우는 달랐다. 역관이라는 직위가 있었으므로 전혀 차별이 없지는 않았겠지만 우리 국내에서 천시 받았던 것이 그대로 국외에까지 옮겨지지는 않았을 것이다. 그리고 그는 중국의 문인들과 비슷한 수준의 시를 지을 수 있는 능력이 있었고, 筆談이 아닌 白話로 자유롭게 대화를 할 수 있었으며, 사신일행이 중국에 가면 상당 기간 동안 머물게 되었기 때문에 중국 인사들과 접촉할 수 있는 기회가 많았고, 또 그곳을 열 두 번이나 갔다. 그의 傳에는 30여년 동안 중국 인사들과 교유를 하게 되었는데, 公卿大夫에서부터 山林의 문인에 이르기까지 많았으며, 그의 書屋을 海隣이라 이름했다고 하였다.[9] 이와 같이 중국 문인들과 많이 사귀었기 때문에 藕船은 그들로부터 받은 편지만을 모아 10冊으로 하여 이름을 『海隣尺素』라 했다.

藕船은 역관가문 출신으로서 20대 후반부터 60대 초반까지 역관활동을 계속해 왔기 때문에 그의 이력에 관해 다른 기록을 볼 수 없으므로 그의 생애에 대해 구체적으로 알기 어렵고, 다만 일생 동안 역관으로서 맡은 責務를 성실히 이행했던 인물이 아니었던가 생각된다.

그리고 그의 인물 성격에 대해서도 기록을 볼 수 없기 때문에 알 수 없고 다만 그의 傳에 儀容이 뛰어났고 그의 氣像은 봄날처럼 따뜻하고 그의 정신은 가을날과 같이 맑았으며, 文采와 風流가 사람의 마음을 취하게 한다고 했다.[10] 이로써 그의 인물 성격은 온화

9) 金奭準, 「李藕船先生傳」. "噫卅餘載 與中州人交遊寤寐者 自公卿大夫以至山林詞客 咸有投贈 顏其書屋曰海隣"

10) 같은 책, "容儀飄雋 其氣春溫 其神秋淸 文采風流 令人心醉"

하고 깨끗했음을 알 수 있다. 그리고 재능을 닦아 때를 기다리었으며 학문을 쌓아 행동을 깨끗이 했다. 또 명예에 의지하고자 하지 않았고 빨리 진출하려 서둘지 않았으며, 聖賢의 책속에 있는 내용으로 性情을 陶冶하고자 했다.[11] 그의 어머니가 세상을 떠나자 밤낮으로『禮記』를 읽었고 喪中에 있으면서 지나친 절제와 母夫人에 대한 생각으로 몸이 많이 여위었다고 하며, 동생인 尙健과 우애가 있었다고 했다.[12] 이러한 기록들을 미루어 볼 때 藕船은 선비들이 추구하는 교양 높은 인물이었음을 알 수 있다.

Ⅲ. 歲寒圖와 海隣尺素

「歲寒圖」와「海隣尺素」는 藕船의 인물 성격을 이해하는데 적지 않은 도움이 될 것으로 생각되어 우선과의 관계를 중심으로 언급하고자 한다.

세한도는 秋史 金正喜가 제주도에 유배되어 있을 때 그의 제자인 우선에게 그려준 것이다. 먼저 추사와 우선과의 관계에 대해 알아보고자 한다. 추사의 가문은 매우 화려했다. 전대에 왕실과 國婚이 연달아 두 번이나 있었고, 아버지 魯敬은 判書를 역임했을 뿐만 아니라, 가까운 一族 가운데 높은 仕宦을 역임 한 사람이 적지 않았다. 그런데, 중인출신의 譯官인 藕船이 그의 제자가 될 수 있었

11) 上同. "養才以待時 積學以礪俗 不循名 不躁進 陶性情於聖賢書卷之中"

12) 上同. "庚戌太夫人棄養 晝宵讀禮 孝思毁瘠 與弟尙健友篤"

을까 하는 생각도 없지 않다. 그러나 추사는 이십대에 사신으로 가는 아버지를 따라 중국에 가서 조용했던 우리나라와는 달리 서구의 문물에 충격을 받고 있는 현장을 직접 목격했으며, 또 그곳 문인들을 만나 안목을 넓히었기 때문인지 당시로서는 진보적인 인물이라 할 수 있었다. 그러므로 능력만 인정되면 중인계층의 자제들도 제자로 받아들였다. 이를 뒷받침 할 수 있는 것은 鄭壽銅의 才名을 듣고 집에 불러 공부를 하게 했고, 역시 역관출신이었던 吳慶錫도 그의 제자였으며, 제주도 유배지를 찾아온 姜瑋를 제자로 받아들였는데, 이들은 모두 寒微한 집안의 자제들이었다. 이로써 미루어 볼 때 藕船의 執贄를 거절하지는 않았을 것으로 짐작된다.

秋史와 藕船과의 관계에 대해 우선의 문집 『恩誦堂集』에는 立春後一日龍湖訪金秋史學士와[13] 추사가 세상을 떠났을 때 지은 奉輓秋史金侍郎[14]과 謝金秋史閣學贈墨蘭(文集 卷2) 등의 시가 있을 뿐이다. 그러나 『秋史集』에는 藕船에게 보낸 書簡이 7통이나 된다. 干紀가 없기 때문에 보낸 시기는 알 수 없으나 내용에서 두분의 관계를 이해할 수 있는 것을 들어 보면 二信에서 들은 바 季方이 중국에 간다고 했는데, 앞날에 부탁한 吳仲倫 文集을 대신해서 구해올 수 있겠는가 했다.[15] 이로써 보면 추사가 우선이 使臣一行으로 중국에 갈 때 필요한 책을 구해 주기를 부탁했음을 알 수 있

---

13) 이 시가 己丑年에 지은 시와 같이 실려 있는 것으로 보아 藕船이 秋史를 알게 된 것은 27세 때였음을 알 수 있는데, 이 해 처음으로 우선이 冬至兼謝恩使一行으로 10월에 출발하여 다음 해 3월에 돌아왔다. 우선이 처음으로 중국에 가기 전에 이미 추사를 알았음을 알 수 있다.

14) 이 輓詩는 (『續集』 卷 4), 七言律詩로 4首였는데, 그 가운데 薄藝多慙早及門이라 하여 제자였음을 말했다.

15) 金正喜, 『阮堂先生全集』 卷 4, 「書牘」. "聞季方赴燕云 自前日所託者吳仲倫文集 可能代求耶"
季方은 秋史와 藕船과의 다른 書簡에도 나오는데 누구인지 알 수 없다.

다. 그리고 우선은 중국에 가서 추사에게 필요한 책들을 계속 구해 주어 추사에게 당시 清朝에서 발달한 考證學과 金石學에 대한 안목을 넓혀 주었을 것이다. 추사가 보낸 五信에서 去年에 大雲 晩學 두 책을 부쳐 보냈고, 今年에 또『藕耕文編』을 보냈는데, 이것은 모두 세상에 항시 있는 것이 아니다. 천만리의 먼 곳에서 구입했고 몇 년 걸려 얻은 것이며 일시에 가능한 것이 아니라고 했다.[16]

藕船이 중국에서 구해 추사에게 보낸 것은 책 뿐만 아니고 추사가 좋아했던 茶도 있었다. 우선에게 보낸 四信에 마침 남쪽 차를 얻어 나누어 맛을 보게 되니 먼저 것보다 좋다. 季方의 전대속에 그것을 가지고 왔느냐 했다.[17] 그리고 硃墨과 花箋 같은 것도 있은 듯하다. 藕船이 중국에 갔을 때 스승인 추사에게 필요한 것을 구입해 돌아오게 되면 당시 추사가 제주도에 유배되어 있었기 때문에 本家로 부쳐 보낸 듯하다. 추사가 제주에서 동생 相喜에게 보낸 편지에 李尙迪이 보낸 書包를 언제 부쳐 보낼 수 있겠는가 했다.[18]

추사가 제주도에 유배된 것은 당시 戚勢로 막강한 권력을 장악하고 있었던 豊山洪氏와 사이가 좋지 않았기 때문이었다. 감정이 대립된 내용은 알아보지 못했으나 유배를 가게 되었으니 정치적으로 패배한 것이다. 그렇게 되면 주위에 있었던 사람들이 떠나게 마련인데, 藕船은 세상 인심과는 달리 중국에 가게 되면 스승이 꼭 필요한 것을 구해 보내드렸다. 우선의 이러한 정성에 추사가 감탄하면서 그에게 그려 준 것이 유명한「歲寒圖」다. 이 세한도는 하

---

16) 같은 책. "去年以大雲晩學二書寄來 今年又以藕耕文編寄來 此皆非世之常有 購之千萬里之遠 積有年而得之 非一時之事也"

17) 같은 책. "適得南茗 又此分味 與前品更勝 季橐中能携此等來耶"

18) 金正喜.「與舍季相喜」,『全集』卷 2, "李君尙迪許所託書包 不知何時可得付來耶"

단에 추사가 그림을 그리게 된 동기를 쓴 것이 있다. 그 내용을 옮겨 보면 다음과 같다.

첫 머리에 『大雲』『晩學』 두 책을 구입해 보내 주어 고맙다는 말을 한 뒤에 세속 사람들은 도도히 권리를 추구하기 위해 마음을 쓰는데, 이와 같이 權利를 따르지 않고 海外의 憔悴 枯槁한 사람에게 따르는 것을 권리를 추구하는 세속 사람과 같이 하느냐. 太史公이 말하기를 권리로써 가까이 하게 된 자들은 그것이 다했을 때 疎遠해 진다고 했다. 자네도 세속의 도도한 가운데 사람으로서 초연하게 權利를 추구하는 대열에서 빠져나와 나를 권리로써 보고자 아니 하느냐. 태사공의 말이 틀렸느냐. 孔子께서 날씨가 추운 연후에 松柏이 뒤에 시든다는 것을 안다고 했다. 송백은 四時에 일관되게 시들지 않는다. 歲寒 전에도 하나의 송백이고 세한 후에도 하나의 송백이다. 공자께서 특별히 歲寒 후라고 하셨는데, 지금 자네는 나에게 전에도 더한 것이 없고 뒤에도 덜한 것이 없었다. 그런데, 자네가 전에 한 것은 칭찬을 받을 수 없고 뒤에 것만 성인으로부터 칭찬을 받아야 하겠느냐. 성인이 특별히 말한 것은 단지 시든 후에 貞操와 勁節을 칭찬하려는 것이 아니고 歲寒 때의 것이 마음에 감동을 주는 바가 되기 때문이다.[19)]

---

19) "且世之滔滔 惟權利之是趨 爲之費心費力如此 而不以歸之權利 乃歸之海外憔悴枯槁之人 如世之趨權利者 太史公云 以權利合者 權利盡以交疎 君亦世之滔滔中一人 其有超然自拔於滔滔權利之外 不以權利視我耶 太史公之言非耶 孔子曰 歲寒然後 知松栢之後凋 松栢是貫四時而不凋者 歲寒以前一松栢也 歲寒以後一松栢也 聖人特稱之於歲寒之後 今君之於我 由前而無加焉 由後而無損焉 然由前之君 無可稱 由後之君 亦可見稱於聖人也耶 聖人之特稱 非徒爲後凋之貞操勁節而已 亦有所感發於歲寒之時者也 …"
윗 글은 세한도 하단에 跋文으로 있을 뿐만 아니라, 秋史가 藕船에게 보낸 五信으로 『秋史全集』 卷 4에 全文이 실려있다.

이와 같이 추사는 제주에 유배되어 圍籬安置되어 있는 자신에게 변함없는 藕船의 정성에 감동하여 세한도를 그려 주었음을 알 수 있다. 그리고 이 세한도를 통해 權利에 흔들리지 않은 우선의 인물 성격을 상징적으로 표현한 것이 된다. 우선은 추사로부터 세한도를 받고 보낸 答書에 "엎드려 읽고 두 눈에 눈물이 저절로 흐르는 것을 깨닫지 못했습니다. 어찌 그와 같이 분에 넘치게 추켜 올립니까. 참으로 감개가 절실합니다. … 다음에 이 그림을 중국에 가지고 가서 표구해 친구들에게 보이고 題詠을 부탁할까 합니다" 했다.[20] 이렇게 말한 藕船은 憲宗 8년 그가 6차 중국에 가면서 세한도를 가지고 가서 그곳 문인들에게 세한도와 자신이 지은 原韻을 보이면서 贊을 받았다. 추사가 우선에게 보낸 六信에 歲寒詩 가운데 趙振祚가 어떤 정도의 사람인지 그의 학문의 깊이를 아느냐 하며 물었다.[21] 이로써 보면 우선이 贊詩을 받아 돌아와서 추사에게 보였음을 알 수 있다.

『海隣尺素』는 당시 중국의 문인들이 藕船에게 보낸 편지를 모아 10冊으로 하여『해린척소』라 했다고 한다. 우선은 30여년 동안 중국을 往還하면서 그곳 문인들을 많이 사귀었다. 藕船에 대해 중국 문인들이 보낸 尺牘에서 集句한『李藕船先生傳』에 30여년 동안 중국 사람들과 交遊해 잊지 못하는 자들은 公卿大夫로부터 山林의 文人들에 이르기까지였는데, 모두 자신에게 시를 지어 주었

---

20) "伏而讀之 不覺涕淚交迸 何其推挹之途分 而感慨之眞切也 … 此次携此圖入燕 付之裝手 試使知舊瀏覽 仍屬題詠"
藕船의 이 답신은『恩誦堂集』에는 실려 있지 않고 鄭後洙의 앞 책(83쪽)의 것을 재인용했는데 出典을 밝히지 않아 어디에 실려 있는 것인지 알지 못한 것이 아쉽다.

21) 金正喜,「與李藕船」六信,『秋史全集』卷 4. "歲寒詩中 趙宮詹振祚 知是何等人耶 能得其淺深耶"

으며 그의 書屋의 이름을 海隣이라 했다고 한다.[22) 『海隣尺素』를 보지 못했기 때문에 그 가치에 대해 쉽게 말할 수 없지만 내용에 학문적인 의미가 있는 것이 아니고 안부를 묻는 정도이면 큰 의의가 있는 것으로 간주 할 것이 없을 것이다. 그러나 우선에게는 중요한 것이다.[23) 그것은 당시 문화적으로 선진국인 중국의 지식인들로부터 시와 인품으로 인정을 받았다는 것이 되기 때문이다. 그러므로 우선도 그것을 裝幀하여 珍藏한 것이 아닌가 한다.

우선이 중국 지식층의 문인들을 많이 사귈 수 있었던 것은 무엇보다 30년이 넘게 긴 세월 동안 12차나 중국을 왕환했으며, 白話로써 자유롭게 그들과 대화가 가능했던 것이다. 그리고 우선의 지식과 詩作의 능력이 중국의 문인들과 대등했던 것도 사귈 수 있었던 조건 중의 하나가 되었을 것이다. 우선이 이러한 조건을 갖추었을 뿐만 아니라, 그들과 사귀고자 적극적인 태도를 취했을 것이다. 그것은 국내에서 士族들로부터 譯官이기 때문에 下視를 당했으나 중국의 문인들로부터 그러한 구분이 적었을 것이고, 또 그곳 名士들과 사귀고 있다는 것은 下視에 대한 불평을 달랠 수 있었음과 동시에 그의 자존심을 크게 높일 수 있다고 생각했을 것이다. 그러므로 그의 문집에 실려있는 懷人詩의 대상 인물은 대부분 중국의 名士들이고, 또 그들과 지은 시도 많다. 뿐만 아니라, 子梅詩草敍도 썼다(『文集 續集』 卷 2). 우선이 말한 바와 같이 우리나라 사람이 중국문인의 문집에 序를 쓴 경우는 극히 드물었을 것이다. 그런데 『海隣尺素』의 원본은 전하지 않고 일부만 있다고 한다.[24)

---

22) "卅餘載與中州人 交遊寤寐者 自公卿大夫 以至山林詞客 咸有投贈 顔其書屋曰海隣" 註 9)와 같음.

23) 鄭後洙, 앞의 책, 70쪽. 이에 대해 鄭後洙는 국내에서 푸대접 받는 그가 멀리 淸의 名士들이 이렇게 많은 편지를 보내왔다는 자체가 그 내용이야 어찌되었던 자랑거리가 아닐 수 없었다.

Ⅳ. 그의 文集

지금 世間에 전하고 있는 藕船의 문집으로는 『恩誦堂集』과 『藕船精華錄』이 있다. 『은송당집』은 詩集과 文集으로 나누어져 있다. 시집은 原集 10卷, 續集 10권이며, 문집은 원집 2권, 속집 2권으로 分卷되어 있다. 시집 첫 머리에 楊夫渠의 題와 藕船의 序가 있으며, 속집 첫 머리에 何紹基의 書籤과 다음 장에 劉銓福의 署와 許海秋의 序가 있다. 그리고 문집에는 첫 장에 呂佺孫의 題가 있다. 우선은 序文에서 지난 날 임금께서 자신을 본 자리에서 자신의 옛날 지은 시를 읊으시며고 잇따라 문필이 중국의 것에 가깝다고 하시며 매우 가상하게 여기심을 들었으니 영광과 감격과 죄송함과 부끄러움이 어찌 끝이 있겠는가. … 감히 졸렬함을 생각하지 않고 직접 詩文 약간 권을 편집하여 스스로 그 머리에 『恩誦堂集』이라 했으니, 임금의 은혜를 기록하고자 한 것이라 했다.[25] 그리고 서를 쓴 해를 道光 丁未 小春月이라 했으므로 1847년 10월이 된다. 이로써 『恩誦堂集』은 우선이 自編한 것임을 알 수 있다.

문집은 『退溪集』 『栗谷集』 등과 같이 저자의 雅號로 하는 것이 일반적인데, 『은송당집』은 임금이 외운 것을 은혜로 생각하기 위한 것이라고 한다. 우선이 직접 말한 것이니 의심할 여지가 없다. 그리고 근간에 임금이 李尙迪을 앞 자리에 두고 자신의 시를 외우

24) 鄭後洙, 앞의 책, 69쪽.

25) 李尙迪 序. "頃者 前席承聆玉音琅然 吟誦臣舊作 斷以文筆之近於中國 頗嘉之 榮感惶恧 曷有其極 … 竊敢不計譾劣 手輯詩文若干卷 自署其首曰 恩誦堂集 蓋紀恩也已"

며 秘閣에 명령해 문집을 간행하게 했으나 굳게 사양했으니 그 恩遇는 옛날에도 있기 드문 것이라고 했다.[26] 이로써 보면 당시 임금이 高官도 아닌 譯官인 이상적에게 그의 시를 읊었다는 것은 널리 알려진 사실인 듯하다. 그런데, 그 임금이 어느 임금이었는지 말하지 않았기 때문에 알 수 없다. 藕船이 활동했을 때 재위했던 임금은 純祖·憲宗·哲宗·高宗이었다. 고종 초년에 우선이 세상을 떠났기 때문에 고종은 아닐 것이다. 우선의 시 十月卄二日春塘臺講筵恭紀一絶에 微臣久沐恩波重 不忘前王代聽年이라 했고, 後尾에 純廟 戊子 初冬에 翼廟께서 이곳에서 開講하셨는데, 그때 翼廟는 代理聽政하고 있었다. 그때 성명을 물으시고 다음 날 引見할 것을 명령하셨다고 했다.[27] 戊子는 純祖 28년이다. 翼廟는 순조 30년에 세상을 떠난 왕세자의 추존한 廟號이므로 우선의 시를 읊었다는 임금은 翼廟가 아니었을까 한다.

그리고 위에 引示한 藕船의 傳에서 秘閣에 명령해 鋟梓하고자 한 것을 굳게 사양했다고 했는데, 그것이 사실이었다면 우선에게는 영광이 되지 않을 수 없다. 文名이 높았던 분의 문집이 후손의 零落으로 간행되지 못하고 있을 때 군왕이 道臣들에게 명령해 간행했다는 것은 간혹 볼 수 있었으나, 살아 있는 문인의 문집을 비각에서 간행하고자 한 것은 극히 드물었을 것이다. 그러므로 固辭한 것이 아닌가 한다.

『恩誦堂集』의 간행에 대해 序에서도 언급한 바 없고, 다만 그의 書周菊人手札後에 戊申年 봄에 吳偉卿이 자신의 『恩誦集』을 간행해 板을 焦廣成貨鋪에 보관해 두었는데, 다음 해 焦가 편지로

---

26) 金奭準, 「李藕船先生傳」. "及前席 君王誦其詩篇 令秘閣鋟梓 固辭之 其恩遇曠古罕有"

27) 『恩誦堂集』 卷 9. "純廟戊子初冬 翼廟開講于此 時下詢姓名 洊承政日 引見之命"

말하기를 지난 여름에 周某가 北京에 와서 들렸다가 『恩誦堂集』을 보고 매우 칭찬하면서 세상에 구하고자 해도 많이 얻지 못할 것이라 하고 2백부를 사서 가지고 가면서 江浙間에 전할 것이라고 한다 했다.[28] 이로써 『은송당집』은 우선이 살아 있을 때 중국 사람의 친구인 吳偉卿에 의해 戊申年(1848)에 처음 간행되었음을 알 수 있으며, 또 그곳 사람들보부터 호평을 받았음을 알 수 있다.

우선의 시집인 『藕船精華錄』은 門人이었던 金奭準이 편찬한 것으로 역시 문인인 崔性學의 序가 있으며, 또 그가 撰한 『李藕船先生傳』이 있다. 편집 내용은 여러 형식의 시를 3권으로 분리하여 실었다.

최성학의 서에 따르면 己巳年에 김석준이 선생의 전집에서 십분의 삼, 또는 사를 선발하여 교정을 받아 간행한다고 했다.[29] 이로써 精華錄은 시를 중심으로 『恩誦堂集』에 실려 있는 것을 선발한 것임을 알 수 있고, 己巳年과 崔性學이 序를 쓴 同治 8년은 같은 해이므로 간행 연대는 1869년이었음을 알 수 있다.

Ⅴ. 그의 文學

藕船의 작품에 대해 언급하기 전에 이해를 돕기 위해 그의 시에

---

28) 文集「續集」卷 2. "戊申春吳偉卿比部 爲余刊恩誦堂集 藏板于焦廣貨鋪 翌年焦大書報 去夏周某入都過訪 見尊集 亟稱之曰 求之海內 亦不可多得 因捐金購二百部而行 謂將傳之江浙間"

29) 崔性學, 「藕船精華錄序」. "己巳冬 金君取先生全集 裁其什之三四 旣求同訂 亟付手民"

대한 논평부터 들어보고자 한다. 조선조 후기에 활동했던 작가들에 대한 논평은 작가의 능력과는 상관없이 前代에 비해 논평이 많지 않은 것이 일반적이다. 그것은 그들이 활동했던 시기에서 얼마 되지 않아 西歐의 文物이 들어왔고, 잇따라 漢文學이 단절되었기 때문일 것이다. 그러므로 藕船의 작품에 대한 논평도 많은 편은 아니다.

먼저 우선의 스승이었고 師弟間의 정이 돈독했던 金正喜는 우리나라 문인들이 技巧에 지나치게 관심을 가지는 習氣에서 벗어나지 못하고 있는데, 우선만은 압록강 동쪽의 말을 사용하지 않는다고 했다.[30] 이러한 秋史의 논평은 격찬에 가깝다고 볼 수 있을 것이다. 그리고 崔性學은 선생의 시가 위로는『詩經』風雅에 거슬러 올라가고 아래로는 漢魏, 唐宋, 元明의 大家들을 법으로 하여 그 묘함을 연구해 감정을 표현했기 때문에 당시 宗匠으로 우뚝했으며, 그의 작품이 멀리 외국에까지 전파되어 높은 관직에 있었던 인사와 유명했던 선비들도 모두 높게 평가한다고 했다.[31] 최성학은 우선의 제자였고 위의 글은『藕船精華錄』의 서문으로 쓴 것이기 때문에 약간의 과장은 없지 않을 것으로 짐작은 되지만 중국에 알려져 그곳 명사들이 推詡한 것은 사실이다. 그리고 또 최성학은 선생이 빈번히 중국에 사신으로 들어가서 배웠고 여러 분야의 책을 망라하여 文才를 발휘했는데, 일체의 모방과 膚淺한 것을 버리고 독창적인 표현으로 진실하고 質樸한 것을 추구해 옛 작가의 수준에 이르렀다. 그것은 師友들로부터 받은 영향이 많았고 여러 곳을

---

30) 崔性學,「藕船精華錄序」. “金秋史先生嘗曰 東人專尙制藝之工 未能免習氣 獨藕船詩 不作鴨水以東語”

31) 上同. “夫先生之爲詩 上泝風雅之旨 下遵漢魏唐宋元明諸大家之體製 乃硏其妙 而融其情 卓然爲當時宗匠 是以文章遠播海內 巨卿通儒 競相推詡”

폭넓게 관찰했기 때문일 것이라 했다.[32] 우선의 시가 얼마나 독창적이었는지 그것은 쉽게 말할 수 없으나, 중국에 여러 번 가서 그곳 문인들과 사귀며 시를 같이 짓고 한 것은 우선의 詩作에 많은 도움이 되었을 것이다.

우선의 문집이 중국에서 간행되었고, 그것이 그곳 문인들의 칭찬을 받았다는 것은 상당히 인정을 받았다는 실증이 된다. 그러므로 그들이 우선의 시에 대해 어떻게 평가했는지 알아보고자 한다. 祁寯藻는 우선의 시는 精渺하고 淸婉해 한 점의 烟火의 氣가 없다고 했다.[33] 다시 말하면 俗氣가 없다는 것인데, 우선은 대대로 譯官 가문의 출신으로 중인계급에 속했기 때문에 출세에는 한계가 있어 일찍 단념하고 역관을 천직으로 생각하며 일생 동안 살았으므로 세속에 얽매이지 않았던 그의 시가 淸婉해 烟火에서 탈피할 수 있었을 것이다. 그리고 馮譽驥는 자신이 『恩誦堂集』을 읽고 더욱 깊게 傾慕하게 된 것은 이 세상에서 구해도 많이 얻지 못할 것이기 때문이라고 했다.[34] 이러한 주장은 우선의 시가 쉽게 구해 볼 수 없을 정도로 좋다는 것이다.

다음에는 우선의 시에 대해 약간 후대의 논평을 들어보고자 한다. 다같이 金正喜의 제자였던 姜瑋(1820～1844)는 옛날 丁酉山 學淵이 시로써 해외를 豪氣있게 바라보았으나 홀로 李藕船에게는 마음을 굽히었다고 했다.[35] 그리고 金弘集(1842～1896)은 자신이

---

32) 上同, "先生頻年奉使 北學於中國 包羅羣籍 發揮文藻 一切摹擬膚淺之弊掃 而空之立言 一歸於眞樸 彬彬乎古作者之道 於是知其師友漸劘之功深而俊 遊江山之助 尤有多焉"

33) 上同. "祁先生寯藻之言曰 藕船詩 綿渺淸婉 無一點烟火氣"

34) 金奭準,『李藕船先生傳』. "馮譽驥謂人曰 吾讀恩誦堂集 益深傾慕 求之海內 亦不多得"

35) 姜瑋,「玄皎亭先生詩集 序」, 古歡堂收草 卷 1, "昔者丁酉山先生 以詩雄視海外 而獨心折於李藕船"

弱冠 때 藕船을 알아 그의 저작인『恩誦堂集』을 얻었는데, 그의 시가 좋아 손에서 놓지 않았다고 했다.36) 丁酉山은 우선과 같은 시대의 인물이었는데 시로써 유명했으며, 우선의 시를 높게 인정했다는 것이다. 金弘集은 不忍釋手라 했으니 좋다고 생각되었기 때문이다.

金澤榮(1850～1927)은 당시 서울에 역관으로서 두 사람의 시인이 있었는데, 한 사람은 李尙迪이었고 다른 한 사람은 鄭壽銅이었다. 尙迪은 漢語로써 譯科에 합격하여 자주 使臣을 인도하여 북경에 가서 그곳 문인들과 시로서 唱和하여 명성이 중국에 두루 알려지게 되었다고 했다.37) 이로써 보면 金澤榮도 藕船의 시를 상당히 인정했음을 알 수 있다. 그리고『東詩叢話』에는 鄭壽銅과 우선의 시를 보면 鄭壽銅의 시는 낯이 생소한 勇將이 陳前에 나와 적군을 가볍게 보고 있어 실수하지 않을까 염려되고, 우선의 시는 비록 壯하고 날카롭지는 않으나 상하고 꺾인 것은 없다고 했다.38) 이와 같이 李尙迪과 鄭壽銅 시의 특징을 비교해서 언급했는데 상당히 설득력이 있는 견해가 아닌가 생각되며, 특징만 말했을 뿐 누구의 시가 더욱 좋다고 말하지는 않은 듯하다. 정수동과 이상적은 비슷한 나이에(藕船이 다섯 살 많음) 같이 驛官 가문의 출신이었고, 또 秋史 金正喜의 제자였는데, 정수동은 추사 집에서 공부를 하게 했으나 자주 도망을 갔고, 우선은 사제간의 정이 오래 동안 돈독했다.

---

36) 林熒澤 編,『閭巷文學叢書』5, 金弘集, 重刊夢觀詩稿序. "余弱冠時 識李藕船 得其所著恩誦堂集 而愛其詩 不忍釋手"

37) 金澤榮,「鄭芝潤傳」,『韶濩堂集』卷 9, 傳條. "當是時 漢京舌官之族 有二詩人 一李尙迪 一郎芝潤也 尙迪由漢語 學登雜科 數導使臣入淸京 與文士賦詩唱和 名譽徧於中州"

38)『東詩叢話』編者 未詩 ; 趙鐘業 編,『韓國詩話叢編』11. "閱夏園藕船兩詩 夏園詩如生面勇壯 出陣輕敵 恐有踈失 藕船雖無壯捷 自無損折處"

두 사람이 모두 시로써 유명했기 때문에 비교하여 논평한 것이 많은 듯 하다. 다음에는 그의 시에 대해 살펴보고자 하며, 먼저 五言絶句에서 二月望宿大凌河詩를 들어 본다.

茫茫別時月	떠날 때 희미했던 달이
客裏五廻圓	타향에서 다섯 번이나 둥글었다오.
坐數還家日	앉아 집에 돌아갈 날 헤어보니
猶餘一上弦	아직도 한번 초승달이 남았다.
(『恩誦堂集』 卷 5)	

이 작품은 詩題에서 2월 보름날 大凌河에 자면서 지었다고 했으니, 使臣一行으로 중국 갔다가 돌아오는 도중에 대릉하에서 자며 지은 시임을 알 수 있으며, 丁酉年에 지었다고 했으니 藕船이 34세 때 3차 중국에 갔을 때였다. 우선이 3차 入燕할 때는 冬至兼謝恩使行으로 正使는 申在植이었으며, 憲宗 2년 10월에 서울을 출발하여 다음 해 헌종 3년 3월 17일에 돌아왔으니, 丁酉年 2月 보름에 지었음을 알 수 있다. 起承兩句는 고향을 떠날 때 희미했던 달이 타향에서 다섯 번이나 둥글었다고 했으니, 집을 떠난지 5개월의 긴 시간이 흘렀다는 것이다. 轉結兩句는 앉아서 집에 도착할 날을 헤어 보니 저 보름달이 다시 초승달이 될 즈음이므로 아직 이십여일이 남았다고 했다.

옛날에는 밤 하늘에 떠 있는 달 모양을 보고 날짜를 대략 짐작했다. 이때 藕船은 사신일행으로 중국에 갔다가 해를 넘기고 돌아오는 길에 大凌河에 자면서 보름달을 바라보고 집 생각을 하며 지은 것이다. 객지에서 달이 다섯 번이나 둥글었다는 긴 여행에서 달의 변하는 모양을 바라보며 도착할 날을 헤어 본다고 했으니 얼마나 간절하게 집에 도착할 날을 기다리고 있는가 하는 것을 짐작할 수 있다. 사람이 감정을 표현하는 방법은 여러 가지가 있겠으나 타향에 있는 사람에게 고향 생각을 더욱 돋구어 준다는 달을 보고 그 모양이 달라지는 것으로 긴 여행 중이라는 것과 집에 도착할 시점을 짐작케 하는 착상이 절묘하지 않은가 한다. 다음에는 峽行卽事詩 3首 가운데 한 수만 들어 본다.

翁釣瓜皮船	늙은 이는 작은 배에서 낚시하고
兒耕燕子田	아들은 제비처럼 생긴 밭을 간다.
墻頭采桑女	담장머리 뽕따는 아낙네는
衫袖露涓涓	소매가 이슬 방울에 젔었다.
(續 卷 1)	

이 작품은 지은 곳이 어디였는지 모르지만 峽中을 지나면서 지은 것이다. 起承兩句는 늙은 이는 瓜皮같은 작은 배에서 고기를 낚고 아들은 제비처럼 생긴 밭을 간다고 했다. 이때 瓜皮같다는 것은 참외를 반쪽으로 쪼개 놓은 모양과 같다는 것으로 一葉片舟를 말한 것이며, 燕子田은 깊은 산골 다락밭의 생긴 것이 제비와 같은 모양이라고 해서 말한 것인데, 이 두 개의 표현은 쉽게 볼 수 있는 것이 아닌 것으로써 藕船이 사물을 관찰하는 눈이 銳利함을 알 수 있다. 轉結兩句는 담장 넘어 뽕을 따는 아낙네의 옷 소매는 뽕잎에 달린 이슬 방울에 젖었다고 했다. 藕船은 대대로 역관 가문의 출신이었고, 그도 일찍 譯科에 합격하여 역관으로 燕行이 자주 있었기 때문에 국내의 깊은 산골의 여행은 많이 하지 못했을 것이다. 이 시는 癸丑年條에 있어 우선의 나이 50세 때 지은 것이다. 峽谷이 어디에 있는 것인지 모르지만 그곳을 지나면서 화평한 前景이 아름답고 신기하기 때문에 지은 것이 아닌가 생각되며, 시인으로서 사물을 보는 눈도 날카로움을 느낄 수 있다. 다음에는 五言律詩에

대해 살펴보고자 하며, 먼저 發燕館詩부터 들어본다.

萬里燕山客	萬里나 먼 燕山의 길손이
今朝馬首東	오늘 아침 말머리를 동쪽으로 돌렸다.
江雲流白日	강물에 구름처럼 해도 흘러가고
官柳入春風	관청 버들에 봄바람이 분다.
事事吾何有	일마다 상관할 것 없으며
行行路不窮	가도 가도 길은 끝이 없다.
故人爭賫酒	친구들이 다투어 노자와 술을 권해
餘醉臥車中	취한 나머지 수레에 누웠다오.
(卷 7)	

이 작품은 使臣一行으로 燕京에 갔다가 일을 마치고 돌아오고자 그곳 客館을 출발하면서 지은 것이다. 이 시가 癸丑年 지은 시에 실려 있으니 藕船이 40세 때였다. 憲宗 8년 10월에 正使 李昰應과 같이 갔다가 다음 해 3월에 돌아왔는데, 그때 그곳을 출발하면서 지은 것임을 알 수 있으며, 6차 燕京에 갔을 때였다. 首聯은 고국에서 만리나 멀리 떨어져 있는 손이 오늘 아침에 말머리를 고국이 있는 동쪽으로 돌리었다고 했다. 일을 마치고 돌아오고자 말을 탔으니 기분이 홀가분하고 기뻤을 것이다. 頷聯은 강물에는 구름과 같이 해도 흘러가고 관청 주변에 있는 버드나무 가지에는 봄바람이 분다고 했으니 새 잎이 돋는다고 한 것인데, 그곳 광경을 표현한 것이며 고국에서 떠난 후 계절이 바뀌었다는 의미도 있다.

頸聯에서 일마다 자신이 상관할 것이 없다고 한 것은 자신이 맡은 일은 通譯이므로 우리 사신이 중국 정부와 회담을 할 때 通譯을 하는 것이 자신의 의무이며, 그곳에서 일을 마치고 돌아오는 과정에 생기는 일은 자신이 상관할 것이 없다는 것이다. 그리고 계속 가도 길은 끝이 없다고 한 것은 멀다는 것인데, 이 聯은 돌아오는 길을 예상해서 표현한 것이다. 尾聯은 그곳에서 출발을 하고자 할 때 친구들이 노자와 술을 다투어 권했기 때문에 취한 나머지 수레에 누워 있다고 했다. 우선이 이때 燕京에 간 것이 6차였으므로 그곳에 많은 친구들이 있을 때였기 때문에 돌아오고자 할 때 그곳 친구들이 송별하면서 노자도 주며 술을 권했을 것으로 짐작된다. 이 시는 표현이 뛰어났거나 着想이 매우 좋기 때문에 여기에서 언급한 것이 아니고 여러 번 燕行에서 일을 마치고 고국으로 돌아오고자 그곳을 떠나면서 그때의 감정을 표현한 것이므로 들어보았다. 다음에는 狄踰嶺詩를 들어본다.

何年巨靈手	언제 造化翁이
萬疊劈鴻濛	광대한 것을 萬疊으로 쪼개었나뇨.
石沒留冬雪	바위는 눈속에 묻혀 있고
林高動朔風	높은 나무는 하늬바람에 흔들린다.
曾聞惟鳥道	일찍 새들만 넘는다고 들었는데
卽看是蠶叢	보니 바로 蜀道처럼 험하다오.
雙袖携雲氣	두 손으로 雲氣를 끌어 모으며,
長歌倚碧空	碧空에서 長歌를 부른다.
(卷 10)	

이 시는 狄踰嶺을 넘으면서 지은 작품이다. 적유령은 어디 있는지 알아보지 못했으나, 이 시 다음에 있는 시들이 중국에서 지은 것으로 보아 중국에 있는 것이 아닌가 한다. 이 작품은 丁未年에 지었으니 憲宗 13년으로써 藕船이 그 해 10월에 正使 成遂默과 같이 8차 燕行 길을 떠났다. 이때 우선은 44세였다. 首聯은 언제 造化翁의 神靈스러운 손으로 未分된 廣大한 세계를 萬疊으로 쪼개어 놓았느냐 했는데, 적유령을 넘으며 그 규모의 웅대함과 높은 것을 나타낸 것이다. 頷聯에 바위가 눈속에 묻혀 있다고 했는데,

그것은 적유령이 매우 높다는 것이며, 나무에서 하늬바람이 분다는 것은 추운 겨울임을 말한 것이다. 首聯이 적유령의 거대하고 웅장한 형상을 표현한 것이라면 이 聯은 넘을 때의 광경을 나타낸 것이다.

頸聯은 이 재가 높고 험하기 때문에 새들만이 날아 넘을 수 있다고 들었는데, 이곳을 넘으면서 보니 蜀道와 같이 험하다고 했다.[39] 다시 말하면 이 재가 높기도 하고 매우 험하다는 것이다. 尾聯은 이와 같이 높은 곳에서 두 손으로 하늘의 精氣를 모우며 碧空에 서서 長歌를 부른다고 했으니 豪氣가 넘친다. 적유령에 대해 아는 바가 없기 때문에 말하기 어려우나 이 시를 볼 때 峻嶺임을 알 수 있으며, 峻嶺에 알맞게 格調도 雄健하다. 藕船의 시가 淸婉 또는 典雅함은 있으나 雄健함은 보기 어려웠는데, 이 시는 그렇지 않을 뿐만 아니라, 표현도 좋아 그의 작품에서 白眉가 아닌가 한다. 다음에는 六日十二夕雨後詩를 들어본다.

簷角風鈴語	첨하 끝의 풍경소리 들으며
微凉獨倚樓	서늘한 바람에 홀로 樓에 섰다.
雨聲猶在耳	빗소리는 아직도 들리는 듯
月影忽當頭	달이 갑자기 앞에 나타났다.
近水蛙爭吠	물에는 개구리소리 요란하고
出林螢自流	숲위로 반딧불이 날은다.
江湖淸入夢	시골의 맑은 기운 마시며
一葉弄漁舟	片舟타고 고기나 잡으련다.

(『續集』 卷 3)

이 작품은 詩題에서 6月 12日 저녁 비가 온 뒤에 지었다고 했으

39) 蠶叢은 蜀王의 이름이었다고 하나 여기서는 蜀道의 험한 것을 상징적으로 말한 것이 아닌가 한다.

며, 丙辰年에 지은 시에 실려 있으니 우선이 53세 때 지었음을 알 수 있다. 首聯은 이 시를 지을 때의 日氣를 표현한 것으로써 첨하 모퉁이에서 풍경소리 들리고 서늘한 바람이 불고 있는데 홀로 樓에 섰다고 했다. 頷聯에서 빗소리가 아직도 귀에 들리는 듯하다는 것은 많은 비가 내리다가 금세 그쳤기 때문이며 달이 갑자기 머리 위에 나타났다는 것은 비는 그쳤으나 구름은 끼어 있었으며, 흩어지는 구름 사이로 달이 보이기 때문일 것이다. 이 聯은 비가 그친 직후의 광경을 표현한 것이다. 頸聯은 가까이 있는 물에서는 개구리들이 다투어 울고 있다고 했는데, 가물다가 비가 오게 되면 개구리들이 물에 모여 울게되며 비가 오면 반딧불 벌레가 숨어 있다가 개이니 숲 위에서 날아다닌다. 이 聯은 頷聯과 함께 비가 개인 뒤의 시골 초저녁 광경을 영절스럽게 표현하지 않았는가 한다. 尾聯은 다소 意譯이 될 수밖에 없겠는데, 비가 온 뒤의 시골의 맑은 기운을 마시며 작은 배라도 타고 고기나 잡았으면 했다. 비 온 뒤의 시골 정경이 아름답고 화평하다는 것이다. 藕船의 시를 淸婉하다고 지적한 견해가 있었는데, 이러한 작품을 지칭한 것이 아닌가 생각되며, 이 시는 표현도 정교함이 있다. 다음에는 江州途中詩 다섯 수 가운데 한 수 들어보고자 한다.

靑藜扶野老	野老는 靑藜杖을 짚었고
黃犢守山家	누른 송아지만 집을 지킨다.
樵徑穿林細	좁은 산길이 숲속으로 뚫려 있고
村容逐岸斜	마을은 언덕 따라 흩어져 있다.
鹿眠谿畔月	사슴은 달빛 아래 냇가 뚝에서 자고
蜂釀石間花	벌은 바위 사이의 꽃에서 꿀을 친다.
暫向松陰憩	잠깐 소나무 그늘에 쉬었다가
淸泉手煮茶	맑은 샘물로 차를 끓인다.

(卷 10)

이 시는 江州途中에서 지었다고 했다. 江州가 어디인지 알아보지 못했으나, 위에서 살펴본 狄踰嶺詩 다음에 실려 있다. 藕船이 44세 때 지은 것이다. 강주는 이름과 달리 내용으로 보아 깊은 산골임을 알 수 있다. 首聯은 들에 있는 늙은 이는 靑藜杖을 짚고 있고 누른 송아지만 집을 지키고 있다고 했는데, 안전에 전개된 시골마을 광경을 그대로 나나낸 것이다. 산골 마을은 농사철이 되면 가족이 모두 들에 나가 일을 하기 때문에 집이 비어 있게 마련이며, 송아지만이 남아 있으므로 집을 지킨다고 한 것이다. 頷聯은 산을 오르내리는 좁은 길은 숲속으로 뚫려 있고 마을은 비탈진 언덕 따라 흩어져 있다고 했는데, 작자가 있는 곳에서 바라본 遠近의 前景을 말한 것으로 표현에 정교함이 있다.

頷聯은 사슴들이 달빛 아래 냇가의 방축에서 졸고 있고 벌들은 바위 사이에 핀 꽃에서 꿀을 친다고 했는데, 화평한 산골마을의 정경이라고 하는 것보다 인간의 손이 미치지 않은 자연 그대로의 세계가 아닌가 할 정도로 俗態가 없는 표현이다. 이 작품에서 頸聯까지의 표현은 江州를 지나면서 바라본 광경을 그대로 표현한 것으로 볼 수 있으나, 尾聯에서는 아무리 바쁘지만 仙境과 같은 아름다운 곳에 잠간 소나무 그늘 밑에서 쉬었다가 직접 맑은 샘물로 차를 끓여 마시겠다고 했으니 여유와 아울러 운치가 있다고 생각된다. 그리고 格調가 淸逸함이 있다. 다음에는 七言絶句에 대해 살펴보고자 하며, 먼저 漽江舟中詩부터 들어 본다.

渡頭催喚木蘭舟	나루에서 배를 재촉해 불러 타니
處處笙歌水上樓	곳곳의 水上樓에 저소리 들린다.
十里東風吹不斷	봄바람이 끊이지 않고 불어
綠楊城郭似揚州	푸른 버들의 성곽이 揚州와 같다오.

(卷 10)

이 시는 대동강의 舟中에서 지은 것이며, 丁未年에 지은 작품 속에 있으므로 藕船이 44세 때였다. 이 작품 다음에 중국 紀行詩가 많은 것으로 보아 사신일행으로 중국에 가면서 대동강을 건너는 배에서 평양을 바라보고 지은 것임을 알 수 있다. 起承兩句는 나루에서 배를 재촉해 불러 타고 강을 건너니 곳곳의 水上樓에서 저소리가 들린다고 하여 그곳 風流의 아름다움을 표현한 것이다. 이때 배를 재촉해 불렀다는 것은 갈 길이 바빠 재촉한 것으로 볼 것이 아니고 풍경이 아름다워 더욱 가까운 거리에서 빨리 보고싶었기 때문이 아닌가 한다.

轉結兩句는 멀리서 계속 불어오는 봄바람으로 푸른 버들에 싸여 있는 평양의 城郭은 중국의 아름다운 도시로 유명한 揚州와 같다고 했으니 봄날 대동강에서 바라 본 평양의 아름다움을 나타낸 것이다. 평양은 高句麗의 古都로써 유서가 깊을 뿐만 아니라, 대동강이 감싸고 흘러 아름답기 때문에 高麗 때 鄭知常은 '綠窓朱戶笙歌咽 盡是梨園弟子家'라 하여, 아름답고 풍류의 도시임을 말했는데, 藕船의 이 시도 평양의 아름다움을 표현한 작품으로 淸楚함이 있다. 다음에는 車中紀夢詩를 들어본다.

坐擁貂裘小睡溫	貂裘를 안은 채 잠깐 졸았더니
依依歸夢訪家園	꿈에 설레이는 마음으로 집을 찾았다.
雪晴溪館無人掃	눈개인 溪館을 쓰는 사람 없고
一樹梅花鶴守門	학이 매화나무에 앉아 문을 지킨다.
(卷 10)	

이 시는 丁未年에 지은 것이다. 우선이 憲宗 13년 10월 말에 使臣一行으로 중국에 갔는데, 이 車中紀夢詩 다음에 燕館除夕詩가 실려 있는 것으로 보아 그곳에서 돌아올 때가 아니고 燕京에 도착

하기 직전 즈음에 지은 것이 아닌가 한다. 起承兩句는 車中이었기 때문에 貂裘를 입은 채 잠간 졸았더니 꿈에 설레이는 마음으로 고국에 있는 집을 찾았다고 했다. 그리고 轉結兩句는 꿈에 고향을 찾았더니 눈은 그쳤으나 溪館에 있는 눈을 쓰는 사람이 없고 학만 한 마리가 매화가지에 앉아 문을 지키고 있다고 했다. 학이 매화가지에 앉았을 리도 없겠지만 그러면서도 표현에 멋이 있다고 생각되는 것은 시이기 때문일 것이다. 어쨌든, 외국에서 장기간 체류하면서 집을 간절하게 생각하는 감정이 잘 표현되었다고 생각된다. 다음에는 題路傍去思碑詩를 들어본다.

去思橫斂刻碑錢　　去思碑 세운다고 橫斂한 것을
編戶流言孰使然　　집집이 그 流言 누가 시켰나.
片石無言當路立　　돌조각은 말없이 길옆에 섰는데
新官何似舊官賢　　新官이 舊官보다 착하겠는가.
(『續集』 卷 8)

이 시는 길가에 서 있는 去思碑를 보고 지은 것이다. 去思碑는 善政碑와 같은 것으로써 고을 수령이 瓜滿이 되어 떠나고 난 뒤에 고을 사람들이 그의 선정을 잊지 못해 세운 비를 말한다. 起承兩句는 거사비 세운다고 부당하게 橫斂한 것을 집집이 그 流言을 누구가 알리었느냐 했다. 거사비가 선정을 칭송하고자 군민에 의해 자발적으로 세워진 것이라면 말이 있을 수 없겠으나, 우리나라 도처에 있는 많은 거사비는 요구에 의해 세워졌고, 또 그것을 핑계하여 지나치게 거두기 때문에 유언이 많았을 것이다. 轉結兩句에서 거사비는 善政에 의한 것이 아니고 요구에 따라 많은 유언을 남기고 세워진 것으로써 말 없이 길 옆에 서 있는데, 新官은 그것을 보고 자신에게도 세워 달라고 하지 않겠는가 했다. 거사비와 같은 것이

다른 나라에도 있었는지 모르지만 우리나라에는 官衙가 있었던 근처의 대로변에 많이 서 있어 적지 않은 민폐가 되었다. 이 시는 그러한 민폐를 지적하면서 표현이 婉曲한 가운데 날카로움이 있다. 이 작품은 辛酉年에 지은 것으로 우선이 58세 때였으며, 紀行詩가 많은 그의 시에 사회현실을 소재로 한 작품은 보기 어려웠는데, 이 시는 지방 守令들의 민폐를 지적 비판한 것이다. 다음에는 七夕詞 다섯 수 가운데 한 수 들어본다.

十二珠簾月半鉤	열두 주렴이 초승달에 걸려 있고
新凉如水洞房秋	洞房은 서늘한 가을이라네.
年年一度還相見	해마다 한 번씩 만나게 되나
猶勝嫦娥萬古愁	嫦娥의 긴 근심보다 나을 것이네.
(『續集』 卷 7)	

이 시는 七夕을 소재로 한 작품이다. 칠석은 은하수를 사이에 두고 견우와 직녀가 일년 동안 헤어져 있다가 칠월 초 칠일 칠석이 되면 烏鵲이 만들어 주는 다리를 건너 만났다가 헤어진다는 설화가 우리나라를 비롯하여 중국 일본 등에까지 유포되어 있다. 起承兩句에서 열 두 폭의 주렴에 갈구리 같은 新月에 걸려 있다고 했으니 칠석 때의 달을 말한 것으로써 그림처럼 아름다우며, 洞房은 가을이 되어 춥지도 덥지도 않고 깨끗하다고 했다. 轉結兩句는 견우가 해마다 칠석인 오늘 밤에 은하수를 건너 직녀와 한 번 만나게 되나, 항시 남편을 보지 못하고 근심에 싸여 있는 달나라의 嫦娥[40] 보다 나을 것이라고 했다.

상아는 중국 고대 신화에 등장하는 여인이다. 남편 羿가 不死藥을 구해 두었는데 상아가 남편이 없는 사이에 훔쳐먹고 겁이 나서

40) 嫦娥의 嫦은 기록에 따라 姮으로 쓰기도 한다.

달나라로 도망을 갔으나 남편을 만나지 못하는 외로움으로 약을 훔쳐 먹은 것을 후회하며 항시 근심에 싸여 있었다고 한다. 이 轉結兩句에서는 견우와 직녀가 은하수를 사이에 두고 마주보고 있다가 칠석인 오늘 저녁에 한 번 만나게 되나 영원히 그리워하며 만나지 못하는 상아보다는 낫지 않은가 했다. 이 시는 널리 유포된 칠석설화를 배경으로 하여 지은 것으로써 깊은 의미가 반영되었다고는 볼 수 없으나 淸楚한 작품이다. 庚申年에 지은 작품에 실려 있으니 藕船이 57세 때 지은 것이다. 七夕詞詩 한 수 더 들어본다.

銀河水漲似春潮	銀河水 넘쳐 밀물 같은데
積雨淋漓暮又朝	아침 저녁 비는 억수로 온다.
一掬休添牛女淚	牛女의 눈물에 조금도 더하지 마오.
直愁烏鵲不成橋	烏鵲이 다리 놓지 못할까 걱정된다네.

七夕詞에 같이 실려 있는 작품이지만 먼저 고찰한 작품은 쾌청한 날의 七夕이었고, 이 작품은 비가 오는 날의 칠석이다. 起承兩句는 은하수에 물이 밀려온 潮水처럼 넘치는데 비는 계속 아침 저녁으로 억수같이 온다고 했다. 이 작품 後尾에 時苦雨數月이라 한 것으로 보아 당시 많이 내리는 비를 그대로 표현한 것임을 알 수 있다. 轉結兩句는 견우와 직녀의 적은 눈물도 은하수에 흘리지 못하게 하라고 한 것은 물이 많아 烏鵲이 다리를 놓지 못하게 될까 걱정되기 때문이라고 했다.

七夕說話에 견우가 칠석날 직녀를 만나기 위해 은하수를 건너고자 할 때 지상에 있는 오작이 올라가서 다리를 놓아준다고 한다. 이 시에서는 이러한 설화를 배경으로 하여 비가 많이 내려 은하수 물이 많기 때문에 눈물이라도 첨가하게 되면 물이 너무 많아 오작이 다리를 놓지 못해 견우가 건너갈 수 없어 일년에 오늘 저녁 한 번 만나게 되는 직녀를 보지 못할까 염려된다고 했다. 이 작품은 민간에 流傳하는 칠석설화를 배경으로 하여 당시 많이 내리는 비를 걱정하면서 지은 작품으로써 착상이 좋지 않은가 생각된다. 다음에는 七言律詩에 대해 살펴보고자 하며, 먼저 遼西新秋詩부터 살펴보고자 한다.

百戰遼西賸古城	百戰의 遼西에 古城만 남았고
歸來華表謾傷情	華表는 부질없이 마음만 슬프게 한다.
盤飧荒店餘蠅嘬	荒店에 파리 먹은 반찬만 있고
車馬平原似蟻行	평원에 가는 車馬는 개미와 같다.
積潦浸殘河柳短	장마에 잠긴 강둑에 버들은 짧아졌고
新凉吹入野花明	서늘한 바람에 들꽃은 아름답다.
家鄕消息憑誰問	집소식 누구에게 물어보리오
腸斷征鴻第一聲	기러기 우는 소리에 마음만 아프다.
(卷 5)	

이 작품은 초가을에 중국의 遼西를 지나면서 지은 것으로써 丁酉年이었다고 하니, 그때 藕船은 奏請兼謝恩使一行으로 正使 金賢根과 같이 4월에 출발하여 8월에 돌아왔다. 詩題에 新秋라고 했으므로 올 때 요서를 지나며 지은 것임을 알 수 있다. 역사적으로 요서는 중국 漢族과 북쪽 胡族과의 사이에 많은 전쟁이 있었던 곳이다. 首聯은 이러한 역사적인 사실을 배경으로 하여 많은 싸움의 격전지였던 요서에는 과거를 말해 주는 것처럼 古城이 남아 있고 華表는 부질없이 지나가는 사람의 마음만 슬프게 한다고 했다. 다시 말하면 요서를 지나면서 과거를 회상한 것이다.

頷聯은 荒店에 파리 먹은 반찬만 남아 있고 平原에서 사신일행이 타고 돌아오는 車馬는 개미들이 옮겨가는 것과 같다고 했으니 표현이 극히 寫實的이며 절묘하다. 즉, 一望無際한 요서의 평원에서 사신일행의 긴 행령은 개미떼와 같이 작게 보였을 것이다. 우리나라는 산이 많고 평야가 적기 때문에 지난 날 사신일행으로 중국으로 가다가 광활한 요서를 지나게 되면 놀란다. 그러므로 朴趾源도 그곳을 지나며 遼野何時盡 一旬不見山이라 하며 경탄했다.

頸聯은 긴 장마에 강둑까지 침수가 되어 버들가지가 강물에 잠겨 짧아 보이고 서늘한 가을이 되어 들에 핀 꽃이 더욱 아름답게 보인다고 했으니 바라본 주변 景物에 대한 표현이다. 尾聯은 집 소식이 궁금하지만 누구에게 물어보겠는가 날아가는 기러기 소리에 창자가 끊어질 정도로 아프다고 했다. 위에서 말한 바와 같이 이 시는 돌아올 때 지은 것이라고 했으므로 집을 떠난 지 3개월 이상은 되었을 것이다. 장기간의 여행에 집안 소식에 대한 생각이 간절했으나 알아볼 곳이 없기 때문에 하늘에 날아가는 기러기를 보고 애를 태운다고 했다. 이 시의 頷聯과 같은 표현은 쉽게 볼 수 없는 것으로써 참신함이 있어 더욱 좋은 작품이 아닌가 한다. 다음에 暮抵坡平詩를 들어보고자 한다.

處處田園動客情	곳곳의 田園이 마음에 들어
養閒何日遣餘生	언제 한가롭게 여생을 보내랴.
稻畦鋤盡秋無影	김을 맨 논은 가을까지 깨끗하겠고
水碓舂殘月有聲	물방아 찧는 곳에 달빛이 밝다.
目送飛鴻尋舊跡	옛자취 찾아가는 기러기 바라보며
身隨老馬記長程	몸은 늙은 말따라 먼 길을 간다.
夜凉襆被頻驚夢	밤이 쌀쌀해 엷은 이불에 자주깨니
衙鼓鼕鼕報五更	官衙의 동동하는 북소리 五更을 알린다.

(『續集』卷 8)

이 시는 詩題에서 알 수 있는 바와 같이 저녁에 坡平에 도착하여 지은 것이다. 首聯은 파평의 곳곳에 田園이 좋아 지나가는 길손의 마음을 움직이기 때문에 언제 이와 같은 곳에 와서 여생을 한가롭게 보낼 수 있을까 했으니 파평이 좋다는 것이다. 頷聯은 이해하기에 애매한 바가 없지 않다. 내용은 벼논에 김을 모두 매었으니 가을까지 깨끗하겠고 물방아 찧는 곳에 달빛이 밝다는 말이 되겠는데, 주변 景物을 표현한 것이 아닌가 생각되나 석연하게 이해가 되지 않은 바도 없지 않다.

頸聯은 눈으로는 옛 자취 찾아 날아가는 기러기 바라보며 몸은 먼 길을 기억하는 늙은 말을 따라 간다고 했다. 이 시는 辛酉年에 지은 작품에 편입되어 있다. 辛酉年은 哲宗 12년으로 그 해는 藕船이 燕行을 하지 않았다. 그런데, 그 해 지은 작품에는 평양 淸川江을 거쳐 義州까지 갔고 正使와 지은 시도 있다. 이로써 볼 때 이때도 개인으로서 여행한 것은 아닌 듯하다. 그리고 국내의 여행이었으나 유쾌하지만은 않은 듯하며, 이 여행의 목적이 이 聯의 이해에 도움이 될 것이다. 그러나 목적을 알 수 없어 아쉽다. 尾聯은 밤이 되니 엷은 이불이 차가워 자주 잠이 깨이는데 官衙에서 동동하는 북소리가 五更을 알린다고 했으니 출발을 준비할 시각이 되었다는 것이다. 이 시는 반영된 내용에 특별히 주목할 것은 없으나 對句가 좋고 典雅함도 있다. 다음에는 獨立詩를 들어본다.

獨立蒼茫海一邊	푸르고 넓은 해변에 홀로 서서
故園回首豔陽天	고향을 바라보니 동남쪽이 아름답다.
匝城春似遊兵入	둥근성에 봄은 遊兵처럼 밀려오고
對案山如老吏眠	앞산은 老吏가 조는 것 같다.
數點昏鴉藏古柳	몇 마리 갈가마귀 古柳에 앉았고
一羣飢鶴集空船	한 무리 주린 학은 빈 배에 모였다.
萍蹤別有依依處	부평초 같으나 마음 두는 곳 있어
嶽色河聲總夙緣	山色과 강물소리 모두 인연이 깊다오.

(卷 2)

이 시는 詩題가 獨立인데 어디에서 독립한 것인지 말하지 않았기 때문에 알 수 없으나, 내용으로 보아도 높은 곳에 홀로 섰다는 것으로 생각되며, 杜甫의 유명한 登高詩와 같은 성질의 시가 아닌가 한다. 首聯은 푸르고 넓은 해변의 한 모퉁이에 홀로 서서 故園을 바라보니 동남쪽이 아름답다고 했는데, 해변의 높은 곳에서 고향이 있는 쪽을 바라보았음을 알 수 있다. 頷聯은 둥근 성에는 봄이 遊兵처럼 밀려오고 앞산을 바라보니 老吏가 졸고 있는 모습 같다고 했으므로 평온함을 말한 것이 아닌가 생각되며, 지은 시기가 이른봄이었음을 알 수 있다.

頸聯은 몇 마리의 갈가마귀는 오래된 버드나무에 앉아 있고 한 무리의 주린 학은 빈 배에 모여들고 있다고 했다. 頷聯은 서 있는 지점에서 遠景을 바라보고 표현한 것이며, 이 頸聯은 近景을 나타낸 것이다. 이 兩聯은 표현이 예사롭지 않을 뿐만 아니라, 對도 좋아 藕船의 詩才를 십분 발휘한 것이 아닌가 한다. 尾聯은 부평초와 같이 안정되지 못하고 떠돌아 다니고 있으나, 따로 마음 가는 곳이 있기 때문에 山色과 河聲이 모두 宿緣이 깊은 것처럼 느껴진다고 했다. 이 聯은 詩題와 관련된 함축한 의미가 있는 것으로 생각되나 우선만이 알 뿐 설명이 없기 때문에 알기 어렵다. 이 작품은 辛卯年에 지은 작품에 편입되어 있으므로 28세 때 지은 것이다. 다음에는 問鄭壽銅入香山爲僧詩를 들어보고자 한다.

出家歡喜在家愁	出家하면 기쁘고 在家하면 근심하며
痛飮狂歌四十秋	마시고 노래하기 사십년이었다.
塵世萬緣都撒手	이 세상 모든 인연 흩어버리고
空門一念不回頭	佛門의 一念에서 벗어나지 못한다.
未知成佛同靈運	謝靈運처럼 成佛할지 알 수 없으나
自是能詩似貫休	이제 貫休같이 시는 잘 짓겠다.
海岳如今償宿願	江山이 宿願을 이루어 주었으니

雲甁月錫更風流　　맑고 깨끗한 마음으로 시를 짓겠지.
(卷 10)

이 시는 詩題에서 알 수 있는 바와 같이 鄭壽銅이 妙香山에 들어가서 스님이 되었다는 말을 듣고 지은 것이라고 한다. 鄭壽銅은 여러 가지 면에서 藕船과 인연이 있다. 나이도 서로 비슷하고(우선이 다섯 살 많음) 다같이 대대로 역관 가문의 출신으로서 서울에서 성장했으며,[41] 또 추사 김정희에 사제의 緣이 있었다.[42] 그리고 두 사람은 모두 시로써 유명했다.

정수동은 일생 동안 생업에 종사하지 않고 佯狂하며 명산 대천을 찾아 많은 유람을 했다. 그가 두 번째 묘향산에 들어갔다가 한동안 돌아오지 않으므로 스님이 되었다는 말이 아는 사람들 사이에 유포되었다. 이때 우선도 그 말을 듣고 이 시를 지었으나 그것은 추측이었지 정수동은 스님이 되지 않았고 집으로 돌아왔다. 首聯은 山門에 托跡하기를 기뻐했고 집에 있게 되면 근심이 쌓이기 때문에 그것을 잊기 위해 사십년 동안 술을 많이 마시었고 미친 사람처럼 노래를 했다고 했는데, 정수동이 山門에 托跡하려는 생각을 가지고 있었는지 모르지만 한 평생 痛飮 狂歌했다는 것은 바로 표현한 것이 아닌가 한다. 그런데, 우선이 이 시를 지을 때는 정수동이 출가했다는 것을 사실로 알고 지은 것이다. 頷聯은 이제 출가를 하여 속세의 모든 인연을 완전히 끊었으므로 山門에 대한 생각만 하고 다시 속세로 돌아오지는 않을 것이라고 했다. 우선이 정수동의 입산한 것에 대해 어떻게 생각하고 있었는지 알 수 없으나 입

41) 鄭壽銅은 역관가문의 출신이었으나 그 자신은 역관이 아닌 듯하다.
42) 藕船은 秋史와 사제의 緣이 매우 돈독했으나 정수동은 추사가 그의 才名을 듣고 집에 머물게 하여 공부하게 했으나 얼마 동안하다가 도망가므로 찾아와서 시켰으나 또 도망을 갔다고 한다.

산한 것에 대해 이해는 하고 있었던 것으로 생각된다. 그러므로 不回頭라 하지 않았는가 한다.

頸聯은 謝靈運과 같이 成佛을 할지 알 수 없으나 貫休처럼 스님으로서 시는 잘 지을 것이라고 했다. 사령운은 중국 晋나라 때 사람으로서 시를 잘 지었고 高僧들과 가까이 하면서 불교에 깊은 관심을 가지고 있었으며, 관휴는 五代 때 생존했던 중으로 詩·書·畵에 매우 능했다. 정수동이 입산을 했으니 사령운처럼 성불은 할지 모르지만 관휴와 같이 계속 좋은 시는 지을 것이라고 한 것이다. 尾聯은 지금 산천의 은혜로 宿願을 이루었으니 맑고 깨끗한 마음으로 다시 좋은 시를 지었으면 했는데, 그것은 입산했다고 해서 시 짓는 것까지 포기하지 말고 계속 좋은 시를 지었으면 한 것이다. 위에서 언급한 바와 같이 두 사람은 여러 가지 공통점은 있었지만 성격은 상당한 차이가 있었다. 그리고 서로 친분이 얼마나 두터웠는지 알 수 없다. 그런데, 우선은 정수동이 재능을 가지고 있었음에도 士族이 아니었기 때문에 출세를 일찍 포기하고 痛飮 狂歌한 심정을 이해하므로 그의 입산을 질책하지 않고 시는 계속 지었으면 했을 것이다.

이상으로 우선의 시에 대해 살펴보았다. 그는 역관으로서 삼십여년 동안 활동했기 때문인지 紀行詩가 많으며, 寫景에 능했고 淸楚한 작품이 적지 않다. 그는 당시 우리나라 문인들보다 중국 문인들과의 교유가 더욱 넓었고, 따라서 그들로부터 많은 찬사를 받았다. 그는 국내에서는 신분적으로 사대부들과의 접촉에 제한이 전혀 없지 않았을 것이고, 그의 평생 동안의 직업이 역관이었으며, 또 燕行이 많았기 때문에 중국의 문인들과는 交遊할 수 있는 기회가 많았다. 이로써 볼 때 그의 시에 대해 국내 문인들의 논평이 적었다고 해서 평가할 만한 가치가 없었기 대문이라고 말할 수는 없을 것이다.

작가연구에서 작품과 대상작가의 작가적인 능력과 아울러 작품에 반영된 내용 등에 대해서도 주목하지 않을 수 없다. 우선은 십여세 때 아버지가 세상을 떠났기 때문에 성장할 때는 어려웠다 할지라도 이십대 중반에 譯科에 합격하여 바로 중국으로 왕래하며 활동을 했고, 세상을 떠나기 수년 전까지 계속했기 때문에 빈곤과 같은 현실의 어려운 것에 대해서는 체험을 많이 하지 않았던 탓인지 현실 문제 등을 작품에 반영한 것은 별로 없다. 그렇다고 해서 작가적인 능력에 회의를 가지는 것은 아니고 다만 지적만 할 뿐이다.

Ⅵ. 結 言

조선조에서는 역관을 비롯하여 醫學, 天文學 등 雜科出身은 그의 가문을 兩班과 常人 사이로 분류하여 中人階層이라 했으나, 양반에 가까운 것이 아니고 상인에 가까워 크게 榮達할 수 없게 제도적으로 철저하게 防限되었다. 그러므로 중인계층들 가운데는 정수동과 같이 痛飮 狂歌하며 현실에 대한 의욕을 포기한 경우도 있고, 이와는 달리 운명으로 생각하고 맡은 일에 충실하며 순응하는 인사도 있었다. 우선은 후자에 속한 인물이다.

위에서 언급한 바와 같이 우선은 역관가문의 출신으로 일찍 譯科에 합격하여 일생 동안 역관자격으로 12번 燕行을 하면서 맡은 일에 충실했다. 그렇다고 해서 현실에 불만이 없지는 않았을 것이다. 우선은 불만을 국내의 현실에서 극복하기 어렵다고 생각했기 때문에 그 돌파구를 燕行에서 찾고자 했을 것이다. 다시 말하면 그곳에 가서 문인들과 폭넓게 交遊하여 작가적인 능력을 인정받는 것을 위안으로 생각하지 않았던가 한다.

어쨌든, 그는 委巷出身의 문인으로서 사대부 문인들과 爭衡할 정도의 문인이었으며, 당시 委巷文學이 문단의 한 영역으로 발돋음 하고자 할 때 委巷詩社의 활동에는 적극 참여한 흔적은 찾아보기 어려우나 委巷文學의 발전에 일익을 한 것은 사실일 것이다. 그리고 우선은 시뿐만 아니라, 그의 문집에는 여러 형식의 산문이 있다. 그러므로 산문에도 상당히 능했던 것으로 짐작되나 시에는 미치지 못했던 것이 아닌가 한다.

제9장

鄭芝潤 研究

Ⅰ. 序　言

Ⅱ. 人物 性格

Ⅲ. 그의 文學

Ⅳ. 結　言

Ⅰ. 序　言

朝鮮朝는 후기로 접어들면서 漢文의 보급이 확대됨과 동시에 사회 각 분야에 변화의 조짐이 나타나기 시작했으며, 이에 따라 前期에 보기 어려웠던 中人階層에서도 우수한 문인들이 적지 않게 배출되었다.

金澤榮은 이 시기의 中人階層의 문인들에 대해 우리나라 譯官 출신 가운데 시로써 유명했던 인사는 洪世泰, 李彦瑱, 李尙迪, 鄭芝潤 등을 들 수 있는데, 그 가운데 鄭芝潤의 시가 가장 굳세다고 했다.[1] 이와 같이 鄭芝潤은 시로써 유명했을 뿐만 아니라, 그의 일생 동안의 행동에도 怪奇한 바가 적지 않았다.

鄭芝潤은 譯官 家門의 출신이었기 때문에 당시 국가의 제도적인 차별로 인해 譯官 以外의 다른 官職은 하기 어려웠다. 그러므로 그의 怪奇하고 諧謔的인 행동은 좌절에서 오는 반발로 볼 수 있지 않을까 생각되는데, 그러한 행동을 하게 된 심리적인 상태가 그의 詩作에 적지 않은 영향을 끼치지 않았는가 한다. 本稿에서는 이러한 鄭芝潤에 대해 그의 인물 성격과 시에 대해 考察해 보고자 한다.

---

1) 金澤榮, 「鄭芝潤傳」『韶濩堂集』卷 14. "吾韓象胥之族 以詩聞者. 有洪世泰李彦瑱李尙迪 及鄭芝潤四人 而芝潤爲最勁矣"

Ⅱ. 人物 性格

鄭芝潤은 譯官家門의 출신으로서 일생 동안 出仕를 하지 못하고 委巷에 묻혀 있었으나 文名이 높았기 때문인지 그의 성장과정과 生涯에 관한 구체적인 기록은 아니라 할지라도 趙斗淳의「鄭壽銅傳」, 張之琬의「鄭壽銅墓誌銘」, 金澤榮의「鄭壽銅傳」등이 있어 그의 인물 성격을 이해하는데 적지 않은 도움이 되어 다행으로 생각한다.

鄭芝潤(1808～1858)의 字는 景顔이며, 어렸을 때부터 才名이 세상에 널리 알려져 壽銅이라 불렀고 이름과 字는 알려지지 않았는데, 뒤에 스스로 壽銅이라 했다고 한다.[2] 그리고 金澤榮은 그의 호를 壽銅 또는 夏園이라 하기도 한다 했다.[3] 鄭芝潤이 그의 호를 壽銅이라 한 것에 대해「漢書」에 芝生銅池라는 典故에서 취해 壽銅이라 했다고 하며, 그를 아는 사람들은 모두 鄭壽銅으로 불렀다고 한다.[4]

夏園의 가정은 대대로 譯業이었으나 그의 祖父는 醫業에 종사했다고 한다.[5] 이로써 夏園의 前代는 譯業 또는 醫業에 종사했음을 알 수 있으며, 그의 아들 鄭樂述의 譯科榜目에 父譯判官芝潤이라 한 것을 보면 芝潤도 譯官이었던 것으로 생각되나 夏園은 醫業

---

2) 張之琬,「鄭壽銅墓誌銘」『枕雨堂集』卷 5. "君諱芝潤 字景顔 未童才名藉一世 稱小字曰壽銅 而不知有名與字 遂自號壽銅"

3) 金澤榮,「鄭芝潤傳」.

4) 張志淵,『逸士遺事』卷 1, 鄭壽銅條. "及冠 取漢書芝生銅池事 遂以壽銅自號 通貴賤遠邇 知與不知 咸曰鄭壽銅也"

5) 張之琬,「鄭壽銅墓誌銘」. "世業譯 有諱暹獨業醫"

에는 물론 譯業에도 종사하지 않은 듯하다. 이에 대해 金澤榮은 夏園의 世業은 倭語였으나, 그것을 배워 출세하려 하지 않았다고 했다.[6]

夏園은 아버지가 일찍 세상을 떠났기 때문에 어머니 崔氏가 다른 사람의 바느질한 품으로 공부를 시켰다고 하니, 어렸을 때부터 가정이 어려웠음을 알 수 있다. 그리고 그는 규칙에 얽매이려 하지 않았고 평시에는 어눌해 어리석은 사람 같았으나 총명이 특이해 책을 한번 보면 쉽게 이해하고 오랫동안 잊지 않았으며, 古今의 得失 事變의 名理를 비롯하여 文物 掌故에 이르기까지 밝게 알았다고 했다.[7]

이와 같이 夏園의 총명이 어렸을 때부터 뛰어났기 때문에 秋史 金正喜(1789～1856)가 그의 재능의 뛰어남을 듣고 자신의 집에 머물며 所藏하고 있던 圖書로 공부하게 했다. 夏園이 몇 개월 동안 다른 일에 관심을 가지지 않고 열심히 하다가 갑자기 나가 돌아오지 않으므로 찾아 와서 다시 도망가지 못하게 그의 적삼과 신발을 감추어 두었으나 결국 가르치지 못했으며, 가고 싶은 곳이 있으면 옷과 신발이 맞지 않아도 천리를 멀다하지 않고 갔다고 한다.[8] 위에서 언급한 바와 같이 夏園의 성장과정과 生涯를 구체적으로 알 길이 없기 때문에 金正喜 집에서 공부를 했던 때가 언제였는지 알 수 없으나, 이십대 전후가 아니었던가 하는 추측을 해 본다.

---

6) 金澤榮, 「鄭芝潤傳」. “芝潤之世業爲倭語 然不肯涉其學 以求進身”

7) 張之琓, 「鄭壽銅墓誌銘」. “君卓犖 不以繩墨自居 平居拙訥如愚人 聰慧特異 書一經耳目 立破肯綮 久益不忘 古今得失 事變名理 與夫文物掌故俱理義暸然”

8) 張之琓, 「鄭壽銅墓誌銘」. 秋史金侍郞奇其才 留讀所藏書 數月專心若不知戶外事 忽一朝踔不復來 至幽之 不巾衫破條決鞲 竟不得馴 意有所適 便裒衣大舃 率爾獨行 千里咫尺也.

秋史 金正喜는 글씨로 너무나 유명했기 때문에 그것에 가리어 그의 金石學 考證學 등 여러 분야에 博學했던 것이 많이 알려지지 않았던 碩學이었다. 그의 門下에는 夏園과 비슷한 신분과 성격의 인물로 李尙迪(1804～1865) 姜瑋(1820～1884) 등이 있었다. 李尙迪은 譯官家門의 출신으로서 使節一行과 같이 中國에 열 두 번이나 갔다고 하며, 돌아올 때는 스승인 金正喜에게 필요한 書册을 구해 주었다. 그러므로 金正喜는 유명한 歲寒圖를 그려 그에게 주었다고 한다. 姜瑋는 寒微한 家門의 출신으로서 金正喜가 濟州道에 유배되어 있을 때 그 곳을 찾아가서 3년이나 있으면서 배웠다고 하며, 解配되어 돌아왔다가 다시 北靑으로 流配되었을 때 姜瑋는 그 곳에까지 갔다고 한다.

그러나 夏園은 그들과는 달랐던 것으로 짐작된다. 夏園은 어렸을 때 특출했던 재능으로 功名에 관심을 가졌다가 신분이 미천해 그것이 불가능함을 알게 되자 일찍 현실을 포기했던 것이 아닌가 한다. 당시 金正喜가 그에게 요구했던 학문은 공명에 필요한 詞章과 性理學을 중심으로 한 것이 아니었을까 짐작되는데, 功名을 포기하고자 한 夏園에게 그러한 학문이 흥미와 관심을 가지게 할 수 없었을 것이다.

夏園이 뛰어난 재질을 가졌음에도 신분적인 이유로 출세를 포기할 수밖에 없었기 때문에 좌절에서 오는 허탈감은 더욱 컸을 것이다. 그의 행동에 대한 기록을 들어보면 張之琓은 그가 술을 좋아하여 한 번에 數斗를 마시며 虛日이 없었다. 그리고 그의 해학적인 말에는 풍자가 있어 사람을 웃기었다고 했다.[9] 金澤榮은 그가 현실을 비판하고 慷慨할 때 미친 듯한 태도를 취하고, 어떤 때는 술을 며칠 계속 마시고 밥은 먹지 않았으며, 며칠 동안 말을 하지 않

9) 上同. "善飮酒 一傾數斗無虛日 好談諧 多寓規諷 僅一二轉 令人捧腹"

고 있다가 하게 되면 종일 계속 하여 듣는 사람들을 크게 웃게 했다.[10] 張志淵의 『逸士遺事』에는 술을 좋아하여 슬픔과 기쁨, 얻고 잃는 것과 울고 웃는 것과 신장과 굴절의 모든 것을 술에 맡기고 시로써 표출한다고 했다.[11] 이상의 기록들을 종합해 보면 술을 좋아하며 많이 마셨고 말을 하게 되면 극히 해학적이었다고 했는데, 그것은 좌절에서 오는 울분을 술로써 잊고자 한 것이며, 해학은 현실에 대한 풍자와 질책일 것이다.

夏園이 士林社會에 알려지게 된 것은 어렸을 때 총명과 諧謔보다 시로써 유명했기 때문이 아니었을까 생각되는데, 그가 시로써 유명하게 된 것은 언제부터였는지 정확히 알 수 없으나, 이십대 중반이 지나면서 유명하게 된 것이 아닌가 한다. 夏園에게 시는 울분을 토출하는 것이었으며, 그것으로 당시 士大夫들과 접촉할 수 있는 계기가 되었다.

夏園이 시로써 士大夫들에 많이 알려졌으나 접근하고자 노력하지 않았고 오히려 냉담하지 않았던가 생각된다. 그것은 金正喜에 대한 태도에서도 알 수 있다. 당시 金正喜는 位品도 낮지 않았을 뿐만 아니라, 가문도 좋았고 학문과 글씨로 존경을 받았던 인물이었다. 그러므로 당시 黨爭으로 서로 讐怨이 된 사람이 아니면 가까이 하기를 원했을 것이며, 더구나 中人階層의 사람들은 그의 門下에 출입하기를 더욱 원했을 것이다. 그런데, 위에서 알아본 바와 같이 夏園은 그가 싫었던 것은 아니겠지만 도망쳐 나왔다. 그리고 判書였던 南秉哲이 그의 시를 좋아해 門下에 招致했으나, 그는 公卿과 貴人들과 어울리는 것을 즐거워하지 않고 자주 사양하며 가

10) 金澤榮, 「鄭芝潤傳」. "獨斥弛慷慨爲佯狂態 或飮酒連三四日 一粒不下腹 亦或三四日閉口不語 即語終日不止 驚倒一座"

11) 張志淵, 같은 책. "而善飮酒爲性命 悲歡得失 咷笑佗傺 連蜷一切 寓諸酒而發之詩"

버렸다고 한다.[12] 夏園이 貴人과 公卿들에 대한 태도가 이와 같은 것은 그의 내부에 신분의 차별로 인한 저항의식의 發露가 아니었을까 한다.

夏園이 현실에 대해 慷慨하며 미친 듯한 태도로 술을 많이 마셨다고 했는데, 그의 술에 대한 逸話가 적지 않다. 夏園이 南秉哲의 집에서 술을 둔 곳에 들어가서 몰래 술을 마시고 있었다. 南公이 그가 없는 것을 이상히 여겨 술을 둔 곳으로 찾아갔더니 夏園이 항아리 사이에 앉아 취해 있으므로 안주도 없이 술을 마시느냐 하자 큰 항아리의 술을 마시면 작은 항아리의 술이 안주가 되는데 다른 안주가 무슨 필요가 있는가 했다. 南公이 그 말을 듣고 웃으며 사람을 불러 안주를 주게 했다고 한다.[13] 평소에 자주 出入하는 집이라 할지라도 몰래 술을 둔 곳에 들어가서 술을 마시는 것도 夏園이 아니면 어려운 일이 되겠지만, 안주 없이 술을 마시며 大壺를 마실 때 小壺가 안주가 된다는 것도 극히 諧謔的이다.

夏園의 행동에는 상식으로 이해가 되지 않은 것이 적지 않았다. 정승이었던 金興根이 그의 재능을 사랑하여 술과 안주를 준비해두고 집에 있게 했으나 그는 좋아하지 않았다. 金興根이 외출하면서 그의 옷과 삿갓을 숨겨두고 侍者들에게 도망가지 못하게 감시를 하게 했는데 돌아와서 보니 그가 없었다. 술집에 있는 그를 찾았더니 藍袍 紅帶를 하고 상주가 쓰는 方笠을 하고 취해 누워 있었다. 夏園이 감시하는 사람이 없는 틈을 타서 정승이 하는 袍帶를 하고 方笠은 종들이 쓰는 것이라고 했다.[14] 이러한 逸話에서 夏園

---

12) 金澤榮, 「鄭芝潤傳」. "判書南公秉哲 愛其詩 招致之門下 芝潤不樂與公卿貴人遊 數辭去"

13) 金澤榮, 「鄭芝潤傳」. "又嘗於南公家 入藏酒室竊飮 南公怪其不在 尋至其室 見芝潤在衆壺間酩酊而坐 南公曰 焉能不肴而飮者乎 何不索肴 芝潤曰 大壺之飮 而小壺作肴 肴安用更索 南公大笑 趣左右取肴與之"

은 얽매이는 생활을 극히 싫어했으며, 옷은 좋고 나쁜 것에 관심이 없었음을 알 수 있다. 그리고 정승의 官服과 傔人의 方笠을 입고 쓰고 한 것은 사회의 제도적인 階層을 무시하려는 의도가 있지 않았는가 생각된다.

그리고 金興根은 그가 가난한 것을 민망하게 생각하여 돈 50꿰미를 주었더니 白木廛에 가서 三升布를 사서 그것으로 옷을 만들어 입었고 나머지는 술값을 갚았다고 한다. 또 선달 그믐에 큰 통에 술을 가득 담고 생선과 꿩 등을 종에게 지워 夏園과 함께 가서 그의 집에 주게 했다. 그 때 밤이 깊었고 눈이 내렸는데 水標橋에 이르러 짐을 내리게 하여 종과 더불어 통에 있는 술을 모두 마시었다고 한다.[15] 이로써 보면 옷의 색깔에 관해서는 관심이 없었고, 가족의 생활은 생각하지 않고 있음을 알 수 있다.

夏園의 말은 극히 해학적이었다고 한다. 다음에는 그의 해학적인 언행에 대해 알아보고자 한다. 夏園이 나귀를 타고 친구집에 가서 다른 사람들과 더불어 술을 마시게 되었는데 안주가 좋지 않았다. 夏園이 주위 사람들에게 내가 타고 온 나귀를 잡아 안주를 하겠다고 했다. 갈 때 무엇을 타고 가겠는가 하니 그는 주인의 닭이 있지 않는가 했다. 주인이 그 말을 듣고 크게 웃으며 닭을 잡아 다시 술을 마시었다고 한다.[16] 夏園이 말을 하지 않고 있다가 말을

14) 張志淵, 같은 책. "遊觀金相國興根 最愛其才 爲置樽核而容之 然壽銅不屑也 遊相嘗外出 收其衣笠而藏之 戒侍者防其逸 及歸不知去處 訪之得于酒肆 壽銅以藍袍紅帶 戴喪人方笠 陶然醉臥 盖瞰人之無 竊着相公之袍帶 方笠又取傔人之所着"

15) 上同. "遊相悶其窮 遺以錢五十貫 就白木廛悉以貿三升布歸家 凡全體衣服 以此製之 餘悉酬酒債 又於歲除 以大樽盛酒數斗 併以魚雉等物使奴擔之 從壽銅 使致之其家 時夜深雪下 至水標橋上 命奴卸擔 借椀於人家 奴不肯 强之卸開 與奴飮 罄樽而止"

16) 金澤榮, 「鄭芝潤傳」. "嘗騎驢至故人家 與衆客飮酒 見其肴薄 謂衆客

하게 되면 듣는 사람을 驚倒시킨다는 것은 이러한 말을 두고 한 것이 아닌가 한다. 다음에는 풍자성이 있는 말을 들어 보고자 한다.

어느 정승집 곁채 아래에서 어린 아이가 돈을 가지고 놀다가 하나를 삼켜 그의 어머니가 걱정을 하고 있었다. 夏園이 지나가다가 그것을 보고 그의 어머니에게 아이가 삼킨 돈이 누구의 돈인가 하고 물었다. 아이의 돈이라고 하니 夏園이 말하기를 그렇다면 걱정할 것이 없고 배를 어루만져 주면 나을 것이다. 지금 다른 사람 돈 七萬兩을 먹고 배만 어루만지고 있는 사람이 있는데, 제 돈 一分 먹었다고 탈이 날 것이 있겠는가 했다. 당시 그 집 정승이 그와 같은 돈을 뇌물로 받았다는 말이 있었기 때문에 그것을 풍자한 것이라고 했다.[17] 이와 같이 그의 말은 滑稽的이면서 풍자성이 강하게 반영되어 있다.

夏園이 가족은 있었으나 생업에 종사했다는 흔적은 찾아볼 수 없다. 그는 家門의 世業이 譯官이었으나 譯科에 응시 또는 합격했다는 기록을 보지 못했고, 또 譯官으로 활동했다는 흔적도 없다. 夏園은 晩年까지 술을 많이 마시고 밥을 계속 먹지 않으면서도 태연했다. 趙斗淳이 譯院提擧로 있으면서 시험을 보일 때 … 그에게 應試를 시켰는데, 그의 차례가 되어 譯書를 지적하여 읽게 했더니 주위를 바라보며 자신은 모른다고 했다. 그가 시험을 좋아하지 않았기 때문이라고 했다.[18] 이로써 보면 夏園은 晩年까지 譯官과는

曰 可宰吾驢肴之 客曰 君去將何騎 芝潤曰 其主人之雞乎 主人聞而大笑 爲之殺雞 更置酒"

이와 비슷한 이야기는 徐居正의 太平閒話에 있다. 夏園이 그것을 援用한 것이 아닌가 한다.

17) 張志淵, 같은 책. "又某相家廊下 有一幼子誤呑錢一枚 其母憂之 壽銅適過 招其母問曰 兒之所呑 誰人之錢 對曰 兒之錢也 曰然則無憂 但撫腹可矣 今有呑却他人錢七萬兩 但撫腹而已 況呑了自己錢一分 有甚腹痛乎 時主公有此等受賄之說 故所以規之也"

상관이 없었음을 알 수 있다. 이와 같이 生業과 상관되는 일에 종사하지 않았기 때문에 가정생활은 극히 어려웠을 것이다.

夏園의 생활이 어려웠으므로 연말에 南秉哲이 적지 않은 돈을 주었더니 夏園이 가지고 나가서 모두 丐兒들에게 나누어 주었다. 그의 부인이 알고 원망을 하니 그는 웃으며 鄭壽銅의 妻가 되었으면 만족할 것이지 배부른 것까지 구할 수 있느냐 했다.[19] 이로써 보면 夏園은 가정을 위한 생업에 종사하지 않았을 뿐만 아니라, 가족의 생활까지 염두에 두지 않은 인물로 생각된다.

夏園이 굶주리고 있는 부인보다 거리에 있는 丐兒들에게 돈을 나누어 준 것은 達人과 같은 인물로 볼 수도 있다. 그러나 그의 부인에 대한 태도에는 이해하기 어려운 바도 없지 않았다. 그의 부인이 臨產이었을 즈음 약국에 가서 약을 지어 오다가 도중에 金剛山을 구경가는 친구를 만났다. 夏園은 집으로 돌아가지 않고 친구와 같이 金剛山으로 가서 몇 개월 동안 關東의 여러 名勝地를 보고 돌아왔는데, 그의 疏放함이 이와 같았다고 했다.[20] 이러한 행동은 夏園 같은 인물만이 가능했을 것이며, 일반 사람들은 생각도 할 수 없는 일이다.

夏園의 부친이 일찍 세상을 떠났기 때문에 母夫人 崔氏는 바느질 품을 들어 아들의 공부를 시켰다고 한다. 그리고 夏園의 妻 金氏는 성품이 깨끗하고 유순했으며, 집에 가진 것이 없어 수를 놓아

---

18) 張志淵, 같은 책. "壽銅晚益縱於酒 或連旬不炊 猶晏如也 趙心相提擧譯院也 … 使應試 及入對 拈譯書使讀之 瞋目左右視 不出聲曰 俺不解此 意固不屑爾也"

19) 金澤榮, 「鄭芝潤傳」. "嘗値歲終 南公憫其家貧 厚予之錢 芝潤帶出門盡散予丐兒 其妻知之 頗有怨言 芝潤笑曰 爲鄭壽銅妻足矣 何必求飽.

20) 張志淵, 같은 책. "其婦孕臨產 訪醫局 製藥在袖 道逢友人 爲遊賞金剛山而行者 遂不歸家 欣然從行 閱數月遍歷關東諸名勝而歸 其疎放類是"

남편을 받들면서도 전혀 싫어하거나 괴로워하는 표정이 없었는데, 그것은 남편이 사대부들과 어울려 놀고 文名이 있는 것을 영광으로 여겼고 다른 것은 근심하지 않았다. 夏園이 두 번째 妙香山에 갔을 때 사람들이 모두 그가 중이 되었을 것이라고 말했는데, 그가 돌아왔을 때 부인이 기뻐 맞이하며 내 간담이 모두 사라졌다고 하니 夏園이 말하기를 여자의 간담은 작을수록 좋다고 했다.[21] 이러한 기록에서 부인이 현숙했음을 알 수 있고, 또 하원이 두 번째 묘향산에 들어갔을 때 중이 되었을 것이라는 말이 유포되었다.

지난 날 우리나라에서 스님이 되는 경우는 어렸을 때 가정이 가난해 양육이 어렵거나 卜術家들이 수명이 짧다고 했을 때 佛門에 歸依하게 되는 경우가 있었고, 또 佛敎思想에 心醉하게 되었을 때와 현실세계에서 큰 상처를 입고 도피하려는 생각에서 스님이 되는 경우들이다. 하원이 중이 되지 않고 돌아온 것을 보면 妙香山에 갈 때 중이 되겠다고 주위 사람들에게 말하지 않았음을 알 수 있는데, 都下의 사람들이 그렇게 말한 것은 하원이 현실의 비리에 극히 풍자적이었을 뿐만 아니라, 生業에 종사하지도 않고 술을 많이 마시며 현실과 타협하려 하지 않았기 때문일 것이다. 그리고 소문과 달리 중이 되지 않고 돌아왔을 때 부인이 반갑게 맞이하자 그는 여자의 간은 적을수록 좋다고 했다. 그 순간에도 그와 같은 滑稽的인 말을 할 수 있었던 것은 하원만이 가능했던 것이 아닌가 한다.

다음에는 夏園이 從遊했던 인사와 대인관계에 대해 알아보고자 한다. 張之琬은 그가 從遊했던 사람들은 位品이 높고 유명했던 인

21) 張志淵, 같은 책. "妻金氏性淑順 家徒壁立 組繡以供夫子 無幾微厭苦之色 盖以夫子從遊士大夫 馳文學名聲爲榮 他不恤也 當壽銅再入妙香山 都下忽喧傳 已祝髮 及歸 金氏迎而言曰 吾肝膽皆銷矣 壽銅曰 女子膽 愈小愈宜"

물도 있었고, 다른 한편으로는 下人들과 市井에 있는 천한 사람들에게 평등하게 대해 모두 환심을 얻었다고 했다.[22] 夏園이 下人들과 市井 사람들에게 환심을 얻었다고 했는데, 이에 대해 張之琬은 먼 곳에 있어 面識이 없었던 사람들도 그를 생각하며 아는 사람처럼 여겼으며, 비록 부녀자들도 그를 보면 주머니를 털어 酒食을 먹게 돈을 주었다. 그는 文才가 있었기 때문에 글을 아는 선비들이 그를 좋아하는 것은 당연하겠으나, 글을 전혀 모르는 사람들도 이와 같이 하는 것은 그렇게 할 만한 이유가 있었을 것이라고 했다.[23]

그리고 夏園이 江邊에 있는 정자에서 자다가 목이 말라 일찍 일어나 머리에 아무것도 쓰지 않고 酒店을 찾아 술을 많이 마시고 말없이 나오다가 주인에게 발견되어 술값 독촉을 심하게 당하자 그는 크게 고함치며 南尙書는 나를 구해다오 鄭壽銅이 잡혀 있다고 하니 주인이 鄭壽銅이라는 말을 듣고 잘못했다고 하며 보내 주었다고 한다.[24] 여기서도 주인이 南尙書라고 한 말에 놀라 풀어 준 것이 아니고 鄭壽銅이라는 이름을 듣고 놓아주었다고 하니, 그가 下流階層에 있는 사람들로부터 상당히 崇慕의 대상이 되고 있음을 알 수 있다.

夏園이 下流階層의 인물들로부터 이와 같이 崇慕를 받을 수 있었던 것은 士大夫들과 어울리며 그들로부터 총애를 받으면서도 下

22) 張之琬, 「鄭壽銅墓誌銘」. “所從遊公卿韋布極一時名俊 而輿臺下流 市井屠沽 亦平等視 盡得其歡”

23) 張之琬, 『鄭壽銅墓誌銘』. “遠方未一面者 亦誦慕如素知 雖婦孺見輒罄囊爲酒食以侑之 余嘗怪文士愛才固也 彼目無一丁析刀圭者 何好於君顚倒如是 是必有所以矣”

24) 張志淵, 같은 책. “嘗常一日 宿于其江榭 早起渴甚 露髻往酒店滿飮 不顧而出 酒保責價甚急 乃大呼曰 南尙書救我 鄭壽銅被押 店主聞其爲鄭壽銅 謝遣之”

流層의 사람들에게 교만하지 않고 평등하게 대해 주었으며, 자신도 생활이 극히 어려우면서 돈이 생겼을 때 丐兒들에게 나누어 준 것과, 부당한 현실에 대해 滑稽的이면서도 풍자성이 강한 그의 말이 많이 알려져 존경과 친근감을 가지게 한 것이 아닌가 한다.

그리고 夏園이 從遊했던 인물들 가운데 位品이 높은 인사들로는 위에서 언급한 바와 같이 金正喜, 南秉哲, 趙斗淳, 金興根 등을 들 수 있다. 김정희는 수차에 걸쳐 도망간 夏園을 찾아와서 공부를 시키고자 했다. 南秉哲은 그에게 刻燭詩를 짓게 하여 그것을 보고 天下의 奇才라 하며 그에게 생활하게 돈도 주었다. 뿐만 아니라 夏園이 오게 되면 술을 대접했으며, 간혹 많이 취해 자리에 토해 악취를 견디기 어려웠으나 꾸짖지 않고 有情天下王長史 落魄江南杜牧之라 하여 자신은 王長史라 하고 夏園을 杜牧之로 지칭하며 知己로 자처했다.[25] 지난 날 선비들이 文才를 아끼고 사랑했다 할지라도 南秉哲이 夏園을 좋아한 것은 보기 드문 경우가 아닌가 한다. 趙斗淳은 夏園에게 譯科에 응시하게 권하기도 했으며 傳을 지었다. 金興根은 領議政을 역임한 인물로서 다른 사람의 재능을 인정하는데 인색했으나 夏園에 대해서는 알뜰히 돌보아 주었으며, 夏園이 세상을 떠났을 때 葬費를 모두 부담했다고 하니,[26] 夏園의 文才를 매우 아끼었음을 알 수 있다.

夏園이 顯貴한 인사들과 어울리는 것을 즐거워하지 않았다고 하니 당시 士大夫들을 먼저 찾아다니지는 않았을 것으로 짐작된다. 그런데, 위에서 살펴본 바와 같이 金正喜를 비롯하여 南秉哲,

---

25) 張志淵, 같은 책. "嘗爲圭齋南尙書秉哲所遇 至輒設酒以待之 時或醉吐褥席 臭汚人所不堪 南公猶歡然不以爲嗔 贈之以詩曰 … 常以爲知己語也.

26) 張之琓, 「鄭壽銅墓誌銘」. "尙書性簡少許可 對君獨眷眷不舍 及歿專資以葬"

趙斗淳, 金興根 등은 位品과 聲望이 높았던 인물들이었다. 이로써 미루어 보면 夏園의 재능을 아끼며 가까이 한 士大夫들이 이들 외에도 적지 않았을 것으로 짐작되는데, 譯官 家門의 출신인 夏園에게 가까이 하고자 한 인사들이 이와 같이 많았다는 것은 그의 뛰어난 文才와 아울러 인물면에서도 주목할 바가 있지 않았던가 한다.

그의 인물에 대해 張之琬은 그가 허술한 차림을 하고 술과 선밥 먹는 생활을 한 것은 가지고 있는 재능을 활용할 수 없었기 때문이었을까. 滑稽와 遊戲를 하게 된 것은 현실에서 浮沈하고 進退하는 것이 노력과 재능으로 가능한 것이 아님을 알았기 때문에 세상을 조롱하며 스스로 감추고 살고자 함이었을까. 뒤에 반드시 밝힐 사람이 있을 것이라고 했다.[27] 이러한 張之琬의 말에 따르면 夏園이 재능을 가졌음에도 현실이 그를 受容하지 않기 때문에 어렵게 살고 있는 것인지, 능력으로 가능한 것이 아님을 알았기 때문에 세상을 조롱하며 자신을 감추고 살게 되었는지 알 수 없다고 하며 뒷사람에게 미루었는데, 兩者 모두 夏園으로 하여금 그러한 생활을 하게 한 것이 아닌가 한다.

『東詩叢話』에서는 鄭芝潤이 문장에 능했고 滑稽를 좋아했으나 家門이 寒微해 출세를 하지 못했고 당시의 宰相들도 그의 재능을 정확하게 인정하지 못하고 疏狂한 것으로 대했고, 夏園도 그대로 받아들였으니 東方朔과 같은 사람이 아니겠는가 했다.[28] 夏園이 재능은 있었으나 家門의 地位가 낮았기 때문에 벼슬을 하지 못했

---

27) 張之琬, 「鄭壽銅墓誌銘」. "嗟乎 君土木形骸 麴檗藏名 其內有所存 而不得施者歟 抑滑稽遊戲浮沈取容 其見於不可 而玩世自晦者歟 後必有辨之者"

28) 趙鐘業, 『韓國詩話叢編』 11. "鄭芝潤幼名壽銅 號夏園 善文章好滑稽 以門地未顯 不得招進 時路宰相不能賞才 以疎狂待之 夏園亦徘優受之 儘是曼倩者流. 著者 未詳, 東詩叢話"

다는 것이며, 당시 宰相들이 疏狂한 것으로 대했기 때문에 夏園이 疏狂했던 것인지, 夏園이 疏狂했기 때문에 宰相들이 疏狂한 것으로 대한 것인지 알 수 없다. 그러나 그의 疏狂은 門地와 상관이 있었던 것은 사실일 것이다.

金澤榮은 朝鮮朝의 정치가 曹氏의 魏나라가 門閥을 중시했던 것을 답습해 班常의 구별이 너무 심했기 때문에 譯官들은 士大夫가 될 수 없었다. 그러므로 그들 가운데 재능이 있는 사람들이 가졌던 큰 뜻을 포기하여 遠大한 학문을 하려 아니하고 시로써 자신의 감정을 표출하고자 한 것이 鄭芝潤과 같은 사람이었으니 애석하지 않은가 했다.[29]

朝鮮朝는 班常과 嫡庶의 차별이 심해 常人과 庶出들은 재능이 뛰어났다 할지라도 국가에서 제도적으로 그들의 출세를 제한했다. 그러므로 그들 가운데 재능이 있다 할지라도 출세를 포기하고 狂飮하고 常道에 벗어난 행동을 하며 시로써 감정을 표출한 인사가 적지 않았는데, 鄭芝潤도 그러한 사람 가운데 한 사람이었던 것은 사실일 것이다. 崔瑆煥은 사람들이 그의 시가 기묘한 것만 알고 그 사람이 시보다 기묘함을 알지 못하기 때문에 그의 詩名이 높았으나 夏園은 그것을 대수롭게 여기지 않았다고 했다.[30] 이로써 보면 그의 詩才 뿐만 아니라, 人物도 시에 비해 못하지 않았음을 말하고 있다.

이상으로 夏園의 인물 성격에 대해 살펴 보았는데, 그는 生業에 종사하지 않고 일생 동안 飮酒, 諧謔, 奇行으로 일관해 왔다. 그가

29) 金澤榮, 「鄭芝潤傳」. "韓朝之政 蹈曹魏氏九品中正之餘弊 區別族類太甚 象胥之人不得爲士大夫 故其人之有才者 每落拓自棄 不求遠大之學 而惟用詩以自宣 如芝潤者 豈不尤可惜也哉"

30) 崔瑆煥, 夏園詩鈔題辭 夏園詩鈔 後尾. "人止知其詩之奇 而不知其人之奇于詩 惜哉 以是之 故君於詩 得名如是其盛 而君則不自有也"

이러한 행동을 하게 된 것은 譯官 家門의 출신으로서 사회 진출이 불가능했기 때문이라고 생각되며, 그는 詩才 뿐만 아니었고 다른 재능과 아울러 인물도 詩才에 못하지 않았다고 말하고 있으나, 그것을 인정할 만한 기록이 없기 때문에 쉽게 말하기 어렵고, 다만 文才와 아울러 그의 諧謔에는 현실에 대한 諷刺性이 날카로움을 알 수 있다.

Ⅲ. 그의 文學

夏園의 문학에 대해 고찰하기 전에 그의 詩集『夏園詩鈔』에 대해 언급하고자 한다. 張之琬은 그의 墓誌銘에서『夏園詩鈔』는 崔星玉이 이미 간행했다고 한 것으로 보아[31] 그의 墓誌銘을 짓기 전에 간행되었음을 알 수 있다. 그리고 崔瑆煥은 題辭에서 그의 저술이 매우 많았으나 아깝게 여기지 않고 바로 버려 남아있는 것이 적으며, 여기에 있는 것은 사람들이 외우고 있는 것이니, 아름다운 것은 감추어 지지 않음을 알 수 있으나 그의 본의는 아닐 것이다. 夏園이 남기는 것을 좋아하지 않을 것이고, 또 이것은 그의 작품의 모두가 아니다. 그리고 우리들이 잃을까 두려워하는 것은 얻기 어려운 것이기 때문이며, 이로써 그를 알기 위해 간행한다고 했다.[32] 그리고 題辭를 쓴 해를 咸豊 甲寅이라고 했으니 1854년이다.

夏園詩鈔는 첫 머리에 그의 自序와 後尾에 崔瑆煥의 題辭가 있

31) 張之琬,「鄭壽銅墓誌銘」. "所著夏園詩鈔 崔君星玉前已刊行"
32) 崔瑆煥, 刊夏園詩鈔題辭, 夏園集 後尾.

으며 여러 형식의 시가 실려 있으나 작품이 많지 않다. 작품이 얼마 되지 않은 것은 夏園이 시 짓는 것을 좋아하지 않았으므로 지은 작품이 많지 않았기 때문인지, 崔珵煥이 말한 바와 같이 지은 작품을 모아 두지 않았으므로 잃어버린 탓인지 알 수 없다. 그리고 散文이 없는 것은 詩鈔이므로 실지 않았던 것인지 夏園이 散文을 짓지 않았기 때문인지 알 수 없다.

夏園은 당시 士大夫들로부터 委巷의 부녀자들에 이르기까지 많이 알려졌다. 그것은 그의 奇行과 諷刺性이 강한 諧謔도 이유가 되겠지만 무엇보다 시에 능했던 것이 아닌가 생각되나, 그의 시에 대한 논평은 보기 드물다. 다만 崔珵煥은 그의 시가 古法에 얽매이지 않으면서도 버리지 않았으며, 옛 것을 이끌어 새로운 것을 짓는데 손 따라 마음도 응해 옛 것일수록 더욱 새로워 奇氣가 넘쳤으며, 또 典雅하고 溫存해 天然스럽게 一家를 이루었다고 했는데, 그것은 마음에 많이 쌓여 있었던 것이 이와 같이 밖으로 나타나는 것이 아니겠는가 했다.[33] 崔珵煥은 어떤 인물이었는지 알아보지 못했으나, 그가 詩鈔를 간행한 것은 夏園 詩를 좋아했기 때문에 한 것으로 생각되는데, 그의 시가 古法에 얽매이지 않았다는 것은 夏園 시의 특징을 잘 지적한 것이 아닌가 한다.

夏園 시에 대해 논평이 많지 않은 것은 寒微했던 그의 신분과도 전혀 상관이 없지 않았을 것이고, 또 그가 생존했던 시기가 朝鮮朝의 최후기로써 漢文學이 쇠퇴해 갔던 것도 하나의 이유가 될 것이다. 어쨌든, 그의 傳記 또는 誌銘 등에 그와 交分이 있었던 인물로서 金正喜는 夏園이 청년기에 만났을 것이므로 그의 특출한 총명

---

33) 崔珵煥, 「夏園詩鈔題辭」. "其爲詩也 不泥古法 而不遺古法 攬舊作新 手隨心應 愈舊而愈新 奇氣橫逸 又典雅又溫存 天然成一家語 如非有存諸中者 豈形外若是"

을 아끼었던 것이 아닌가 짐작되지만, 南秉哲, 趙斗淳, 金興根 등은 夏園의 詩才와 詩에 魅了되었기 때문에 그와 같이 좋아했을 것이다. 그러므로 그의 시에 대해 論評은 남겨놓은 것이 없다 할지라도 그의 시를 높게 인정하고 있었던 것은 사실일 것이다. 다음에는 그의 시에서 五言絶句 가운데 練光亭逢金進士樂孝詩부터 들어보고자 한다.

平壤三千年	平壤은 삼천년 古都
客子十二月	선달에 그 곳을 찾았다오.
風寒吹酒醒	찬바람에 술이 깨고
樓頭愁欲絶	樓頭에 오르니 근심이 사라진다.
(『夏園詩鈔』)	

이 작품은 시제에서 알 수 있는 바와 같이 夏園이 平壤의 練光亭에 올라 지은 것이다. 起承兩句는 삼천년의 古都인 平壤을 섣달에 찾았다고 했다. 사실 삼천년은 어떤 의미로 말한 것인지 알 수 없으나, 古朝鮮에서 高句麗까지 삼천년간 그 곳에 王都한 것으로 보는 것이 타당하지 않을까 생각된다. 그리고 夏園이 평양을 몇 번이나 찾았는지 알 수 없지만 이 시를 지을 때가 첫 번이 아니었던가 한다. 轉結兩句는 練光亭에 올랐더니 불어오는 찬바람에 술이 깨고 근심이 사라진다고 했다. 이 시는 夏園이 이름만 들었던 평양을 처음 찾았을 때 추운 섣달이었으나 練光亭에 올라 古都의 全景을 바라보았던 바 그 아름다움에 세속의 근심을 잊었다고 한 것이다. 修辭에 苦心한 흔적이 전혀 없으면서도 古都의 아름다움을 간접적으로 잘 나타낸 것이 아닌가 한다. 다음에는 旅館夜吟詩를 들어본다.

店鷄聽不鳴	旅館의 닭은 울지 않고
泠月窓光薄	창에 비친 달빛은 희미하다.
自是夢頻驚	놀라 꿈이 자주 깨이는데
燈花猶未落	등잔불은 아직도 타고 있다.
(『夏園詩鈔』)	

이 시는 여행 중에 旅館에 자면서 다음 날 바쁜 일정으로 깊게 잠들지 못하고 밤중에 깨어 지은 작품이다. 起承兩句는 주인집 닭 우는 소리는 들리지 않고 차가운 달빛이 창에 희미하게 비친다고 했다. 시계가 없었던 옛날 시골에서는 시간을 측정하는 여러 가지 방법이 있었는데, 이른 새벽의 시간은 닭 우는 回數로 짐작한다. 새벽 닭은 산발적으로 울지 않고 이른 새벽 일정한 시간에 하나가 먼저 울면 마을의 닭들이 따라 울고, 또 한동안 시간이 흐른 뒤에 다시 운다. 날씨가 맑은 날이면 時差가 별로 나지 않기 때문에 마을 사람들이 먼길 시장을 갈 때 같이 갈 일행과 첫째 닭, 또는 둘째 닭 울 때 마을 밖에서 만나기로 약속해 같이 간다는 말을 어릴 때 많이 들었다. 이 작품에서는 닭 우는 소리를 듣지 못했고 달빛만 희미하게 비친다고 했으니 밤중임을 알 수 있다.

轉結兩句는 이른 새벽 출발해야 할 시간을 놓칠까 싶어 잠이 깊게 들지 못하고 자주 놀라 깨게 된다고 했으며 등잔불은 아직 타고 있다고 하여 한밤에 잠이 자주 깬다는 것을 상징적으로 표현하고 있다. 夏園이 작품을 지은 日時를 밝혀놓지 않았기 때문에 이 작품도 언제 지었는지 알 수 없다. 그런데, 이 작품 전후에 실려 있는 작품들이 關西地方에서 지은 것으로 보아 그 곳을 여행하면서 지은 것이 아닌가 추측되며, 여행을 하면서 밤중에 출발할 시간을 놓칠까 불안해 하는 심정을 역역히 표현한 것이다. 다음에는 七言絶句를 살펴보고자 하며, 먼저 梅花詩 三首 가운데 二首를 들어본다.

一任繁華與寂寥	번화하고 적막하기도 한 매화를
春頭臘尾也消搖	선달 그믐 이른 봄에 보았다오.
纔於有意無情處	유정하기도 하고 무정한 것이
已壓千花不敢驕	많은 꽃들을 교만하지 못하게 한다.

(『夏園詩鈔』)

이 시는 선달 그믐 이른 봄 첫 머리에 활짝 핀 매화꽃을 바라보고 지은 것이다. 起承兩句는 번화하기도 하고 적막한 매화를 春頭臘尾에 보았다고 했는데, 매화는 모란처럼 화려하지는 않으나 다른 꽃이 피지 않은 시기에 일찍 피기 때문에 번화하다고 한 것이 아닌가 생각되며, 다른 꽃이 피지 않은 시기에 홀로 피었으므로 寂寥하다고 한 것이다. 이러한 매화가 선달 그믐 이른 봄에 피었다고 했다. 轉結兩句는 겨우 피어 유정 무정하면서도 이미 많은 꽃들의 교태를 압도하고 있다고 했다. 다시 말하면 갓 핀 매화이지만 뭇 꽃들의 교태를 꺾을 정도로 아름답다고 했는데, 三首 가운데 첫 수이므로 매화의 아름다움에 초점을 맞춘 것이 아닌가 한다.

錯疑峭處欲冰人	멀리서 바라보면 차가운 듯하더니
坐久沈沈勝飮醇	가까이 있으니 그윽해 술 마신 듯하다.
摠是明珠無價顆	모두 밝은 구슬로 값 높은 알갱이
一花另有一花珍	꽃마다 탐스러움이 따로 있다오.

(『夏園詩鈔』)

먼저 살펴본 작품이 매화의 蓋然性을 말했다면 이 작품은 가까운 데서 바라본 아름다움을 표현한 것이다. 起承兩句는 매화의 색깔이 하얗기 때문에 거리를 두고 바라보면 차갑게 느껴지나 옆에 오래 앉아 있으면 그 그윽한 향기가 술을 마신 것보다 더욱 진하다고 했으니, 매화의 그윽한 향기에 초점을 두고 표현한 것이다. 그리고 轉結兩句는 매화의 모든 것이 明珠처럼 아름다워 무한의 값이 있는 알갱이들로써 꽃마다 탐스러움이 따로 있다고 했는데, 매화꽃을 가까운 거리에서 바라보고 그 아름다움을 나타낸 것이다.

이 시에 대해 鄭夏園의 梅花詩 三首의 絶句가 매우 精緻함에도 그 시를 말하는 사람이 적으니 개탄할 일이다. … 시의 맛을 모르는 사람은 삼백번을 읽어도 알지 못한다고 했다.[34] 이 시가 우수한 작품임에도 뒷사람들에게 주목을 받지 못해 개탄한다고 했는데, 표현이 정교하고 치밀해 夏園의 작품 가운데 秀作의 하나라는 의미가 아닌가 한다. 다음에는 始興道中詩를 들어본다.

半破麤葛短扶藜	굵은 갈옷 고름 풀고 지팡이 짚고
草樹薰薰路水泥	나무와 풀내음 짙으며 길은 질다오.
山外雲皆垂作脚	먼 산에 구름이 짙게 끼었더니
夕陽雨在始興西	夕陽 즈음 비가 始興 서쪽에서 내린다.

(『夏園詩鈔』)

이 시는 여름철 장마 끝에 始興을 지나가는 道中에서 지은 것이다. 起承兩句는 굵은 칡넝쿨 껍질로 만든 옷의 고름을 반쯤 풀고 짧은 명아주 지팡이를 짚고 가는데 나무와 풀에서 나는 내음은 훈훈하며 길에는 내린 빗물이 고여 있어 질다고 했다. 여름철 가난한 사람이 여행하는 차림과 장마 끝의 野景을 生動感 있게 표현한 것으로 생각된다. 轉結兩句는 산 너머 구름이 짙게 끼었더니 夕陽이 될 즈음에 始興 서쪽에서부터 비가 내린다고 했다. 轉句는 작자가 있는 곳과 산 너머 멀리까지 구름이 짙게 끼었다는 것이 아닌가 생각되는데, 脚字의 뜻이 애매하기 때문이다. 어쨌든, 곳에 따라 비가 내릴 듯한 시점의 遠景을 표현한 것이다. 이 작품은 여름철 장

34) 編者 未詳,『東詩叢話』. 趙鍾業,『韓國詩話總篇』11. "鄭夏園梅花三絶逼得精緻 後人鮮有稱道者 是可慨也 … 不知味者 雖讀過三百遍 便是鶻突"

마속에 여행하는 자신의 모습과 주변 景色을 표현한 것이며, 結句에는 夕陽이 될 즈음에 始興 서쪽에서부터 비가 내린다고 했는데, 비가 오게 되면 길손의 발걸음이 바빠지는 것이 일반적인 것으로 생각되지만, 여기서는 그러한 것을 느낄 수 없고 오히려 여유가 있어 보인다. 이 시에서 표현에 絶妙함이 있어 여기에 든 것은 아니다. 자신의 모습에 대한 표현에 假飾이 없고 비가 내리며 日沒이 되어 가는 시점에도 여유가 있는 태도가 돋보인다. 다음에는 暮秋夜坐詩를 들어본다.

風作牢騷雨作寒	바람은 세차고 비는 차가운데
多愁人不倚欄干	근심에 쌓여 난간에도 나가지 않았다.
可堪燈影蟲聲裏	등불아래 벌레소리 듣기 어려우며
村酒沽來又薄酸	마을에서 사온 술도 약간 쓰다오.
(『夏園詩鈔』)	

이 시의 詩題를 暮秋夜坐라 했으니 늦은 가을 밤에 앉아 있으면서 지은 것으로 침울한 느낌이 앞선다. 起承兩句는 바람이 요란하게 소리내며 세차게 불고 비까지 내려 쌀쌀한 밤에 많은 시름에 쌓여 밖에 나가 보지도 않고 앉아 있다고 했는데, 이때 옆에 사람이 같이 있었는지 모르지만 작품의 분위기로 보아 홀로 있었을 것으로 짐작된다. 위에서 언급한 바와 같이 夏園은 寒微한 가문의 출신이었기 때문에 출세와 功名에 대해 일찍 단념하고 일생 동안 얽매이지 않고 放浪하며 살았던 것으로 알려 졌다. 그러한 夏園에게 어떤 근심이 있었던지 바람 불고 비 내리는 밤에 밖에 나가보지도 않고 방에 홀로 앉아 있었을까 하는 생각이 든다. 轉結兩句는 등불아래 앉아 있는 시름 많은 사람에게 밖에서 들려오는 벌레소리는 더욱 시름을 돋구는 듯해 듣기 어려우며, 시름을 달래고자 마을에

서 사온 술까지 맛이 약간 쓰다고 했으니 주변 환경과 더불어 술까지 시름을 더욱 돋군 것이 된다. 夏園이 이 시를 언제 지었는지 알 수 없으나 그의 일생에서 이와 같이 심각한 시름에 빠져 있을 때도 있었던가 하는 생각이 들어 이 시를 들어보았다. 다음에는 西遊歸後聞親知多傳余祝髮詩를 들어본다.

蟲臂鼠肝皆任他	蟲臂와 鼠肝까지 모두 맡겨졌는데
不堪一謦語猶訛	조금도 거짓은 견딜 수 없다오.
諸君期望還漸愧	그대들 기대에 부끄럽게 되었으나
我比楊朱爲我多	나는 楊朱보다 더욱 나를 위한다오.
(『夏園詩鈔』)	

위에서 언급한 바와 같이 夏園이 두 번째 묘향산에 갔다가 돌아왔을 때 부인이 그를 맞이하며 스님이 되었다는 말이 있어 걱정했으나 돌아와서 기쁘다고 했는데, 이 작품은 그가 묘향산이 있는 關西地方을 여행하고 돌아와서 친구들 사이에 그가 스님이 되었을 것이라는 말이 유전했다는 말을 듣고 지었다고 했다. 起承兩句는 蟲臂 鼠肝 즉, 자신에게 하찮은 것까지 모두 맡겨졌는데 조금도 거짓말은 견디기 어렵다고 했다. 여기에서 他는 어디 또는 누구를 말한 것인지 애매하나 자신의 모든 것을 임의대로 처리하지 않는다는 것에 다른 뜻이 없지 않을까 한다. 그리고 夏園 자신은 스님이 되겠다고 생각지도 않았는데, 친구들 사이에 그러한 말이 있었다고 하니 견딜 수 없다는 것이다.

轉結兩句는 친구들의 기대 즉, 스님이 되었을 것이라는 기대와는 달리 스님이 되지 않고 돌아왔으니 친구들에게 도리어 부끄럽게 되었으나, 자신은 극단적인 利己主義者 楊朱보다 자신을 더욱 위한다고 했다. 孟子의 말에 따르면 楊朱는 철저하게 자신을 위하며 국가나 주위 사람들을 위해 희생정신이 전혀 없다고 했는데, 夏園은 楊朱보다 더욱 자신을 위하는 사람이라고 했으니, 자신은 스님이 될 수 없다는 의미가 될 것이다.

지난 날 현실에서 失意한 인사들 가운데 佛教에 歸依한 자들이 없지 않았는데, 夏園도 이유는 어쨌든 失意한 것은 사실이었으므로 주위에서 山門에 托跡할 가능성이 있는 것으로 생각했을 것이다. 그러므로 夏園이 두 번째 妙香山으로 가자 그러한 말이 전파되었을 것이고, 李尙迪도 그 말을 듣고 지은 聞鄭壽銅入香山爲僧詩에서 塵世萬緣都撒手 空門一念不回頭라 했다. 이상적은 夏園과 같이 譯官家門의 출신으로서 연령도 비슷하고 秋史 金正喜에게 같이 배운 바도 있기 때문에 누구보다 夏園을 잘 알고 있었을 그도 夏園이 入山했을 것으로 믿지 않았던가 생각된다. 그러나 夏園이 妙香山에 들어간 것은 단순한 觀光이었지 山門에 托跡하기 위해 간 것이 아님을 알 수 있고, 그에 따라 佛教에 대한 夏園의 태도를 짐작할 수 있을 것으로 생각된다. 다음에는 哭兒聲詩 三首 가운데 두 수를 들어 보고자 한다.

無限他時門戶計	크게 가문을 빛낼 것으로 기대했는데
一朝携去付荒厓	갑자기 데리고 가서 荒厓에 묻는구나.
爾爺荷鍤平生事	가래질을 평생 해 왔으나
尙得人間未見埋	아직 사람은 묻지 않았다오.
(『夏園詩鈔』)	

夏園의 가족에 관한 기록이 없기 때문에 알 수 없으나 부인 金氏가 產苦로 진통을 겪고 있을 때 夏園이 약을 지어오다가 金剛山 구경가는 친구를 만나 같이 구경을 갔다고 했으니 자녀가 있었을 것으로 짐작되고, 또 아들 鄭樂逑이 譯科에 급제했다. 이 시는 夏

園이 아들을 잃고 지은 것이다. 이로써 보면 가족도 적지 않게 있은 듯하다. 起承兩句는 다음 날 가문을 크게 빛낼 것으로 기대하고 있었는데 하루 아침에 荒厓에 묻는구나 했으니, 기대까지 크게 했던 아들의 죽음에 대해 슬프다는 말을 직설적으로 하지 않았으나 읽는 사람으로 하여금 처절함을 느끼게 한다. 轉結兩句는 평생 동안 가래질하는 것이 직업이었으나 아직까지 사람을 땅에 묻는 일은 하지 않았는데, 기대를 하고 있었던 너를 먼저 荒厓에 묻는다고 했으니 얼마나 애절한 호소인가. 哭兒聲詩의 後尾에 이때 죽은 아이가 이웃 서당에 글을 배우려 가고자 할 때 책머리에 써주었다는 詩에 送汝今朝新上學 終難抛擲是家聲이라 한 것을 보면 아이가 기대할 만큼 매우 총명했음을 알 수 있다. 그러므로 夏園이 더욱 기대하지 않았던가 생각된다. 다음에는 다른 한 수의 시를 들어본다.

寸錦曾無裹汝肌	너를 입힐 비단조각이 없어
淚痕藥跡病時衣	눈물과 약 방울 얼룩진 아플 때 옷이구나.
十年慟煞貧家子	십년 동안 뼈에 사무친 가난한 집 아들을
復使壤泉藍縷歸	남루한 옷 입혀 壤泉 가게 한다오.
(위와 같음)	

앞에 든 시가 아들의 죽음에 따른 슬픈 감정을 표현한 것이라면 이 작품은 아버지와 아들과의 마지막 送別할 때의 감정을 나타낸 것이다. 起承兩句는 마지막 너를 보낼 때 비단조각이 없어 눈물 흔적과 약 방울 떨어진 자국이 있는 옷을 그대로 입혀 보낸다고 했으니, 父情의 애절한 심정을 짐작할 수 있게 한다. 轉結兩句는 십년 동안 뼈에 사무치게 가난한 집에서 태어난 너를 壤泉에 가는 길에도 남루한 옷을 입혀 보내게 되었다고 했다. 夏園은 일생 동안 生業에 종사하지 않고 名山을 찾아 전국을 방랑하며 喜悲를 超脫한

듯했으나, 아들의 죽음에 대한 감정의 표현은 너무나 애절함을 느낄 수 있다. 다음에는 七言律詩를 들어 보고자 하며, 먼저 滿月臺詩부터 살펴보고자 한다.

松嶽山高半入空	松嶽山은 하늘에 우뚝 솟았고
麗王基業亦豪雄	太祖의 基業도 豪雄했다.
時來統合三分國	때가 올 때는 三國을 통합했고
運去頹荒數畝宮	운이 물러가자 몇 이랑 궁터만 남았다.
知有精靈遊夜月	精靈들은 달밤에 놀려 오겠지만
更無父老泣春風	父老들은 봄날에도 슬퍼하지 않은다오.
興亡不及吾曹事	興亡은 우리들과 상관없으나
猶自傷心夕照中	夕陽이면 傷心을 금할 수 없다오.
(『夏園詩鈔』)	

이 작품은 開京 滿月臺를 찾아 지은 懷古詩다. 首聯은 松嶽山이 하늘에 우뚝 솟아 있는 것과 같이 高麗 太祖의 創業의 기초도 豪雄하다고 했으니, 松嶽山이 높고 웅장한 만큼 太祖의 創業의 기초도 豪雄하다고 한 것이다. 頷聯은 國運이 일어날 때는 新羅와 後百濟로 三分되었던 疆土를 통합했고, 운수가 물러가 高麗王朝가 멸망한 후에는 거칠은 밭이랑에 궁터만 남았다고 하여 변화와 퇴락을 對照시켜 역사의 無常함을 提起시키고 있다. 頸聯은 역대의 精靈들은 달 밝은 밤이면 지난 날 宮闕이 있었던 이 곳을 찾아와서 놀겠지만 현실세계에서는 父老들이라 할지라도 봄날에 이곳에 놀면서 거칠어진 옛 王朝의 자취를 보고 슬퍼하지 않는다고 하여 역사의 忘却과 현실의 냉혹함을 말한 것이다. 尾聯은 국가의 흥망이 자신들과 같은 사람들과는 상관이 없는 것이기는 하나, 해가 질무렵에 이 곳을 찾았을 때 슬퍼진다고 했다. 즉, 화려했던 王朝의 頹落과 夕陽과 결부시켜 자신과는 상관이 없었던 일이었으나 스스

로 슬픔에 빠지게 된다는 것이다.

松京은 高麗朝 四百餘年의 王都였다. 그러므로 역대의 문인들이 그곳을 찾아 많은 懷古詩를 지었고 우수한 작품도 적지 않았다. 『東詩叢話』에서 이 시를 들며 足爲松京懷古隊之上功이라 하여 松京懷古詩 가운데 우수한 作品群에 들어갈 것이라고 했다. 古都의 懷古詩는 서로 類似한 말이 많게 마련이고 이 작품에서도 다른 시와 비슷한 말이 없지 않았으나, 斬新함도 적지 않으며 典雅함도 있어 매우 돋보이는 작품임에는 틀림없다. 다음에는 白雲樓詩 두 수 가운데 한 수만 들어보고자 한다.

不能一擧作神仙	단번에 神仙이 되지 못하고
遺落塵埃道路邊	塵世의 도로변에 떨어졌다오.
斜日流泉今去去	斜日에 비친 샘물은 지금도 흘러가고
幽花閒草舊年年	깊숙한 곳에 핀 꽃과 풀은 옛과 같구나.
我生自有天生趣	나는 하늘의 뜻에 따라 태어났으니
憂死何如醉死賢	憂死가 어찌 醉死보다 나으리오.
避暑因成兼避世	避暑가 避世까지 겸했으니
山中事事却飄然	산중의 일들이 도리어 飄然하다오.
(『夏園詩鈔』)	

樓臺는 景色이 좋은 곳에 있기 때문에 詩題로 했을 때 주변의 아름다움에 대한 표현이 많은 것이 일반적이다. 白雲樓는 어디에 있는지 알아보지 못했지만 夏園의 이 시에서는 표현의 초점을 주변의 景物에 두지 않은 것이 특징이라 할 수 있다. 首聯은 단번에 神仙이 되지 못하고 塵世의 도로변에 遺落해 있다고 했으니 자신의 신세에 대한 한탄이 아닌가 한다. 頷聯은 白雲樓에서 바라본 景物에 대한 표현이다. 즉, 샘물은 지금도 계속해서 흘러가고 꽃과 풀들은 옛날과 같이 피고 자라고 있다고 하여 인생과는 달리 자연

은 변하지 않고 恒存해 있음을 의미한 것으로 생각된다.

頸聯은 자신이 이 세상에 태어난 것은 하늘의 意趣에 따른 것인데 근심하다가 죽는 것이 취해서 죽는 것과 같을 수 있겠는가 했으니, 夏園이 일생 동안 세상 일을 외면하고 술을 좋아한 심정을 이해할 수 있겠는데, 그것은 바로 추악한 현실을 잊기 위해 長醉했던 것으로 짐작된다. 尾聯은 避暑하려 온 것이 避世까지 하게 되어 山中의 모든 일들을 살펴보니 인간세계와는 달리 구애받지 않고 자유롭게 있다고 했다.

이 작품은 夏園을 이해하는데 좋은 자료가 될 것으로 생각된다. 즉, 神仙이 될 수 있는 자질을 가졌으나 신선이 되지 못하고 塵世의 路邊에 遺落된 것을 한탄하며 현실에 얽매여 근심하다가 죽는 것보다 취한 상태에서 죽는 것이 현명하다고 했으니 그가 술을 마시고자 한 심정을 이해할 수 있다. 그리고 避暑하기 위해 白雲樓를 찾았는데 避世까지 하게 되었으며, 그곳에서 살펴본 것은 현실세계와는 달리 구애받지 않고 있다는 것에 夏園의 意趣를 알 수 있기 때문이다. 다음에는 秋日獨居詩를 들어보고자 한다.

天氣蕭蕭意若何	날씨가 쓸쓸하니 생각이 어떠한가
楚聲容易入高歌	楚聲이 高歌에도 쉽게 나타난다.
看來新句多吟菊	새로 짓는 詩句에 菊花가 많이 오르고
難道寒衣尙製蘿	칡넝쿨로 만든 寒衣는 말하기 어렵다.
有酒千場皆樂國	술만 있는 곳이면 모두 樂土며
出門一步卽風波	문 밖을 나서면 바로 風波라오.
古人豈盡忘情者	古人이 어찌 정이 없었겠는가
秖畏樊籠與網羅	함정과 그물을 겁내었기 때문이라오.

(『夏園詩鈔』)

이 작품은 가을에 혼자 있으면서 지은 것이라고 했는데, 夏園의 시에 晩秋夜坐, 暮秋夜坐 등 가을철 밤에 홀로 있으면서 지은 작품이 적지 않다. 首聯은 가을철 날씨가 쓸쓸하니 마음이 어떠한가 楚聲이 高歌에 쉽게 나타난다고 했다. 이때 가을은 내용 분위기로 보아 늦가을이 아닌가 생각된다. 쓸쓸하다고 한 것은 나뭇잎들이 떨어지기 때문일 것이며. 이때가 되면 누구나 空虛感을 쉽게 느끼게 된다. 그리고 楚聲은 어떤 聲調를 말한 것인지 알 수 없으나 悲壯한 것을 의미하지 않았는가 한다. 다시 말하면 空虛感에 사로잡혀 부르는 노래에 悲壯한 감정이 쉽게 반영된다는 것이 아닌가 한다. 頷聯은 새로 짓는 시에 국화가 많이 등장한다는 것은 국화가 가을을 상징하는 꽃이기 때문일 것이며, 추울 때 입게될 옷을 솜이나 명주로 하지 못하고 칡껍질로 하는 것을 말하기 어렵다고 한 것은 자신의 가난함을 알리고 싶지 않다는 의미일 것이다.

頸聯은 가는 곳마다 술만 있으면 모두 樂土이며 문밖은 바로 風波가 있는 곳이라고 했는데, 이로써 보면 夏園이 술을 많이 마신 것은 단순한 嗜好가 아니고 長醉해 風波가 많은 현실에 관여하지 않고 잊고자 함을 알 수 있다. 위에서 언급한 바와 같이 夏園의 일생에 술과 얽힌 이야기가 많았는데, 그가 술을 많이 마시게 된 까닭을 이 작품에서 잘 알 수 있을 것으로 생각된다. 尾聯은 옛 사람들이 어찌 정을 잊었겠는가 현실세계에 함정과 그물이 많으므로 그것을 겁내었기 때문이라고 했는데, 여기에서 忘情은 어떤 것이었는지 알 수 없으나 함정과 그물을 피해 隱居 또는 佯狂하게 되었다는 것이 아닌가 한다.

이 시는 앞서 살펴본 白雲樓詩와 함께 현실에 대한 夏園의 태도를 이해하는데 좋은 자료가 되지 않을까 생각되며, 이 작품이 더욱 간절한 표현으로써 늦가을 나뭇잎들이 떨어지는 날 홀로 앉아 자신과 현실을 심각하게 생각하며 지은 작품으로 추측된다. 다음에는 夜有穿窬詩를 들어본다.

月黑風喧冷舊氈	캄캄하고 바람부는 추운 밤
家人警報正騷然	집사람이 놀라 떨고 있다.
謾藏老屋堪懸磬	낡은 집에 가진 것이 없고
奇貨殘書是直錢	奇貨와 헌 책이 값진 것이오.
不待閉關嚴自解	문을 닫지 않은 것은 스스로 알게 함이며
只因淸野臥能堅	아무 것도 없으니 누워있는 것이 낫겠다.
檢來意失蕉中鹿	결국 蕉中鹿을 잃었으니
便腹明朝又一眠	편안한 마음으로 아침까지 자련다.
(『夏園詩鈔』)	

이 시는 밤에 좀도둑이 夏園의 집에 들어 그것을 詩題로 하여 지은 것이라고 한다. 夏園은 일생 동안 生業에 종사하지 않았기 때문에 매우 가난하여 도둑이 들지 않을 것으로 생각되나, 이 시를 지을 때는 다른 사람이 비워 둔 집에 살고 있었는데, 그 집이 크고 넓었다고 한다. 首聯은 달이 없어 캄캄하고 바람까지 부는 추운 밤에 집사람이 갑자기 놀라며 떨고 있다고 했으니, 부인이 먼저 도둑을 발견하고 놀라 떨고 있는 모습을 표현한 것이다. 頷聯은 낡은 집에는 아무 것도 없고 奇貨와 殘書밖에 없다고 하여 자신의 가난한 사정을 그대로 말한 것이다. 이때 奇貨는 진귀한 寶貨가 아닐 거이고 자신이 사용하는 벼루 같은 것을 말한 것이 아닐까 생각된다.

頸聯은 대문을 닫지 않고 열어둔 것은 없다는 것을 분명하게 밝히는 것이며, 아무 것도 없기 때문에 누워 있는 것이 더욱 낫겠다고 했는데, 도둑에 대한 자신의 對應하는 태도를 말한 것이 아닌가 한다. 즉, 도둑이 집에 들어오면 누구나 쫓고자 어떤 태도를 취하는 것이 일반적이나, 夏園은 가지고 갈 것이 없기 때문에 태연하게 누워 있는 것이 강하게 대응하는 태도라고 했다. 尾聯은 찾아본 바 결국 蕉中의 사슴을 잃었으니 주린 배로 내일 아침까지 잠이나 자겠다고 했다. 蕉中鹿은 『列子』 周穆王篇에 나오는 故事로써 鄭나라 사람이 사슴을 잡아 파초잎으로 덮어두었는데 너무 기뻐하다가 그 장소를 잊어 사슴을 찾지 못하고 꿈으로 諦念했다는 것인데, 인생의 得失이 허무하다는 것을 의미한다고 한다. 이로써 보면 인간세계의 득실은 허무한 것이므로 도둑이 와서 가지고 가는 것에 대해 상심하지 않고 편안한 마음으로 내일 아침까지 다시 자겠다고 했으니, 滑稽的이라 할 수 있겠지만 夏園만이 취할 수 있는 태도가 아닌가 한다. 다음에는 城西唱和走筆詩 여덟 수 가운데 한 수 들어보고자 한다.

一番棖觸又黃昏	한번 만나자 황혼이 되니
誰把閒情與細論	누구와 閒情을 자세히 말하랴.
山雨遽添入池水	산에 내린 비는 못으로 흘러가고
秋花續發繞階盆	가을 꽃은 계속 피어 階盆에 얽혀 있다.
今世何人還似我	오늘 날 나와 같은 사람 어디 있으며
古來難免此銷魂	옛부터 이 슬픔 면하기 어렵다오.
虧君共倚蘭干曲	그대를 꼭잡고 난관에 의지하여
執手移時笑語溫	손잡고 오래 동안 정답게 이야기하세.
(『夏園詩鈔』)	

이 작품의 詩題에 따르면 城西에서 여러 사람들과 詩會를 할 때 직석에서 빨리 지어 和答한 것이라고 한다. 그런데, 무엇을 중심으로 표현하고자 한 것인지 분명하지 않기 때문에 이해하는데 어려움이 없지 않다. 首聯은 잠깐 사이에 黃昏이 되니 누구와 閒情을 자세히 이야기하겠는가 했는데, 이때 閒情이 어떤 의미를 말한 것인지 알 수 없으므로 首聯은 難解하게 되었다. 頷聯은 주변 景物

을 표현한 것으로 淸新함이 있다. 이 시가 『大東詩選』에 選入되어 있는 것은 이 聯의 표현이 絶妙한 것도 하나의 이유가 되었을 것이다. 頸聯은 今世의 어떤 사람이 나와 같겠는가, 옛부터 이와 같은 슬픔으로 넋을 잃게 된 것을 면하기 어렵다고 했는데, 이때의 銷魂도 왜 그렇게 된 것인지 이유를 알 수 없기 때문에 이 聯도 難解함이 있다. 尾聯은 그대와 함께 난간 굽은 곳에 의지하여 손잡고 오래 동안 웃으며 정답게 이야기하자고 했다. 君이 어떤 성질의 사람인지 알 수 없으므로 이 聯의 내용을 어렵게 하고 있다.

뒤에 다시 언급할 기회가 있겠지만 夏園의 시는 難解한 작품이 많다. 筆者의 淺學한 탓도 있겠지만 위에 든 시도 난해한 곳이 있다. 여기에서 이 시를 언급하고자 한 것은 표현이 좋은 곳도 있지만 夏園의 시가 난해한 특징을 지니고 있다는 것을 지적하고자 함이다. 다음에는 作詩有感詩 三首 가운데 한 수 들어보고자 한다.

最玲瓏處性靈在	가장 영롱한 곳에 性靈이 있나니
不下深功不易言	깊은 노력없이 쉽게 말할 수 없다오.
入妙應經探虎穴	묘함은 虎穴을 거쳐야 했고
出奇何減鑿龍門	기이함은 龍門을 뚫는 것과 다르랴.
金塘融日花無質	金塘 밝은 해에 꽃은 질박하지 못하고
玉殿淸宵月有魂	玉殿 맑은 밤에 달은 넋이 있다오.
幽徑只堪時獨往	깊숙한 길을 때로는 홀로 가야 하나니
勸君莫寄大家藩	大家 되려 하지 않기를 권하오.
(『夏園詩鈔』)	

이 시는 夏園이 시를 지을 때의 태도를 이해하는데 좋은 자료가 될 것으로 생각된다. 首聯은 가장 精巧한 것에 性靈 즉, 넋이 있게 되니 깊게 생각하지 않고 쉽게 말할 수 없다고 했다. 이로써 보면 夏園도 자신의 작품을 매우 소중하게 여기면서 詩作에는 깊게 생

각했음을 알 수 있다. 頷聯은 詩作 태도에 대한 표현으로써 묘한 경지에까지 이르고자 하면 虎穴을 들어갈 때와 같이 언어선택에 신중해야 하며, 奇異한 말을 하고자 할 때는 禹가 洪水를 돌리기 위해 龍門山을 뚫을 때와 다를 것이 없다고 했으니 많은 노력이 필요하다고 했다.

頸聯은 象徵的인 표현이기 때문에 말하기 어려우나 밝은 햇빛 아래 핀 꽃에는 질박함이 부족하고 맑은 밤 하늘에 뜬 달에는 넋이 담겨 있다고 했으니, 시가 화려함보다 질박하고 淸新해야 함을 강조한 것이 아닌가 한다. 尾聯은 詩作過程에서 가장 적당하고 奇妙한 말을 찾고 선택하는 과정은 힘들고 외롭기 때문에 大家에 접근하고자 하는 생각을 버리게 권하고 싶다고 하여 詩作의 어려움을 말한 것으로 짐작된다. 夏園은 檢束性이 적었고 일생 동안 사방을 流浪했던 그의 생활태도로 보아 詩作도 卽興的이 아니었던가 추측되었는데, 위의 시를 보면 詩作에 많은 노력을 하면서 언어 선택에 극히 신중했음을 알 수 있다.

이상에서 夏園의 시 가운데 좋다고 인정되는 작품과 그의 인물 및 詩作態度의 이해에 도움이 될 수 있을 것으로 생각되는 작품들을 들어 살펴보았다. 우선 夏園의 시는 難解하지 않은가 한다. 시가 난해한 것은 典故에 있는 말을 많이 사용하는 것도 하나의 이유가 된다. 漢詩에서 典故에 있는 말을 사용하는 것은 用語를 압축할 수 있기 때문에 함축미를 더할 수 있고, 律詩에서 頷聯과 頸聯에 對를 이루는데 容易한 바도 있다. 그러나 지나치게 사용하면 難解하고 生硬하게 된다.

우리나라 漢詩史에서 壬辰倭亂後는 한동안 唐詩風을 선호하다가 宋詩 또는 明淸詩의 영향을 받기도 했다. 夏園이 활동하던 시기에도 중국 詩風의 영향을 적지 않게 받고 있었다. 필자가 明淸詩

는 많이 보지 못했기 때문에 말하기 어려우나 夏園의 시는 唐宋詩의 영향을 받지 않은 듯하다. 물론 영향을 받지 않았기 때문에 작품이 좋지 않다는 것은 아니다. 단지 받지 않았다는 것이다. 그러나 지나치게 前代 또는 당시 유행하는 詩風을 거부하면 修辭가 生硬할 수도 있기 때문이다. 『東詩叢話』에서 夏園의 시에 대해 낯선 勇將이 陣前에 나와 敵을 가볍게 여기는 태도와 같은데 실수를 하지 않을까 염려된다고 했다.[35] 하원이 시를 지을 때 얼마나 刻苦의 노력을 했는지 알 수 없지만, 그의 작품을 볼 때 쉽게 지은 듯하고 다른 詩風의 영향을 받지 않았기 때문에 위와 같은 論評이 있지 않았는가 생각된다. 그러나 獨創性은 인정한 것이 아닌가 한다.

어쨌든, 夏園이 詩才가 뛰어났던 것은 사실이다. 夏園이 寒微한 家門의 출신이었고 檢束性이 없었음에도 불구하고 金正喜를 비롯하여 南秉哲, 趙斗淳, 金興根 등이 그와 같이 좋아한 것은 人品이 아니고 詩才였다. 南秉哲이 그가 가고자 했을 때 刻燭을 하고 律詩 30首를 지으면 보내주겠다고 했다. 夏園이 그렇게 하기로 하고 시를 지었는데 촛불과 함께 시도 끝났으며 말도 精絶하니 南公이 天下의 奇才라 하며 탄식했다고 한다.[36] 趙斗淳도 그에게 五言詩 百韻을 짓게 했던 바 하룻밤에 百首를 지었다.[37] 夏園의 詩가 輕敵해 실수하지 않을까 하는 염려가 없는 바 아니었으나, 그의 出衆한 詩才가 그의 文名을 더욱 높였을 것으로 생각된다.

---

35) 上同. "夏園詩如生面勇將 出陣輕敵 恐有疎失"
36) 金澤榮, 「鄭芝潤傳」. "南公曰 子欲去 必刻燭賦七言律詩三十篇乃可 芝潤曰 諾 南公乃置酒 燒一大紅燭 親命之韻 芝潤且飮且賦 燭纔盡而詩亦畢 詞皆精絶 南公歎曰 天下奇才也 縱之去"
37) 南秉哲과 趙斗淳 등이 짓게 한 七言律詩 30首와 五言詩 百韻은 모두 夏園詩鈔에 실려 있음.

Ⅳ. 結 言

夏園은 譯官家門의 출신으로서 朝鮮朝 사회에서 官界에 진출하여 출세할 수 있는 신분이 되지 못했다. 夏園이 그러한 신분의 처지를 의식한 후 身分上昇을 위한 노력도 단념했을 뿐만 아니라, 다른 생업에 종사하는 것도 포기하고 放浪하며 飮酒와 諧謔과 詩作으로 일생을 마쳤다. 그가 放浪을 하게 된 것은 가족이 있었으나 안정을 얻지 못했기 때문일 것이며, 飮酒는 울분을 잊고자 함이었을 것이다. 그리고 諧謔은 不當하고 非理의 현실에 대한 풍자이며, 詩作은 그가 삶을 위한 유일한 탈출구였을 것이다. 다시 말하면 夏園이 신분에서 오는 좌절을 극복하기 위해 시를 선택한 것이다.

작가연구에서 對象作家의 선택은 作家的인 능력을 중심으로 하는 것이 일반적이다. 이때 능력은 우수한 작품을 많이 저작한 作家와 문학의 發展에 轉機를 마련했다거나 獨創性이 있는 작가도 포함될 것으로 생각되는데, 夏園의 시에는 前代作家들의 영향을 받지 않은 獨創的인 특징이 있어 매우 주목되는 작가라 할 수 있을 것이다.

하원이 활동했던 시기에는 委巷文學이 상당히 발전했고 우수한 작가도 적지 않았으나, 하원은 그 가운데서도 作家的인 능력이 뛰어나 문인들로부터 폭넓게 인정받은 작가로서 위항문학은 물론 당시 문단의 주목받는 작가가 아니었던가 한다.

제10장

姜瑋 研究

Ⅰ. 序　言

Ⅱ. 그의 生涯

Ⅲ. 人物 性格

Ⅳ. 그의 文集

Ⅴ. 그의 文學

Ⅵ. 結　言

Ⅰ. 序 言

朝鮮朝의 漢文學은 士大夫와 兩班階層의 선비들에 의해 주도해 왔다고 하겠으나, 중기 이후부터 漢文의 보급이 下位階層에까지 점차 확대되면서 한문학이 양반계층 선비들의 專有物에서 벗어나기 시작했다. 즉, 17세기 후반에서 18세기 초에 平民階層에 의해 형성된 委巷文學이 대두되면서 문단의 一角이 허물어 지게 되었다.

이와 같은 委巷文學의 대두는 사회적인 변천에 따라 필연적인 것이기 때문에 일시적인 현상이 아니고 후대로 내려오면서 참여하는 委巷文人도 많았고 활동도 활발했다. 그런데, 委巷文學이 2세기가 넘게 발달해 오면서 委巷文人으로서 당시 문단의 대표적인 문인의 한 사람으로 지칭될 수 있는 인물을 들고자 했을 때 그러한 인물이 얼마나 되었으며, 또 어떤 인물을 들 수 있을까. 이러한 물음에 대해 그 수도 극히 적었으며, 인물을 지칭할 때 위로는 洪世泰(1653～1725)와 아래로는 본고에서 대상으로 한 姜瑋를 들 수 있지 않을까 한다.

문학도 시대에 따라 盛衰가 있기 때문에 한 시대를 대표한다 해도 그것이 꼭 通時的인 의미까지 있다고 볼 수 없겠지만, 姜瑋는 신분적으로는 寒微했으나 당시 문단의 대표적인 문인의 한 사람으로서 크게 인정을 받으며 양반계층의 대표적인 문인들과 爭衡했던 인물이었다. 본고에서는 이러한 姜瑋에 대해 그의 生涯와 인물 성격 및 문학 등에 대해 살펴보고자 한다.

Ⅱ. 그의 生涯

姜瑋는 寒微한 家門에서 출생했으나 文名이 일세를 風靡했기 때문에 문집도 그가 세상을 떠난 후 바로 간행되었고, 그에 대한 기록도 적지 않았으나 그의 일생을 구체적으로 이해할 수 있는 기록은 많지 않기 때문에 生涯를 年次的으로 언급하기에는 어려움이 있음을 미리 밝혀둔다.

姜瑋(1820～1884)는 前代에 官職이나 文名이 높았던 인물은 없었던 것 같고 그의 아버지, 형, 아들에 이르기까지 武科에 합격한 것으로 보아 武官 가정의 출신이었음을 알 수 있다. 그의 처음 이름은 性澔, 字는 惟聖이었으나 이름 바꾸기를 좋아하여 字는 여러 번 바꾸어 기록할 수 없을 정도였다고 한다. 그가 修信使 일행으로 日本에 갔을 때 朝廷에서 그에게 假監役을 임명했다. 그 때 비로소 이름을 瑋, 字를 韋玉이라 했으며, 사람들이 그를 秋琴, 慈屺, 古懽이라고 불렀으나 모두 別號였다고 한다.[1] 古懽에 대해 이렇게 기록한 李建昌(1852～1898)은 자신이 古懽先生의 詩弟子라 했을 뿐만 아니라, 그가 書狀官으로 중국에 使臣 일행이 되어 갔었을 때 古懽을 추천하여 같이 가게 되어 往還하는 과정에 그와 많은 시를 지었다고 했다. 그러므로 그는 古懽을 잘 아는 인물 중의 한 사람이었을 것이므로 믿을 만한 기록이 아닌가 한다. 그리고 古懽이 壯年期에 이르기까지 이름을 자주 바꾸었다는 것은 그의 성격의 한

---

1) 李建昌, 「姜古懽墓誌銘」『明美堂集』卷 19. "君初諱性澔 字惟聖 好更其名字 屢更不可紀 其赴日本 朝廷予君假監役官 名始定曰瑋 字韋玉 海內外慕君者 或曰秋琴 曰慈屺 曰古懽者 皆其別號也"

단면을 이해할 수 있을 것으로 생각된다.

古懽의 家門은 비록 寒微했으나 父兄이 武科에 급제하여 末職에 있었기 때문에 어렸을 때 생활은 크게 가난하지 않았을 것으로 짐작된다. 그의 성장과정의 기록에 따르면 어렸을 때 병이 많아 몸이 허약했기 때문에 열 한 살에 비로소 書塾에 가서 글을 배웠고, 열 네 살 때부터 과거 공부를 하여 鄕試에 應하고자 했으나, 열심히 했던 것이 다시 치료하기 어려운 병이 되어 응시도 잘하지 못하게 되었다. 그리고 스물 네 살 때 건강이 회복되어 經書와 宋의 四子書를 몇 년 동안 연구하게 되었다고 한다.[2] 이로써 보면 古懽은 어렸을 때 몸이 허약해 취학을 늦게 했고, 취학한 후에 열심히 하여 鄕試에 응하고자 했으나, 다시 건강이 좋지 않아 뜻대로 되지 않았음을 알 수 있다.

古懽의 父兄이 武科 출신인 것을 보면 과거에 응시할 자격은 있었던 것으로 짐작되는데, 鄕試에 응하고자 한다고 했을 뿐 大科에 응시했다는 말은 없다. 그것은 뒤에도 수차 응시했으나 합격이 되지 않았기 때문에 말이 없었던 것이 아니고 일찍 단념했기 때문이 아닌가 한다. 이렇게 보려는 것은 당시 과거제도가 극히 부패하여 寒微한 家門이나 遐鄕 출신의 자제들은 합격하기가 어려웠고, 또 합격해도 末職에 있다가 물러나는 것이 대부분이었다. 그러므로 古懽의 인물 성격을 미루어 볼 때 일찍 과거를 단념하지 않았던가 한다.

古懽이 이십대 중반이 지나서 閔魯行을 찾아 배우고자 했더니

2) 姜瑋, 「上黃孝侯侍郎書」『古懽堂收草』卷 2. “某在弱齡 多奇疾 體羸不能勝衣 十一歲 始就塾課字書 十四歲習功令赴鄕試 然以苦索復成膏肓 不能敏給取應 二十四歲 始承親教 已之快如貞痼頓愈 始得專意劬經 兼習宋四字書數年”

大學 古本을 주며 自解를 하게 했는데, 한 달 사이에 그 뜻을 터득하자 閔魯行이 놀라며 일년이 걸리지 않을까 했는데 한 달 동안에 했느냐 하며 칭찬했고, 세상을 떠날 때 金正喜에게 가서 배우게 했다고 한다.3) 古懽은 자신이 閔魯行에게 배우게 된 경위에 대해 다음과 같이 기록했다. 古懽이 閔魯行에게 經典을 배우고자 청했을 때 그는 한동안 撫案 太息을 하다가 내가 經典을 연구한지 오십년이 되었으나 사람들에게 한 말도 할 수 없는데, 이러한 경전을 배워 무엇하고자 하는가 하므로 그 말이 이상하게 들려 간청해 4년 동안 배웠고 세상을 떠날 때 金正喜에게 배우게 했다고 한다.4) 어쨌든 古懽이 閔魯行에게 배웠던 것은 사실이고, 또 그의 말에 따라 金正喜에게 배우게 되었음을 알 수 있다.

古懽은 閔魯行이 세상을 떠나자 그의 권유에 따라 濟州에 流配되어 있는 金正喜를 찾아 배우고자 했을 때, 그도 經典을 연구한 결과가 이와 같은데 배워 무엇하겠느냐 하므로 그 말이 더욱 다르게 들려 그곳에서 3년 동안 배웠다고 한다.5) 그리고 金正喜가 放還이 되었을 때 古懽도 같이 나왔으며, 또 北青으로 유배되어 갔을 때 古懽도 같이 가서 그곳에서 해를 넘겼다고 한다. 金正喜는 憲宗 14년(1848)에 濟州에서 방환되었고, 哲宗 2년(1851)에 北青으로 유배되어 다음해 방면되었다. 이로써 보면 古懽이 28세 때 濟州島

3) 李重夏 撰, 「本傳」『古懽堂收草』 卷 17, 後尾. "少學於杞園閔公魯行 閔公出大學古本使自解 先生覃思一月 盡發其奧 閔公驚曰 期之年者月耶 臨沒托于阮堂金公正喜"

4) 姜瑋, 上黃孝侯侍郎書. "遇閔杞園魯行先生 願聞經旨 先生撫案太息者久之 乃曰 吾窮居治經訓五十餘年 不能以一語告人 子欲學此何爲 某異其言 固請師之四年 先生歿 臨逝囑阮堂金先生"

5) 위와 같음. "時金先生謫居瀛海中 水陸路二千里 旣謁金先生 又太息不語 一如閔先生爲者 曰子不見我乎 治經之効如此 學此究何用 瑋尤異之 遂居海外三年"

에서 돌아왔고, 北靑에서 돌아왔을 때는 32세였음을 알 수 있다.

古懽이 北靑에서 돌아온 후 십여년 동안의 행적은 분명하지 않다. 그것은 그가 官職에 나가 활동했던 것도 아니고, 또 그때까지 文名도 많이 알려지지 않았기 때문이 아닌가 한다. 古懽 자신은 北靑에서 돌아온 후 여행을 하고 싶은 생각이 있어 두 번이나 東海岸을 유람했다고 했다.[6] 이로써 보면 여행을 많이 했음을 알 수 있는데, 李重夏는 古懽이 濟州에서 나와 학문이 어느 정도 성취된 후 사방으로 유람하면서 東海를 두 번이나 다녔다. 돈이 없어 乞食했고 과일과 풀을 먹었으며, 名山과 奧地에 사람이 이르지 않았던 곳에서는 露宿을 하며 모두 구경했다고 한다.[7] 그의 發弨餘草에 실려있는 登楓嶽, 遍遊嶺南 등의 많은 시를 이 시기에 지은 것이 아닌가 한다.

古懽이 30대 후반에서 40대 초에는 茂朱의 山中에 살고 있었음을 알 수 있다. 그의 『錦洄唱酬集』에 朱溪民擾 以求狀不應媒禍謾筆遣懷詩가 그곳에 있을 때 겪었던 것을 시로써 표현한 것이다. 이 작품에서 民擾는 哲宗 13년에 일어났던 三南民亂을 말한 것이다. 李重夏는 古懽이 오랫동안의 여행에 싫증을 느꼈으나 갈 곳이 없어 가족들을 데리고 茂朱의 산중에 가서 있었는데, 哲宗 말년에 三南의 민란이 일어나 亂民들이 그에게 檄文을 써 달라고 위협했으나 거절했기 때문에 亂民들이 그의 집을 불태웠으므로 다시 서울로 돌아왔다고 했다.[8] 이때 古懽은 42세였다.

三南民亂은 三南의 국민들이 糴政, 兵政, 賦政의 紊亂을 지적하

6) 위와 같음. "於是 遂有遠遊之興 再周東海"

7) 李重夏 撰, 「本傳」. "學既成 遂縱遊四方 環東海者再 無資乞食 或啖果茹草 名山奧境 人跡所未到 必露宿窮極而後已"

8) 위와 같음. "倦遊無所遇 挈眷流寓茂朱山中 哲宗末三南民亂 劫先生爲檄 先生拒之 民怒爇其廬 先生脫歸京師"

고 그 시정을 촉구하며 일어난 것이다. 古懽이 朱溪에서 지은 시가 적지 않은 것으로 보아 그 곳에 몇해 있었던 것으로 짐작되는데, 집이 亂民들에 의해 불타버리자 서울로 올라오게 되었고, 또 擬三政捄弊策을 짓게 되었다. 난민들이 三政捄弊를 요구했기 때문에 朝廷에서 이에 대한 救言教를 내리었다.

古懽이 「擬三政捄弊策」을 짓게 된 경위에 대해 그의 自序에 따르면 어렸을 때 同學이었던 鄭健朝를 찾았던 바 策文을 짓게 청하므로 굳게 사양했으나 끝까지 거절하지 못하고 지어 보였던 바 鄭健朝가 읽어본 후 거슬리는 말이 많으므로 약간 潤删을 하면 좋겠다고 했다. 古懽이 응낙하고 며칠 동안 생각하다가 술을 많이 마시고 그 草稿를 불태워 버리고 鄭健朝에게 말하지 않고 그의 집에서 나왔다. 4년 후에 鄭健朝를 찾았던 바 그 策文을 보이므로 어떻게 된 것인가 하고 물었더니 당시 옆에 먹을 갈며 도와준 鄭昌이 가지고 있었던 것이라고 했다. 그때 鄭昌이 버린 草稿를 모아둠으로 正本과 다르기 때문에 가지고 있을 것이 못된다고 했으나 그는 내용만 알고자 한다 하며 모아둔다고 했다. 지금 鄭健朝가 보이는 것이 바로 鄭昌이 모아 정서한 것이라고 했다.[9] 이 策文은 상당히 긴 논문이다. 이 글이 조정에 올려지게 되었는지 알 수 없으나, 鄭健朝가 古懽에게 짓기를 간청한 것을 보면 그때 古懽이 박식하다는 것을 상당히 인정받고 있었음을 알 수 있으며, 이때 그는 40대 중반이 가까웠을 것이다.

高宗 3년 丙寅洋擾가 일어나던 해 古懽은 46세였는데, 서울에 있었던 것으로 짐작된다. 古懽은 丙寅洋擾가 일어났을 때 江華를 찾아 그곳 형편을 살펴보고 돌아와서 大將軍 申櫶에게 戰守의 계획을 자세히 알려주었다고 한다.[10]

---

9) 「擬三政捄弊策」 自序, 『古懽堂存稿』 卷 4.

古懽이 많은 시를 저작하면서 지은 시기를 밝히지 않았기 때문에 언제 지은 것인지 알 수 없을 뿐만 아니라, 그의 生涯를 살펴보는데 어려움이 적지 않다. 그의 문집『三洞搜勝草』에 실려 있는 작품 가운데 挈眷寓金溪者二年將移棠湖別崔令公이라는 시가 있다. 金溪가 어디인지 알아보지 못했으나, 그곳에 가족을 데리고 2년이나 있었다고 하는데, 언제 그곳에 있었는지 기록이 없어 알 수 없다.

그리고 文集(卷 7)「柳洋漫賞集」에 실려 있는 시들은 그가 統營을 방문했을 때 지은 작품들이다. 古懽이 그곳을 찾게 된 것은 申擵[11]이 그곳 統制使로 있으면서 초청했기 때문이 아닌가 한다. 그때 古懽이 그곳에 가서 상당기간 머물면서 申擵의 아들 正熙와 더불어 西部 慶南地域을 여행하며 그곳 문인들과 많은 시를 지었다. 古懽이 統營을 찾은 시기를 정확히 알 수 없으나, 金溪에 2년간 머물었다는 것과 함께 丙寅洋擾가 일어나기 전이었을 것으로 짐작된다.

古懽이 53세 때 鄭健朝가 冬至正使 兼 謝恩使로 중국에 가면서 동행을 청해 같이 가게 되었다. 鄭健朝는 少年이었을 때 古懽과 同學이었다고 하며, 擬三政捄弊策을 짓게 권유한 인물이었다.

古懽이 중국에 세 번, 일본에 두 번 往還했다고 하는데, 鄭健朝와 같이 중국에 간 것이 外國에 간 것으로는 처음이다. 朝鮮朝는 중국과의 관계가 원만했기 때문에 文人들이 使臣 일행으로 중국에 가는 것을 영광으로 생각했다. 鄭健朝는 同學이었고 박식한 古懽과 동행하기를 원했을 것이고, 古懽은 단순히 호기심으로 중국을 보기 위해 간 것은 아닌 듯하다. 고환이 중국에 간 것에 대해 그때

---

10) 李重夏 撰,「本傳」. "上之丙寅 沁都有洋警 先生扶策往視海口形便 歸爲大將軍申公擵詳劃戰守 事宜當"

11) 申擵은 아들 正熙와 함께 武官을 역임했으나 文人을 禮遇했기 때문에 古懽을 비롯하여 金澤榮 黃玹 등 많은 文人들이 그의 집에 출입했다고 한다.

국가가 오랫동안 평화가 계속되었고 외국과의 어려운 일이 없었는데, 갑자기 西洋의 배들이 자주 침범하기 때문에 민심이 두려워하고 있어 古懽도 매우 걱정했다. 그 즈음 鄭健朝 李建昌이 잇달아 중국에 사신으로 가면서 같이 가기를 청하자 쾌히 동행하여 그곳의 사대부들을 사귀게 되어 중국과 西歐의 일들을 탐지하게 되었다.[12] 그의 『北遊草』, 『北遊日記』, 『北遊談草』 등은 처음 중국 갔을 때의 기록이다.

鄭健朝 일행이 돌아온 것은 다음 해 高宗 11년으로써 古懽의 나이 54세였다.[13] 그리고 그해 李建昌이 書狀官으로 중국에 가면서 동행을 청해 같이 가게 되었다. 李建昌은 古懽과 동행한 것에 대해 자신이 古懽과는 世好가 있었고 특히 사신일행으로 같이 중국에 갔을 때 六千里를 往還하면서 소매를 연해 고삐를 함께 잡은 것이 평생에 가장 즐거운 일이었다고 했다.[14] 그리고 北遊續草의 많은 시가 그때 지은 것이며, 『北遊續談草』의 『談草設問』과 『梅史談草』도 그때 중국 名士들과 對談한 것을 기록한 것이다. 古懽은 다음 해 55세 때 돌아왔다.

古懽은 高宗 17년 그의 나이 60세 때 金弘集(1842～1896)이 修信使로 일본에 갈 때 일행으로 같이 가게 되었다. 金弘集은 古懽과 같이 가게 된 경위에 대해 庚辰年에 일본에 修信使로 가게 되었을 때 古懽이 중국을 두 번이나 가서 돌아온 후 나라 일을 걱정하며 간혹 흥분하게 되면 보는 사람들이 이상하게 생각하나 그는

---

12) 李重夏 撰, 「本傳」. "是時國家昇平日久 不接外事 西船數至 人情惶惑 先生深憂之 會鄭尙書及李學士建昌 相継奉使于燕 請先生與俱 先生欣然就之 旣至遍交名士大夫-----得盡探中西近事而歸"

13) 이때 기록한 北遊談草의 年表를 高宗 11년인 甲戌春이라고 했다.

14) 李建昌, 古懽堂詩文集序, 『明美堂集』 卷 9. "不佞於先生 有世好 重之以燕臺之役 往還六千里 竝轡聯裯 爲生平未有之至懽"

후회하지 않았다고 한다. 주위의 소개로 같이 갈 것을 청했던 바 흔연히 허락했다. 일본에 가서 對應戰略을 논의할 때 의견이 같은 점이 많아 서로 웃었다고 했다.[15] 이로써 보면 古懽이 중국에 두 번 갔다 왔다는 말을 듣고 金弘集이 面識이 없는 그에게 동행을 청했음을 알 수 있다. 그때 古懽은 일본을 같이 가게 된 것에 대해 寒微한 가문의 출신이었으나 젊었을 때부터 글을 많이 읽었다는 것으로 알려져 金玉均(1851～1894)이 특별히 대우하며 동행하기를 원했으며, 金弘集이 修信使로 일본에 갈 때 金玉均이 강력하게 추천해 書記의 자격으로 가게 되었다.[16] 이와 같이 金玉均이 추천하여 가게 되었다는 것은 古懽의 思想을 이해하는데 의미가 있다고 생각된다. 그의 東遊草에 수록된 작품은 그때 지은 것이다.

金弘集의 修信使 一行은 庚辰年 3월에 출발하여 그 해 8월에 돌아왔다. 그때 古懽은 그곳 문인들을 한 사람도 만나지 못해 불만이 적지 않았다. 高宗 19년(1882년) 그의 나이 62세 때 金玉均 등 開化人士들이 일본에 갈 때 동행하게 되었다. 이때 가게 된 경위를 기록한 「續東遊草」를 들어보면 다음과 같다. "古懽이 일본을 일차 방문하고 돌아와서 金玉均에게 불만을 말했던 바 金玉均이 자신도 방문할 계획을 하고 있으니 기다리게 했다. 그 후 古懽은 加平에 있다가 서울에 와서 들은 바 金玉均이 일본을 향해 출발했다는 말을 듣고 여비를 주선하여 釜山港의 배 위에서 金玉均을 만나 동

15) 金弘集, 古懽堂詩文集序. "庚辰歲 余有使東之役 聞君嘗再入燕 獨以天下事爲念 往往感奮 人或怪之 而不悔也 乃紹介以請 君欣然從之 行有日與之講專對之辭 所見略同 未嘗不相視而笑也"

16) 姜瑋, 「古懽堂詩草」『續東遊草』. "嗚呼 以余卑微門地 庸陋姿材 少有讀書之名 誤人遠聽 金侍讀古筠玉均大人 待以殊禮 常懷感激 有執鞭之願 頃在庚辰夏 金侍郎道園宏集大人 以修信使赴日本 侍讀大人力薦不肖 充書記以行"

행하게 되었다"고 한다.

이때 金玉均은 일본의 開化文物을 시찰하고자 갔겠지만 갈 때의 자격은 애매한 바가 있다. 떠날 때 주위 사람들에게 알리지 않은 것을 보면 국가에서 공식적으로 보내는 使臣도 아니었던 것 같고, 長崎의 舟中에서 古懽에게 繕工監假監役에 임명된 것을 알려주었다고 하니, 朝廷과의 연락은 계속 되었음을 알 수 있기 때문이다. 古懽이 假監役의 職啣을 받았을 때의 기록을 들어보면 長崎에 이르러 下陸했는데, 金玉均이 舟中에서 家兒의 편지를 전해주고, 또 가감역에 임명된 것을 알려 주었다. 자신의 집이 業을 바꾸어 武科에 응시한 후 儒門의 벼슬은 꿈에서도 생각하지 못했던 것이기 때문에 감격해 눈물이 흐르는 것을 몰랐다고 하며[17] 다음 시를 지었다고 한다.

七十山翁一命啣	칠십된 늙은이에 벼슬 내리니
忽聞涕淚滿征衫	갑자기 듣고 눈물이 옷을 적신다.
寒門近業傳弓馬	寒微한 家門이 武科만 했는데
儒素恩光分外覃[18]	儒門의 벼슬 분에 넘친다.

『東遊續草』에 大阪城詩가 있고 遠遊錄에 自日本東京擬回國이라 한 것을 보면, 그때 日本의 都城까지 갔음을 알 수 있다. 그리고 일행이 神戶에 갔을 때 그곳에 우리나라 사람의 후예로서 본국에서 했던 窯業을 계승하고 있는 金江이라는 사람이 뿌리를 잊지 않고 있는 것을 보고 古懽은 다음과 같은 시를 지어 주었다.

---

17) 『古懽堂收草』, 『續東遊錄』. "遂至長崎下陸 侍讀於舟中 出示家兒書 且告不肖 聞蒙天恩授繕工監假監役之啣 余家自變業應武試以來 儒門宦名 有非夢想所及 感惶之極 不覺含涕 率成一絶"

18) 『古懽堂收草』 卷 15, 『東遊續草』.

記曾駒馬過遼陽 일찍 遼陽을 지났을 때
蜀黍胡麻接渺茫 기장과 胡麻가 넓은 들에 가득했다.
獨有高麗莊外路 오직 高麗莊이 있는 곳에
水田如衲見思鄕[19] 장삼같은 긴 논이 思鄕心을 알린다.

古懽이 이때 일본을 방문했을 때 徐光範이 동행했고, 金玉均과 徐光範은 西歐 여행을 계획했는데, 古懽도 같이 가고자 했으나 허락을 하지 않으므로 자신의 의지를 보인 시가 있다.[20] 이들 일행이 동경으로부터 돌아오는 길에 赤馬關에 이르러 국내에 壬午軍亂이 일어났다는 말을 듣고 山寺로 가서 통곡하고 縞服을 입었다고 한다.[21] 그리고 金玉均과 徐光範은 바로 본국으로 돌아가고 古懽은 中國으로 갔다고 한다. 古懽이 일행과 헤어져 중국으로 가게된 것에 대해서는 밝히지 않았기 때문에 알 수 없으나, 壬午軍亂에 대한 중국 정부의 태도를 파악하기 위해 간 것이 아닌가 한다. 그때 중국인이 傭用한 독일 사람의 배를 타고 上海로 갔으며, 韓昌律이라는 젊은 사람이 동행했다고 한다. 古懽이 갈 때 中國領事 余鐫이 비용을 부담해 주었고 여러 곳에 紹介狀도 써주어 상해에 도착하여 높은 관직에 있는 여러 사람들을 만나고 그곳에서 40여일간 있다가 우리나라에 파견되는 招商局 사람들과 함께 돌아왔다. 그가 상해에 머물고 있을 때와 돌아올 때 매우 추웠다고 하니 그 해 연말이 아니면 다음 해 이른 봄에 우리나라로 돌아왔을 것으로 추정된다. 그리고 65세 때 세상을 떠났다. 그의 문집에 있는 遠遊草에 수록한 시는 이때 지은 작품이다.

---

19) 위와 같음.
20) 위와 같음. "金徐二大人欲作泰西之遊라는 詩題에 三年再上東洲路 一葉風濤雪浪間 桑田化碧尋常事 待覓蓬萊水底山"
21) 『古懽堂收草』 卷 15, 遠遊草. "自日本東京擬回國 至赤馬關 聞國中有變 一行詣山寺慟哭 遂爲縞服"

지난 날 우리나라의 공식기록은 朝廷과 官爵을 역임한 인물을 중심으로 했기 때문에 위에서 말한 바와 같이 벼슬을 하지 않은 古懽의 생애에 대해 구체적으로 알기 어려웠다. 그의 시에 대해서는 뒤에 다시 언급하겠지만 문명이 매우 높았음을 알 수 있다. 그리고 그는 寒微한 家門의 출신이었고 譯官도 아니었으나 중국에 세 번 일본에 두 번 갔다온 것은 당시 사정으로 매우 어려운 일이다. 古懽이 급변하는 주변국의 정세를 직접 살펴보고 돌아와서 관직에 있는 사람들에게 적지 않은 제언을 했을 것으로 짐작된다. 그가 관직에 있지 않았음에도 불구하고 국난의 타개에 도움을 주고자 했고 세상을 떠나기 얼마 전까지 동분서주한 것은 높게 평가해야 할 것이다. 그리고 그의 三政捄弊策이 외국을 시찰한 후기에 저작되었다면 더욱 좋은 내용이 되지 않았을까 한다.

Ⅲ. 人物 性格

古懽은 일생 동안 국내외로 많은 여행을 하면서 생업에 종사하지 않았기 때문에 사람들이 그를 奇人으로 여긴 탓인지 그의 인물 성격에 대한 기록은 적지 않다. 다음에는 그러한 기록을 중심으로 그의 인물 성격을 살펴보고자 한다.

古懽이 修信使 일행으로 일본을 방문했을 때 수신사였던 金弘集은 자신이 소년이었을 때 姜慈屺는 당세의 瓌奇한 선비로서 해변과 깊은 산 속을 두루 찾아다닌다는 말을 들었으나 생각만 했을 뿐 가까이 하지 못했다. 그 후 오랜 세월이 지난 뒤에 그가 서울에 왔다는 말을 들었는데 호를 秋琴이라 하고 술을 많이 마시며 시 짓는 것으로 즐거움을 했다. 초청하면 갔다가 마음에 맞지 않으면 돌아보지도 않고 나와버리며, 모든 사람들이 그를 秋琴이라 불렀다고 했다.[22] 金弘集은 古懽보다 22세가 적었다. 그가 소년이었을 때 古懽이 瓌奇한 선비라는 말을 들었다고 했으니, 古懽은 삼십대 후반에 奇人으로 널리 알려졌음을 알 수 있다. 그리고 뒤에 들었을 때는 술을 많이 마시고 시를 짓는 것으로 즐거움을 했다고 한 것은 생업이나 다른 일에는 관심을 가지지 않았다는 것을 알 수 있다. 또 초청을 받아 갔다가 마음에 맞지 않으면 돌아보지도 않고 나와 버린다고 했으니, 타협하지 않는 그의 독특한 성격의 일면을 알 수 있다. 金弘集이 뒤에 들었을 때 모든 사람들이 이름을 부르지 않고 그의 호인 추금으로 불렀다고 한 것은 그가 이미 사회적인 名士가 되었음을 알 수 있다.

古懽의 本傳을 쓴 李重夏는 선생의 인품이 조용하고 기민하며 잘 참고 과단성이 있었다. 공부를 할 때 이미 논의된 것에는 관심이 없고 깊게 하여 새로운 것을 얻어 마음이 통쾌하게 된 후에 그치었다. 三敎와 九流에 깊게 알고 있었으며, 더욱 宋의 四子書를 연구했고, 孫吳의 兵書에도 조예가 있었다. 세계 정세에 대해 말하기를 좋아했고, 세태의 변천에 순응하지 못하는 사람을 보면 애타게 여겨 자신의 병처럼 생각했다. 집이 가난해 여러 번 옮겨 견디기 어려웠으나 성격이 넓고 활달해 그의 마음은 흔들리지 않았다. 사귀는 사람은 귀천을 가리지 않았으나 마음에 들지 않으면 미련

22) 金弘集, 古懽堂收草序. "余少日聞姜慈屺 爲當世瓌奇士 常偏遊海嶽 放跡於窮溢絶崖之間 想見其爲人 而不可親 久之聞君來都下 又號秋琴 痛飮賦詩以爲樂 有請輒往 非其意飄然去不顧 知與不知 皆曰秋琴秋琴云"

없이 떠났다. 술과 이야기하기를 좋아했고 時事를 생각해 탄식하며 시로써 표현했다고 한다.23)

이러한 李重夏의 말에 따르면 古懽은 三敎 九流에도 깊게 알고 있었다고 했는데, 그의 문집을 보면 佛敎에 대해 깊은 지식이 있었음을 알 수 있다. 孫吳의 兵書에도 조예가 있었다는 것은 丙寅洋擾 때 古懽이 직접 江華를 찾아 살펴보고 戰守의 계획을 당시 대장이었던 申櫶에게 알리었는데 그것이 합당했다고 하니, 병서에 연구가 있었던 것도 사실이었을 뿐만 아니라, 지금 유실된 孫武子批評이라는 兵書를 지었다는 것에서도 알 수 있다.

그리고 天下의 大事를 논하기 좋아하고 세태의 변천에 어두운 자를 보면 민망하게 여겼다고 했는데, 당시 古懽은 우리나라보다 크고 문화적으로 앞선 중국과 일본을 수차 방문한 것에서도 국제 정세에 관심이 많았음을 알 수 있다. 세태의 변천에 어두운 사람에 대하여 민망하게 생각한 것은 그의 사상을 짐작하게 한다. 당시 우리나라에는 守舊와 開化로 조정은 물론 在野에까지 兩分되어 있었다. 그의 외국 방문이 단순한 觀光이 아니고 정세 파악을 위한 것이었으며, 金玉均, 徐光範 등 開化人士들과 가까웠을 뿐만 아니라, 그들과 일본까지 동행했으며, 在野人士 가운데 개화를 주장한 사람들과 교유가 있었다. 물론 교유한 인사들 가운데 守舊的인 사람도 적지 않았다. 이러한 것을 보면 얼마나 적극적이었는지 속단하기 어려우나 사상적으로 개화인사에 가까웠던 것은 사실이었다. 그런데, 그가 일본 長崎에서 壬午軍亂의 소식을 듣고 金玉均 등과

23) 李重夏 撰, 本傳. "先生爲人 沈警能忍 性果行 讀書不守成說 要皆入之深出之新 痛快胸臆乃已 三敎九流 無不貫穿 而致力於四子書 間出入孫吳形勢之言 好論天下大事 視世俗不達變者閔焉 若己之疾也 家貧數遷居 不堪其憂 而性曠達 終不累其心 所交遊不擇貴賤 然非其意 決去不顧 飮酒善談笑 每念時事 俯仰傷歎 輒形於詩"

헤어져 중국으로 간 것은 그곳 官界에 아는 사람이 많았기 때문에 중국정부의 태도를 탐문하기 위해 갔던 것이 아닌가 한다. 물론 일행과 헤어져 중국으로 갈 때 金玉均 등과 충분한 의논이 있었을 것이고, 그곳에 가서 관계인사들을 많이 만난 것을 보면 분명히 목적이 있었을 것이다. 그러나 그에 대해 언급이 없기 때문에 혼자 중국으로 간 이유를 정확히 파악하기 어렵다.

古懽이 사람들과 사귈 때 貴賤을 가리지 않았다고 한다. 그의 높았던 문명으로 미루어 보면 사대부들과의 교유도 가능했을 것으로 보겠는데, 그의 문집에 교유한 인사들을 보면 사대부들은 많지 않고 한미한 가문의 문사들과 시골문인들이 많았던 것에서도 알 수 있다.

李建昌은 그에 대해 옛 典籍에 연구하지 않은 것이 없었다. 국내의 지리에 밝았고 郡縣의 利病과 委巷의 사정에 이르기까지 깊게 연구하여 사람들이 걱정하지 않은 것을 먼저 하고 알지 못하는 것을 먼저 알았다. 밖으로 보기는 얽매이지 않은 듯하며 사람을 대할 때 차별하지 않고 모두 따뜻하게 했으나, 안으로는 憤氣를 많이 느껴 세상에 크게 보이는 것이 없었다. 그가 사람들과 교유할 때 시골 소년들과 술을 마시기도 하고 옳지 못한 늙은 사람과 벼슬 높은 사람들을 좋아하지 않았다고 했다.[24] 李建昌은 古懽이 국내의 지리와 아울러 郡縣의 利病은 물론 풍속에 이르기까지 깊게 연구했다고 했다. 당시 開化思想이 유행해 우리나라의 여러 분야에서도 적지 않은 변화가 있었으나, 많은 사람들이 학문은 性理學을 으뜸

24) 李建昌 撰, 「姜古懽墓誌銘」. "君於古典籍 無所不貫 於國中大山巨水 關塹城堡形勝 郡縣利病 閭里風俗情僞 無所不究 歛精硏思 窮微極博 常憂人之所不憂 味人之所不味 外雖儻蕩無累 又遇人無等威 壹皆煦嫗仁恭 內多感憤負氣 目空一世 其與人遊 寧就閭里少年酒食 不喜拘曲老生 又不喜貴顯者"

으로 생각하고 현실적인 학문에는 관심을 가진 자가 적었다. 그런데, 古懽은 實學에 깊은 연구가 있어 사람들이 근심하지 않을 때 먼저 근심하고 알지 못할 때 앞서 근심했다고 하니 통찰력이 뛰어났음을 알 수 있다. 古懽이 활동할 시기에 우리나라는 列强의 角逐場이 되었다. 이러한 시기에 중국과 일본을 수차 방문하여 그곳 사정에 밝았기 때문에 당시 사람들이 몰랐던 것을 먼저 알았을 것이고, 또 국가 앞날의 운명에 대해서도 앞서 근심하게 되었을 것이므로 李建昌이 이와 같이 말한 것이 아닌가 한다.

그리고 우리나라는 班常의 차별이 매우 심했다. 그러므로 寒微한 家門의 출신인 문인들 가운데는 의도적으로 사대부들과 접근하여 신분상승을 도모하고자 한 사람들도 적지 않았다. 그런데, 古懽은 顯貴한 인사들과 만나는 것을 싫어하고 시골 소년들과 어울려 술을 마신다고 했으니, 그가 한미한 출신이었기 때문에 재능을 가졌음에도 出仕를 하지 못했으나 신분상승에 대해서는 크게 관심을 가지지 않았던 것이 아닌가 한다.

金澤榮(1850～1927)은 자신이 그를 보았을 때 古懽은 때를 만나지 못했기 때문에 보기에는 평온한 듯했으나 내심으로 불평이 많아 憤氣가 솟아나고 있다고 했다.[25] 그때 古懽이 통분하게 여긴 것은 자신이 보기에는 국가의 현실이 위태로워 대응을 급하게 서둘러야 할 것으로 생각되는데, 朝廷의 집권세력들은 그것을 외면하고 권력의 쟁탈에 급급하기 때문이 아닌가 한다.

이러한 古懽에 대해 세상 사람들은 선생이 시에 뛰어난 것만 알고 天下의 일을 논하며, 당시 국가에서 해야 할 일을 알고 있는 것에 대해서는 믿지 않았다. … 선생이 더럽고 해어진 옷을 입고 거

---

25) 金澤榮, 「秋琴子傳」『韶濩堂集』卷 9, 傳條. "余觀秋琴子 不遇於時 外雖和夷 而內實不平 感憤橫出"

리를 바쁘게 다니며 당면한 국가의 근심을 혼자 가지고 있었으니 그의 마음도 괴로웠겠으나 사람들이 그를 믿지 않은 것도 당연하다고 생각할 수 있다. 그러나 십년이 지난 후 우리나라와 주변 국가의 정세의 변한 것을 보면 지난 날 믿지 않았던 사람들도 선생의 말이 틀리지 않았음을 알 수 있을 것이라고 했다.[26] 李重夏의 이러한 주장은 古懽에 대한 당시 사람들의 인식을 잘 반영한 것으로 생각된다. 다시 말하면 당시 사람들이 古懽을 시인으로만 인정했고 국가의 현실적인 어려움에 대한 타개의 식견이 있다고는 믿지 않았다. 그러므로 해어진 옷을 입고 분주하게 다니며 위태로운 현실을 알리고자 노력했으나 믿지 않았고, 또 그것을 당연한 것으로 생각하고 있었다. 그러나 십년의 세월이 흐른 뒤에 그의 말을 믿지 않았던 사람도 그의 말이 틀리지 않았다고 생각했다는 것은 그가 현실에 대한 先見之明이 있는 인물이며 결코 글만 잘하는 문인이 아니라는 것이다.

古懽이 시인만이 아니었다는 점에 대해 李建昌도 비슷한 견해를 밝힌 바 있다. 선생은 운명이 기구하고 가난해 어렸을 때부터 늙었을 때까지 때를 만나지 못하고 지은 시만 세간에 알려지게 되어 사람들이 시인으로 단정하게 되었고 선생도 스스로 속여 시인이 되었다. 그러나 어찌 시인으로 그치겠는가. 선생의 견해는 깊고 논의하는 내용이 매우 넓었으며 정신과 취지에 따른 것은 극히 精微하여 갑자기 듣게 되면 넓기 때문에 알아보고자 하나 쉽게 알 수가 없다. 그러므로 모르는 사람들은 이해를 하지 못했고 뛰어나고

---

26) 李重夏 撰, 「本傳」. "世之知先生者 皆稱其工於詩文 而至於論天下之事 識當世之務 則或未之信焉 … 先生弊衣襤褸 遑遑道路 若天下當世之憂 專着於一身者 其心良苦 而人之或不信者 亦宜矣 然自十餘年以來 試觀天下國家之事變 則向之或不信者 亦當思其言之不謬 而愾然一歎 悲夫"

안다는 사람들은 소홀히 여겨 살펴보지 않았다. 그러므로 중국에 세 번, 일본에 두 번 가서 보고 느낀 것이 많았으나 돌아와서 알아주는 사람을 만나지 못해 지난 날과 같이 어려웠다. 그가 가슴에 품고 있는 식견과 보고 느낀 것으로 그의 기구하고 가난한 것을 잊고자 했을 때 말과 행동이 이상할 수밖에 없었을 것이다. 이로써 볼 때 그가 시를 짓지 않고 무엇을 하겠는가 했다.[27)]

이러한 李建昌의 말에 따르면 古懽이 자신의 기구한 운명을 시로써 표출했기 때문에 사람들이 모두 그를 시인으로 말하고 있는데, 그를 시인으로만 단정할 수 없다고 했다. 古懽은 견해가 투철하고 식견이 넓었으나 세상 사람들이 알아주지 않아 더욱 곤궁해졌으니 詩人이 될 수밖에 없지 않는가 하여 시인이 된 것을 이해할 수 있다고 했다.

古懽이 여러 분야에 박식했고 당시 주변 국가의 정세에 밝았을 뿐만 아니라, 民族意識과 인간적인 信義에도 투철했다. 李建昌은 古懽이 일본에 갔을 때 그곳에서 벼슬을 주고자 했으나 죽기를 마다하지 않고 거절했으며, 上海에 있을 때 추위와 감기로 고생하면서도 중국 사람이 주는 옷을 거절했다고 한다. 그리고 외국에서 돌아왔을 때 어떤 貴人이 世界旅行에 같이 가기를 강력히 요청했으나 갈 힘이 없다 하고 끝까지 거절했다. 이로써 그가 배신하지 않

---

27) 李建昌, 古懽堂詩文集序『明美堂集』卷 9. “顧崎於命 窶於力 仳離偪側 窮老無所遇 惟是咳唾之餘 遊戲之跡 飄墮人口耳間 世遂以詩人斷先生 而先生亦自詭爲詩人 噫 先生豈僅詩人呼已哉 然先生見解極邃論議極博 而其精神所寓 指趣所嚮 常在於極微之中 使人驟聞 若河漢然 而諦究之 又率莫能硏其幾 故世之輇儒窾民 旣無能有發於先生 而雄駿宏達之士 又忽焉而不繹 故雖嘗三入中華 再涉東瀛 聊以爲遠遊壯觀 而及歸無所遇 如曩日困且益甚 究其所以發胸中之奇 取眼前之娛以忘其身 世之崎且窶 則要亦咳唾焉 遊戲焉而已 若是則 先生雖不欲爲詩人 又安所適哉 其可悲也”

은 인물임을 알 수 있다고 했다.[28] 위에서 말한 바와 같이 李建昌은 古懽의 후기에 가장 가깝게 지낸 인물 중의 한 사람이다. 그러므로 古懽에 대한 그의 말은 신뢰할 수 있을 것으로 생각되는데, 일본에서 어떤 생각으로 그에게 벼슬을 주고자 했는지 알 수 없으나, 그것을 한사코 거절한 것은 높게 평가할 만하다고 생각된다. 古懽이 일본에 두 번 갔는데 일본에서 벼슬을 주고자 한 것은 전후 어느 때였는지 알 수 없으나, 먼저 갔을 때는 수신사 일행으로 갔기 때문에 兩國間의 문제가 야기될 수 있으므로 뒤에 갔을 때가 아니었던가 생각된다. 만일 뒤에 갔을 때였다면 당시 일본은 維新後의 상당한 변화가 있을 때였으므로 우리나라와 국력이 상당히 차이가 있을 때였다.

그리고 上海 있을 때 그곳 사람이 옷을 주려고 했으나 거절했다는 것에 대해서는 古懽도 말한 바 있다. 古懽이 機器局 總辨 李勉林을 방문했을 때 입고 있는 옷이 엷은 것을 보고 중국 옷을 입겠느냐 했을 때 견디기 어렵지 않다고 하며 가지고 있었던 옷에 솜을 주면 禦寒을 하겠다고 했다.[29] 古懽이 이차 일본에 갈 때는 봄이었던 것으로 짐작되며, 중국에서 돌아올 즈음에는 매우 추울 때였다. 겨울옷을 준비하지 않고 떠났다가 異國에서 겨울 추위는 견디기 어려웠을 것임에도 주는 중국 옷을 받지 않았다고 하니 자존과 긍지가 대단했음을 알 수 있다. 그리고 金允植은 고환이 일본과 상해를 돌아보고 돌아올 때 겨울 날씨의 風雪이 칼 같았는데 입고 있는 옷이 매우 엷었으나 돛대에 의지하고 서 있는 그의 眉間에는 壯氣

---

28) 李建昌 撰, 「姜古懽墓誌銘」. "君在日本 其國人欲官之 君矢死不許 在滬寒疾 滬人以其衣衣君 君拒不受 及歸有邀君俱往六合之外者 君謝曰 力竭矣 强之不可 斯君之所謂不偭者信歟"

29) 姜瑋, 「遠遊草」『古懽堂收草』卷 16. "又慮衣單 親問着否華服 對以無礙 但携有舊衣得絮 可以禦寒"

가 있었다고 했다.[30] 이로써 보면 매서운 추위가 그의 당당한 氣像을 바꾸지 못했음을 알 수 있다. 古懽이 중국에서 돌아온 후 세계 여행을 하고자 한 자가 같이 가기를 청했으나 거절했다고 하는데, 성명을 밝히지 않았기 때문에 누구인지 알 수 없으나 당시 貴族들 가운데 그러한 인물이 있었던 것으로 짐작된다. 古懽이 이차 일본을 갈 때 어려운 가운데서도 많은 여비를 자신이 부담하면서 갔고, 그 때 金玉均, 徐光範 등이 泰西旅行을 계획하는 것을 듣고 같이 가고자 했으나 허락하지 않으므로 시로써 자신의 의지를 보였다고 했다.[31] 이로써 보면 여행도 사람을 선택해서 같이 갔음을 알 수 있다.

古懽의 문집 첫머리에 線으로만 처리한 肖像의 描本이 있다. 이 묘본이 그려진 경위에 대해 古懽이 밝힌 바 있다. 庚戌年 겨울 여러 사람들이 鄭基年의 집에 모여 술을 마시고 누워 있었는데, 李建弼이 고환을 자세히 바라보고 있으므로 이상하게 여기면서도 물어보지 않았다. 그런데, 그가 갑자기 일어나 종이에 古懽의 肖像을 그렸다. 모두 보고 칭찬하며 韻을 정해 贊을 하고 그 자리에 참석하지 않은 자도 和詩를 지었다. 그것은 자신의 얼굴이 뛰어나 칭찬을 받을 만했기 때문이 아니고 눈썹이 많고 눈이 깊고 광대뼈가 튀어나오고 이마가 좁아 자신의 추하고 못생긴 얼굴과 같은 까닭일 것이라고 했다.[32] 이로써 이 초상은 李建弼이 描寫한 것임을 알 수

30) 金允植,『古懽堂收草』卷 12. “周遊日本及申滬 析津掛帆東歸時 當冬天雪風如刀 先生衣裳甚薄 凌兢倚檣而立 鬚眉間猶隱隱有壯氣”

31)『古懽堂詩草』「續東遊草」後尾. “金徐二大人 欲作泰西之遊라 한 詩題 밑에 老翁乞附不許 懼或遇困改悔 輒敢矢詩自誓 有如白水”

32) 姜瑋, 自序,『古懽堂收草』卷 1. “往在庚戌冬夜 諸公會于梧窓鄭基年進士齋中 酒闌人倦 相藉而臥 石帆李建弼記注 忽頻頻視余 默有所識 余私怪之 而不暇問也 遽起坐 叫曰 始得之矣 遂就床 引筆伸紙 移燭作余像 滿堂乃大譁稱絶 復進觴命韻 各繫以贊 不在會者多和之 此豈有

있고, 庚戌年이었다고 하니 古懽이 30세 때였음을 알 수 있다. 金澤榮은 癸酉年에 李建昌으로부터 古懽에 대해 들었고, 다음 해 李建昌의 집에서 이마가 좁고 광대뼈가 튀어나왔고 눈에 광채가 있고 술을 마시며 시를 말하는 자를 보고 저가 古懽이겠지 생각했는데 알고 보니 그였다고 했다.[33] 古懽이 말한 자신의 얼굴과 초상이 金澤榮이 표현한 내용과 일치함을 알 수 있으며, 金澤榮이 계유년에 처음 보았다고 하니 古懽의 나이 58세 때였다.

古懽은 自序에서 초상을 그린 경위를 말한 뒤에 부모가 늙었는데 받들지 않으면 不肖한 것이고, 가정이 있는데 생업에 종사하지 않은 것은 무능한 것이며, 친구를 멀리하고 스승을 만나지 않아 배우지 않으면 모든 것을 포기한 것이 된다. 그러므로 나를 아는 자는 모두 나의 잘못을 말할 것이고 나 자신도 하고자 했던 일에 성취한 것이 없다. 그러나 뜻한 바에 따라 형식을 떠나 어려운 환경과 조건에서도 쉬지 않고 할 수 있는 사람은 자신과 같은 사람을 구하지 못할 것이라 했다.[34] 이와 같이 古懽이 일반 생활에서는 볼 것이 없으나 소신에 따라 하고자 하는 일에는 좌절하지 않고 끝까지 실천하는 것은 자신과 같은 사람이 없을 것이라고 했다.

古懽은 조용한 아침의 나라에서 列强의 입김이 거세게 밀려올 때까지 살면서 가난했으나 생업에 힘쓰지 않았고 신분이 미천했으

奇姿異態偉形俊骨動人也哉　爲其通眉胡鬚深目高顴蹙額　適似余之醜陋擁腫也”

33) 金澤榮, 「秋琴子傳」『韶濩堂文集』卷 9. “金澤榮曰 癸酉余聞秋琴子於李鳳朝學士 明年春於學士席上 見有蹙額隆顴多鬚髯 目睒睒有光 食酒談詩者 知必秋琴子也”

34) 姜瑋, 自序, 『古懽堂收草』卷 1. “親老不養 則爲不肖 有家不治生 則爲無術 離朋舊廢師傅而不學 則爲暴棄 故知余者咸罪余 卽余之趣向行事無以自考 然獨其意 有所極脫略形 似孤行遠詣 披荊榛 踞虎豹 犯霜雪涉無人之塗 數月而不息 … 而知我他人 不求似也”

나 顯貴한 사람들보다 미천한 사람들과 잘 어울리었으며, 중국과 일본 등 외국을 여러 차례 다녀와서 內外情勢에 밝았기 때문에 당시 국가에서 해야 할 일들을 말했으나 믿지 않고 오히려 奇人으로 여긴 인물이 되었다.

Ⅳ. 그의 文集

古懽의 문집『古懽堂收草』는[35] 詩文으로 나누었는데, 시는 1卷에서 17卷, 산문은 형식에 따라 편찬한 것이 3卷이며,『古懽堂存稿』에는 擬策이 실려 있다. 卷頭에 鄭健朝와 李建昌의 序와 古懽의 自序가 있다. 그리고 詩卷 12에 北遊草의 첫 머리에 金允植과 中國人인 黃鈺의 序가 있으며, 卷 17의 끝에 중국인 姚友濂의 序와 여러 사람의 題詞가 있다. 散文의 卷 1 卷頭에 金弘集의 序와 李重夏가 撰한 本傳이 있고, 卷 3 後尾에 아들 堯善의 跋文이 있다.『古懽堂存稿』의 擬策에는 自序, 御題, 擬三政捄弊策이 실려 있다. 1978년 亞細亞文化社에서 발행한『姜瑋全集』下卷에『北遊日記』에서 詩軸에 이르기까지 여러 종류의 글들은 李光麟의 解題에 따르면 전집을 발행할 때 散在해 있는 것을 모아 같이 간행한 것으로써 原集에는 없었던 것이라 한다. 문집의 명칭에 대해『古懽堂收草』,『古懽堂集』,『古懽堂詩文集』,『古懽堂存稿』 등이 있으나, 1889년 처음 廣印社에서 간행할 때『古懽堂收草』였기 때문

35) 本稿에서는 1978년 亞細亞文化社에서 발행한『姜瑋全集』을 臺本으로 함.

에 그에 따른다.

편집에 대해 鄭健朝는 古懽의 얼굴이 못생겼고 여위었으며 다른 재능은 없고 오직 글읽기를 좋아해 마음에 맞은 것이 있으면 웃으며 춤을 추기도 할 따름이며 저술을 좋아하지 않았다. 독촉하면 짓는 것이 법에 맞았다. 말하기를 인생은 浮雲 같고 문장도 다를 바 없는 것인데, 간혹 주목할 것이 있다 할지라도 말할 것이 못된다고 하며 일찍부터 모아둔 것이 없다고 했다.[36] 이로써 보면 古懽은 저술을 좋아하지 않았고, 또 저작한 것을 모아 두지 않았음을 알 수 있다. 그리고 房致堯가 그의 인품을 흠모해 그에게 배우는 사이에 古懽과 가까운 인사들을 찾아 詩文 數百頁을 모아 收草라 이름하고 자신이 그와 가까운 것을 알고 찾아왔으므로 가지고 있었던 擬策 1卷과 古近體詩 160여수를 주었다고 했다.[37] 그리고 李建昌도 序에서 지금 선생의 여러 제자들이 선생의 시문을 간행하고자 한다 했다. 이로써 古懽의 문집은 여러 제자들에 의해 수집 간행되었음을 알 수 있고, 草稿가 정리되어 있었던 것이 아니고 여러 곳에 있는 것을 모았기 때문에 收草라 하지 않았는가 한다.

편집 내용은 卷 1, 聯床集에서 卷 17, 詩餘에 이르기까지 매 권마다 卷名이 있다. 『北遊草詩』는 중국에 갔을 때, 『東遊草詩』는 일본에 갔을 때 지은 시이며, 『聯床集』은 그의 형이 蔚山에서 營將으로 있을 때 그곳에 가서 지은 작품을 모은 것이다. 이로써 미

36) 鄭健朝, 『古懽堂收草』 序. "君貌寢素羸 又無技能 唯喜讀書 每有所會 輒笑不休 或至起舞 如是而已 不喜述作 或迫之出 往往中矩 然嘗言 身世如浮雲 文章如唾津 間有所遇 然非言詮可了 故自少迄今 未嘗有篋衍之蓄"

37) 위와 같음. "天水房松年致堯慕其人 從與遊有年 間訪其素相厚者 蒐集詩文得數百頁 名曰收草 以余交最舊 遠來謁余 余以所藏擬策一卷 古近體詩百六十餘首歸之"

루어 보면 매 권의 권명은 지은 장소와 또 다른 의미가 있는 것으로써 古懽이 정한 권명이 아닌가 한다.[38] 그리고 全集 下卷에 있는『聽秋閣收草』에 실려 있는 시는 대부분 上卷에 있는 것이고, 아닌 것은 얼마 되지 않으며, 後尾에 庚午季冬澹寧居士李建昌書于寒泉寓舍라는 기록이 있다. 李建昌의 시에 古懽老人寄示近稿署曰聽秋閣詩가 있다.[39] 시에 五十霜回라는 말이 있고 실려 있는 작품은 古懽이 초기 南道 여행을 할 때 지은 것이 대부분이다. 그러므로 聽秋閣收草는 古懽이 오십되기 전에 지은 작품 가운데 선발하여 친지와 제자들에게 보이고자 편집한 것이 아닌가 한다.

『古懽堂收草』의 간행은 木板이 아니고 廣仁社에서 鉛活字로 1889년에 한 것이다. 鄭健朝의 序는 辛巳年에 썼으니 1881년이고, 李建昌의 序는 癸未年에 썼다고 했으므로 1883년이 된다. 두 序文은 古懽이 세상을 떠나기 전에 받아둔 것이다. 金弘集의 序와 아들 堯善이 쓴 跋文은 己丑年이니 1889년으로써 간행된 해에 쓴 것임을 알 수 있다. 金弘集의 서문에 古懽이 세상을 떠난 다음 해 아들 堯善이 遺詩를 모아 인쇄를 했고, 또 몇 년 후 散文을 같이 인쇄하면서 자신에게 序를 부탁한다고 했다.[40] 이로써 보면 詩集이 먼저 간행되었음을 알 수 있다.

38) 차례의 순서도 지은 연대의 순서와 상관이 있는 듯하나, 古懽은 작품에 干記를 한 것이 없기 때문에 추측만 할 따름이다.

39) 李建昌,『明美堂集』卷 2. "五十霜回兩鬢星 劇憐身世似浮萍 閣成寄在詩篇裏 獨自吟秋獨自聽"

40) 金弘集, 古懽堂收草序. "君歿之明年 嗣子堯善 收君遺詩而梓之 又數年 幷梓其文 問序於余"

V. 그의 文學

다음에는 古懽의 작품에 대해 살펴보고자 하며, 먼저 그의 작품에 대한 논평부터 들어보고자 한다.

古懽이 생존했던 후기부터 우리나라에 西歐 文物이 들어오기 시작했고, 잇따라 日帝 强占期가 시작되어 漢文學이 점차 단절되었기 때문인지 그의 높은 詩名에 비해 그의 작품에 대한 논평은 많지 않다. 金允植은 古懽이 그의 『遊覽詩草』를 보여 주는데 遒健雄沈하여 젊었을 때의 작품에 비해 조금도 감소하지 않아 詩仙이 되었다고 칭찬한다 했다.41) 『遊覽詩草』는 일본에서 돌아오다가 도중에 壬午軍亂이 일어났다는 말을 듣고 바로 중국으로 갔을 때 지은 遠遊草를 말한 것인 듯하다. 金允植의 이러한 논평은 그의 시를 평하려는 목적에서 한 것이 아니고 인품을 말하면서 언급된 것이기는 하나, 遒健 雄沈하다고 하여 古懽 시의 특징을 잘 지적하지 않았는가 한다. 李建昌은 시로써 우뚝 솟아 一家를 이룬 것은 말할 것도 없지만 詩稿와 아울러 擬策, 自序, 上黃孝侯書와 같은 글들은 선생의 의지를 볼 수 있는 글로써 시와 같이 오래 전하게 될 것이다. 『古懽堂收草』를 보는 사람들이 선생을 시인으로만 단정하지 않은 것이 바르게 본 것이라고 했다.42) 李建昌과 古懽은 나

---

41) 金允植, 古懽堂收草序. "出示其遊覽詩草 遒健雄沈 不減少時之作 因相詡爲詩仙"

42) 李建昌, 古懽堂詩文集序. "先生之詩卓然成一家 固無論已 至其文如詩稿擬策自序上黃孝侯書諸作 可以見先生之志 當與詩並傳 世之讀是集者 惟不以詩人斷先生 則幾矣"

이 차이도 많았고 신분도 차이가 있었으나 시로써 교유가 깊어 古懽을 누구보다도 잘 아는 사이었는데, 古懽이 시뿐만 아니라, 여러 분야에 박식하고 식견이 있었기 때문에 시인으로만 단정할 수 없다고 했다.

古懽이 중국에 세 번이나 다녀오면서 그곳 문인들과 교유도 적지 않았다. 다음에는 그의 시에 대한 중국인사들의 논평을 들어보고자 한다. 邵友濂은 그가 上海에 와서 "北遊草와 古懽堂初稿 二册을 보여 주므로 그의 시를 읽어본 바 … 山川의 아름다움을 보고 風物의 清新함을 묘사한 것이 沈鬱 蒼凉해 杜甫에 접근했고, 산문은 쉽게 쓴 것으로 법에 따라 다듬지 않았으나 스스로 법에 합치된다"고 했다.[43] 그리고 黃鈺은 乙亥年 봄에 京師에서 만났을 때 그의 北遊草와 北遊續草를 보여 주었는데, 대부분 紀行, 懷古, 贈答 등의 작품이다. 懷抱를 표현한 것이 독창적인 것으로써 사람들의 意表에서 벗어나 우뚝 솟아 一家를 이루었는데, 시에 타고난 天性이 있었기 때문이었을까. … 세상에서 古懽의 시를 본 자는 그를 李白과 杜甫의 사이에 위치시킬 것이며, 만약 東國에서 시를 채집하는 자가 있다면 반드시 古懽을 우두머리로 할 것이라고 했다.[44] 邵友濂은 古懽의 시가 沈鬱해 杜甫에 접근했음을 말했고, 黃鈺은 李白과 杜甫의 사이에 위치할 것이라고 했다. 이로써 보면 古懽의 詩文이 우리나라에서는 물론 중국 문인들까지 높게 평가했

---

43) 邵友濂, 古懽堂收草序. "會來海上 出視所著北遊草古懽堂初稿二册 余受而讀之 其詩 … 攬山川之勝概 寫風物之清新 沈鬱蒼凉 幾入杜陵之室 至文之信筆衍迤 一若不煩繩削 而自合準繩"

44) 黃鈺, 古懽堂詩草序. "乙亥春 遇於京師 出其北遊草 及北遊續草見示 大抵紀行懷古親知贈答之作 而自抒懷抱 獨往獨來 或遇創解特識 往往出人意表 卓然自成一家之言 非風雅在於骨性 而能若是歟 … 行見海內外讀古歡詩者 且位置於李杜間 儻有採風者 出列上東土詩人 吾知其必以古懽爲冠.

음을 알 수 있다.

古懽은 일생 동안 많은 시를 지었으나 시는 어떤 것이며 어떻게 지을 것인가 하는 것에 대해서는 말한 바 없고, 다만 『玄皎亭先生詩集』序에서 다음과 같이 언급한 바 있다. 내 일찍 스승으로부터 들은 바 시는 단순히 짓는 것이 아니고 반드시 事物이 있어야 하기 때문에 생각하고 있을 때는 뜻이 되고 말을 하면 시가 된다. 事物이라고 말한 것은 天下의 盛衰와 存亡에 관계되는 것이며, 志는 忠臣 烈士의 憂傷하고 忼慨하는 감정이다. 이 兩者가 아니면 모두 거짓말이다. … 시에는 말만 하는 작자와 뜻을 말하고자 하는 작자가 있으며, 자신을 위한 작자와 天下를 위한 작자가 있다고 했다.[45] 이로써 보면 古懽은 시에 대해 천하의 盛衰 存亡과 관계가 있어야 하고 憂傷 忼慨한 감정을 내포해야 하며, 말에 치중하는 것보다 뜻에, 자신을 위한 것보다 천하를 위한 작자가 될 것을 강조하고 있다. 다음에는 그의 시에 대해 살펴보고자 하며, 먼저 五言絶句에서 望盖馬山詩부터 언급하고자 한다.

幾度欲爲僧	몇 번이나 스님이 되려 했다가
見僧心復慢	스님을 보면 마음이 달라진다.
忽瞻常白峰	갑자기 常白峰 바라보고
稽首大羅漢	大羅漢에 머리 조아린다.
(『發弨餘草』 卷 2)	

이 작품이 실려 있는 『發弨草詩』는 濟州島와 東海岸을 여행하며 지은 것이므로 古懽이 삼십대 초반에 지은 작품이 아닌가 추측

45) 姜瑋, 玄皎亭先生詩集序, 『古懽堂收草』 卷 1. “某嘗聞之師曰 詩不徒作 言必有物 故在心爲志 發言爲詩 夫所謂物者 關係天下盛衰存亡之教 而所謂志者 忠臣烈士憂傷忼慨之情也 非此二者 則皆謾語矣 … 故詩有以言作者 有以志作者 詩有爲己而作者 有爲天下而作者”

된다. 起承兩句는 스님이 되고자 몇 번이나 마음먹었으나 스님을 보고 나면 그 마음이 사라진다고 했다. 古懽이 寒微한 가문의 출신으로서 출세에 한계가 있었기 때문에 과거도 일찍 포기한 것으로 생각되는데, 그때 좌절에서 오는 번민과 갈등에서 현실의 모든 것을 포기하고 스님이 되었으면 하는 생각을 여러 번 했을 것이다. 그러나 스님을 만나 그들이 하는 양상을 보게 되면 스님이 되고 싶다고 마음먹은 생각이 사라진다고 했는데, 그것은 佛敎에 심취해 歸依하고자 한 것이 아니고 번민을 이기지 못해 현실을 도피하고자 했기 때문에 승려의 적막한 생활을 수용하기 어려워 승려가 되고자 했던 마음이 사라진다고 한 것이 아니었을까 한다. 轉結兩句는 갑자기 壯嚴한 常白峰을 바라보고 마음이 숙연해 져 羅漢처럼 보이는 상백봉을 향해 머리를 조아린다고 했다. 이로써 보면 古懽이 스님을 만나면 마음이 변한다고는 했으나 불교에 대해 부정적이 아니었음을 알 수 있다.

위에서 살펴본 바에 따르면 古懽이 九流에 박식했고 불교에도 조예가 깊었음을 알 수 있지만, 이 작품의 起承兩句와 같은 내용은 일반적인 조선조 선비들의 작품에서는 볼 수 없는 말로써 얽매이지 않는 古懽의 성격을 엿볼 수 있지 않을까 한다. 그리고 이 작품은 修詞에 다듬은 흔적을 전혀 느낄 수 없는데, 그것이 이 시의 가치를 높이는 것이 아닐까 한다. 다음에는 田家詞를 들어 본다.

暮入晨還出	늦게 들어오고 새벽에 나가니
乳眠常齁齁	어린 아이는 항시 자고 있었다.
作得一年農	일년 농사 지은 뒤에
峽兒啼避父	아이는 울며 아비를 피한다.

(『錦泂唱酬集』 卷 4)

이 작품은 詩題에서 알 수 있는 바와 같이 산골 농가의 情景을 표현한 것이다. 起承兩句는 농가에서 농사철이 되면 일이 바빠 농부는 저녁에 들에서 늦게 집으로 들어오고 새벽에 일찍 나가게 되는데, 그때 어린 아이는 항시 자고 있었다고 했다. 이 起承兩句에서는 농가 농부들의 바쁜 정경을 표현한 것이다. 轉結兩句는 일년 농사를 지은 뒤에 한가해 집에 있으니 어린 아이가 아버지의 낯이 생소하기 때문에 보고 울며 피한다고 했다. 농기구가 오늘날과 같이 발달하기 전에는 육체적인 노동으로 농사를 지었으므로 농사철은 매우 바쁘다.

그런데, 이 작품에서 농가의 바쁜 정경을 표현하면서 바쁘다는 표현은 하지 않았다. 그러면서도 바빴다는 것을 느낄 수 있는 것은 일찍 나가고 늦게 들어왔기 때문에 어린 아이가 아버지를 알아보지 못하고 울며 피한다는 것에서 알 수 있다. 시에서 바로 표현하지 않고 느낄 수 있게 한 것은 수준 높은 표현이다. 이 시는 농가의 농부가 농사를 짓는 과정이 얼마나 바쁜가 하는 것을 소재로 한 것도 주목할 가치가 있다고 생각되지만, 표현상의 수법도 높게 평가될 만한 작품이다.

다음에는 閒夕詩 三首 가운데 한 수만 들어 본다.

架頭百本書	시렁에 백 권의 책이 꽂혀 있고
園裏數畦藥	동산에는 약을 몇 이랑 심었다.
鄰曲澹相從	이웃과 사이좋게 어울려 놀다가
不知山月落	달이 지는 줄도 몰랐다오.

(『錦洄唱酬錄』 卷 4)

이 시는 시골 선비의 한가한 情景을 표현한 것이다. 起承兩句는 시렁에 많은 책이 꽂혀 있고 동산에는 약을 몇 이랑 심었다고 했으니, 시골 선비의 여유있고 한가로운 정경을 표현한 것이다. 轉結兩句는 이웃 사람들과 어울려 사이좋게 이야기하고 놀다가 산에 달이 지는 것을 모르고 있었다고 하니, 즐겁게 놀면서 시간 가는 줄을 몰랐다는 것이다. 시골 마을 사람들은 여러 대로 한 마을에서 같이 살아오면서 서로 내력도 잘 알기 때문에 때로는 反目도 없는 바 아니지만 사이좋게 지내는 것이 일반적이며 그것이 시골에 사는 즐거움이 될 것이다. 이 작품은 시골의 이러한 情景을 배경으로 하여 선비의 한가한 시골 생활을 반영하고자 한 것으로 생각되는데, 古懽의 일생에서 이같은 생활이 있었을까. 만약 없었다면 하나의 憧憬일 수도 있을 것이다. 이러한 배경을 소재로 한 탓인지 작품이 閒雅하고 淸逸함이 있다. 다음에는 七言絶句 가운데 道中聞雁有感詩부터 먼저 들어보고자 한다.

豈爲區區稻粱計	어찌 바쁘게 양식 걱정만을 하랴.
秋來春去奈忙何	봄부터 가을까지 이다지 바쁜가.
只愛寒空如意闊	차가운 넓은 하늘이 좋아
在泥日少在雲多	진흙보다 구름 속에 많이 있다오.
(『發弨餘草』 卷 2)	

이 작품이 실려 있는 『發弨餘草』는 古懽이 嶺南一帶를 여행하면서 지은 시를 모은 것이기 때문에 이 작품도 영남 어느 곳의 道中에서 기러기가 날아가며 우는 소리를 듣고 지은 작품일 것이다. 起承兩句는 대장부가 이 세상에 태어나서 해야할 일이 많은데 어찌 양식 걱정만을 바쁘게 하고 있겠는가, 그러면서도 봄부터 가을까지 왜 이렇게 바쁜가 한 것을 보면 자신이 양식 걱정에서 벗어나지 못하고 있음을 탄식한 것으로 생각된다. 轉結兩句는 하늘에 울며 날아가는 기러기를 빌려 자신의 감정을 나타내고 있다. 즉, 푸

른 하늘이 내 뜻처럼 넓고 높기 때문에 늪가의 진흙에 있을 때보다 하늘의 넓고 높은 구름 속에 많이 있다고 했다. 어느 작품이든지 작가의 사상과 감정이 반영되지 않은 작품이 없겠지만 이 작품은 古懽의 의지를 잘 반영한 것으로 생각된다. 古懽 자신은 국가나 사회를 위해 보람있는 일을 하고 싶었으나 자신을 받아주지 않고, 또 생활이 어려워 양식 걱정으로 바쁜 생활을 하고 있었기 때문에 얽매이지 않고 넓은 하늘을 자유롭게 오고 가는 기러기를 보고 부러워하면서 그렇게 못한 자신을 自嘲한 것으로 볼 수 있을 것이다. 다음에는 壽春道中詩를 들어보고자 한다.

襪底江光綠浸天	발 밑 강물에 하늘빛이 푸른데
昭陽芳草放筇眠	소양 땅 풀밭에 지팡이 던지고 존다오.
浮生不及長堤柳	이 신세 긴 언덕 버들보다 못해
過盡東風未脫綿	봄이 지났는데 솜옷을 입고 있다.
(『發弨餘草』 卷 2)	

이 작품이 『發弨餘草』에 실려 있는 것으로 보아 慶尙道 江原道를 여행하다가 壽春의 昭陽江邊에 이르러 지은 듯하며, 古懽의 시 가운데 많이 알려진 작품 중의 하나이다. 起承兩句는 버선 밑의 강물에 비친 하늘 빛은 푸른데 昭陽江邊의 아름다운 풀밭에 지팡이 던져두고 졸고 있다고 했다. 특수한 목적없이 긴 여행을 하고 있었기 때문에 가다가 좋은 곳이 있거나 지치면 쉬었다가 가기도 했을 것이므로 이 兩句에는 그러한 형상이 눈에 선하게 떠올라 표현에 멋이 있다. 轉結兩句는 浮生이 긴 언덕에 있는 버들가지보다 못해 봄이 다 지났으나 봄옷으로 갈아입지 못하고 겨울옷을 그대로 입고 있다고 했다. 여기에서 자신을 부생으로 표현한 것은 더욱 절실한 효과가 있다고 생각되며, 버들가지는 봄이 되면 솜과 같은 하얀

꽃이 피었다가 바람에 흩어진다. 다시 말하면 버들가지는 봄이 지나면 하얀 털과 같은 꽃이 피었다가 없어지고 다른 잎으로 바꾸어지는데, 자신은 봄이 지났으나 겨울옷을 벗지 못하고 그대로 입고 있기 때문에 버들가지보다 못하다고 말한 것이다.

필자가 어렸을 때 고향에서 본『古懽堂收草』의 筆寫本에 이 작품의 起句는 杜宇聲中又一年으로 쓰여 있고, 昭陽이 斜陽으로 기록된 것을 보았다. 작품의 분위기에 어울린다고 생각된다. 그리고 金春東先生께 이 시를 들었을 때는 江光을 淸江으로 들었다. 聲律은 더욱 좋은 듯하나 원본에 따를 수밖에 없다. 이 시에 대해 표기가 이와 같이 다르게 알려지고 있는 것은 그만큼 많이 읽혀졌다는 것을 反證하는 것이 아닌가 한다.

이 시가 發弨餘草에 실려 있는 것을 미루어 볼 때 古懽이 30대 중반이 가까울 때 지은 것으로 짐작되는데, 이 시는 좋은 작품임에는 두말할 것이 없으나 窮狀을 벗지 못하고 있다. 시가 사람의 운명을 말하는 것일까. 다음에는 通度極樂爐殿戱示鏡波上人詩를 들어 본다.

人間極樂隨緣在	극락이 緣을 따라 있기에
不慕蓮花九品臺	연꽃 핀 九品臺는 생각지 않는다오.
但乞山中好泉石	다만 산중 아름다운 泉石 빌려
一場爛醉困眠回	한번 흠뻑 취해 자고 가면 싶소.
(『發弨餘草』 卷 2)	

이 작품은 古懽이 영남일대를 여행하면서 通度寺에 들려 지은 것이다. 起承兩句는 사람이 죽어 극락을 가고 못가는 것은 緣에 따라 정해지는 것으로 생각하기 때문에 지금 자신은 연꽃이 피어 있는 九品臺는 바라지 않고 있다고 했다. 즉, 자신의 緣은 극락에 가

는 것으로 정해져 있다고 생각하는 것보다 갈 수 없는 쪽으로 생각하고 있는 것이 더욱 강하지 않은가 한다. 轉結兩句는 이 산중에 泉石이 매우 아름다우니 잠깐 빌려주면 이곳에서 술에 만취해 모든 시름을 잊고 자고 갔으면 했다.

이 시에서 古懽은 九品臺를 생각지 않는다고 했고 泉石이 좋은 곳에서 술을 흠뻑 마시고 자고 가고 싶다고 했으니, 불교에 대해 회의적이거나 무시하려는 생각이 있지 않은가 할 수 있겠으나, 그런 사상을 반영한 것으로는 보고 싶지 않다. 위에서도 언급한 바 있지만 古懽은 불교에 대해 조예가 깊었고, 일반적인 조선조 문인들과는 달리 寺刹에 관련된 글도 거절하지 않고 써주었기 때문에 그러한 글이 그의 문집에 몇 편 실려 있다. 이러한 점을 감안할 때 무시하려는 생각이 반영된 것으로는 믿기 어렵고, 다만 그의 浪漫的인 성격에 의해 泉石이 아름다운 곳에서 술이나 흠뻑 마시고 취해 온갖 시름을 잊고 자다가 갔으면 좋겠다고 한 것이 아닌가 한다. 그러므로 이 작품은 좋은 곳을 찾아다니다가 만나면 쉬어가고 하던 당시 古懽의 浪漫的인 성격을 잘 반영한 작품이 아닌가 하며, 이런 작품의 格調를 曠達하다고 하지 않을까 한다. 다음에는 統制營詩 4首 가운데 3首를 들어보고자 한다.

江漢樓前萬里波	江漢樓 앞 넓은 파도에
太平元帥大刀歌	太平 元帥 큰 칼 노래 들린다.
遙夜群鴻都睡着	긴 밤 뭇 기러기 모두 잠들었고
碧空無際月華多	끝없는 푸른 하늘에 달빛이 밝다.

(『柳洋漫賞集』 卷 7)

이 작품은 詩題를 統制營이라 했고, 『柳洋漫賞集』에 실려 있다. 『柳洋漫賞集』은 申櫶이 統營에서 水軍統制使로 있을 때 古懽이 그곳을 방문하여 지은 작품을 모은 것이다. 古懽이 그곳을 찾은 시기를 말하지 않았기 때문에 정확히 알 수 없으나, 그의 문집에 실려 있는 순서와 생애를 통해 볼 때 30대 후반부터 40대 초반이 아니었던가 추측된다. 그리고 詩題의 통제영은 통제사의 兵營일 것으로 생각된다. 起承兩句는 강한루 앞의 넓은 바다의 파도소리는 태평을 성취한 원수의 큰 칼 소리처럼 들린다고 했다. 통영은 壬辰倭亂 당시에도 통제사가 있었던 곳이고, 李舜臣將軍이 그곳 근처에서 閑山大捷의 큰 戰功을 이루었다. 古懽이 그곳에 있는 강한루에 올라 임진왜란을 회상하며 파도소리가 싸움에 이긴 李舜臣장군이 칼춤을 추며 노래하는 소리와 같이 들리는 것으로 생각한 것이다.

轉結兩句는 밤이 깊어 기러기들도 모두 잠들었고 끝없이 넓은 하늘에 달빛만 밝다고 했는데, 이것은 강한루에서 바라본 夜景을 나타낸 것이다. 이곳은 지난 날 함성과 북소리 징소리로 살벌했던 적이 있었으나 지금은 고요하다는 의미도 있을 것이다. 그리고 格調가 雄健하고 豪壯함이 있다. 다음에 다른 한 수를 들어 본다.

書劒無成老更哀	書劒으로 이룬 것 없어 늙는 것이 슬퍼
沈吟終日在戎臺	종일 되새기며 戎臺에 있었다.
天中積翠頭流出	하늘에 솟은 산은 智理山에서 나왔고
海上斜陽巨濟來	바다에 비친 斜陽은 巨濟에서 왔다네.
(위와 같음)	

이 작품의 起承兩句는 학문과 문장은 물론 싸움에 이겨 국가를 수호한 공도 없이 늙어 가는 자신이 슬퍼 종일 생각에 잠겨 戎臺에 있었다고 했다. 古懽이 이러한 생각을 이 시에서 나타낸 것은 옛날의 戰跡地에서 忠武公의 위대한 戰功에 비해 자신은 너무 초라하기 때문에 悲嘆에 젖은 것이 아닌가 한다.

轉結兩句는 하늘에 높게 우뚝 솟은 산은 智理山에서 줄기를 타고 내려 왔으며 바다에 반짝이는 斜陽은 巨濟가 있는 쪽에서 왔다고 했는데, 이것은 융대에서 바라본 산과 바다의 광경을 표현한 것이다. 이로써 보면 前兩句는 忠武公에 비해 아무 것도 이룩하지 못한 자신에 대한 비탄이며, 後兩句는 융대에서 바라본 광경의 표현이라고 하겠는데, 표현이 절묘하다고 생각되지 않으면서도 이 작품을 읽을 때 좋구나 하는 생각을 가지게 되는데, 그것은 前兩句는 침울했다가 後兩句는 시원한 느낌을 주게 하는 이 시가 가지는 聲調의 아름다움 때문일까. 거제와 頭流가 귀에 익은 우리 地名이기 때문이었을까. 어쨌든 좋은 작품이라고 생각된다. 다음에 다른 한 수의 작품을 들어보고자 한다.

忠武祠堂萬竹林	忠武公 祠堂에 대가 숲을 이루었고
英雄事畢海沈沈	영웅의 일 끝났으니 바다도 고요하다.
世間不乏千名將	세상에 많은 명장 있었으나
有否盟山誓海心	바다와 산에 명세한 자 있었느냐.
(위와 같음)	

이 시는 통제영시 4首 가운데 끝에 있는 작품이다. 起承兩句는 忠武公 祠堂 주위에 대나무가 숲을 이루었고, 충무공이 大捷했던 바다는 그날과는 달리 고요하다고 했으니 많은 세월이 흘렀다는 것을 의미한 것으로 생각된다. 轉結兩句는 세상에 유명했던 장수가 많았지만 바다와 산에 맹세한 자가 있었는가 했는데, 이것은 충무공의 無題詩에 誓海魚龍動 盟山草木知라 한 一聯을 지칭해서 한 말이다. 古懽이 말한 바와 같이 역대를 통해 우리나라는 물론 어느 나라에서도 名將은 많았으나 충무공과 같이 祖國을 위해 산과 바다를 향해 명세한 장수는 드물지 않을까 한다.

이 統制營詩를 통해 古懽이 忠武公을 얼마나 崇慕했는가 하는 것을 알 수 있다. 처음에는 바다의 파도소리를 듣고 충무공의 大刀歌와 같이 들린다고 했고, 다음에는 너무나 빛나는 戰功에 비해 자신의 초라함을 悲歎했으며, 여기에 들지 않았으나 그 다음에 있는 시는 唐詩를 신기하게 해석한 충무공과 같은 장수는 千古를 통해 드물 것이니 凡流와 비껴 말하지 말라 했다.[46] 이 시는 배경설화가 있다. 충무공이 統營近海에서 싸울 때 지형상 중요한 곳에 陣을 친 뒤에 바다를 살펴본 바 물빛이 너무 맑아 진을 옮겼다. 그 자리에 바로 倭軍이 진을 쳤는데, 밤에 갑자기 파도가 일어 파선이 많이 되었다고 한다. 충무공이 그곳에서 진을 옮긴 것은 唐詩의 惡龍潛處水偏淸이라는 句를 생각했기 때문이라고 한다.

한 인물이 英雄化되는 과정에는 여러 가지의 신비한 이야기가 있게 마련이다. 이 說話도 그런 의미에서 있었던 것으로 생각되는데, 古懽이 그 이야기를 듣고 충무공을 千古에 볼 수 없는 名將이라고 했다. 古懽이 충무공을 이와 같이 숭모한 것은 당시 우리나라에 外勢의 角逐이 시작되었기 때문에 그것을 물리칠 수 있는 영웅을 待望하는 의미도 없지 않았을 것이다. 古懽의 이러한 사상은 그의 시 여러 곳에서 볼 수 있다. 다음에는 主屹關詩를 들어 본다.

百折谿流萬疊山	백 번 꺾인 냇물 만첩의 산
孤城一片在雲間	한 조각 孤城 구름 속에 있다.
龍蛇往轍分明在	임진왜란 때의 잘못 거울삼아
早派英雄鎭此關	일찍 영웅 보내 이 關門 지켜야지.

(『東遊續草』 卷 15)

---

46) 여기에 세 번째 시를 들어둔다. "水偏淸處毒龍浮 讀得唐詩可戰否 神解如公千古少 莫將敦說擬凡流"(統制營, 『柳洋漫賞集』)

이 작품은 古懽이 재차 일본을 갈 때 鳥嶺을 지나다가 主屹山을 바라보며 지은 것이기 때문에 더욱 의미가 있다고 생각되어 들어 보았다. 起承兩句는 산으로 첩첩이 싸여 험하고 높은 곳에 孤城이 있다고 했으니, 主屹關이 있는 위치를 말한 것이다. 즉, 수비의 要塞임을 말한 것이다. 轉結兩句는 壬辰倭亂 때 이곳에서 경험한 것이 있기 때문에 일찍 능력있는 사람을 보내 이 關門을 지켜야 할 것임을 강조한 것이다. 여기에서 龍蛇往轍은 임진왜란 때 申砬將軍이 北上하는 왜군을 방어하기 위해 이곳에 진을 치고 있다가 군사들이 숲속으로 도망가는 것을 막기 어려워 彈琴臺가 있는 곳으로 옮겨 背水陣을 치고 싸우다가 全沒한 것을 말한 것인데, 申砬이 鳥嶺을 지키지 않은 것을 失策으로 생각한 것이다. 다시 말하면 지난 일을 거울삼아 지금의 國難을 타개하기 위해 능력있는 인물을 선발하여 일을 맡겨야 한다는 것을 강조한 것이다.

古懽은 시는 천하의 성쇠와 존망에 관계되어야 하고, 憂傷 慷慨한 감정을 가져야 한다고 했다. 그러므로 통영을 찾았을 때 국난의 극복에 수훈을 세운 충무공을 숭모하는 시를 지었고, 조령을 지나다가 지난 일을 되새기면서 현실의 어려움에 철저한 대응을 강조했다.[47] 다음에는 七言律詩 가운데 萁石山房小集詩 두 수 가운데 한 수를 먼저 들어보고자 한다.

不成將相不成仙	將相도 神仙도 되지 못했으니
且可持盃望碧天	술잔 잡고 하늘이나 바라보련다.
花暖與君聯屐去	꽃이 필 때 같이 걸었고
夜凉還我一床眠	밤이 추우면 돌아와 함께 잤다네.
薝蔔中開行藥地	치자나무 사이에 약을 심었고

47) 그의 문집 卷 6, 三洞搜勝草에 過鳥嶺詩 3首가 있는데 모두 憂傷하고 慷慨하는 내용이다.

芙蕖傍鑿種魚田　　연꽃 옆을 파서 물고기를 기른다.
平生耽隱心纔了　　평생하고 싶었던 것 겨우 이루었으니
遙禮名山一縷烟　　멀리 名山을 향해 인사드려야지.
(『錦洄唱酬集』 卷 4)

이 작품은 『錦洄唱酬集』에 실려 있다. 錦洄는 서울이 아닌 시골의 지명인 듯하며, 여기에 실려있는 작품의 詩題에 初寓錦洄라 했으니 古懽이 그곳에 살았던 적이 있은 듯하다. 그리고 이 唱酬集에 실려있는 작품들이 어느 시기에 지은 것인지 알 수 없으나, 같이 실려있는 작품 가운데 朱溪民擾以求狀不應媒禍라 한 시가 있으므로 古懽이 이 사건이 일어났을 때 42세였기 때문에 이 시기 전후에 지은 것이 아닌가 한다. 위 시의 詩題가 萁石山房小集인데 萁石은 아는 분의 雅號인 듯하므로 그의 산방에 모였을 때 지은 작품임을 알 수 있다.

首聯은 장수나 정승도 되지 못했고 神仙도 이루지 못했으므로 술잔 잡고 푸른 하늘이나 바라보고 싶다고 했으니, 젊은 날에 가졌던 꿈이 산산이 조각난 것에 대한 회한과 그것을 달래보려는 심정을 표현한 것이 아닌가 한다. 頷聯은 꽃피는 따뜻한 봄날에는 정답게 같이 걸었고 밤이 되어 추우면 돌아와 함께 잤다고 했으니 山房주인인 친구와의 우정을 말한 듯하다. 頸聯은 치자나무 사이에 약을 심고 연이 있는 연못 옆을 파서 물고기를 기르겠다고 했으니, 한가로운 전원생활의 취미를 반영한 것이다. 尾聯은 장수와 정승이 되지 못했으므로 시골에 가서 한가롭게 전원생활을 바랐는데, 그것을 이제 겨우 이루게 되었으니 한 줄기 푸른 연기가 피어오르는 명산을 바라보며 인사나 했으면 했다.

古懽이 이 시를 지을 때까지만 해도 국가의 內政에는 어려운 바가 없지 않았으나 外侵은 크게 걱정할 것이 아니었다. 그리고 古懽

자신도 文友들과 어울려 한가롭게 생활할 수 있었기 때문에 시의 내용이 이와 같이 화평하지 않았는가 생각된다. 다음에는 錦洄雜興詩 두 수 가운데 한 수만 들어본다.

總廢詩篇漫復成	시를 짓지 않으려다가 다시 지으며
竹床無寐有松聲	竹床에서 잠 못 이루고 바람소리 듣는다.
深樹花開人不見	깊은 숲속 핀 꽃은 보는 사람 없고
空江月墜水猶明	강에 달은 져도 물빛은 아직 밝다.
白雲獨去瞻鄉國	흰구름 가는 곳에 고향이 있고
黃鳥頻啼念友生	꾀꼬리 자주 울어 벗 생각난다.
正到山深人靜處	깊은 산 고요한 곳에 왔으니
琴仙與我屢移情	琴仙이 내 감정 여러 번 바꾸게 한다.

(위와 같음)

이 시의 시제가 錦洄雜興인 것으로 보아 古懽이 그곳에 寓居하고 있을 때 지은 작품임을 알 수 있다. 首聯은 시를 다시 짓지 않으려고 생각했다가 부질없이 다시 짓게 되었으며, 竹床에 누워 잠 못 이루고 산에 부는 바람소리만 듣는다고 했다. 시를 왜 짓지 않으려고 했는지 알 수 없으나 여기에는 현실에 대한 불평이 짙게 깔려 있지 않았는가 생각되며, 또 다시 짓게 된 것은 현실에 참여할 수 없기 때문에 시밖에 할 수 있는 것이 없다고 여긴 탓이 아닌가 한다. 잠 못 이루고 松聲 소리만 들었다는 것은 깊은 憂愁에 잠겨있는 감정을 표현한 것이다. 頷聯은 깊은 숲 속에 꽃이 피었으나 보는 사람이 없고 빈 강에 달은 졌으나 물은 아직 밝다고 했는데, 寫景으로 표현이 좋다고 생각될 뿐만 아니라, 함축한 의미가 있을 것으로 생각된다. 즉, 능력있는 인물이 草野에 묻혀 있게 되었으나 사람들이 알아주지 못하는 것에 대한 탄식이 아닌가 한다. 그리고 外句는 말하기 어려우나 가지고 있는 본 바탕은 주위의 변화가 있어도 그대로 가지고 있다는 의미가 아닌가 생각된다.

頸聯은 구름이 홀로 떠가는 것을 보고 고향 생각을 한다고 했으니 고향을 가지 못하는 안타까운 심정을 표현한 것이며, 꾀꼬리의 아름답게 우는 소리를 듣고 벗 생각을 한다는 것은 자신의 외로운 생각을 반영한 것이다. 尾聯은 錦洄의 깊은 산골 고요한 곳에 있게 되었으니 琴仙[48]이 내 마음을 여러 번 바꾸게 한다고 했다. 금회로 옮겨 살기까지는 마음에 갈등이 적지 않았으나 옮기고 금선과 같이 있으니 마음이 점차 안정이 된다는 의미인 것으로 생각된다.

위에서 알아본 諸家들의 評說에서 古懽 詩의 특징에 대해 沈鬱하다고 했는데, 이러한 작품을 지칭한 것이 아닌가 하며, 이 시는 침울하면서도 淸新함이 있어 더욱 돋보인다. 다음에는 與曹杞山李梧隱同至太液池觀玉蝀金鰲橋命韻同賦詩를 들어보고자 한다.

異境重重豈易知	겹겹이 싸인 宮中 어찌 쉽게 알리오.
再來纔得到龍池	두 번 와서 겨우 龍池에 이르렀다.
文王囿大容魚躍	동산이 넓어 물고기 놀기 좋겠고
漢帝林深得雁寄	숲이 깊어 기러기 소식 듣겠다.
窈窕樓臺含遠景	아늑한 樓臺는 遠景을 띠었고
玲龍樹石弄幽姿	아름다운 樹石은 그윽한 자태 자랑한다.
此間一日饒千歲	이 곳 하루 천년을 산 듯하니
富貴神仙兩有之	부귀와 신선을 모두 가졌다오.

(『北遊續草』 卷 13)

이 시는 古懽이 중국에 두 번째 사절일행으로 갔을 때 曹杞山 李梧隱 등과 더불어 太液池가 있는 宮中을 觀光하며 지은 작품이다. 首聯은 異國의 겹겹이 싸인 궁중을 어찌 쉽게 볼 수 있겠느냐

48) 琴仙은 어떤 의미로 사용된 것인지 정확히 알 수 없으나, 그곳에 자주 찾아왔던 친구가 아닌가 생각된다.

두 번째 와서 겨우 太液池가 있는 궁중을 보게 되었다고 했으니 보기 어려운 것을 보게 되었다는 것이다. 사실 궁중은 그 나라 임금이 있는 곳으로 경계도 삼엄할 뿐만 아니라, 출입이 극히 제한되어 있다. 아마 使節을 接見할 때 같이 가서 구경을 하게 된 것이 아닌가 생각되는데, 볼 수 있게 되었다는 기쁜 감정이 言外에 나타나 있다.

頷聯은 궁중에 있는 태액지의 넓은 규모와 나무 숲이 많다는 것을 표현한 것이다. 이 함련은 경련과 함께 對가 되어야 하는 것으로 內句는 詩經 大雅篇의 王在靈沼 於牣魚躍에 근거한 것으로 沼에 물고기가 뛰고 있다는 것이며, 孟子는 이것을 與民同樂하는 것이라고 했다. 그리고 外句는 西漢 때 蘇武의 故事에서 나온 말이다. 漢 武帝 때 蘇武가 匈奴에 사신으로 갔다가 구금되어 돌아오지 못하고 있었는데, 뒤에 兩國間에 和親이 되어 漢나라에서 소무의 송환을 요구하자 흉노는 소무가 이미 죽었다고 했다. 그때 漢나라에서 武帝에게 우연히 날아온 기러기를 잡아 다리에 매여 있는 천을 보니 소무가 그곳 어디에 있다고 쓰여 있는데 죽었다고 하느냐 하며 힐책하니 흉노가 어찌 할 수 없어 돌려 보냈다고 한다. 이 頷聯은 이러한 역사적 사실을 배경으로 한 것으로써 궁중의 분위기가 넓고 깊숙하면서 화평함을 표현한 것이다.

頸聯은 궁중의 樓臺와 樹石의 아름다움을 나타내었으며, 尾聯은 이곳에서 하루 동안 좋고 아름다운 것을 만끽한 것은 천년 동안 배부르게 먹은 것과 같으므로 부귀와 神仙을 함께 가진 것이라고 했으니, 극히 아름다움을 찬미하면서 구경하게 된 것을 매우 기뻐하고 있는 것으로 볼 수 있다. 이 작품은 궁중의 아름다움을 표현하면서도 지나치게 華美하지 않고 典雅함이 있어 궁중의 분위기를 잘 살렸다고 볼 수 있다. 다음에는 五言古詩 가운데 田家翁辭를 들어보고자 한다.

西舍老田父	이웃집 늙은 농부는
須鬓皓如雪	살적머리가 눈처럼 희다.
携榼負童孫	주합들고 손자 업고
時來就我說	때때로 와서 이야기 한다.
少壯翁何事	젊었을 때 무엇했는가 하면
耒耟是本業	농사일이 본업이라고 한다.
身手具天祿	건강한 신체는 타고난 복으로
飽煖無巧法	먹고 입는데 다른 방법이 없었다.
今年頗憫旱	금년은 안타깝게도 매우 가물어
到處禾黍渴	도처에 벼와 기장이 말랐다.
兒曹幸努力	다행히 아이들이 노력해
芃芃多可悅	잘 자라니 매우 기쁘다고 했다.
野言却臻妙	늙은 농부의 말에 묘미가 있어
聽來心屢折	듣고 마음에 갈등이 생긴다.
而我久勞生	오래 동안 고생한 내 인생에
硯田報蔑裂	공부는 파멸만 안겨 주었다.

(『錦洄唱酬集』 卷 4)

이 작품은 『錦洄唱酬集』에 실려 있는 것으로 보아 古懽이 금회에 寓居하고 있을 때 지은 듯하며, 詩題에서 알 수 있는 바와 같이 그곳에 있을 때 이웃집 늙은 농부의 이야기를 소재로 한 작품이다. 내용은 이웃집에 사는 늙은 농부가 손자 업고 수시로 찾아와서 이야기한다고 했는데, 시골생활에서 흔히 있을 수 있는 일이다. 그 늙은 농부는 젊었을 때부터 농사일만 했다고 하며, 타고난 건강이 좋았기 때문에 열심히 하여 먹고 입는데 지장이 없었으므로 다른 일은 생각해 보지 않았다고 했으니, 그 농부는 일생 동안 농사에만 전념하며 살아왔음을 알 수 있다. 그리고 금년은 날씨가 가물어 벼와 기장이 타게 되었으나 아이들의 노력으로 농작물이 잘 자라고 있으니 기쁘다고 했다. 농부의 이 말에는 환경에서 오는 여건이 좋지 않아도 노력한 만큼 보답이 반드시 따른다는 의미가 있다. 이와 같은 농부의 말을 들은 古懽은 마음에 심한 갈등을 일으키고 있다고 했는데, 자신은 학문에 오래 동안 노력해 왔으나 보답이 없는 것이 농부와 다르기 때문이었을 것이다.

古懽은 京畿道 廣州郡 中部面 福井里에서 태어났다. 父兄은 무과에 합격하여 營將 등 末職을 역임한 분이 있었다. 그러나 고향이 시골이었기 때문에 그가 일생 동안 농업에 종사하지는 않았다 할지라도 농촌사정에 대해 잘 알고 있었을 것이다. 그런데, 그의 문집에 실려 있는 작품에 농촌의 어려운 사정 등을 표현한 것은 극히 드물다. 본 작품에서도 늙은 농부의 생활과정을 말했으나, 그것이 작품의 주제가 아니고 그에 비해 자신이 하고 있는 것에는 노력에 비해 보답이 따르지 않는 것에 대한 鬱憤을 반영하고자 한 것이 아닌가 한다.

이상에서 古懽의 작품 십여 수를 들어 살펴보았는데, 우리나라 문인들이 朝鮮朝 중기 이전에는 唐宋詩, 이후에는 明淸詩의 영향까지 받게 되었다. 그러나 古懽은 唐詩의 영향을 받지 않은 것 같다. 그가 示金蕙史詩(錦洄訪舊草)에 界宋分唐是也非라 한 것을 보면 唐宋詩로 구분하는 것 자체를 달갑게 여기지 않은 듯하다. 그러면서 獨溯江西一派歸라 했으니 江西派의 영향을 받고자 했는지 알 수 없다. 그리고 그의 시는 紀行詩와 酬唱詩가 많음을 볼 수 있는데, 같이 酬唱한 인사들은 사대부들 보다 委巷人士들이 많았고, 그 가운데 지방문인들이 적지 않았다. 어쨌든, 그의 시는 遒健 雄沈해 우리나라 문인들의 작품에 보기 드문 詩風을 가졌으며, 위항문인으로서 傑出했음을 알 수 있다.

Ⅵ. 結　言

古懽은 寒微한 가문에 출생하여 일찍 출세를 단념해야 했고, 靑壯年期에는 國政이 부패해 나라가 어지러웠으며 잇따라 列强의 角逐場이 되었다. 古懽은 이러한 시기에 使節一行과 개인자격으로 중국에 세 번, 일본에 두 번 가서 그곳 정세를 살펴보고 돌아와서 對策의 시급함을 말하고자 했으나 要路에 있는 인사들 가운데 그에 대해 관심을 가지는 사람이 없었다. 古懽이 시인이 되었던 것은 타고난 天分도 있었겠지만 이러한 시기에 살아가면서 가슴에 쌓인 울분을 시로써 표출할 수밖에 없지 않았을까 한다.

조선조 후기로 접어들면서 委巷 출신의 인사들 가운데 우수한 문인들이 적지 않았다. 그러나 文壇이 오래 동안 士大夫階層 중심으로 主導되어 왔고, 또 위항문인들의 진출이 日淺했기 때문인지 문단에서 크게 주목받은 인사는 극히 드물었는데, 古懽은 階層을 초월해서 시로써 유명했던 인물이었다. 그리고 그는 시에만 능했던 것이 아니고 散文도 雄健해 線이 굵었으며, 佛經을 비롯해 여러 분야에 이르기까지 박식했을 뿐만 아니라, 開化思想에서도 先進的인 인물이었다. 그러므로 그는 당시 知性을 대표했던 인물 중의 한 사람이 아니었던가 한다.

찾아보기

【ㄱ】

【ㅅ】

【ㅇ】

【ㅈ】

차 용 주(車溶柱)

啓明大學校 國文學科 敎授 및 西原大學校 國文學科 敎授 歷任

著 書

夢遊錄系構造의 分析的 硏究, 玉樓夢硏究, 古小說論攷, 韓國漢文小說史, 韓國漢文學史, 許筠硏究, 韓國漢文學作家硏究 1·2·3

譯 註

彰善感義錄

鈔 譯

陽園遺集, 海鶴遺書, 明美堂集, 韶濩堂集, 深齋集

編 著

燕巖硏究, 韓國漢文選

韓國 委巷文學作家 硏究 정가 : 20,000원

2003년 4월 21일 초판인쇄
2003년 4월 30일 초판발행

저 자 : 車 溶 柱
회 장 : 韓 相 夏
발 행 인 : 韓 政 熙
발 행 처 : 景仁文化社
편 집 : 申 鶴 泰
서울특별시 마포구 마포동 324 - 3
전화 : 718 - 4831～2, 팩스 : 703 - 9711
E-mail : kyunginp@chollian.net
등록번호 : 제10 - 18호(1973. 11. 8)

ISBN : 89-499-0182-X 93810